고령군 지역 연구

고령군 지역 연구

대도시 근교지역의 특성과 발전 과제

한국지역지리학회 편
최병두 외 공저

푸른길

책을 펴내면서

　지리학은 지역을 연구대상으로 하는 학문이다. 특히 지리학 내 여러 계통지리학들과는 구분되는 지역지리학은 지표면의 특정 지역에서 나타나는 자연환경 및 인문환경에 관한 종합적 연구를 추구한다. 그러나 이러한 지역지리 연구는 오랜 역사를 가지고 있음에도 불구하고, 지역의 제반 현상들에 관한 나열식 또는 교과서 수준의 서술을 크게 벗어나지 못했고, 개별 지역연구라고 할지라도 결국 그 지역의 특정 세부 주제에 관한 연구로 한정되었다. 달리 말해, 지역지리 연구는 연구 대상 지역에서 나타나는 다양한 현상들의 종합적 연구와 이를 위하여 각 분야별 전공자들이 참여하는 공동연구를 전제로 하지만, 실제 우리나라에서 그 동안 지역지리 연구를 위한 공동연구는 국가 차원에서 주기적으로 수행되는 한국지리지(총론 및 권역별)나 개별 지자체가 관례적으로 출간하는 지역지(군지 등) 외에는 거의 없었다.

　이러한 점에서 이 책은 지리학 내 각 분야별 전문 연구자들이 고령군 지역에서 나타나는 제반 현상들을 계통적이면서도 또한 종합적으로 연구한 결과물이라는 점에서 큰 의미를 가진다고 할 수 있다. 이 책에서 다루는 세부 주제들은 지형, 기후, 생태, 환경에서부터 지명, 인구, 지역이미지, 농업, 제조업, 관광, 교육, 복지, 다문화에 이르기까지 고령군 지역의 자연 및 인문환경을 구성하는 부분들을 거의 모두 망라하고 있다. 따라서 이 책은 명실공히 지역에 관한 종합적 연구서라고 할 수 있다. 특히 각 주제들은 분야별 전공자들에 의해 이론적 고찰과 경험적 분석을 결합한 심도 있는 계통지리적이고 과학적인 연구를 통해 다루어졌다는 점에서, 기존의 서술적이고 나열적인 지역지리 연구의 한계를 극복하고자 했다는 점에서 의의를 가진다.

　뿐만 아니라 이 책에서 각 분야별 연구들은 단순히 해당되는 세부 주제에 관한 학술 연구에서 나아가 실제 고령군 지역의 각 분야별 실태와 문제점들을 파악하고 이를 해결할 수 있는 대안적 정책 방안들을 제시하고자 노력했다. 사실 대구광역시에 인접해 위치하여 전형적인 근교

농촌지역의 성격을 가지고 있는 고령군 지역은 우리나라의 산업화 및 도시화 과정에서 발전과 쇠퇴 과정을 겪어오면서, 지역 사회 구성원들은 묵묵히 자신의 재구조화 과정에 대처하기 위해 노력해 왔다. 그러나 이러한 지역 자체의 노력은 때로 외부 전문가들의 진단과 평가 그리고 대안 마련을 필요로 한다. 이 책의 연구 결과물들은 바로 이러한 점에서 한 지역의 발전/쇠퇴 과정을 전문가의 입장에서 각 분야별로 검토하여 문제점을 지적하고 대안을 제시하고자 한 지역 정책 연구라는 점에서 중요한 기여를 하고 있다.

이 책은 고령군 지역의 환경을 자연환경, 지역성과 인구, 경제, 사회복지 등 크게 4개 영역으로 구분하고, 각 영역별로 3~4개 세부 주제를 설정하여 총 14개 주제에 관하여 지역지리 연구이면서도 체계적이고 정책대안적인 분석의 결과를 제시하고 있다. 제1부의 고령군의 자연자원과 환경에 관한 연구에서, 제1장은 고령군에 산재해 있는 지형경관 자원을 발굴하여 그 분포를 지도화함으로써 지형경관 자원의 관리 기반이 되는 자료를 제공하고 이를 활용하는 방안을 제시하고자 한다. 제2장은 고령군의 기후 특성에 관한 기본 자료를 분석하여 지역사회의 기후적 특성을 이해하고 나아가 기후 특성과 밀접한 관계를 가지는 지역 농업의 발달을 위해 활용될 수 있는 정보를 마련하였다. 제3장은 생태자연도에 근거하여 고령군의 생태환경 변화 양상을 분석하고, 현재의 생태환경을 더욱 개선하기 위한 관리의 중요성을 부각시키고 있다. 제4장은 고령군 지역의 환경 및 재난과 관련된 제반 자료들을 분석하여 지역사회가 안고 있는 환경문제의 특성을 고찰하고 이를 해소하기 위한 정책의 자료를 제공하고자 한다.

고령군의 지역성과 인구를 다루는 제2부에서, 제5장은 조선 후기 고령현 군현지도들을 계열별로 분석하여 그 특성을 파악하고 이와 관련된 고지명을 연구함으로써 지도와 지명에 근거하여 고령군 지역의 역사성을 파악할 수 있도록 했다. 제6장은 고령군 지역의 인구 감소와 고령화의 실태를 파악하고 다른 지역들과 비교하여 그 특성을 제시함으로써, 고령군 지역의 인구 및 개발 정책의 토대를 제시하고 있다. 고령군 지역의 경우 인구구성은 다른 농촌지역들과 유사했으나, 군내 읍면별 인구 변화와 인구 구성은 다양하게 진행되고 있다는 점에서, 읍면별 인구 구성과 그 정주여건의 차이를 전제로 한 지역개발정책의 필요성이 강조된다. 제7장은 고령군 지역의 지역이미지를 분석하고 지역발전 전략의 일환으로 그 이미지를 개선하고 활용하는 정책 과제를 검토하고자 한다. 이 연구에 의하면, 고령군은 대가야체험축제를 통하여 '대가야'라는 이미지를 구축했지만, 이러한 이미지를 더욱 고양 또는 확장시킬 수 있는 방안을 모색하고 있다.

제3부는 고령군의 농업, 제조업, 관광 등 산업과 지역 경제의 여건과 발전 과제를 다루고 있다. 제8장은 고령군 지역의 농업 실태를 분석하여 지역 농업의 특성을 규명하고 나아가 발전 과제를 제시하고자 한다. 특히 고령군 지역은 농촌지역으로 농산물의 국제시장 개방에 대처하기 위한 전략들, 예로 친환경고품질 농산물 생산, 퓨전산업화, 경영규모 확대와 조직화 등이 필요하다고 하겠다. 제9장은 고령군 지역의 공업화 과정을 고찰하여 실태를 분석하는 한편, 문제점을 파악하여 그 대안으로 대구시와의 연계, 첨단산업의 유치와 신기술의 도입 등을 강조하고 있다. 제10장은 고령군 지역이 대가야 문화권의 중심적 역할을 계속 담당하는 한편, 대도시 주변 농촌지역이라는 지역의 특성에 맞는 관광정책의 개선방안과 관광자원의 개발 방안을 제시하고자 한다. 제11장은 유사하게 대도시 주변 농촌지역으로서 고령군 지역의 경제적 여건과 활성화 계획을 분석하고 이를 토대로 지역경제 발전을 위한 정책과제로 농업과 서비스 산업을 연결한 융합형 친환경 특화농업 클러스터와 조립금속 및 운송장비 제조업에 특화된 전문산업단지 조성을 제안하고 있다.

고령군의 사회복지와 삶의 질을 다루고 있는 제4부에서, 제12장은 산업화와 도시화, 그리고 최근의 세계화/지방화 과정 속에서 변화하고 있는 고령군 지역의 복지 실태를 분석하여 주요한 문제점들을 파악하고, 지역사회복지를 개선하기 위한 다양한 방안들을 마련하고자 한다. 제13장은 고령군 지역이 처해 있는 교육환경과 지역 역량 강화를 위한 지방자치단체의 교육정책 개선 방안들을 검토하고, 이러한 정책의 시행과정에서 나타나는 갈등과 문제점 등을 해소하기 위한 정채 과제들이 필요함을 강조한다. 제14장은 최근 다문화 담론의 주요 대상인 결혼이주여성에 초점을 맞추어 고령군(군청과 교육청)에서 실시하고 있는 다문화 시책의 현황을 분석하여, 지원 기관의 연계성 부족과 중복 지원 등의 문제점을 지적하고, 이러한 문제를 해소하기 위하여 지자체가 중심이 된 지원 정책의 통합적 운영이 필요함을 제시하고 있다.

이 책의 세부 주제별 연구들은 이와 같이 간략하게 요약되지만 실제 보다 자세한 분석과 구체적 방안 제시에 대해서는 각 장들을 직접 읽고 이해해야 할 것이다. 각 장들은 고령군 지역에 관한 종합적 연구의 일부이지만 또한 동시에 각 세부 주제들이 고령군 지역에서 어떻게 전개되고 있는가에 관한 독립적 연구이기도 하다. 이러한 점에서 각 장에서 제시된 세부주제들의 연구는 공동작업을 통해 한편으로 전체적인 연계성이, 다른 한편으로 개별적 특성이 살아나도록 기획되었다. 물론 이렇게 기획된 공동연구의 장점이 실제 완전히 실현되었다고 보기는 어려울 것이며, 각 장별로 이론적 논의나 경험적 분석의 수준과 입장이 다소 편차를 보일 것으로 추정된다.

사실 고령군 지역에 관한 이 공동연구는 '고령군 기초연구'(2008년)를 위한 고령군청의 연구 지원이 있었기 때문에 가능했다. 그러나 많지 않은 연구비로 세부주제별 연구를 추진함에 있어, 공동연구자들은 연구비에 의존하여 단순히 보고서 형식의 연구를 하기보다는 지역지리학의 발전을 위하여 논문 체계를 갖춘 연구를 수행하기로 동의했다. 이에 따라 연구 결과물들은 대부분 〈한국지역지리학회지〉에 게재되었고, 이렇게 게재된 논문들을 다시 편집하여 단행본으로 출간하게 된 것이다. 이러한 연구의 진행과정은 결코 쉽지 않았음에도 불구하고, 14명에 달하는 참여자들이 공동연구를 수행하고 그 결과물을 지역지리 연구의 새로운 이정표가 될 수 있는 단행본으로 출간하게 되었음은 자축할만하다고 하겠다.

이러한 공동연구와 그 결과물이 많은 논문들과 단행본으로 출간되는 과정에서 도움을 주신 분들에게 감사드린다. 우선 공동연구가 가능하도록 연구 지원을 해 주신 고령군청 관계자들에게 감사드리고 중간에서 연락을 맡아 주신 이철우 교수와 조현미 교수에게도 감사드린다. 이 연구비 지원은 대구대학교 산학협력원을 통해 전달되었으며, 이 과정에서 일을 맡아 주신 대구대 관계자들에게도 감사드린다. 무엇보다도 이 단행본의 출간을 기꺼이 맡아 주신 푸른길의 김선기사장님과 편집부 여러분들에게도 진심으로 감사드린다. 끝으로 이 책이 우리나라 지역지리 연구에서 학술적 및 정책적 대안 연구의 모형이 되고, 다른 지역들에서도 이와 같은 공동연구가 많이 이루어져서, 지역지리학의 학문적 발전과 더불어 우리나라의 모든 지역들의 정책과 이를 통한 지역 발전이 더욱 촉진될 수 있기를 기원한다.

2010년 7월 22일
필자를 대표하여 최병두 씀.

차례

책을 펴내면서

제1부 고령군의 자연자원과 환경

1. 지형경관 자원의 분포와 활용 방안 / 손명원(대구대 교수)   13
2. 기후의 특성과 응용 / 송호열(서원대 교수)   31
3. 생태자원의 분포와 생태자연도 / 서종철(대구가톨릭대 교수)   54
4. 환경문제와 자연 재해 / 전영권(대구가톨릭대 교수)   72

제2부 고령군의 지역성과 인구

5. 군현지도의 특성과 고지명 / 김기혁(부산대 교수)   95
6. 인구의 특성과 고령화 / 김부성(고려대 교수)   122
7. 지역이미지와 개선정책 과제 / 임석회(대구대 교수)   145

제3부 고령군의 경제와 발전 과제

8. 농업의 특성과 발전 과제 / **이보영(경북대 교수)**　　177
9. 제조업의 실태와 정책 과제 / **이철우(경북대 교수)**　　210
10. 관광 자원의 이용과 개발 전략 / **최정수(대구경북연구원)**　　237
11. 지역경제 여건과 발전 정책 / **이종호(경상대 교수)**　　263

제4부 고령군의 사회복지와 삶의 질

12. 지역사회복지 실태와 정책 과제 / **최병두(대구대 교수)**　　289
13. 교육환경과 삶의 질 / **조철기(경북대 교수)**　　321
14. 다문화가정 지원 현황과 과제 / **조현미(경북대 교수)**　　349

제1부
고령군의 자연자원과 환경

1. **지형경관 자원의 분포와 활용 방안** / 손명원(대구대 교수)
2. **기후의 특성과 응용** / 송호열(서원대 교수)
3. **생태자원의 분포와 생태자연도** / 서종철(대구가톨릭대 교수)
4. **환경문제와 자연 재해** / 전영권(대구가톨릭대 교수)

지형경관 자원의 분포와 활용방안*

손명원

1. 서론

　최근 선진국에서는 자연생태계를 그대로 보존하기 위한 관리와 더불어 관광자원으로 활용하려는 정책을 펴고 있다(허철호·최상훈, 2007). 지형경관은 자연생태계의 무기적 환경을 구성하므로 생태학적으로도 매우 중요한 요소이다. 우리나라에서는 환경부와 국립공원관리공단에서 보존할 가치가 있는 지형경관자원을 발굴하여 체계적이고 지속가능한 방법으로 관리하고 관광자원으로 활용하기 위하여 매년 지형경관자원조사를 실시하고 있다(허철호·김성용·윤성택, 2005).

　고령군은 한반도의 남부 내륙지방인 경상북도의 남서쪽 끝부분에 위치하며, 동쪽은 대구광역시 달성군과 경상남도 창녕군, 남쪽은 경상남도 합천군, 서쪽은 경상남도 거창군과 경상북도 김천시, 북쪽은 경상북도 성주군과 마주하고 있다. 고령군에는 대가야국(大伽倻國)의 도읍지였던 유서 깊은 곳으로, 선사시대의 암각화를 비롯한 대가야의 고분군, 조선시대 성리학자인 점필재(佔畢齋) 김종직(金宗直)의 생가 등 많은 문화유산이 있다.

　고령군은 동으로 낙동강과 접하여 있으며, 서로는 가야산으로 이어져 구릉성 산지를 이룬다. 이 장에서는 고령군에 산재하는 지형경관자원을 발굴하여 그 분포를 지도화 함으로써 지형경관자원의 관리에 기반이 되는 자료를 제공하고, 이를 활용하는 방안을 제시하고자 한다.

---

* 이 글은 한국지역지리학회지 제14권(2008년) 제4호, pp.279-289에 게재된 바 있음.

2. 연구방법 및 연구지역 개관

1) 연구방법

본 연구는 실내작업과 야외조사를 중심으로 이루어졌다. 실내에서는 신증동국여지승람과 고령군청 홈페이지에 등재된 주요 지형경관을 조사대상으로 하고, 지형도(1:50,000과 1:25,000)를 이용하여 주요 지형경관이 위치할 것으로 예상되는 지점을 선정하였다. 야외조사에서는 실내작업에서 선정된 지점을 중심으로 지형경관을 조사하였으며, 주민들과의 인터뷰를 통해 누락된 부분이 없는지 점검하였다.

2) 연구지역 개관

고령군은 1읍(고령)과 7면(덕곡, 운수, 성산, 다산, 개진, 우곡, 쌍림)으로 이루어져 있다. 2007년 현재 고령군의 인구는 14,769 세대에 34,786명(남 17,722명, 여 17,064명)으로, 90명/km²의 인구밀도를 나타낸다(고령군 홈페이지). 고령군은 낙동강 중류에 위치하여 범람원이 넓고 토양이 비옥하여 물산이 풍부하며, 낙동강을 이용한 내륙수운의 요충지에 위치하고 있다

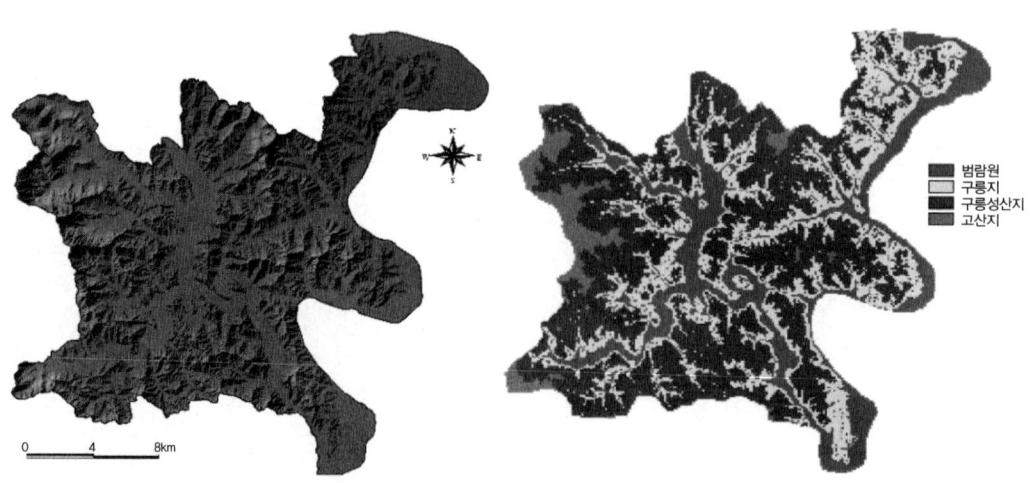

그림 1. 고령군의 지세
(100×100m DEM 자료를 이용한 분석 결과)

그림 2. 고령군의 지형 분류

(고령군, 1996).

고령군의 지세는 서부의 산지, 중부의 저지, 동부의 구릉성 산지로 구분된(그림 1). 가야산 동남부 산록에 위치하는 서부의 산지는 선캠브리아기의 소백산변성암복합체에 속하는 반상변정편마암과 시대미상의 고령화강암으로 이루어져 있다.

중부의 저지는 가야산 북부를 감싸는 대가천(大伽川)과 남부를 감싸는 안림천(安林川)이 만나는 합류분지이다. 이 지역은 중생대 백악기에 퇴적된 신라역암층으로 이루어져 있고, 하천을 따라 제4기 충적층이 분포한다. 하천 주변에는 넓은 범람원이 발달하여 농경지로 이용되고 있다.

동부의 구릉성 산지는 고도 300m 이하로 완만한 기복을 보인다. 이 지역은 중생대 백악기에 퇴적된 낙동통의 낙동층(洛東層)·하산동층(霞山洞層)·진주층(晉州層)·칠곡층(漆谷層)으로 이루어져 있다. 낙동강이 곡류하는 만곡부에는 넓은 범람원이 발달하여 농경지로 이용되고 있다.

해발고도와 경사도를 이용하여 고령군의 지세를 분류하면 다음과 같다(그림 2). 범람원은 해발고도 60m 이하이며 경사도 3° 이하인 저지로서, 낙동강과 회천 연안을 따라 분포한다. 구릉지는 해발고도 100m 이하이며 경사도 15° 이하인 완사면으로, 낙동강 연안의 다산면·개진면·우곡면과 고령읍 주변에서 나타난다. 구릉성 산지는 해발고도 300m 이하이며 경사도 15° 이하로서, 고령군 전체에 걸쳐 넓게 나타난다. 고산지는 해발고도 300m 이상으로 가야산 동쪽 산록에 나타난다.

2006년 고령군의 연평균기온은 14.6℃이며 연강수량은 1,131.5mm이다(표 1). 가장 추운 달은 1월로 2.6℃이고, 가장 더운 달은 8월로 28.2℃여서, 기온의 연교차는 25.6℃이다. 강수량은 장마철인 7월에 연강수량의 50% 정도가 내렸다.

표 1. 고령군의 기온과 강수량 분포(2006)

	1	2	3	4	5	6	7	8	9	10	11	12	전년
기온(℃)	2.6	3.1	8.2	13.4	18.9	23.4	24.2	28.2	20.6	18.6	10.2	3.6	14.6
강수량(mm)	14.8	25.2	11.5	64.9	120.3	64.0	568.1	127.6	75.7	16.7	35.2	7.5	1,131.5

자료 : 고령군청 홈페이지의 통계연보

3. 지형경관의 분포

1) 산지 지형경관

(1) 산지체계

고령군 내의 산들은 대부분 가야산 주변의 고산지대와 동부의 구릉성 산지지대에 분포한다. 대동여지도에 나타난 고령군의 산지체계는 백두대간의 삼도봉(三道峰, 1,249m)에서 분기하여 수도산(修道山, 1,313m)에 다다른 산줄기가 두 갈래로 갈라져 고령군의 산줄기로 이어진다(그림 3). 북으로 뻗어나간 산줄기는 대가천 북부를 크게 돌아 고령군 동부에 위치한 의봉산(535m)-제석산(387m)-청룡산(300m)의 구릉성 산지로 이어진다.

동으로 뻗은 산줄기는 가야산으로 이르러 두 갈래로 갈라진다. 동남으로 뻗은 산줄기는 북두산(北斗山, 688m)-미숭산(美崇山, 734m)-주산(主山, 310m)에 이르고, 남으로 뻗은 산줄기

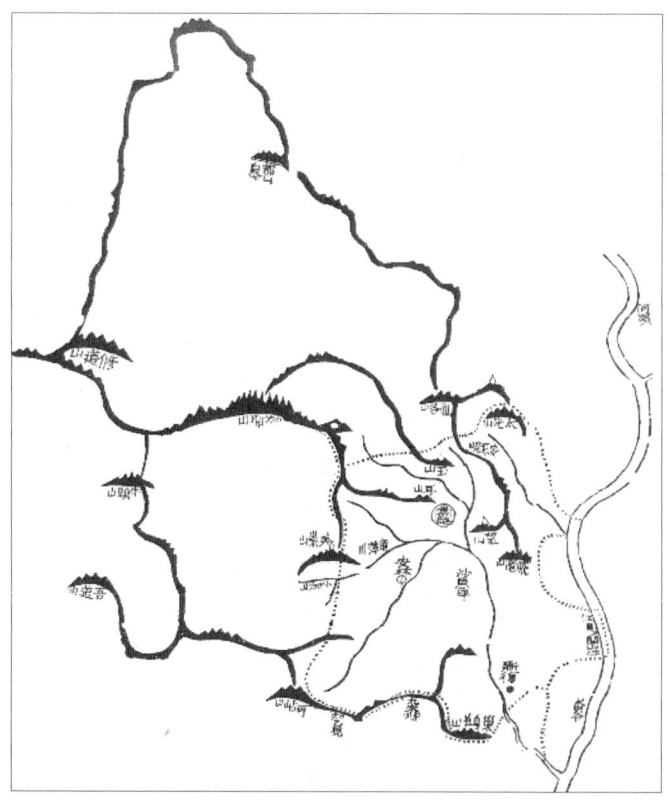

그림 3. 고령군의 산줄기
(대동여지도에서 편집하였음)

는 우두산(牛頭山, 1,046m)-오도산(吾道山, 1,134m)을 지나 만대산(萬代山, 688m)-노태산(魯泰山, 490m)-시리봉(406m)으로 이어진다.

(2) 산지 지형경관자원

고령군의 높은 산지는 대부분 가야산에서 남으로 이어지는 산줄기 상에 위치한다. 기반암의 지질은 다양하여 북두산은 선캠브리아기의 반상변정편마암(班狀變晶片麻岩), 미숭산은 시대 미상의 고령화강암(高靈花崗岩), 주산은 중생대 쥐라기 경상누층군의 낙동층(洛東層), 만대산은 중생대 백악기의 연화동층(蓮花洞層)으로 이루어져 있다.

미숭산은 원래 상원산(上元山)이었으나 조선 태조 이성계(李成桂)에 맞선 고려 장수 이미숭(李美崇)의 순절을 기려 개명하게 되었다(고령군, 1996). 미숭산의 정상부는 평탄하며 그 주변에는 조선 초기에 쌓은 석성(石城)이 있다(사진 1).

미숭산에서 동으로 5km 지점에 위치한 주산은 고령군의 진산(鎭山)이며, 옛날에는 이산(耳山)으로 불렸다. 주산의 남동 능선에는 5~6세기에 축조된 200여 개의 크고 작은 고분들이 분포한다(고령군청 홈페이지, 사진 2). 고분이 능선의 정상부에 자리한 것은 왕릉이 시각적으로 웅장하게 보이도록 한 것이다. 이렇게 함으로써 '산위의 높은 왕릉=하늘'이라는 경관이미지를 보여 준다(이기봉, 2008). 이러한 배치는 통일신라시대로 넘어가면서 '왕릉=산=하늘'이란 인식 아래 점차 평지로 내려가게 된다. 북두산 주변에는 고령화강암이 풍화된 고령토가 매장되어 있어 이를 채굴하기 위한 광산이 있으며, 이를 이용한 도요지가 성산면과 운수면에 있다.

사진 1. 미숭산성

사진 2. 주산의 가야왕릉군

사진 3. 덕곡면 노리의 상비리계곡

　가야산의 남동사면에서 발원한 소가천(小伽川)이 급류를 이루는 덕곡면 노리 일대의 상비리 계곡(사진 3)은 덕곡저수지와 함께 여름철 물놀이를 즐길 수 있는 휴양지로 각광받고 있다. 계곡 내에는 대규모 거력들이 산재하며 경치가 청량하다.

　개진면 오사리의 낙동강 연변 나루터에는 해발 59m의 고립구릉이 나타난다(사진 4). 고립구릉의 형태는 유선형으로 낙동강 흐름과 수직방향으로 뻗어 있고, 주변은 범람원으로서 밭으로 이용되고 있다. 이러한 고립구릉은 심층풍화된 기반암이 개석되는 과정에서 남겨진 잔류구릉으로 인젤베르그(inselberg)라고 한다(Thomas, 1974, 231-235).

2) 하천 지형경관

(1) 하천 분포

　고령군의 다산면 나정리에서 우곡면 객기리에 이르는 동쪽 경계는 낙동강에 연하여 있다.

사진 4. 개진면 오사리의 고립구릉

그림 4. 고령군의 하계망

성주의 무계진(茂溪津)과 합천의 가물창진(加勿倉津) 사이의 낙동강 구간을 개산강(開山江)이라고 한다(신증동국여지승람 제29권 고령군조). 이 구간은 중류 부분에서 가장 곡류도가 높다. 따라서 만곡부에는 많은 퇴적물이 쌓여 넓은 범람원이 발달하였고, 공격사면 쪽에는 가파른 단애가 나타난다.

고령군 전역은 회천(會川) 유역에 속한다(그림 4, 표 2). 경북 김천시 증산면 장전리에서 발원한 대가천은 증산면 수도리에서 흘러드는 옥동천과 가천면 신계리에서 유입하는 화죽천, 덕곡면 백동리에서 흘러드는 계정천을 합류한 후 회천이 되어 고령군역으로 들어온다. 회천은 운수면 신간리에서 발원하여 서남으로 흐르는 금성천과 수륜면 백운리에서 발원한 후 동으로 흐르다가 덕곡면 옥계리에서 발원한 오리천을 합류한 소가천을 합류한다.

합천군 가야면 치노리의 두리봉(1,327m) 남사면에서 발원한 가야천은 매화천, 성기천, 청현천을 합류한 이천천, 야로면 나대리에서 발원한 월광천, 야로면 치노리에서 발원한 하빈천, 야로면 묵촌리에서 발원한 묵촌천, 묘산면 반포리에서 발원한 후 팔심천과 광산천을 합류한 묘

표 2. 회천의 하계 분류

본류	1지류	2지류	3지류	4지류	발원지
회천					경북 고령군 운수면/수륜면 경계
	대가천				경북 김천시 증산면 장전리
		옥동천			경북 김천시 증산면 수도리
		화죽천			경북 성주군 가천면 신계리
		계정천			경북 고령군 덕곡면 백동리
	금성천				경북 고령군 운수면 신간리
	소가천				경북 성주군 수륜면 백운리
		오리천			경북 고령군 덕곡면 옥계리
	내곡천				경북 고령군 고령읍 신동리
	안림천				경북 고령군 쌍림면 신촌리
		가야천			경북 합천군 가야면 치노리
			이천천		경북 합천군 가야면 치노리
				매화천	경북 합천군 가야면 산촌리
				성기천	경북 합천군 가야면 성기리
				청현천	경남 합천군 가야면 청현리
			월광천		경남 합천군 야로면 나대리
			하빈천		경남 합천군 야로면 치노리
			묵촌천		경남 합천군 야로면 묵촌리
			묘산천		경북 합천군 묘산면 반포리
				팔심천	경남 합천군 묘산면 팔심리
				광산천	경남 합천군 묘산면 사리
		용동천			경북 고령군 쌍림면 용동리
	신안천				경북 고령군 성산면 기산리
	포두천				경남 합천군 덕곡면 포두리

자료 : 건설교통부, 2000, 한국하천일람

산천 등을 합류하여 안림천(安林川)이 되어 고령군역으로 흘러든다.

용담천(龍潭川)이라고도 불리는 안림천은 동으로 흐르다가 고령군 쌍림면 용동리에서 발원한 용동천을 합류한 후 고령읍 고아리에서 회천으로 유입한다. 회천은 남으로 흘러 신안천과 포두천을 합류한 후 우곡면 객기리에서 낙동강으로 흘러든다.

(2) 하천 지형경관 자원

낙동강 연안의 만곡부를 따라 자유곡류하천의 포인트 바에 해당하는 활주사면이 발달한다. 활주사면의 외곽으로는 하천과 나란히 자연제방이 형성되어 있어 밭이나 취락의 입지로 이용되고 있다(사진 5). 자연제방의 바깥으로는 경사는 완만한 범람원이 발달하며, 자연제방 안으로는 길게 습지가 나타난다.

개진면 부리의 박석진교 지점에는 낙동강의 유로와 평행하게 진촌늪이 발달하여 있다(사

사진 5. 개진면 부리의 자연제방

사진 6. 개진면 부리의 진촌늪

진 6). 늪의 길이는 약 1km이며, 폭은 15~65m이다. 1918년 경 이 지역에는 5개의 습지가 있었으나, 인공제방을 축조하고 농경지로 개간하는 과정에서 대부분 사라지고, 현재는 1개만 남아 있다(천미연, 2007). 진촌늪은 범람에 의해 자연제방과 배후습지가 형성되고, 이후 자연제방을 넘은 유수가 배후습지를 따라 하류로 흘러갔으며, 자연제방이 축조된 이후에는 배후 산지의 소계류가 유입되면서 현재의 상태를 유지하고 있다.

이러한 유형의 지형은 다산면 호촌리에서도 잘 나타난다. 이곳은 금호강이 낙동강으로 합류하는 지점으로, 최대폭 1.5km에 이르는 범람원이 초승달 모양으로 펼쳐져 있다. 호촌늪은 크고 작은 3개의 습지로 이루어져 있다(사진 7; 천미연, 2007). 호촌늪도 배후습지로 형성되었으

사진 7. 다산면 호촌리의 호촌늪

사진 8. 금호강 합류지점의 달성습지

나 인공제방이 축조되면서 낙동강으로부터 단절되었고, 배후산지에서 흘러나오는 소계류가 유입함으로써 습지상태를 유지하고 있다.

호촌늪이 있는 범람원 너머의 낙동강 하상에는 금호강이 유입하는 과정에서 형성된 사력퇴적지형이 유로를 따라 길게 형성되어 있다(사진 8). 사력퇴적지형을 포함한 낙동강 양안을 '달성습지'라고 한다. 사력퇴적지형은 산지와 연결되어 있으나 홍수 시에는 끊어져 하중도를 이루기도 한다. 현재 생태공원을 조성하고 있으나, 하천이 역동적인 환경(dynamic environment)임을 무시한 채 범람원에 인위적으로 습지를 조성하고 있어 어려운 상황에 처하여 있다.

그러나 우곡면 봉산리에 분포하는 봉산늪은 그 형성과정이 진촌늪이나 호촌늪과는 상이하다. 봉산늪은 최종빙기의 해수면 하강에 따라 세굴된 하상이 후빙기의 해수면 상승에 따라 매적되는 과정에서, 최종 빙기 동안의 하천종단곡선과 후빙기 동안의 하천종단곡선이 불협화를 이루면서 형성된 것이다(손명원·전영권, 2003). 봉산제방의 바깥으로는 사력퇴적지가 광범위하게 형성되어 있다. 이 퇴적지형은 만곡부에 쌓인 범람원 활주사면이며, 홍수 시에 분기된 유로가 남아 있다.

낙동강에는 일찍부터 내륙수로가 발달하여, 배가 닿는 지점마다 강을 건너는 나루가 있었다(다산면 노곡리의 노곡나루, 곽촌리의 곽촌나루, 호촌리의 사문진나루, 송곡리의 노강나루, 성산면 오곡리의 오실나루, 개진면 부리의 박석진나루, 옥산리의 흘개나루와 잠미나루, 오사리의 도동나루와 개포나루, 우곡면 예곡리의 부례나루, 답곡리의 답곡진나루). 사문진 나루는 고령군 다산면 호촌리와 달성군 화원읍 성산리를 이어주는 나루였다. 조선시대에는 낙동강을 통하여 싣고 온 해산물을 사문진나루에서 하역하여 대구로 운송하였다.

개포는 원래 개산포(開山浦)였으나, 고려 때 강화도에서 만든 팔만대장경을 낙동강 수로를 통해 싣고 와 개산포에서 내려 해인사로 운반하였다 하여 '개경포(開經浦)'라고 개칭하였다. 이후 일제강점기인 1914년 행정구역 개편 때 '경' 자를 삭제하여 개포로 부르기 시작하였다. 옛날에는 곡식과 소금을 실어 나르는 배들로 붐비고 곳곳에 창고가 많이 있었으나, 지금은 나루의 흔적만 남아 있다.

회천의 고령읍 외리 구간에서는 보(洑)를 건설함으로써 형성된 수체가 좋은 습지를 이루고 있다(사진 9). 보를 축조하면 유수를 가둘 수 있을 뿐만 아니라, 보 안에 많은 사력물질이 쌓여 bar를 형성한다. 사면에서 유실된 비옥한 표토가 유수로 운반되어 bar의 표면에 가라앉기 때문에, bar의 표토는 세립이며 매우 비옥하다. 보는 토양물질의 유실을 지연시키고 식생을 통해 영양소의 순환이 이루어질 수 있도록 하는 중요한 역할을 한다.

고령읍 양전리의 마을 옆 암벽에는 청동기시대의 암각화가 새겨져 있다(사진 10). 그림은 사람 얼굴을 추상화한 신상(神像)과 동심원 등 추상적인 도형들이다. 암각화는 쌍림면 안화리에도 있다. 암각화는 한반도의 동남쪽, 특히 경상도 지방에 집중 분포한다.

개진면 반운리에는 회천이 감입곡류하다가 절단되어 형성된 곡류 핵과 구하도가 나타난다(사진 11). 구하도는 현재의 범람원과 같은 높이를 보이며, 대부분 농경지로 개간되었다. 그리고 이 구간의 회천 연안에는 곡류가 절단될 때 형성된 하식애가 나타난다(사진 12). 이 구간에 나타나는 감입곡류의 절단은 지난 최종 빙기시의 해수면 하강에 따른 하방침식과 냉량 습윤한 기후에서의 하천 침식력 증가로 형성되었다(손명원, 2001). 이 구간의 구하도는 후빙기의 해수

사진 9. 고령읍 외리의 하천(보) 습지

사진 10. 고령읍 양전리 암각화

사진 11. 개진면 반운리의 구하도와 곡류 핵

사진 12. 고령읍 내곡리의 하식애

면 상승에 따라 매적되어 현 범람원과 같은 높이를 나타낸다.

우곡면 야정리의 회천 하안에는 범람원과 모래톱이 광범위하게 분포한다(사진 13). 인공제방을 축조하여 범람원의 일부는 농경지로 개간한 이후, 인공제방 외측에 다시 범람원이 형성되고 있다. 하상에 운반 중인 모래가 곳곳에 쌓여 있어, 유로는 그물모양으로 분기하여 망류의 형태를 띤다.

우곡면 대곡리의 농경지 내에는 소규모 연못이 있다(사진 14). 이 연못은 배후습지였으나 농경지로 개간되는 과정에서 인공제방 축조로 하천과 단절된 채 남아있다.

우곡면 월오리의 회천 서안에는 높이 수십 m의 하식애가 형성되어 있다. 하식애에는 절리

사진 13. 우곡면 야정리의 모래톱과 범람원

사진 14. 우곡면 대곡리의 배후 습지성 호소

사진 15. 우곡면 월오리의 하식애

를 따른 차별풍화로 균열이 폭 넓게 진행되어 있으며, 갈라진 암괴가 무너진 곳에는 얕은 동굴이 형성되어 있다. 하식애 전면의 하상은 과다한 모래가 운반중이어서 유로가 망류의 형태를 띤다(사진 15).

3) 지형경관의 분포

산지지역에 분포하는 지형경관은 산체를 구성하는 기반암이 만드는 지형과 산지 내를 흐르는 골짜기의 지형으로 구분된다. 고령군 내에 분포하는 주요 산지지형경관은 고령읍의 미숭산

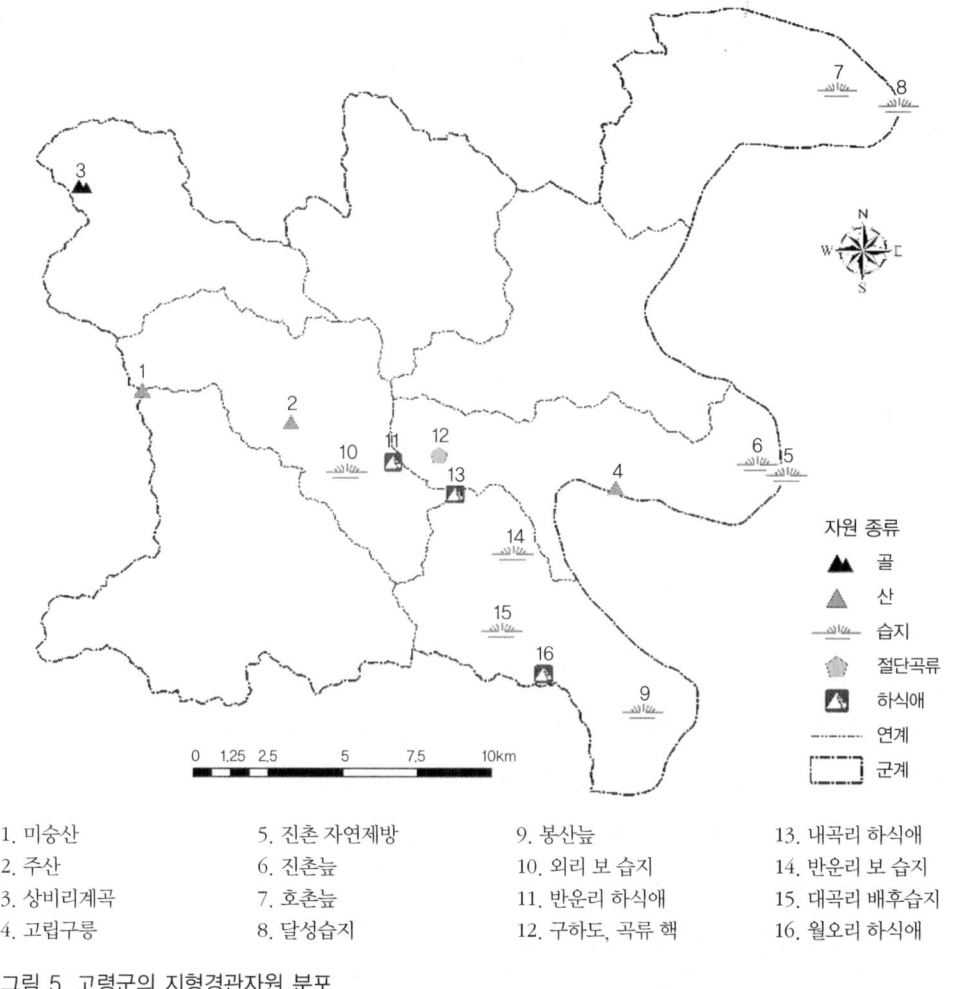

1. 미숭산	5. 진촌 자연제방	9. 봉산늪	13. 내곡리 하식애
2. 주산	6. 진촌늪	10. 외리 보 습지	14. 반운리 보 습지
3. 상비리계곡	7. 호촌늪	11. 반운리 하식애	15. 대곡리 배후습지
4. 고립구릉	8. 달성습지	12. 구하도, 곡류 핵	16. 월오리 하식애

그림 5. 고령군의 지형경관자원 분포

과 주산의 산체, 덕곡면 노리의 상비리 계곡, 개진면 오사리의 고립구릉 등으로 이루어져 있다. 주산과 미숭산은 하나의 등산로로 연결되어 공원으로 조성되었으며, 가야산과 덕곡저수지를 잇는 상비리 계곡은 여름철 많은 피서객들이 찾는 명소가 되었다(그림 5).

하천 연안에 분포하는 지형경관은 하천의 퇴적작용으로 이루어진 지형과 하천의 침식작용으로 이루어진 지형으로 구분된다. 고령군 내에 분포하는 주요 하천지형경관은 개진면 부리의 진촌늪, 다산면 호촌리의 호촌늪과 달성습지, 우곡면 봉산리의 봉산늪 등의 자연습지, 고령읍 외리와 개진면 반운리의 보 축조에 따른 인공습지, 개진면 반운리의 곡류 절단에 따른 구하도와 곡류 핵, 고령읍 내곡리와 우곡면 월오리의 하식애, 우곡면 야정리의 넓은 모래톱과 망류하도 등이다.

낙동강 연안의 자연습지들은 생태학적 가치가 크지만 농경지로 둘러싸여 여러 가지 쓰레기들로 오염되고 있어 보존대책이 시급하다. 개진면 반운리의 보 상류에 나타나는 인공습지는 주변 양돈장에서 나오는 축산폐수를 정화시키는 기능을 하지만, 습지의 교목(버드나무)이 홍수 시 물의 흐름을 방해한다는 이유로 제거되어 아쉬움이 남는다. 그리고 개진면 반운리의 구하도와 곡류 핵은 중고등학생들의 학습장소로 이용될 수 있다.

4. 활용방안

지형경관은 생물자원·문화자원과 더불어 생태관광의 주요 대상이다. 특히 지리관광에서는 지형경관의 형성과정에 관한 이해를 강조하는 경향이 있다(손명원, 2006). 서구의 여러 선진 나라에서는 지형경관과 생태자원을 합하여 자연생태공원으로 개발하고, 자연관찰학습장으로 활용하는 경우가 많다(전영권·손명원, 2004). 고령군에는 타지역에 비하여 보존할만한 가치가 높은 지형경관자원이 많이 분포하고 있다. 지금까지는 이러한 지형경관을 자원으로 인식하지 못하였기 때문에 방치하여 왔고, 그러는 사이에 지형경관의 자원으로서의 가치는 점차 훼손되었다. 따라서 지금부터라도 가치있는 지형경관을 발굴하여 보존하고, 나아가 생태관광 또는 지리관광 자원으로 활용함으로써 지역의 이미지를 제고함과 동시에 주민들의 소득을 증대시키는 효과를 거둘 수 있을 것이다.

고령군 내에 분포하는 주요 산지지형경관은 미숭산과 주산이다. 주산은 고령군의 진산이며, 대가야국의 고분들이 분포한 고령군의 정신적 지주이다. 주산은 고령군민들이 자주 찾고, 아끼고, 가꾸어서 주민들과 산이 일체가 되도록 해야 한다. 이러한 관점에서 주산과 미숭산을 하나로 엮는 등산로를 개발하고 공원으로 조성한 것은 매우 바람직한 일이다.

현 시대를 이끄는 주요 패러다임 가운데 하나는 생태주의이다. 인간이 소득증대를 위한 개발에만 몰두해온 탓에 인간을 둘러싼 자연환경이 매우 훼손되었다. 인간은 자연환경에 의존하지 않고는 살아갈 수 없다. 따라서 인간과 자연환경이 공존할 수 있는 길을 모색하여야 한다.

자연환경을 보전하는 길은 매우 다양하다. 자연환경의 훼손을 예방하는 수동적인 방법이 있는 반면, 자연환경을 복원하는 능동적인 방법도 있다. 이러한 방법들의 이면에는 후손들에게 인간과 자연환경이 공존할 수 있는 방법을 가르치는 것이 가장 중요하다. 그래서 전국 각지에 많은 생태공원이 조성되고 있다.

고령군 내 낙동강 연변에는 범람원 상에 자연습지가 많이 분포한다. 다산면 호촌리의 호촌늪과 우곡면 봉산리의 봉산늪은 대부분 농경지로 개간되어 규모가 작다. 하지만 개진면 부리의 진촌늪은 자연제방 위의 가옥들과 배후습지의 연밭 등 비교적 다양한 모습을 갖추고 있으므로 생태공원을 조성하기에 안성맞춤이다. 또 이곳은 대구광역시 달성군 현풍면과 교량으로 연결되어 많은 소비자들의 접근성이 뛰어나므로 경제성이 충분한 것으로 보여진다.

그리고 개진면 반운리에는 감입곡류의 절단으로 만들어진 구하도와 곡류 핵이 분포하고, 보 상류에 하천습지가 형성되어 중고등학생들의 학습장소로 적합하다. 가까운 장소에서 감입곡류의 절단을 관찰하기가 쉽지 않고, 하천생태계에 악영향을 끼치는 것으로만 인식되어온 보의 생태학적 순기능을 관찰할 수 있는 장소도 미흡한 상황에서, 자연을 관찰하고 학습할 수 있는 탐구학습장으로 꾸밀 수 있을 것이다.

5. 종합 및 결론

본 연구에서는 고령군에 산재하는 지형경관자원을 발굴하여, 그 분포를 지도화 함으로써 지형경관자원의 관리에 기반이 되는 자료를 제공하고, 이를 활용하는 방안을 제시하고자 하였다. 분석결과는 다음과 같다.

첫째, 산지지역에 분포하는 지형경관은 고령읍의 미숭산과 주산, 그리고 덕곡면 노리의 상비리 계곡, 개진면 오사리의 고립구릉 등이다.

둘째, 하천 연안에 분포하는 지형경관은 개진면 부리의 진촌늪, 다산면 호촌리의 호촌늪과 달성습지, 우곡면 봉산리의 봉산늪 등의 자연습지, 고령읍 외리와 개진면 반운리의 보 축조에 따른 인공습지, 개진면 반운리의 곡류 절단에 따른 구하도와 곡류 핵, 고령읍 내곡리와 우곡면 월오리의 하식애, 우곡면 야정리의 넓은 모래톱과 망류하도 등이다.

셋째, 개진면 부리의 진촌늪은 전형적인 범람원의 모습을 갖추고 있고 비교적 보존상태가 양호하며 대도시와의 접근성도 양호하므로 생태공원을 조성하기에 적합하다. 그리고 개진면 반운리에는 탐구학습장을 조성하여 감입곡류의 절단과 연관된 환경변화와 보의 생태학적 순기능을 관찰할 수 있는 기회를 증대하여야 한다.

참고문헌

고령군, 1996, 고령군지.
손명원, 1998, 문경의 자연지리, 한국지역지리학회지, 4(2), 15-30.
손명원, 2001, 우리나라 저위하안단구의 형성요인, 한국지역지리학회지, 7(2), 71-81.
손명원, 2002, 상주의 자연지리, 한국지역지리학회지, 8(3), 281-294.
손명원, 2006, 금호분지 내 지리관광자원의 자연지리학적 배경, 한국지역지리학회지, 12(2), 202-214.
손명원·전영권, 2003, 낙동강 하류 연안 자연습지의 자연지리적 특성, 한국지역지리학회지, 9(1), 66-76.
오홍석, 1994, 취락지리학 -농어촌의 지역성격과 재편성-, 교학연구사, 서울.
이기봉, 2008, 조선시대 읍치 경관의 원형 탐색, 한국지역지리학회 동계 학술대회 요약집.
전영권·손명원, 2004, 대구 비슬산지 내 지형자원의 활용방안에 관한 연구, 한국지역지리학회지, 10(1), 53-66.
천미연, 2007, 범람원에 형성된 호소성 습지에 관한 연구 -낙동강 중류를 사례로-, 대구대학교 석사학위논문.
허철호·김성용·윤성택, 2005, 오대산 국립공원의 지질 및 지형경관자원 조사를 통한 관광지질학적 가치 증진 : 지구과학의 대중적 이해, 한국지구과학학회지, 26(3), 218-231.
허철호·최상훈, 2007, 관광지질학 활성화를 위한 지질 및 지형경관자원 개발에 관한 연구 : 태안해안국립공원을 중심으로, 한국지구과학학회지, 28(1), 75-86.
Thomas, M. F., 1974, *Tropical Geomorphology: A study of weathering and landform development in warm climates*, Macmillan, London.
http://www.goryeong.go.kr/(고령군청 홈페이지)

기후의 특성과 응용*

송호열

1. 서론

고령군은 현재 기상관측소가 설치되어 있지 않고, 다만 자동기상관측소(Automatic Weather Station)[1] 한 곳만 운영되고 있다. AWS에 장착되어 있는 관측기기는 기상관측소(Meteorological Station 또는 Weather Station)에서 설치, 운영하고 있는 측기에 비해서 정밀도가 떨어지는 문제점과 일시적으로 관측이 중단되는 경우가 있기 때문에 관측 자료의 신뢰성이 낮다는 문제점이 있다.

이런 문제점에도 불구하고 고령군의 기상 관측 자료가 이것밖에 없기 때문에 이들 자료를 기상청에서 구매하여 사용할 수밖에 없는 형편이다. 그래서 관측이 시작된 1993년부터 2007년까지 총 15년 간의 자료를 분석하여 고령군의 기후 특색을 살펴보고자 한다. 기후학적으로 볼 때, 적어도 30년 정도의 기후 자료가 확보되어야 분석상 유의미하나, 이 역시 관측 역사가

---

* 이 글은 청주대학교 사범대학 지리교육과, 「淸州地理」, 제21호(2009년 12월) pp.94-114에 게재된 바 있음.
[1] 유선 또는 무선 통신에 의하여 원거리에 있는 본부에 관측값을 자동적으로 통보하는 관측소를 말한다. 무선 로봇, 로봇 부이 등이 그 한 예이며, 주로 산악, 사막, 해안 등 무인 지대에 설치한다. 국지적인 집중호우나 돌발적인 기상 현상 등은 발생 범위가 협소하기 때문에 기상관서에서의 관측만으로는 파악하기 곤란한 경우가 많다. 이와 같이 정규 기상관측망으로는 관측이 어려운 규모의 기상 현상을 관측하기 위해 무인기상관측장비를 개발하여 1970년대부터 선진국에서 사용하기 시작하였다. 우리나라 기상청에서는 기상관측소가 없는 지역에 자동기상관측장비(Automatic Weather System, AWS)를 설치하여 무인으로 관측을 실시하고 있다. 풍향, 풍속, 기온, 습도, 강수량을 관측하는 AWS를 설치하여 공중 또는 전용 전화회선에 의하여 매시간 컴퓨터로 자료를 수집, 처리하여 실시간으로 기상정보를 제공하고 있다. (기상청 홈페이지에서 제공하는 '기상배움터'의 '용어사전' 중 해당 항목의 설명임. 필자가 내용 일부를 수정하였음.)

일천하여 부득이 15년 간의 자료만 사용하게 되었다.

현재 AWS를 이용하여 관측하고 있는 자료는 강수량, 풍속, 풍향, 기온 등이며, 매 분 단위로 관측이 이루어지고 있고, 이들 자료를 기상청 홈페이지를 통해 실시간으로 제공하고 있다. 이들 자료를 표, 그래프, 지도 등으로 가공하여 서비스하고 있다. 강수량의 경우 1분, 15분, 60분, 12시간, 일 단위의 자료를 제공하며, 풍향과 풍속의 경우에는 1분 및 10분 단위의 자료를 제공하고 있고, 기온은 분 단위 자료만 제공하고 있다.

고령군에 있는 AWS의 지점번호는 812번이며, 소재지는 고령군 고령읍 내곡리이고, 해발고도는 40m이다. AWS 자료만으로 기후 특색을 구명하기 곤란할 경우에는 인접 기상관측소인 합천, 거창, 대구의 자료와 조금 멀리 떨어져 있는 밀양 및 구미의 자료까지도 참고해야 한다.

평균값, 최고값, 최저값, 극값 등의 자료를 통하여 일반적인 기후 특색을 파악할 수 있으며, 일 단위, 월 단위, 연 단위의 자료도 구축해야 할 것이다. 또한 이들 자료를 시계열적으로 분석하여 그 특징을 파악할 수 있다. 즉 매년의 변화 경향을 한 눈에 파악할 수 있는 경년변화, 1년 동안의 변화를 파악할 수 있는 연변화, 하루의 변화를 파악할 수 있는 일변화 등이 있다. 농업과 관련해서는 풍수해, 냉해 등의 발생 가능성, 동절기의 난방도일 계산 등에 활용할 수 있다.

극값의 경우 전년 또는 월별 극값으로 구분하여 파악할 수 있으며, 일별자료 기후요소 극값은 일 강수량 최다, 1시간 강수량 최다, 10분 강수량 최다, 일평균기온 최고 및 최저, 최고기온 최고, 최저기온 최저, 최대(풍향)풍속, 최대순간(풍향)풍속 등이 있으며, 고령군에서는 그다지 중요하지 않은 요소로 최심신적설, 최심적설 등이 있다. 연별자료 기후요소 극값은 평균기온 최고 및 최저, 최고기온 최고, 최저기온 최저, 10분/1시간/일강수량 최다, 최대(풍향)풍속 최고, 최대순간(풍향)풍속 최고 등이 있으며, 이외에 최심신적설 최고, 최심적설 최고 등이 있다.

기상관측소에서는 일조시수, 일조량, 운량, 해면기압, 습도, 증발량, 수증기압 등도 관측하여 제공하고 있지만 AWS 자료에는 포함되어 있지 않다. 기간의 측면으로 보면 일평균, 반순(5일)평균, 순(10일)평균, 월평균, 연평균 값 등을 고려할 수 있다. 최고 및 최저값의 경우에도 이런 기간에 해당하는 자료를 검색하여 제공할 수 있다.

AWS의 경우 기기 고장 등으로 인한 결측이 상당하다. 이 결측 자료 때문에 본고에서 분석한 내용에 대한 신뢰성이 저하될 수 있다. 최근에는 결측이 많이 감소하였지만, 과거에는 빈도가 상당히 높았다.

연도별로 보면 1993년에 17일, 1994년에 11일, 1995년에 7일, 1996년에 65일, 1997년에 20일, 1998년에 4일, 1999년에 8일, 2004년과 2006년에 1일의 결측이 있었다. 월별로는 1월에

11회, 2월에 9회, 3월에 7회, 4월에 13회, 5월에 10회, 6월에 10회, 7월에 27회, 8월에 2회, 9월에 7회, 10월에 9회, 11월에 18회, 12월에 11회의 결측이 있었으며, 15년 동안 총 134회의 결측이 있었다.

    강수의 경우에는 강수가 있었어도 그 시간대에 결측이 되면 무강수일로 취급되기 때문에 1996년의 경우에는 실제보다 강수량이 훨씬 적게 나타날 수도 있으며, 7월의 강수량이 실제보다 더 적게 나타날 수도 있다. 더더군다나 원래 강수가 없어서 무강수일인 경우와 결측으로 인한 무강수일을 분간할 수 없기 때문에 분석상의 어려움이 더 컸다. 기온의 경우에는 평균치를 사용하기 때문에 표본수가 줄어들어 대표성이 떨어진다는 점은 우려되지만, 그래도 근사값을 구할 수 있기 때문에 강수보다는 문제점이 적다.

    본 결측일 자료는 한 항목의 값도 측정이 안 된 날만을 검색하여 제시한 것이고, 특정 항목만 부분적으로 결측된 경우도 있는데, 이 경우까지 합하면 결측 사례는 훨씬 더 많아진다. 물론 하루 중 단 몇 분이라도 결측되었을 때, 그 값이 제시되지 않는 경우도 있기 때문에 부분 결측 자료의 경우, 일부 기후 요소에 대해서는 분석을 해도 무방한 경우가 있다.

    참고로 기온의 경우 134회의 결측 자료 이외에 최고기온 결측 자료가 54회, 평균기온 결측 자료가 119회, 최저기온 결측 자료가 78회 더 있었다. 그리고 극소수이지만 부정확한 것으로 추정되는 자료도 일부 있었다. 강수의 경우에는 실제 무강수일과 결측일이 구분되지 않기 때문에 정확한 결측일수를 추정하기는 쉽지 않지만 기온 결측을 토대로 추정해 본다면 200회 내외의 결측이 있었을 것으로 판단된다.

2. 본론

1) 강수

(1) 집중호우와 전년 강수 출현 특성

    집중호우에 대한 정의는 여러 가지가 있지만 여기에서는 일강수량이 80mm 이상인 경우로 기준을 삼았다. 1993년부터 2007년까지 15년 동안 고령군에는 36회의 집중호우가 있었다(표 1 참조). 연평균 2.4회의 빈도를 보였다. 월별로는 5월에 2회, 6월에 4회, 7월에 8회, 8월에 13회, 9월에 9회 출현하였다. 200mm 이상은 1회, 200mm 미만 160mm 이상은 없고, 160mm

표 1. 집중호우 출현일

순위	년	월	일	강수량 (0.1mm)	순위	년	월	일	강수량 (0.1mm)
1	1998	9	30	2665	19	2004	6	19	975
2	2002	8	31	1590	20	2007	9	5	945
3	2003	9	12	1590	21	2007	9	1	935
4	2004	8	18	1555	22	1999	7	2	930
5	2000	7	23	1435	23	1998	8	1	905
6	2002	8	7	1415	24	2002	7	5	905
7	2000	7	15	1400	25	1993	8	8	890
8	2000	8	4	1370	26	1997	7	6	875
9	2000	9	13	1340	27	2006	7	9	875
10	2006	7	10	1340	28	1999	8	31	860
11	2003	5	30	1300	29	2003	8	18	840
12	2001	6	24	1280	30	1997	7	1	835
13	1995	8	25	1250	31	1999	9	20	820
14	1996	6	24	1200	32	1998	9	29	815
15	2002	8	8	1185	33	1999	9	23	810
16	2001	6	18	1135	34	2003	5	25	805
17	2007	9	16	1085	35	2004	8	22	805
18	1997	8	10	985	36	2005	8	20	805

미만 120mm 이상은 13회, 120mm 미만 80mm 이상은 22회 출현하였다.

이외에 70mm 이상은 15회, 60mm 이상은 14회, 50mm 이상은 33회, 40mm 이상은 45회, 30mm 이상은 62회, 20mm 이상은 105회, 10mm 이상은 187회, 1mm 이상은 486회, 1mm 미만 유강수일은 297회였다. 총 강수일은 1,280회였으며, 이는 전체 5,397일 중 23.7%의 비중을 차지하는 것이다(표 2). 즉 4일에 1회 정도 강수가 있었다는 것이다.

(2) 월별 강수 출현 특성

전년의 강수 특성은 위와 같으나, 우리나라의 경우 하계 집중형 강수 특성을 보이기 때문에 월별로도 강수 현황을 살펴 볼 필요가 있다. 1월의 경우 일강수량 최대는 2002년 1월 15일의 32.5mm이고, 2001년 1월 7일의 30.5mm가 2위 기록이다. 이어 20mm 이상 2회, 10mm 이상 4회, 1mm 이상 32회, 1mm 미만 유강수일 12회로 총 52회의 강수 현상이 있었다. 11.2%의

---

2 여기에 제시된 기후자료 관련 모든 표 및 그래프는 기상청에서 제공받은 고령군 AWS 자료를 가공하거나 통계 처리한 것이다. 각 표에 출처를 밝혀야 하지만 번거롭기 때문에 이 글로 대신하고자 한다.

표 2. 월별 강수 출현 빈도

강수량 (mm)	1월	2월	3월	4월	5월	6월	7월	8월	9월	10월	11월	12월	합계	비율
1 미만	12	8	11	17	14	19	34	21	24	13	14	10	197	15.4
1 이상	32	27	41	53	69	50	77	76	62	33	43	23	586	45.8
10 이상	4	8	13	12	28	23	36	32	9	8	9	5	187	14.6
20 이상	2	6	10	11	13	13	12	15	14	6	2	1	105	8.2
30 이상	2	2	1	7	7	10	11	13	5	1	3		62	4.8
40 이상			3	3	5	5	14	9	4	1	1		45	3.5
50 이상			1		2	4	13	13					33	2.6
60 이상					1	4	3	5	1				14	1.1
70 이상						3	6	5	1				15	1.2
80 이상					1		3	5	3				12	1.0
90 이상					1	4	5	8	6				24	1.9
합계	52	51	77	103	139	135	205	207	134	65	72	40	1,280	

강수 빈도를 보여 9일에 1회 정도로 강수가 출현하였다.

2월의 경우 일강수량 최대는 2004년 2월 22일의 33.0mm였고, 2위는 2001년 2월 23일의 30.0mm였다. 이어 20mm 이상은 6회, 10mm 이상 8회, 1mm 이상 27회, 1mm 미만 유강수일 8회로 총 51회의 강수 현상이 있었다. 12.1%의 강수 빈도를 보여 8일에 1회 정도로 강수가 있었다.

3월의 경우 일강수량 최대는 2007년 3월 4일의 57.5mm였고, 2위는 1999년 3월 15일의 35.5mm였다. 이어 20mm 이상은 10회, 10mm 이상 13회, 1mm 이상 41회, 1mm 미만 유강수일 11회로 총 77회의 강수 현상이 있었다. 16.6%의 강수 빈도를 보여 6일에 1회 정도로 강수가 있었다.

4월의 경우 일강수량 최대는 1998년 4월 1일의 49.5mm였고, 2위는 1999년 4월 9일의 41.5mm였으며, 3위는 2004년 4월 26일의 40.5mm였다. 이어 30mm 이상은 7회, 20mm 이상은 11회, 10mm 이상 12회, 1mm 이상 53회, 1mm 미만 유강수일 17회로 총 103회의 강수 현상이 있었다. 22.9%의 강수 빈도를 보여 4~5일에 1회 정도로 강수가 있었다.

5월의 경우 일강수량 최대는 2003년 5월 30일의 130.0mm였고, 2위는 2003년 5월 25일의 80.5mm였다. 이어 60mm 이상이 1회, 50mm 이상이 2회, 40mm 이상이 3회, 30mm 이상이 7회, 20mm 이상이 13회, 10mm 이상 28회, 1mm 이상 69회, 1mm 미만 유강수일 14회로 총

139회의 강수 현상이 있었다. 29.9%의 강수 빈도를 보여 3~4일에 1회 정도로 강수가 있었다.

6월의 경우 일강수량 최대는 2001년 6월 24일의 128.0mm였고, 2위는 1996년 6월 24일의 120.0mm였다. 이어 110mm대 1회, 90mm대 1회, 70mm대 3회, 60mm 이상이 4회, 50mm 이상이 4회, 40mm 이상이 5회, 30mm 이상이 10회, 20mm 이상이 13회, 10mm 이상 23회, 1mm 이상 50회, 1mm 미만 유강수일 19회로 총 135회의 강수 현상이 있었다. 30.0%의 강수 빈도를 보여 3~4일에 1회 정도로 강수가 있었다.

7월의 경우 일강수량 최대는 2000년 7월 23일의 143.5mm였고, 2위는 2000년 7월 15일의 140.0mm였으며, 3위는 2006년 7월 10일의 134.0mm였다. 이어 90mm대 2회, 80mm 이상 3회, 70mm 이상 6회, 60mm 이상 3회, 50mm 이상 13회, 40mm 이상 5회, 30mm 이상 11회, 20mm 이상 12회, 10mm 이상 36회, 1mm 이상 77회, 1mm 미만 유강수일 34회로 총 205회의 강수 현상이 있었다. 44.1%의 강수 빈도를 보여 2~3일에 1회 정도로 강수가 있었다.

8월의 경우 일강수량 최대는 2002년 8월 31일의 159.0mm였고, 2위는 2004년 8월 18일의 155.5mm였으며, 140, 130, 120, 110mm대가 각각 1회씩 출현하였다. 이어 90mm대 2회, 80mm 이상 5회, 70mm 이상 5회, 60mm 이상 5회, 50mm 이상 13회, 40mm 이상 14회, 30mm 이상 13회, 20mm 이상 15회, 10mm 이상 32회, 1mm 이상 76회, 1mm 미만 유강수일 21회로 총 207회의 강수 현상이 있었다. 44.5%의 강수 빈도를 보여 2~3일에 1회 정도로 강수가 있었다.

9월의 경우 일강수량 최대는 1998년 9월 30일의 266.5mm였고, 2위는 2003년 9월 12일의 159.0mm였으며, 130, 100mm대가 각각 1회씩 출현하였다. 이어 90mm 이상 2회, 80mm 이상 3회, 70mm 이상 1회, 60mm 이상 1회, 50mm 이상 0회, 40mm 이상 9회, 30mm 이상 5회, 20mm 이상 14회, 10mm 이상 9회, 1mm 이상 62회, 1mm 미만 유강수일 24회로 총 134회의 강수 현상이 있었다. 29.8%의 강수 빈도를 보여 3~4일에 1회 정도로 강수가 있었다.

10월의 경우 일강수량 최대는 1998년 10월 12일의 48.0mm였고, 2,3위는 1994년 10월 11, 12일의 43.5mm였다. 이어 40mm 이상 1회, 30mm 이상 1회, 20mm 이상 6회, 10mm 이상 8회, 1mm 이상 33회, 1mm 미만 유강수일 13회로 총 65회의 강수 현상이 있었다. 14.0%의 강수 빈도를 보여 7일에 1회 정도로 강수가 있었다.

11월의 경우 일강수량 최대는 1997년 11월 12일의 45.0mm였고, 이어 30mm 이상 3회, 20mm 이상 2회, 10mm 이상 9회, 1mm 이상 43회, 1mm 미만 유강수일 14회로 총 72회의 강수 현상이 있었다. 16.0%의 강수 빈도를 보여 6일에 1회 정도로 강수가 있었다.

12월의 경우 일강수량 최대는 1997년 12월 6일의 41.0mm였고, 이어 20mm 이상 1회, 10mm 이상 5회, 1mm 이상 23회, 1mm 미만 유강수일 10회로 총 40회의 강수 현상이 있었다. 8.6%의 강수 빈도를 보여 11~12일에 1회 정도로 강수가 있었다.

이상의 내용을 정리하면 〈표 2〉와 같다.

(3) 월별 연속강수 특성

일별 강수 자료도 중요하지만 며칠 동안 계속해서 비가 내렸는지 여부도 중요하다. 왜냐하면 장기간 비가 내리고 구름이 끼면 농작물이 냉해 피해를 입을 수 있으며, 산사태 등의 경우에는 일회의 집중호우에도 발생하지만, 오랜 시간 동안에 걸쳐 토사에 우수가 침투한 상태에서 임계치 이상으로 비가 내릴 때 발생하는 경우도 많기 때문에 연속 강수를 파악하는 것도 중요하다. 물론 강수량을 고려하지 않고 단순히 연속일수만 파악하는 것은 별 의미가 없을 수도 있다. 그래서 양면을 모두 고려할 수 있도록 두 개의 표를 작성하여 분석하고자 한다.

1월의 연속강수량으로 최고 기록은 1996년 1월 14~15일의 20.0mm였고, 2월은 2004년 2월 28~29일의 34mm였다. 3월은 1999년 3월 18~19일의 49.5mm였고, 4월은 2001년 4월

표 3. 월별 연속강수 출현 빈도(연속일수 기준)

연속일수	1월	2월	3월	4월	5월	6월	7월	8월	9월	10월	11월	12월	합계
1	16	20	42	41	31	32	23	35	28	26	22	18	334
2	13	11	12	18	27	28	20	16	15	10	19	8	197
3	2	2	2	5	11	4	13	11	7	3	3	2	65
4	1	1	1	3	1	2	5	7	2	2	1		26
5					3	5	6	5					19
6							4	1	2				7
7							1	1	1				3
8								1	1				2
9							1						1
10							1	1					2
11							2	1					3
12													
13													
14													
15							1						1

28~30일의 67.0mm였으며, 5월의 최고기록으로는 2006년 5월 18~19일의 85.5mm였고, 2위는 64.5mm, 3위는 57.5mm였다. 6월의 최고기록은 2004년 6월 17~21일의 92.0mm였고, 2위는 80.5mm, 3위는 77.0mm였다. 7월의 최고기록은 1997년 7월 4~6일의 164.0mm였고, 2위는 2003년 6월 30일부터 7월 14일까지 15일 연속 148.5mm의 비가 내린 기록이다. 8월의 최고기록은 2000년 8월 3~4일의 223.0mm였고, 2위는 1998년 8월 8일부터 18일까지 11일 동안에 221.5mm가 내린 기록이다. 이외에 8월의 연속강수량을 보면 100mm를 넘은 경우가 9회였고, 80mm를 넘은 경우도 5회 더 있었다. 9월의 최고기록은 2007년 9월 14일부터 24일까지 11일 동안에 295.0mm의 비가 내린 것이고, 이어 2000년 9월 7일부터 16일까지 10일 동안에 284.0mm의 비가 내린 기록이 있다. 이 외에 200mm 이상의 연속강수량을 기록한 경우가 3회 더 있고, 100mm 이상도 3회 있었다. 10월의 최고기록은 1994년 10월 11~12일의 50.0mm였고, 11월의 최고기록은 1993년 11월 10~13일의 28.5mm였으며, 12월의 최고기록은 2002년 12월 7~8일의 19.5mm였다.

두 달에 걸쳐서 강수가 연속된 경우 하루 정도 연속되었으면, 더 비가 많이 내린 달에 포함시켰고, 여러 날이 연속된 경우에는 해당 월별로 연속일수 및 연속강수량도 파악하고, 두 달에 걸쳐 연속된 일수 및 연속강수량도 파악하였다.

1993년 7월 26일부터 8월 3일까지 9일 동안 176.5mm의 비가 내렸고, 1998년 7월 30일부터 8월 3일까지 5일 동안에 121.0mm의 비가 내렸다. 2005년 6월 26일부터 7월 5일까지 10일 동안 160.0mm의 비가 내렸으며, 2007년 8월 28일부터 9월 7일까지 11일 동안 346.0mm의 비가 내렸다.

연속강수량의 과다 측면을 보려면 강수 연속일의 강수량을 모두 합산한 강수량의 빈도를 살펴보아야 하는데, 그 내용을 정리한 한 것이 표 4이다. 여기에서 10mm 이하의 경우 재해 발생 등에 큰 영향을 미치지 않기 때문에 제외하였고, 단독 강수 역시 앞에서 이미 다루었기 때문에 제외하였다.

8월의 경우 연속강수량이 100mm를 넘는 경우가 11회나 있었는데, 220mm대가 2회, 180mm대가 3회, 170mm대, 160mm대, 150mm대가 각 1회, 140mm대가 2회, 120mm대가 1회였다. 9월의 경우 연속강수량이 100mm를 넘는 경우가 8회 출현했는데, 290mm대, 280mm대가 각 1회, 270mm대가 2회, 260mm대가 1회였으며, 190mm대, 170mm대, 100mm대가 각 1회 출현하였다. 이들 자료를 토대로 판단하건대, 다른 달에 비해서 8월과 9월의 재해 가능성이 현저하게 높다는 것을 알 수 있다. 9월의 경우에는 빈도는 낮지만 파괴력은

표 4. 월별 연속강수 출현 빈도(연속강수량 기준)

강수량(mm)	1월	2월	3월	4월	5월	6월	7월	8월	9월	10월	11월	12월	합계
10 이상	4	5	2	4	10	8	10	6	4	2	8	5	68
20 이상		3	4	7	9	5	7	3	3	2	6		49
30 이상		2	1	4	4	1	7	5	2	2			28
40 이상			2	3	1	5	5	5		1			22
50 이상				1	1		4	1	2	1			10
60 이상				1	1	3	1	6					12
70 이상						2	4	1					7
80 이상					1	1	1	2					5
90 이상						1	1	3	1				6
100 이상									1				1
110 이상							2	11	7				20
합계	4	10	9	20	27	26	42	43	20	8	14	5	228

더 큰 것을 알 수 있다.

(4) 일강수량의 분포 특성

1993년부터 2007년까지 15년 동안의 강수량 자료를 평균하여 일강수량을 산출하고 이를 그래프화하였다(그림 1). 일부 결측이 있기 때문에 아주 정확한 자료는 아니지만, 대략적인 분포 특성은 파악할 수 있다. 여름철에 집중적으로 비가 내리는 것을 한눈에 파악할 수 있다. 하지만 여름철 내에서도 일별 차이가 현저하다는 것을 알 수 있다.

(5) 반순 강수량의 분포 특성

일별 자료는 변동성이 커서 경향성을 파악하기는 곤란하다. 이런 단점을 보완하기 위해서 순별 또는 반순별 합계를 이용한다. 1년이 365일이기 때문에 순별보다는 반순별 자료를 많이 이용하는데, 본고에서도 이 자료를 사용하였다.

6월 중순부터 비가 많이 내리기 시작하여 9월 하순까지 비가 많이 내리는 것을 한눈에 파악할 수 있다. 물론 그 기간 동안에도 7월 하순, 9월 초순과 9월 15일 이후는 다소 비가 적게 내린다. 다른 계절에는 5월 10일 전후에 다소 비가 많이 내리는 편이다.

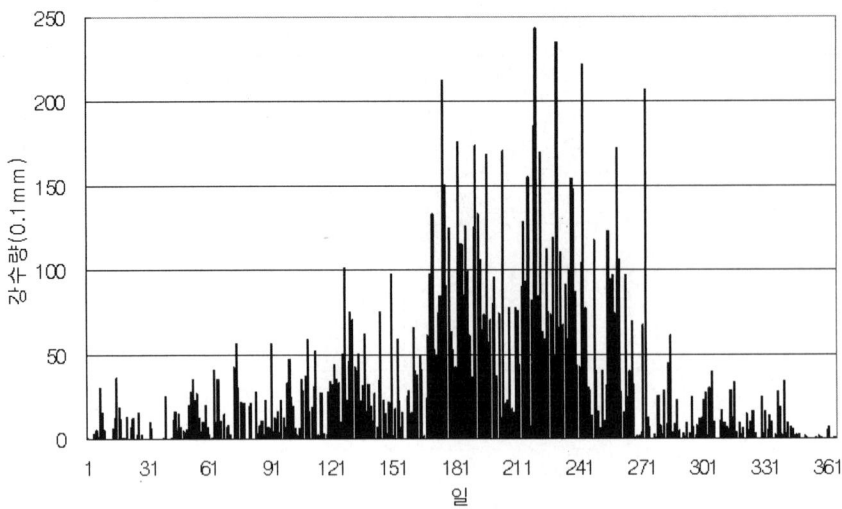

그림 1. 일강수량의 분포

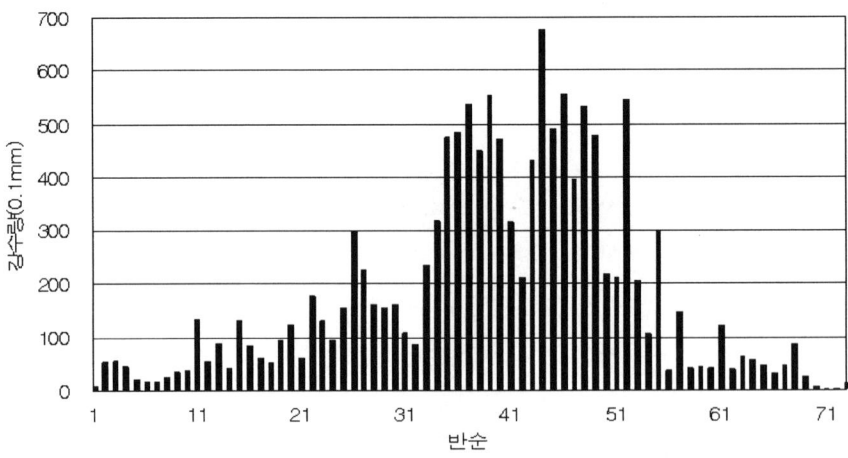

그림 2. 반순 강수량

(6) 월 및 계절 강수량의 분포 특성

각 월별로 강수 특성을 정리한 것이 다음 〈표 5〉이다.

월강수량이 가장 많은 달은 8월로 15년 평균값이 332.9mm였고, 2위는 7월로 261.6mm를 기록하였으며, 3위는 6월, 4위는 9월, 5위는 5월, 6위는 4월이었다. 가장 적은 달은 13.7mm가 내린 12월이었고, 그 다음은 1월, 2월, 11월, 10월, 3월 순이었다. 천문학적인 계절별로는 여

표 5. 월별 강수량 분포 특성

월	15년 총강수량 (0.1mm)	평균 강수량 (0.1mm)	강수일수(회)	강수1회당 평균 강수량(0.1mm)	평균강수일수 (회)
1	3190	212.7	52	61.3	3.5
2	4290	286.0	51	84.1	3.4
3	6980	465.3	77	90.6	5.1
4	10200	680.0	103	99.0	6.9
5	17405	1160.3	139	125.2	9.3
6	26180	1745.3	135	193.9	9.0
7	39245	2616.3	205	191.4	13.7
8	49930	3328.7	207	241.2	13.8
9	25095	1673.0	134	187.3	8.9
10	6135	409.0	65	94.4	4.3
11	4785	319.0	72	66.5	4.8
12	2055	137.0	40	51.4	2.7
총계	195490	13032.7	1280	(평균)152.7	85.3

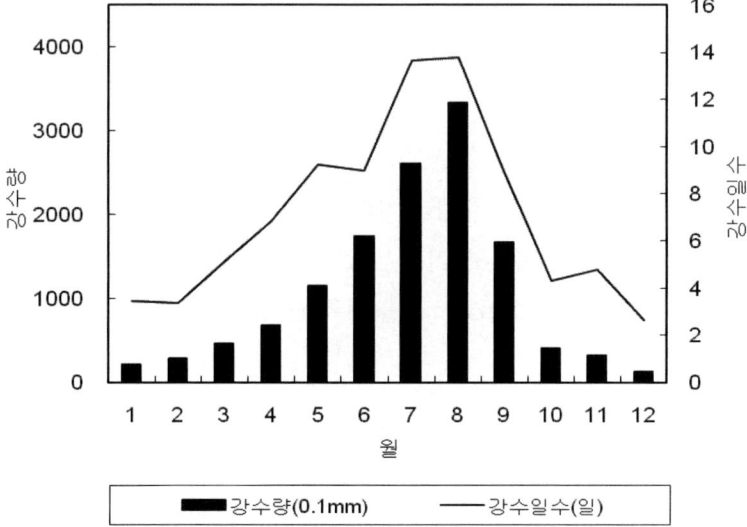

그림 3. 월별 강수량 분포

름철인 6~8월에 769.0mm의 비가 내려 59.0%의 하계강수집중률을 보이고 있으며, 9~11월의 가을철에는 240.1mm, 3~5월의 봄철에는 230.6mm, 12~2월의 겨울철에는 63.6mm의 비가 내렸다.

강수일수를 보면 8월에 13.8회, 7월에 13.7회로 거의 2일에 1회 정도로 비가 내렸다. 이어 5

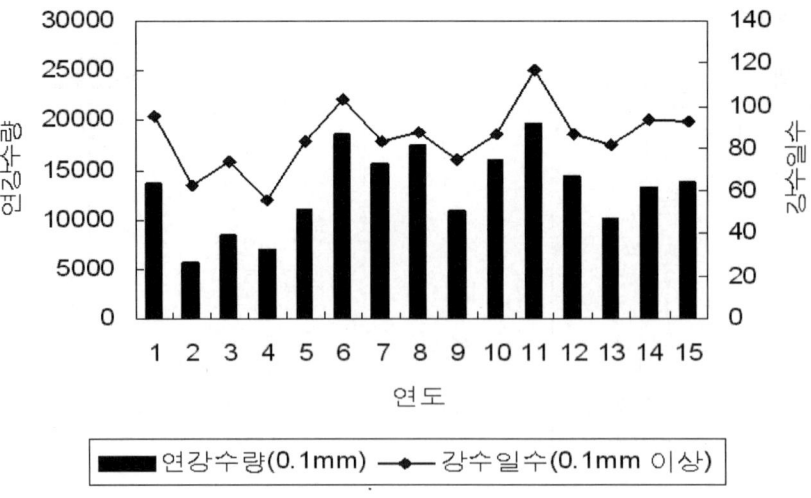

그림 4. 강수량의 경년변화(1993~2007)

월, 6월, 9월에 월 9회 정도 비가 내렸고, 강수일수 역시 12월에 가장 적었다.

(7) 연강수량의 분포 특성

연평균강수량은 1,303.3mm로 남한의 평균 강수량과 거의 비슷하지만 남해안 지역에 비해서는 다소 적은 강수량을 보이고 있다. 연강수량이 가장 많았던 해는 2003년으로 1968.0mm를 기록하였고, 가장 적었던 해는 1994년으로 565.5mm를 기록하였다. 그 차이는 1402.5mm이고, 3.5배의 차이가 났다.

2) 기온

(1) 전년 기온 변화 특성

지금까지 AWS를 통해서 수집한 15년 동안의 기온 자료를 최고기온, 평균기온, 최저기온으로 구분하여 매년의 평균값을 구한 것이 〈표 6〉에 제시되어 있고, 이 자료를 그래프로 표현한 것이 〈그림 5〉이다.[3]

---

[3] 1993년 17일, 1994년 11일, 1995년 7일, 1996년 65일, 1997년 20일, 1998년 4일, 1999년 8일, 2004년과 2006년 1일의 결측이 있었음을 유념해야 함.

표 6. 연평균기온
(단위 : 0.1℃)

년도	1993	1994	1995	1996	1997	1998	1999	2000	2001	2002	2003	2004	2005	2006	2007
최고	196	212	206	201	206	202	195	196	199	202	197	209	197	192	198
평균	126	138	129	128	128	132	123	123	125	128	127	131	121	127	131
최저	68	75	66	67	65	77	64	63	65	67	69	67	55	72	76

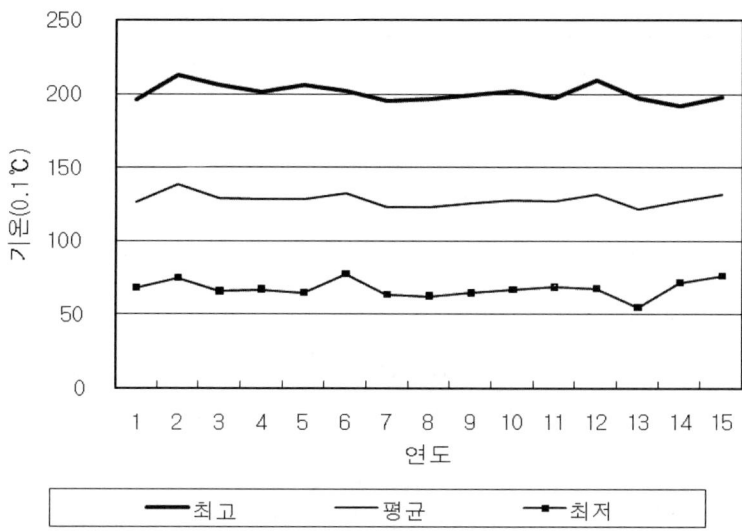

그림 5. 연평균기온의 경년변화(1993~2007)

연평균기온 중 최고기온의 경우 15년 동안 최고는 1994년의 21.2℃였고, 최저는 2006년의 19.2℃였으며, 그 차이는 2.0℃였다. 평균기온의 경우 최고는 1994년의 13.8℃였고, 최저는 2005년의 12.1℃였으며, 그 차이는 1.7℃였다. 최저기온의 경우 최고는 1998년의 7.7℃였고, 최저는 2005년의 5.5℃였으며, 그 차이는 2.2℃였다. 비록 15년 자료밖에 없지만 평년값을 구해 보았는데, 최고기온은 20.1℃, 평균기온은 12.8℃, 최저기온은 6.8℃였다. 최고기온과 최저기온의 차이, 즉 평균 일교차는 13.3℃였다.

그래프에서 최고기온과 평균기온, 최저기온의 관계를 보면 대부분 동일한 변화를 보인 것을 알 수 있지만, 1997년에는 최고 기온이 높고 최저 기온이 낮았으며, 1998년에는 상대적으로 최고기온이 낮았고, 2005년에는 최고기온이 상대적으로 높았으며, 2006년에는 최고기온이 낮고 최저기온이 높았다.

1993년부터 2007년까지 15년의 자료를 평균하여 매일의 최고기온, 평균기온, 최저기온을

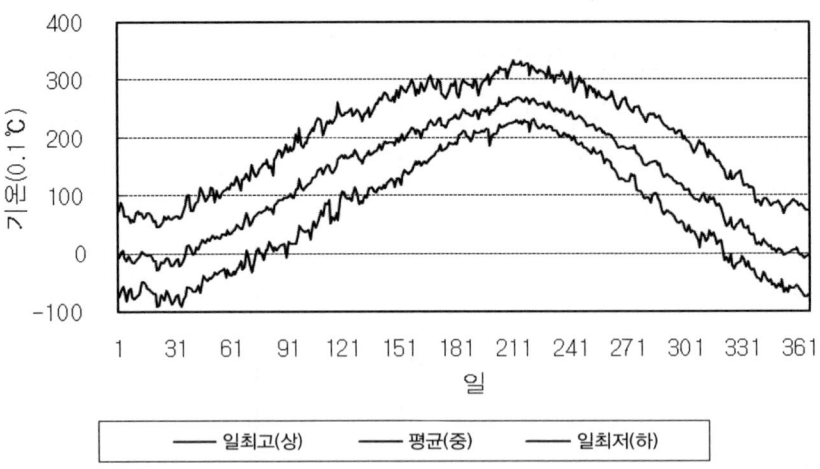

그림 6. 기온 연변화

표 7. 일최고 기온 및 일평균 기온의 극값

(단위 : 0.1℃)

순위	일최고기온 최고 기록				일평균기온 최고 기록				일평균기온 최저 기록			
	년	월	일	기온	년	월	일	기온	년	월	일	기온
1	1994	7	16	388	1994	7	22	308	2001	1	15	-105
2	1995	8	14	388	1994	7	21	307	2004	1	22	-98
3	1994	7	20	387	1994	7	12	306	2001	1	16	-96
4	1994	7	18	386	1994	7	13	306	2001	1	14	-93
5	1994	7	22	386	1995	8	14	305	2004	1	21	-82
6	1994	7	19	384	1994	7	20	305	2003	1	6	-81
7	1994	7	21	384	1994	7	23	303	2003	1	5	-80
8	1994	7	12	382	1994	7	19	302	2003	1	29	-79
9	1994	7	13	381	1994	8	6	302	1998	1	24	-77
10	1996	8	2	381	1994	7	14	301	1997	1	22	-74
	1996	8	13	381	1994	8	5	301				

구하였다. 이들 3개 자료를 모아서 하나의 그래프로 제시하였다(그림 6). 이에 관한 내용은 '4. 일별 기온 변화 특성'에서 상세하게 다룰 것이다.

일최고 기온 최고와 일평균 기온 최고 및 최저값의 극치는 〈표 7〉에 제시하였다. 일최저 기온 극값은 수록된 자료를 신뢰하기 어려워 제외하였다.[4] 이들 자료를 제외했을 때, 최저 기온

---

[4] 예를 들어 -99.7℃ 등의 자료(4회)는 차치하고 -20.0℃ 이하의 자료가 총 8회 있었는데, 일최고기온 및 평균기온으로 미루어 볼 때 출현 가능성이 매우 낮아 값을 삭제하고 분석 작업을 실시하였다.

의 극값은 -16.5℃ 정도로 예상된다. 매일의 최저 기온 기록이 모두 수록되어 있는 2007년의 경우, 일최저 기온의 극값은 1월 14일의 -11.8℃였고, 2위는 2월 3일의 -11.6℃였으며, 3위는 1월 19일의 -10.1℃였다.

일최고기온의 경우 1994년 7월 16일과 1995년 8월 14일의 38.8℃가 공동 1위의 기록이다. 30위권 이내의 일최고기온 자료를 보면 월별로는 6월에 1회, 7월에 22회, 8월에 7회 출현하였고, 연도별로는 1994년에 12회, 1995년에 4회, 1996년에 4회, 1997년에 2회, 2004년에 6회, 2005년에 1회 출현하였다.

(2) 월별 기온 변화 특성

월평균 최고기온, 평균기온, 최저기온을 계산하여 〈표 8〉에 제시하였고, 이를 바탕으로 그래

표 8. 월평균기온

(단위 : 0.1℃)

월	1	2	3	4	5	6	7	8	9	10	11	12
최고	64.7	94.8	144.5	213.2	255.1	286.5	302.9	310.5	271.6	222.6	152.8	87.6
평균	-9.3	16.2	66.7	131.7	178.1	219.4	250.3	253.8	206.1	139.3	70.8	8.4
최저	-70.3	-51.8	-6.1	52.3	108.8	165.0	211.9	214.5	157.5	76.9	6.7	-53.4

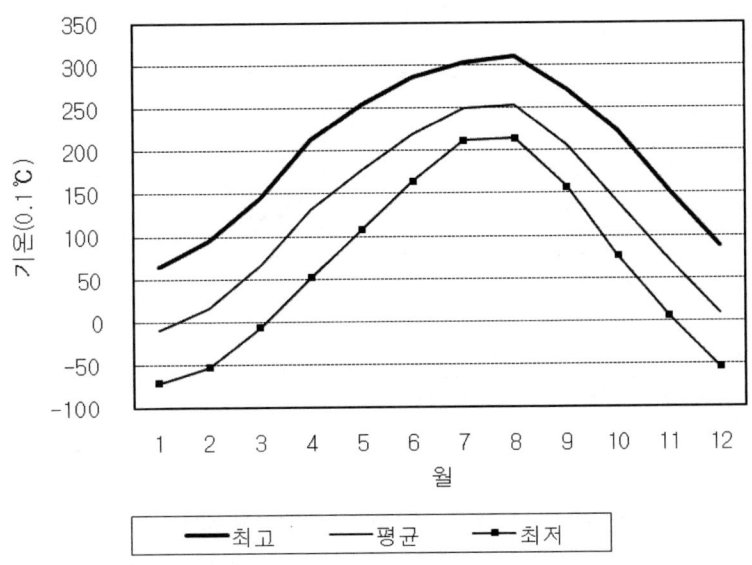

그림 7. 월평균기온

프화한 것이 〈그림 7〉이다. 일반적으로 월별 기온 자료의 경우 월평균기온만 고려하는데, 이 절에서는 최고기온과 최저기온도 함께 분석하였다.[5]

최고기온의 경우 8월의 31.05℃가 최고이고, 다음으로는 7월의 30.29℃였으며, 1월의 6.47℃가 최저이고, 12월의 8.76℃가 그 다음이었다. 최고부터 최저까지의 순위는 8월, 7월, 6월, 9월, 5월, 10월, 4월, 11월, 3월, 2월, 12월, 1월이었다.

평균기온의 경우 8월의 25.38℃가 최고이고, 다음으로는 7월의 25.03℃였으며, 1월의 -0.93℃가 최저이고, 12월의 0.84℃가 그 다음이었다. 최저기온의 경우 8월의 21.45℃가 최고이고, 다음으로는 7월의 21.19℃였으며, 1월의 -7.03℃가 최저이고, 12월의 -5.34℃가 그 다음이었다. 월별 순위는 둘 다 최고기온과 동일하였다.

(3) 반순별 기온 변화 특성

월 자료보다 좀더 상세하게 기온 변화 특성을 파악하기 위하여 반순별 평균값을 구해 보았다(그림 8). 본 자료를 통해서도 계절에 따라서 일교차가 다르다는 것을 알 수 있다. 그리고 다

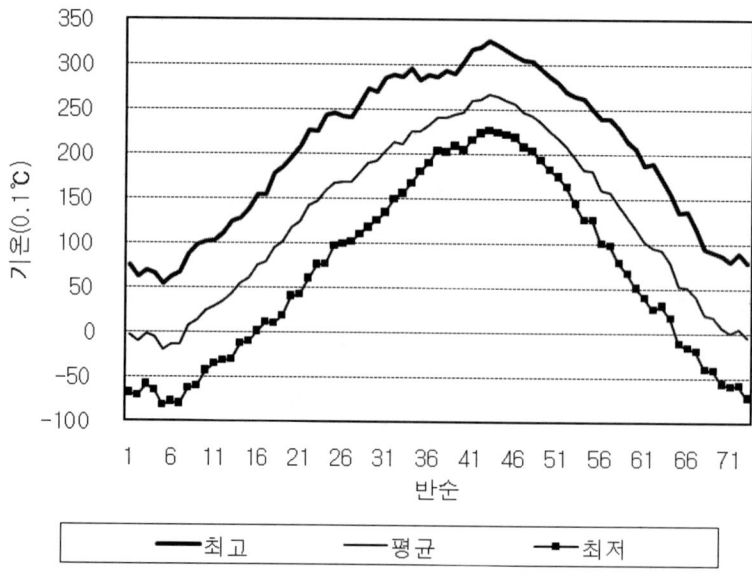

그림 8. 반순별 기온 분포 특성

---

[5] 월별로 1월에 11회, 2월에 9회, 3월에 7회, 4월에 13회, 5월에 10회, 6월에 10회, 7월에 27회, 8월에 2회, 9월에 7회, 10월에 9회, 11월에 18회, 12월에 11회의 결측이 있었음. 비록 적을지라도 이로 인한 영향이 있을 수도 있다는 것을 감안하면서 분석 자료를 보아야 함.

른 계절에 비해서 장마철의 최고 기온이 상대적으로 낮고 최저 기온은 오히려 더 높아서 일교차가 작다는 것을 분명하게 알 수 있다.

(4) 일별 기온 변화 특성
① 일교차

15년 동안의 일 자료를 바탕으로 매일의 최고 기온과 최저 기온의 평년값을 구한 후 이 평년값을 바탕으로 일교차를 구하였다(그림 9). 평년값이 아닌 매일의 일교차를 구해서 분포 상황을 살펴보려고 하였으나 결측 및 오측 자료들이 많아서 신뢰성을 확보하기가 곤란하였다. 그래서 평년값을 기준으로 일교차를 분석하였다.

일교차가 가장 적은 날은 7월 1일로 6.40℃였고, 다음으로 작은 날은 7월 11일로 6.42℃였다. 일교차가 가장 큰 날은 4월 28일로 20.42℃였고, 그 다음으로 큰 날은 3월 31일로 19.45℃였다.

일별 자료는 너무나 복잡하여 전체적인 경향성을 파악하기 곤란하여 반순별로 평균값을 구하였다(그림 10). 39반순(7월 12일 전후)과 37반순(7월 2일 전후)이 8.0℃ 및 8.2℃로 가장 작았고, 18, 19반순(3월 26일~4월 5일)에 16.7℃, 24반순(5월 2일 전후)에 16.6℃, 21, 22반순(4월 11일~4월 20일)에 16.5℃로 가장 컸다.

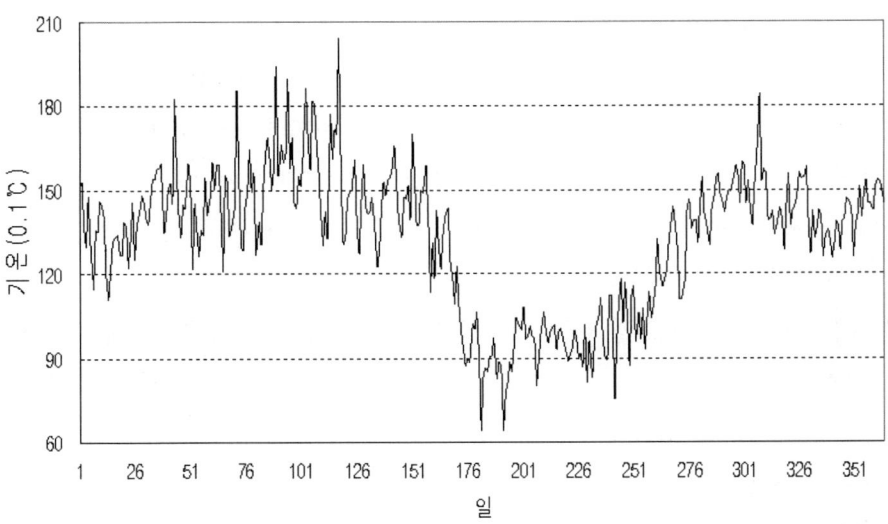

그림 9. 일교차(일별)

그림 10. 일교차(반순별)

계절별로 보면 35~52반순(6월 20일~9월 17일)에 10℃ 이하로 일교차가 작았고, 6~31반순(1월 26일~6월 4일)과 57~66반순(10월 8일~11월 26일)에 14℃ 이상으로 일교차가 컸다. 다른 방법으로 5~7일 이동평균값을 이용할 수도 있지만 본고에서는 생략하였다.

② 열대일과 열대야

일최고기온이 30℃ 이상인 날을 열대일(Tropical Day)이라고 하는데, 15년 관측 기간 동안 총 902회 출현하였다. 즉 매년 60일 정도(결측을 고려하면 그 이상이 됨) 열대일이 출현한다는 것을 알 수 있다. 연도별로 보면 1993년 44일, 1994년 89일, 1995년 71일, 1996년 46일(결측일이 많았던 해이므로 열대일은 더 많았을 것으로 추정됨), 1997년 77일, 1998년 43일, 1999년 41일, 2000년 68일, 2001년 75일, 2002년 65일, 2003년 52일, 2004년 69일, 2005년 78일, 2006년 40일, 2007년 44일 출현하였다.

월별로는 4월에 10일, 5월에 61일, 6월에 192일, 7월에 240일, 8월에 297일, 9월에 101일, 10월에 1일 출현하였다. 평균적으로 보면 매년 4월에 1일 미만, 5월에 4일, 6월에 13일, 7월에 16일, 8월에 20일, 9월에 7일 정도 출현한 셈이다.

열대야(Tropical Night)는 일최저기온이 25℃ 이상인 경우를 말한다. 15년 동안 열대야는 25회 출현하였다. 이는 대구 등 주변 지역의 기록과는 상당히 다른 예상밖의 결과이다. 연도별로 보면 1994년에 10일, 1995년에 2일, 1996년에 1일(1996년은 결측일이 많았으므로 신뢰하기 곤란함.), 1997년에 2일, 1998년에 1일, 2001년에 3일, 2002년, 2003년, 2004년, 2005년, 2006년, 2007년에 각 1일씩 열대야가 나타났고, 1993년, 1999년, 2000년 등에는 열대야가 나타나지 않았다. 월별로는 7월에 10회, 8월에 15회 출현하였다.

③ 결빙과 서리

일최저기온이 영하인 경우는 1,745일로 연평균 116일 정도(결측일을 고려하면 그 이상)가 영하였다. 하지만 결빙은 영하 3℃ 이하가 되어야 하므로 결빙(예상)일은 그 보다 현저하게 적다. 영하 3.0℃ 이하인 경우는 1,267일로 연평균 85일 정도(결측일을 고려하면 그 이상)가 결빙일임을 알 수 있다.

연도별 결빙일은 1993년 73일, 1994년 81일, 1995년 89일, 1996년 79일, 1997년 77일, 1998년 78일, 1999년 89일, 2000년 99일, 2001년 95일, 2002년 86일, 2003년 77일, 2004년 81일, 2005년 108일, 2006년 76일, 2007년 79일로 추정된다.

월별로는 10월에 3일, 11월에 106일, 12월에 345일, 1월에 370일, 2월에 297일, 3월에 135일, 4월에 11일이었다. 평균적으로 보면 매년 11월에 7일, 12월에 23일, 1월에 25일, 2월에 20일, 3월에 9일 정도 결빙이 나타난 것으로 보인다.

농작물 노지 재배와 관련하여 무상일수도 중요한데, 이 경우에는 실제로 서리가 내린 날을 파악해야 한다. 하지만 이와 관련된 자료가 없어서 본고에서는 생략하였다.

(5) 기온 일변화 특성

2007년은 시간 자료까지 확보하여 24시간 동안의 기온 변화를 파악할 수 있었다. 기후 요소에 영향을 미치는 기후 인자가 다양하기 때문에 하루의 기온 일변화만으로는 그 특성을 제대로 파악할 수 없다고 판단되어 각 계절별로 중위값에 해당하는 시기의 5일 연속 자료를 그래프화하여 제시하였다(그림 11).

이를 통해 기온 일변화 특성을 계절별로 비교하고자 하였으나 강수 및 운량 등의 요인이 크게 작용하고 기단의 확장과 정체 등의 상황이 복잡하게 작용하여 단순히 기온 자료만으로 그 특성을 논하는 것은 매우 위험하다고 판단이 되었다. 따라서 여기에서는 별도의 설명 없이 그래프를 제시하는 것으로 만족하고자 한다.

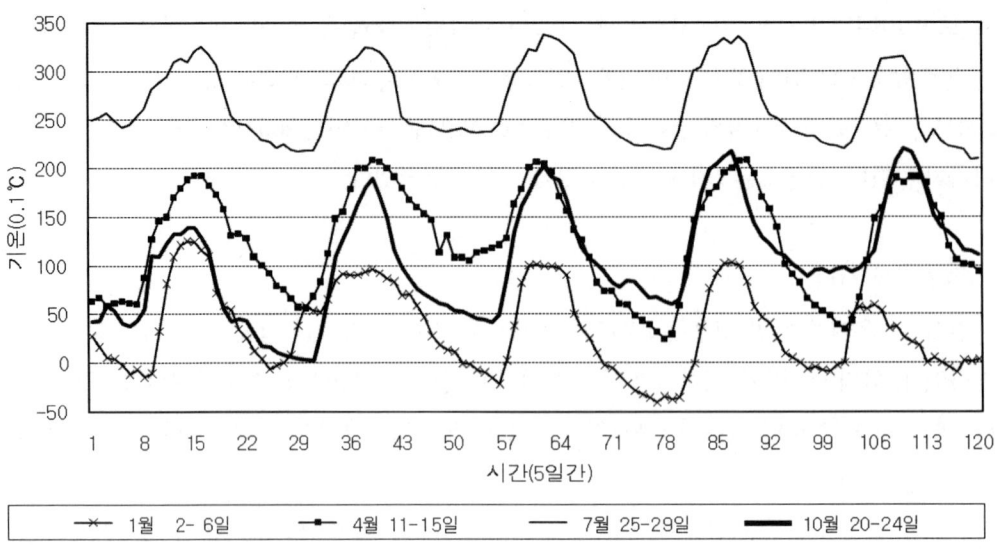

그림 11. 각 계절별 대표 시기의 5일 연속 기온 변화

3) 응용 기후

(1) 난방도일과 냉방도일

기술의 발달로 최근에는 실내 기후를 자유롭게 조절할 수 있게 되었다. 따라서 냉방과 난방에 필요한 에너지 비용의 산출이 중요해졌다. 그래서 외부 기온과 실내 기온의 차와 이에 따라 소요되는 연료 소비를 고려한 기후지수로서 도일(degree day)이 고안된 것이다. 난방도일(暖房度日, heating degree day)은 일평균기온이 기준 온도보다 낮은 날들의 일평균기온과 기준 온도와의 차를 구하여 매일 매일 누적 합산한 것이고, 냉방도일(冷房度日, cooling degree day)은 일평균기온이 기준 온도보다 높은 날들의 일평균기온과 기준 온도와의 차를 구하여 매일 매일 누적 합산한 것으로 적산온도와 계산하는 방법이 비슷하다(이현영, 2000).

여기에서 중요한 것은 실내에서 사람이 쾌적하게 지낼 수 있는 기온의 기준을 정하는 것인데, 이는 인종, 민족, 연령, 개인차, 목적, 시설의 용도, 사회 경제적 여건 등에 따라 당연히 다르다. 우리나라의 난방 기준은 일평균기온 18℃이다. 따라서 난방도일=Σ(18-일평균기온)의 식에 따라 구한다. 우리나라의 냉방 기준은 일평균기온 24℃이다. 따라서 냉방도일=Σ(일평균기온-24)의 식에 따라 구한다.

고령군의 경우 냉방이 필요한 시기는 7월초부터 8월말까지이며, 냉방도일은 78.7로서 남부지방에 속한 지역으로는 비교적 냉방 수요가 적은 편이다. 난방이 필요한 시기는 10월 초부터 5월 20일경까지이며, 난방도일은 2547.7로서 남부지방에 속한 지역으로는 비교적 난방 수요가 큰 편이다.

(2) 적산온도와 온량지수

적산온도는 일평균기온과 어떤 기준 온도와의 차를 주어진 기간 동안 합한 것을 말하며, 도일(度日, degree day)이라고도 한다. 농작물이나 식물은 일정 온도 이상에 도달해야 발아하고, 개화하며, 성숙하여 결실을 맺게 된다. 성장을 시작할 수 있는 이 최저 온도를 생리적 영점이라고 한다. 일평균 기온이 생리적 영점 이상인 날들의 일평균 기온과 생리적 영점의 차를 구하여 합한 것을 적산온도(積算溫度, accumulated temperature)라고 한다(김연옥, 1999).[6]

고령군의 적산온도를 구하기 위하여 일평균기온 자료를 살펴보니 3월 10일경부터 11월 20일경 사이의 기간에 생리적 영점 이상의 일평균기온이 나타난다. 이 기간의 생리적 영점 이상의 기온값을 매일매일 계산하여 합산한 결과 고령군의 적산온도는 3,273.6℃로 계산되었다.

식물에 따라 필요한 적산온도는 각각 다른데, 감자의 경우에는 1,000℃ 이상, 보리의 경우에는 1,600℃ 이상, 벼의 경우에는 2,500℃ 이상이다. 적산온도는 응용기후 특히 농업기상에서 널리 활용되고 있으며, 이 원리를 이용한 작물의 촉성 및 억제 재배를 통하여 출하시기를 조절할 수 있다. 고령군의 경우 적산온도 값이 크기 때문에 아열대성 작물을 재배하기에 유리하다.

적산온도와 비슷한 것인데, 복잡한 계산을 피하기 위해서 새로 고안한 것이 온량지수(溫量指數, warmth index)이다. 적산온도는 매일 매일의 평균 기온에서 생리적 영점 이상의 기온만을 누적하여 합한 것인데, 온량지수는 일평균 기온 대신 월평균 기온을 사용한다.

각 식물의 생리적 영점은 큰 차이가 있기 때문에 이를 평균하여 5℃를 생리적 영점으로 사용한다. 따라서 월평균기온이 5℃ 이상인 달만 포함된다. 세계 각지의 온량지수를 계산하면 대략 0~300의 범위에 속하는데, 이는 실제 식물대의 분포와 잘 일치한다(표 9).

고령군의 월평균기온 자료를 이용하여 온량지수를 계산해 보면 106.63으로서 조엽수림대에 속함을 알 수 있다(표 10). 계산 과정을 살펴보면 12월부터 1월까지는 월평균기온이 5℃ 이하

---

[6] 적산온도와 온량지수는 다음 식으로 구하며, 적산온도의 생리적 영점은 식물마다 크게 다르지만, 평균적으로 5℃를 사용한다.
적산온도=Σ(일평균기온 − 생리적 영점), 온량지수=Σ(월평균기온−5).

표 9. 온량지수와 식생 분포

온량지수	0	0~15	15~50	50~85	85~180	180~240	240~
식물대	영구빙설	툰드라	침엽수림	낙엽 활엽수림	조엽수림	아열대 강우림	열대 강우림

표 10. 고령군의 온량지수

월	1	2	3	4	5	6	7	8	9	10	11	12
평균 기온	-0.93	1.62	6.67	13.17	17.81	21.94	25.03	25.38	20.61	13.93	7.08	0.84
월별 지수	-5.93	-3.38	1.67	8.17	12.81	16.94	20.03	20.38	15.61	8.93	2.08	-4.16

이기 때문에 대상에서 제외되며, 대상 기간인 2월부터 11월까지의 월평균기온에서 각각 5℃를 뺀 후, 이들 값을 합산한 것이 고령군의 온량지수이다.

본고에서 각 농작물의 적산온도 및 온량지수까지 구하지는 않았지만, 각 작물의 특성을 파악하여 고령군 지역에 적합한 농작물을 선택할 수 있고, 만약 시설 재배를 해야 할 경우라면 어느 정도의 난방비가 소요될 것인지 계산이 가능할 것이다.

3. 결론

고령군에는 일반 관측소가 없기 때문에 부득이 자동기상관측소의 자료를 사용하여 각종 분석 작업을 하였다. 분석 내용이 방대하고, 앞 장에서 각 내용별로 체계적으로 정리하였기 때문에 본론의 내용을 별도로 요약, 정리하지는 않겠다.

본 연구에서 미흡한 부분은 자동기상관측 자료의 경우 일부 결측이 있고, 정확도가 약간 떨어지며, 측정하는 기후 요소가 적다는 자료상의 제한점이다. 결측의 문제는 거의 해결이 되었고, 기기의 정확도도 향상되어 앞으로 문제가 될 수 있는 것은 측정하는 기후 요소의 수이다. 측정하는 기후 요소가 적으면 분석해 낼 수 있는 내용도 제한될 수밖에 없기 때문이다.

또한 본 장에서는 너무 내용이 방대하여 바람에 관한 분석을 하지 않았다. AWS에서도 관측이 이루어지기 때문에 풍향 및 풍속에 관한 자료를 분석하고, 바람에 의한 자연재해 등을 연관시켜 연구한다면 아주 좋은 연구주제가 될 것이며, 고령군의 기후 특색을 파악하는데 매우 소중한 기초 자료가 될 것이다.

이번 장에서 분석한 내용들은 고령군의 기후 특성에 대한 매우 기초적인 내용들이다. 본 장의 내용은 앞으로 고령군지 등 고령군에 관련된 책을 저술할 때 기본 자료로 활용될 수 있을 것이며, 고령군 소재 초등학생들이 지역 사회의 특성을 학습할 때 아주 유용한 자료로 사용될 것이다.

본 장는 고령군 기후 특색에 대한 기초 연구이기 때문에 향후 이들 자료의 응용 및 활용 방안에 대한 연구가 이루어져야 한다. 최근 고령군의 공업화가 활발하게 진행되어 농업의 비중이 저하된 것은 사실이지만, 아직도 농업의 생산액 비중이 높고, 지역 주민의 다수가 농업에 종사하고 있기 때문에 농업과 기후의 관련성에 대한 후속 연구는 반드시 필요할 것으로 판단된다.

사실 기후는 농업 뿐만아니고 모든 인간 활동과 관련되기 때문에 활용 방안을 농업 분야에 한정해서 찾을 필요는 없다. 필요한 분야라면 어느 분야든지 본 자료를 바탕으로 응용 연구가 이루어질 수 있으며, 또한 그렇게 되기를 바란다.

참고문헌

기상청, 고령의 AWS 관측 자료.
김광식 외, 1992, 기상학사전, 향문사.
김연옥, 1999, 개정기후학 개론, 정익사.
오재호, 2000, 기후학(Ⅰ, Ⅱ), 아르케.
이민부 외 역, 2002, 현대기후학, 한울아카데미.
이승호, 2007, 기후학, 푸른길.
이현영, 2000, 한국의 기후, 법문사.

생태자원의 분포와 생태자연도*

서종철

1. 서론

1) 연구의 배경과 연구 목적

고령군은 대도시와 인접한 곳에 위치해 있으면서도 훼손되지 않은 자연 환경을 보유하고 있다. 대부분의 토지이용이 지형이나 삼림 등과 같은 자연 환경을 크게 훼손하지 않는 범위 내에서 이루어져왔기 때문이다. 앞으로 도래할 친환경시대에서는 이렇게 잘 보전된 자연 환경이 새로운 관광 자원으로 활용될 것으로 기대된다(Milbrath, 1984).

하지만 현재 고령군이 홍보하고 있는 관광 자원은 양전동 암각화, 지산동 고분군, 고령요, 대가야박물관, 우륵박물관 등과 같은 선사 시대와 대가야 시대의 역사·문화 유적이 주를 이루고 있다. 주산, 신촌숲, 상비리 계곡, 개포나루터, 미숭산 등처럼 자연환경을 대상으로 하는 것들이 일부 있으나, 역사성을 바탕으로 자연 환경이 가미된 성격이 강하고 순수하게 자연 환경 자체가 관광의 대상이 되는 것은 적다.

고령군의 동쪽은 낙동강에 접하고 있으며 서쪽에는 가야산 일대의 산지로 이어져 있으므로, 서쪽은 산지와 구릉지를 중심으로 한 생태계가 주가 되지만 동쪽으로 갈수록 평야와 하천을

---

* 이 글은 한국지역지리학회지 제14권(2008년) 제6호, pp.689-708에 게재된 바 있음.

중심으로 한 생태계가 주를 이룬다. 이 가운데 가야산 자락의 덕곡면 상비리 계곡과 쌍림면 신촌리 일대의 천변 숲, 그리고 합천군과 경계를 이루고 있는 미숭산 등이 지금까지 알려진 관광지이다.

이 연구에서는 고령군을 대상으로 조사된 생태조사 결과를 분석하여 고령군이 가지고 있는 생태 자원을 종합적으로 파악한 후 분포를 지도화함으로써, 생태 자원의 관리에 기반이 되는 자료를 제공하고, 효율적으로 보존하거나 자연 환경을 활용할 수 있는 방안을 제시하고자 한다.

2) 연구 방법

환경부는 보존할 가치가 있는 생태 자원을 발굴하여 체계적이고 지속가능한 방법으로 관리하기 위하여 전국의 자연 환경을 조사하고 있다. 이 연구에서는 고령군의 생태 자원 분포 현황을 파악하기 위해, 환경부의 전국자연환경조사보고서와 그 결과를 토대로 구축된 '자연환경 GIS-DB'를 이용하였으며, 2007년 4월에 고시된 생태자연도를 비교 자료로 사용하였다. 또한 자료를 통해 분석된 결과를 여러 차례 현지조사를 통해 확인하였다. 지도와 통계는 ESRI 사의 ArcView 3.2 프로그램으로 작성하였다.

2. 고령군의 생태 자원 분포

1) 식물상과 식생

(1) 식물상

고령군 지역의 식물상은 지금까지 환경부의 전국자연환경조사를 통해 조사된 것이 전부이다. 하지만 그것조차도 고령군 전 지역에서 조사된 것은 아니고 소학산과 만대산의 일부 지역이 조사대상 지역에 포함되었을 뿐이다(환경부·국립환경과학원, 2001a, 2001b).

소학산(488.8m)은 경상남도 합천군 덕곡면과 고령군 우곡면의 경계 지역에 있다. 고도는 높지 않으나 중턱 윗 부분은 비교적 가파르며 소나무가 조림되어 있다. 소학산에서 조사된 관속식물은 모두 3강, 18목, 41속, 64종, 14아종 등 모두 90분류군이 생육하는 것으로 보고되었으

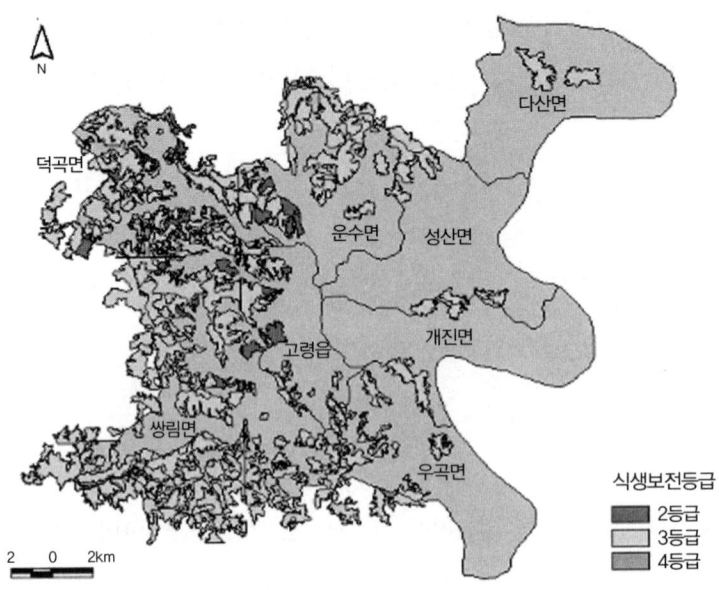

그림 1. 고령군 지역의 현존식생도

며, 특정식물종은 줄사철나무(1등급) 1분류군이다.

만대산(688.1m)은 경상북도 고령군 쌍림면과 합천군 합천읍의 경계에 위치하고 있다. 산세는 비교적 가파르지만 고도는 낮은 편이며 경작지와 임도로 인해 심하게 훼손되고 있다. 만대산에서는 모두 2강, 14목, 21과, 28속, 24종, 25아종, 2변종 등 모두 31분류군이 생육하는 것으로 보고되었으며, 특정식물종은 당키버들(3등급), 난티나무(2등급), 얼레지(1등급) 등 3분류군이다.

이러한 결과는 이 지역의 식물상이 대체로 빈약한 것임을 의미한다. 또한 식물학적으로 중요한 주요 보호종도 적었고, 환경부에서 지정한 멸종위기종은 발견되지 않았다. 이것은 고령군 지역의 산림생태계가 외형적으로는 훼손되지 않은 것으로 보이지만 실질적으로는 지속적으로 교란되어 왔거나 교란된 이후 아직 안정 상태에 도달되지 않았기 때문인 것으로 판단된다.

(2) 식생

환경부 전국자연환경조사로부터 얻어진 고령군 지역의 식생 자료로부터 3영급 이상의 삼림 지역에 대한 현존식생도가 제작되었다(그림 1). 이 지도에는 총 312개의 식생 범례가 포함되어 있는데, 7개 삼림식생형에 22개의 식생군락으로 구분된다.

소나무우점림은 소나무군락을 포함하여 소나무-굴참나무군락, 소나무-졸참나무군락, 소나무-상수리나무군락, 소나무-신갈나무군락, 소나무-아까시나무군락, 소나무-리기다소나무군락, 소나무-일본잎갈나무군락 등 8개의 식생 군락으로 이루어져 있으며, 고령군 지역에서 가장 넓은 면적을 차지하고 있다. 신갈나무우점림은 신갈나무군락과 신갈나무-소나무군락으로 구성되어 있으며 식생의 보존 상태가 양호한 지역이다. 굴참나무우점림은 굴참나무군락과 굴참나무-소나무군락, 굴참나무-상수리나무군락, 굴참나무-졸참나무군락의 5개 군락 유형으로 구분되며, 상수리나무우점림은 상수리나무군락, 상수리나무-굴참나무군락, 상수리나무-소나무군락, 상수리나무-아까시나무군락의 4개 군락, 그리고 졸참나무우점림은 졸참나무-소나무군락, 졸참나무-굴참나무군락으로 구분된다. 떡갈나무우점림은 떡갈나무군락만이 나타난다.

식생보전등급이 4등급 이상인 지역은 신갈나무군락이 대부분을 차지하며, 소나무군락과 굴참나무-소나무군락이 각각 1개 단위씩 포함되어 있다. 신갈나무군락은 우곡면 대곡리에 있는 소학산의 정상부 일대에 잘 발달되어 있으며, 쌍림면 신촌리에 위치한 만대산과 노태산을 잇는 능선부에도 신갈나무군락과 일부 굴참나무군락이 분포하고 있다(그림 2). 운수면 대평리에 있는 태봉재 부근에는 소나무군락과 굴참나무-소나무군락이 분포한다(그림 3, 4).

고령군 지역에는 식생보전등급이 가장 높은 5등급 지역이 나타나지 않는다. 하지만 임상의 피복 상태가 전체적으로 양호하고 훼손된 곳이 많지 않으므로 신갈나무군락을 중심으로 산지의 정상부에서부터 식생의 보전 상태가 양호한 곳이 점차 증가할 것으로 판단된다. 하지만 산지 하부는 대부분 지역이 거의 개간되었으며 중복 이상까지 주거지와 농경지가 형성된 곳도 많고 산지 능선을 가로지르는 도로가 많아 이에 대한 식생의 훼손도 큰 편이다(그림 5). 산지

그림 2. 만대산 정상부 일대의 신갈나무 군락

그림 3. 태봉재 정상부 일대의 굴참나무 소나무 군락

그림 4. 태봉재 일대의 소나무 군락

그림 5. 산록 가장자리의 경작지

중복 이하의 계곡이나 능선사면부를 따라 식재림이 산재하여 식생평가등급의 하향에 큰 영향을 주는 것으로 보인다.

2) 주요 동물상

(1) 조류와 포유류
① 조류

고령군 일대의 조류상은 환경부 전국자연환경조사 결과를 정리한 것인데, 주로 미숭산 일대와 만대산 일대, 그리고 소학산 일대에서 관찰된 것이다.

미숭산 일대에서는 총 53종의 조류가 관찰되었으며, 이 중 46종은 현지에서 번식하는 것으로 조사되었다. 1등급에 속하는 종으로 검은댕기해오라기, 말똥가리, 검은등뻐꾸기, 쏙독새, 청호반새, 큰오색딱다구리, 물까치 등 7종이 관찰되었으며, 4등급에 속하는 종으로 조롱이, 황조롱이, 소쩍새 등 3종이 관찰되었다. 만대산 일대에서는 총 28종 368개체가 관찰되었으며, 최우점종은 참새로 나타났다. 이 가운데 번식이 확인된 종이 6종, 번식가능성이 높은 종이 16종, 번식가능성이 있는 종이 6종 관찰되었다. 이 지역에서 관찰된 특정종은 총 6종으로 중대백

그림 6. 고령군 지역의 조류·포유류 주요 종 출현 지점

로, 쇠백로, 왜가리, 뻐꾸기, 청호반새, 파랑새 등이었다.

소학산에 일대에서는 총 22종 151개체가 관찰되었으며, 최우점종은 참새로 나타났다. 이 가운데 번식이 확인된 종 6종, 번식가능성이 높은 종 10종, 번식가능성이 있는 종 6종이 관찰되었다. 이 지역에서 관찰된 특정종은 총 5종으로 쇠백로, 왜가리, 황조롱이, 물총새, 파랑새 등이었다.

보호해야 할 대상에 속하는 특정종은 미숭산 일대에서 15종으로 가장 많이 출현하였으며, 만대산과 소학산에서 각각 6종이 나타났다(그림 6, 표 1). 최근 개체수가 증가하고 있는 것으

표 1. 고령군 지역에서 조사된 주요 조류 목록

학명	국명	미숭산*	만대산**	소학산*	비고
Butorides striatus	검은댕기해오라기	○		○	특정종
Egretta alba modesta	중대백로	○	○		특정종
Egretta garzetta	쇠백로	○	○	○	특정종
Ardea cinerea	왜가리	○	○	○	특정종
Accipiter gularis	조롱이	○			특정종
Buteo buteo	말똥가리	○			특정종
Falco tinnunculus	황조롱이	○		○	특, 천연
Cuculus micropterus	검은등뻐꾸기	○			특정종
Cuculus canorus	뻐꾸기	○	○		특정종
Otus scops	소쩍새	○			특정종
Caprimulgus indicus	쏙독새	○			특정종
Halcyon pileata	청호반새	○	○		특정종
Alcedo atthis	물총새	○		○	특정종
Eurystomus orientalis	파랑새		○	○	특정종
Dendrocopos leucotos	큰오색딱다구리	○			특정종
Cyanopica cyana	물까치	○			특정종
계		15	6	6	

* 이우신·임인, 2001, 거창·성주 일대의 조류, 거창·성주(3-4)의 자연환경 생태조사 보고서
** 함규황·김태좌, 2001, 합천·고령 일대의 조류, 합천·고령(3-5)의 자연환경 생태조사 보고서

표 2. 거창·성주 지역의 조사지역별 주요 포유류 서식 현황

학명	국명	미숭산*	만대산**	소학산*	비고
Martes flavigula	담비	●			특정종
Lutra lutra	수달		●	●	위기종
Prionailurus bengalensis	삵	●	●	●	특정종

* 임신재·여운상, 2001, 거창·성주 일대의 조류, 거창·성주(3-4)의 자연환경 생태조사 보고서
** 손성원·김형후, 2001, 합천·고령 일대의 조류, 합천·고령(3-5)의 자연환경 생태조사 보고서

로 보이는 천연기념물 황조롱이는 미숭산과 소학산에서 관찰되었다.

② 포유류

고령군 일대의 포유류상은 환경부 전국자연환경조사 결과를 정리한 것인데, 주로 미숭산 일대와 만대산 일대, 그리고 소학산 일대에서 관찰된 것이다(그림 6, 표 2).

고령군 지역의 3개 조사지역에서 관찰 및 확인된 포유류는 아래와 같이 6목 13과 22종이었고, 3개 조사지역에서 공통으로 확인된 종은 너구리, 오소리, 멧토끼 등이었다(표 2). 한국자연보존협회 희귀 및 위기동물(RES)인 특정종은 담비, 삵 등 2종이었고, 환경부 지정 멸종위기종은 수달 1종이었다.

고령군 지역에는 멸종위기종이거나 특정종인 담비, 수달 그리고 삵 등이 서식하고 있는 것으로 나타났다. 포유류는 다른 어떤 종류의 동물보다 넓은 서식지를 필요로 하고 안정적인 생태계 구조가 유지되어야 하므로, 본 지역에 대한 면밀한 조사는 물론 이들에 대한 체계적이고 합리적인 보호 및 관리 대책이 필요한 것으로 판단된다.

(2) 양서 · 파충류

양서 · 파충류의 분포가 조사된 곳은 합천군 합천읍과 고령군 쌍림면의 경계에 위치한 만대산(688m) 북쪽의 신촌리, 합천군 덕곡면과 고령군 우곡면의 경계에 위치한 소학산(488.1) 북쪽의 대곡리, 그리고 합천군 야로면과 고령읍의 경계에 위치한 미숭산(734m) 동쪽의 고령읍 신리와 쌍림면 용리에서 각각 조사된 바 있다(그림 7, 표 3).

만대산 일대에서 서식이 확인된 양서류는 2목 6과 9종이었고, 파충류는 1목 4과 11종으로서 총 3목 10과 20종의 서식이 확인되었다. 환경부지정 멸종위기종(SW), 한국자연보존협회 희귀 및 위기동물(RE)은 양서류가 두꺼비, 맹꽁이 등 2종이었고, 파충류는 도마뱀, 실뱀, 능구렁이 등 3종이 조사 관찰되었다.

소학산 일대에서 서식 관찰된 양서류는 2목 5과 8종이었고, 파충류는 1목 4과 11종으로서 총 3목 9과 19종이 조사 관찰되었다. 환경부지정 멸종위기종, 한국자연보존협회 희귀 및 위기동물은 양서류인 두꺼비, 물두꺼비 등 2종이 조사 관찰되었고, 파충류는 도마뱀, 구렁이, 실뱀, 능구렁이 등 4종이 조사 관찰되었다.

미숭산(734m) 일대에서 서식 관찰된 양서류는 2목 5과 8종이었고, 파충류는 1목 4과 10종으로서 총 3목 9과 18종이 조사 관찰되었다. 환경부지정 멸종위기종, 한국자연보존협회 희귀

표 3. 고령군 지역에서 조사된 양서·파충류

구분	학명	국명	만대산*	만대산*	미숭산**	비고
양서류	Hynobius leechii	도롱뇽	A,H,E	A,E	A,E,L	
	Bombina orientalis	무당개구리	A,E	A,E	A,E,L	
	Bufo bufo gaugauizans	두꺼비	H	A,H	A	RE
	Hyla japonica	청개구리	A,S	A,S	A,S	
	Kaloula borealis	맹꽁이	H,S			SW,RE
	Rana nigromaculata	참개구리	A,E	A,S,E	A,S	
	Rana rugosa	옴개구리	A,E	A	A,L,S	
	Rana dybowskii	산개구리	A,E	A,E	A,E,L,S	
	Rana catesdeiana	황소개구리	A,E	A,S	H,S	도입종
파충류	Scincella vandenburghi	도마뱀	A,H	H		RE
	Takydromus auroralis	장지뱀	A,H	A,H		
	Takydromus amurensis	아무르장지뱀	A	A	A,H	
	Takydromus wolteri	줄장지뱀	A	A		
	Eremius argus	표범장지뱀			A	SW
	Elaphe schrenckii	구렁이		H		SW,RE
	Elaphe dione	누룩뱀	A,H		A,H	
	Elaphe rufodorsata	무자치	A	A	A,H	
	Rhabdophis t. tigrinus	유혈목이	A	A	A,D,H	
	Zamenis spinalis	실뱀	A,H	A,H	A,H	RE
	Dinodon r. rufozonatus	능구렁이	A,H	H	A,H	RE
	Agkistrodon ussurensis	쇠살모사	A	A,H	A,H	
	Agkistrodon brevicaudus	살모사	A	A	A,H	
	Agkistrodon saxatilis	까치살모사			A,H	
계			20종	19종	18종	

A : Adult(성체), H : Heard the evidence(청문), S : Heard the song(울음소리), E : Egg(알), D : Dead body(사체),
L : Litter(유생), SW : 환경부지정 멸종위기종 및 보호동물, RE : 한국자연보존협회 희귀 및 위기동물
* 민희규·이성규, 2001, 합천·고령 일대의 양서·파충류, 합천·고령(3-5)의 자연환경 생태조사 보고서
** 박병상·조수진, 2001, 거창·성주의 양서·파충류상, 거창·성주(3-4)의 자연환경 생태조사 보고서

및 위기동물은 양서류인 두꺼비만이 조사·관찰되었고, 파충류는 표범장지뱀, 실뱀, 능구렁이 등 3종이 조사·관찰되었다.

양서·파충류는 주변 농경지의 시설 재배에 의한 농약의 과다사용으로 토양에 잔류된 성분이 하천과 소류지에 유입되어 환경에 민감한 종들은 감소되거나 절종으로 이어질 수도 있다. 따라서 개발에 앞서 서식지의 교란이나 파괴가 일어나지 않도록 주의하고, 부득이한 경우 대체서식지를 마련해 주는 등의 대책이 필요하다.

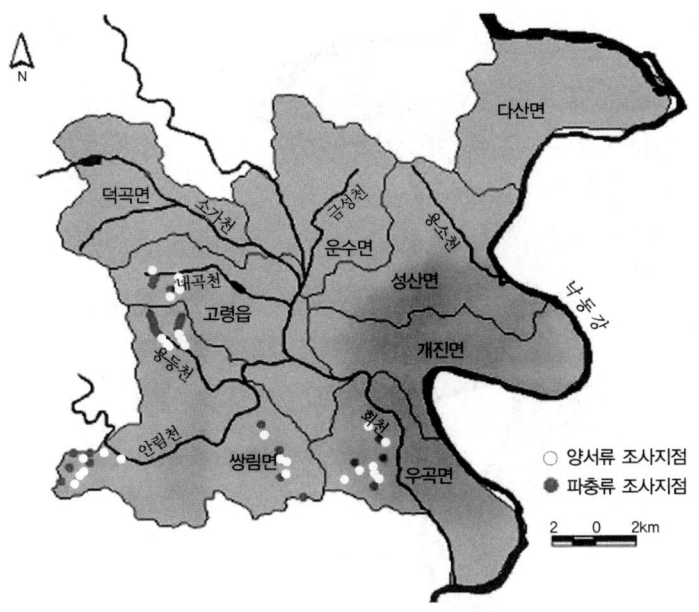

그림 7. 고령군 지역의 양서·파충류 조사지점

(3) 어류

고령군 지역의 하천은 용소천과 같은 성산면의 일부 하천을 제외하면 대체로 낙동강의 일차 지류인 회천 수계에 포함된다. 회천은 고령읍 지역에서 안림천과 대가천으로 분류하여 안림천 수계와 대가천 수계로 분리된다(그림 8, 9, 10).

이 지역의 수계는 가야산 국립공원에서 발원하여 고령군에서 회천과 합류하는 하천으로 최상류부는 하천 수환경이 안정적이고 자연 그대의 모습을 유지하고 있는 반면에 하류부로 갈수록 평야부의 농지와 인구밀집지대를 가로질러 흐름으로서 다소의 오염 현상을 보인다.

고령군 지역에서 지금까지 채집되어 보고된 어류는 3목 8과 39종이며 이중 잉어목이 27종, 메기목이 5종, 농어목이 4종이었다. 전 지역에서 우점종은 갈겨니와 버들치로 나타났다. 갈겨니와 버들치는 우리나라 하천의 상류부에 흔히 우점하여 출현하는 종으로 대부분 최상류부에서 채집되었다(그림 8, 표 4).

고령군 지역에서 보고된 39종의 어류 가운데 한국 고유종은 각시붕어, 칼납자루, 쉬리, 긴몰개, 돌마자, 모래주사, 됭경모치, 수수미꾸리, 미유기, 꼬치동자개, 자가사리, 꺽지, 동사리 등 13종이었다(표 4). 특히 환경부가 지정한 멸종위기종인 꼬치동자개(Pseudobagrus

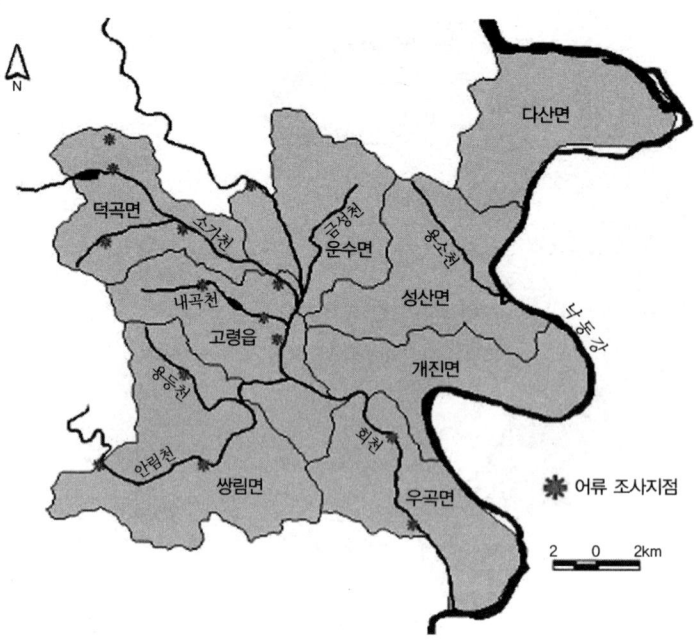

그림 8. 고령군 지역의 어류 자원 조사 지점

brevicorpus)가 안림천과 회천 수계에서 각각 1개체 분포하는 것으로 확인되었다. 이곳은 꼬치동자개가 서식하기에 알맞은 수환경을 유지하고 있으므로 종 보존을 위해서는 주민들에게 멸종위기종에 대한 홍보를 강화하여 어류 포획을 강력히 억제해야 한다. 아울러 수수미꾸리 (Niwaella multifasciata)와 모래주사(Microphysogobio koreensis)도 학술적으로 매우 진귀한 어류인데다 분포 범위가 낙동강 수역에 제한되기 때문에 보호되어야 할 어류이다.

3. 고령군의 생태자연도 현황

2007년 4월에 고시된 생태자연도에 따르면, 우리나라 전 국토의 약 7.5%가 1등급에 속하고 약 8.6%가 별도관리지역에 속해 약 16.1%가 보존 가치가 높은 것으로 나타났다(표 5). 광역단체별 1등급 지역의 분포를 살펴보면, 강원도는 도 면적의 23.9%에 달하는 4,049km²의 면적이 1등급에 속해, 강원도를 제외한 나머지 지역의 1등급 지역을 모두 합친 것보다도 넓었다.

그림 9. 대가천의 모습

그림 10. 안림천과 신촌숲

1등급으로 지정된 지역을 평가항목별로 살펴 보면 각 평가항목별 1등급 면적은 국토면적 대비 식생 7.3%, 야생동·식물 0.1%, 습지 0.04%, 자연경관 0.03%이고, 별도관리지역은 각각 7.1%, 0.13%, 0.11%, 0.01%로 나타났다〈표 6〉. 따라서 보호지역으로 고시된 대부분의 지역이 식생보전등급이 높은 지역임을 알 수 있다.

한편 경상북도 지역은 6.7%에 해당되는 1,284km^{2}가 1등급 지역 그리고 별도관리지역은 6.7%인 1,273km^{2}으로 각각 고시되어 전국 평균에 약간 못 미치는 수준을 보여 주고 있다. 연구 대상 지역인 고령군의 1등급 면적은 군 면적의 0.16%인 0.63km^{2}으로 매우 작았으며 별도관리지역의 면적도 0.07%인 0.27km^{2}에 불과하였다(표 7).

표 4. 고령군 지역에서 채집된 어류 목록

학명 및 국명	안림천**	대가천*	회천**	비고
Cypriniformes 잉어목				
Cyprinidae 잉어과				
Cyprinus carpio 잉어			○	
Carassius auratus 붕어	○	○	○	
Rhodeus uyekii 각시붕어	○			고유종
Acheilognathus yamatsutae 줄납자루			○	고유종
Acheilognathus koreensis 칼납자루	○	○	○	고유종
Acheilognathus rhombeus 납지리	○		○	
Acanthorodeus assumussi 큰납지리	○			
Pungtungia herzi 돌고기	○	○	○	
Pseudorasbora parva 참붕어	○	○	○	
Coreoleuciscus splendidus 쉬리	○			
Squalidus gracilis majimae 긴몰개	○	○		고유종
Squalidus chankaensis tsuchigae 참몰개			○	고유종
Hemibarbus longirostris 참마자	○		○	
Pseudogobio esocinus 모래무지	○	○	○	
Microphysogobio yaluensis 돌마자	○		○	고유종
Microphysogobio koreensis 모래주사	○			고유종
Microphysogobio tungtingensis 됭경모치	○			고유종
Rhynchocypris oxycephalus 버들치	○		○	
Zacco temmincki 갈겨니	○	○	○	
Zacco platypus 피라미	○	○	○	
Opsariichthys uncirostris amurensis 끄리			○	
Hemibarbus labeo 누치			○	
Culter brevicauda 백조어			○	
Cobitidae 미꾸리과				
Misgurnus anguillicaudatus 미꾸리		○	○	
Misgurnus mizolepis 미꾸라지			○	
Cobitis sinensis 기름종개	○		○	
Niwaella multifasciata 수수미꾸리	○	○	○	고유종
Siluriformes 메기목				
Siluridae 메기과				
Silurus asotus 메기			○	
Silurus microdorsalis 미유기	○			고유종
Bagridae 동자개과				
Pseudobagrus brevicorpus 꼬치동자개	○		○	고유종, 멸종
Amblycipitidae 퉁가리과				
Liobagrus mediadiposalis 자가사리	○			고유종
Channa argus 가물치			○	
Perciformes 농어목				
Centropomidae 꺽지과				
Coreoperca herzi 꺽지	○	○	○	고유종
Odontobutidae 동사리과				
Odontobutis platycephala 동사리	○		○	고유종
Gobiidae 망둑어과				
Rhinogobius brunneus 밀어	○		○	
합계	25종	11종	30종	

* 홍영표 · 박경서, 2001, 합천 · 고령 일대의 담수어류, 합천 · 고령(3-5)의 자연환경 생태조사 보고서
** 김익수, 2001, 거창 · 성주 일대의 담수어류, 거창 · 성주(3-4)의 자연환경 생태조사 보고서

표 5. 시·도별 생태·자연도 각 권역별 평가 현황

시·도	1등급		2등급		3등급		별도관리지역		계(km²)
	면적	%	면적	%	면적	%	면적	%	
전국	7,455	7.5	39,271	39.2	44,808	44.7	8,610	8.6	100,144
서울특별시	8	1.3	102	16.8	446	73.4	52	8.5	608
부산광역시	7	1.0	351	45.9	406	53.0	1	0.2	766
대구광역시	28	3.1	342	38.8	462	52.3	51	5.8	882
인천광역시	11	1.1	218	21.8	761	76.1	10	1.0	1,000
광주광역시	2	0.4	145	29.2	323	64.8	28	5.5	498
대전광역시	15	2.8	241	44.5	270	49.9	15	2.8	541
울산광역시	62	5.9	478	45.2	473	44.8	44	4.1	1,058
경기도	584	5.8	3,828	38.1	5,353	53.3	277	2.8	10,043
강원도	4,049	23.9	5,523	32.6	5,239	30.9	2,122	12.5	16,933
충청북도	285	3.8	3,417	45.9	3,043	40.9	700	9.4	7,445
충청남도	232	2.7	3,157	36.4	4,908	56.6	373	4.3	8,670
전라북도	305	3.8	2,754	34.5	4,151	52.1	765	9.6	7,974
전라남도	233	1.9	4,574	37.3	5,940	48.5	1,512	12.3	12,259
경상북도	1,284	6.7	9,168	48.1	7,330	38.5	1,273	6.7	19,055
경상남도	241	2.3	4,680	44.3	4,409	41.8	1,224	11.6	10,555
제주도	107	5.8	293	15.7	1,295	69.7	164	8.8	1,859

주 : 2007년 4월에 고시된 생태자연도를 분석하여 재작성하였음.

표 6. 평가 항목별 등급평가 결과(국토면적 대비)

평가항목	1등급	2등급	3등급	별도관리지역	합계
식생	7.30%	38.50%	47.10%	7.10%	100%
야생동·식물	0.10%	0.39%	99.38%	0.13%	100%
습지	0.04%	0.46%	99.39%	0.11%	100%
자연경관	0.03%	0.00%	99.96%	0.01%	100%

주 : 2007년 4월에 고시된 생태자연도를 분석하여 재작성하였음.

표 7. 고령군 지역의 생태자연도 등급별 현황

행정구역	1등급		2등급		3등급		별도관리지역		계(km²)
	면적	%	면적	%	면적	%	면적	%	
고령군	0.63	0.16	189.95	49.38	193.79	50.38	0.27	0.07	384
경상북도	1,284	6.7	9,168	48.1	7,330	38.5	1,273	6.7	19,055
전국	7,455	7.5	39,271	39.2	44,808	44.7	8,610	8.6	100,144

주 : 2007년 4월에 고시된 생태자연도를 분석하여 재작성하였음.

이와 같이 고령군 지역에서 1등급 지역이 작은 것은 전술한 바와 같이 보전등급이 높은 식생의 분포지가 적기 때문인 것으로 판단되며, 이는 식생보전등급이 4등급인 지역과 생태자연도가 1등급인 지역의 분포가 대체로 일치한다는 사실을 통해서도 확인이 된다(그림 11). 1등급 지역 외에도 덕곡면 노리의 산림유전자보호지구와 고령읍 주산에 있는 야생동·식물상 보호구역, 그리고 쌍림면 하차리 안림천의 야생동·식물상 보호구역이 별도관리지역으로 지정되어 보호대상지역으로 고시되었다(그림 12).

4. 결론 및 제언

이 연구에서는 생태자연도 작성에 이용된 전국자연환경조사의 결과를 토대로 고령군 지역의 생태 환경을 평가하고자 하였다. 분석을 통해 드러난 고령군의 생태 자원은 다음과 같다.

첫째, 고령군 지역에서 조사된 식물상은 소학산에서 90개 분류군, 만대산에서 31개 분류군이 관찰되었으며, 이 가운데 보존 가치가 높은 특정식물종은 줄사철나무, 당키버들, 난티나무, 얼레지 등 4 분류군이었다.

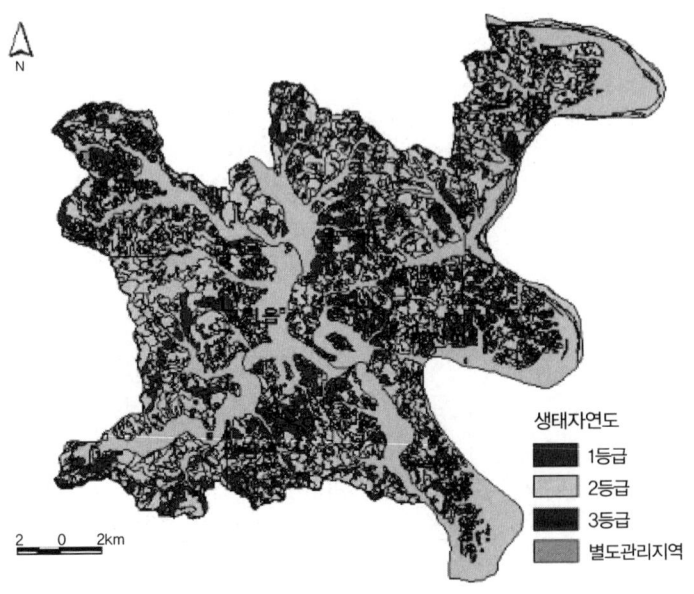

그림 11. 고령군 지역의 생태자연도 현황

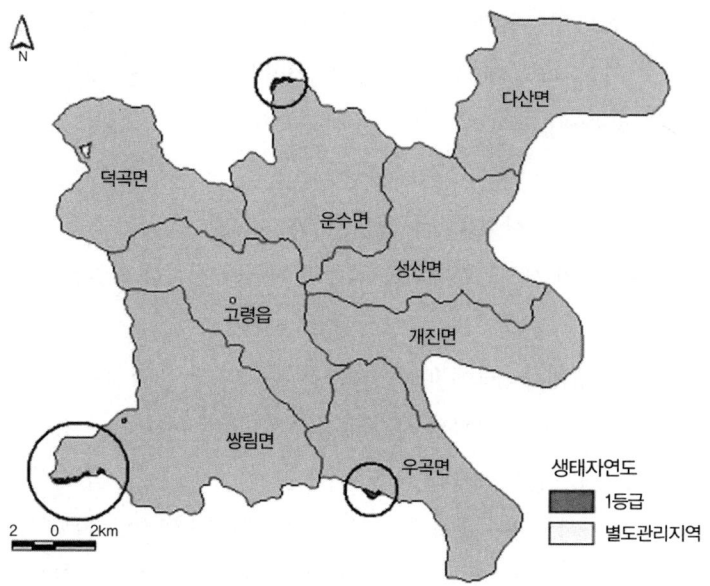

그림 12. 주요 보전대상 생태 자원

둘째, 삼림지역에 작성된 현존식생도에는 7개 삼림식생형, 22개 식생군락이 나타났다. 가장 보편적으로 나타나는 우점식생은 소나무였으며, 보전등급이 높은 4등급은 소학산의 정상부 일대의 신갈나무군락, 만대산과 노태산 능선부의 신갈나무군락과 굴참나무군락, 그리고 운수면 대평리에 있는 태봉재 부근의 소나무군락과 굴참나무-소나무군락이었다. 보전등급이 높은 식생군락이 대부분 신갈나무군락인 것을 보면 고령군 지역의 삼림은 소나무우점림에서 점차 참나무우점림으로 천이 중인 것으로 판단된다.

셋째, 고등동물인 조류는 미숭산, 만대산, 소학산 세 지역에서 모두 58종이 관찰되었는데, 미숭산 일대가 53종으로 가장 많은 종이 번식하는 것으로 조사되었다. 보호가 필요한 특정종은 검은댕기해오라기, 중대백로, 쇠백로, 왜가리, 뻐꾸기, 말똥가리, 검은등뻐꾸기, 쏙독새, 청호반새, 파랑새, 큰오색딱다구리, 물까치, 조롱이, 황조롱이, 소쩍새 등 15종이 관찰되었다.

넷째, 포유류는 미숭산, 만대산, 소학산 세 지역에서 모두 6목 13과 22종이 조사되었는데, 한국자연보존협회 지정 희귀및 위기동물인 특정종 담비가 전 지역에서 발견되었고, 미숭산 일대에서 삵의 흔적이 발견되었으며, 환경부 지정 멸종위기종인 수달이 만대산과 소학산 일대에서 발견되었다.

다섯째, 양서류는 고령군 지역에서 9종이 서식하는 것으로 확인되었는데 한국자연보존협회 특정종인 두꺼비가 전 지역에서, 그리고 멸종위기종인 맹꽁이는 만대산 일대에서 발견되었다. 파충류는 14종이 서식하는 것으로 확인되었는데 멸종위기종인 표범장지뱀이 미숭산에서, 구렁이가 소학산에서 발견되었다. 특정종인 실뱀과 능구렁이는 전 지역에 분포하고 있는 것으로 나타났다.

여섯째, 어류는 총 39종이 보고되었는데, 각시붕어와 칼납자루를 비롯한 한국고유종 13종이 확인되었다. 특히 환경부 멸종위기종인 꼬치동자개가 안림천과 회천에 서식하고 있는 것으로 확인되었다.

이상과 같은 자료를 토대로 구축된 생태자연도에 따르면 1등급 지역의 군 면적의 0.16%에 불과해 매우 좁은 것으로 나타났다. 1등급으로 지정된 지역의 평가 항목은 식생보존등급이 높은 지역으로 모두 식생과 관련된 것이다. 이것은 생태자연도에 반영되는 다른 항목, 즉 지형경관등급이 높거나 보존가치가 높은 동·식물상이 분포하는 지역이 없거나 매우 작았다는 것을 의미한다. 보존 가치가 높은 1등급 지역의 위치도 고령군의 중앙부가 아닌 다른 지방자치단체와 경계를 이루는 산지의 정상부와 능선 일대가 대부분이었다. 고령군 지역에는 해발고도가 1,000m를 넘는 큰 산이 없고, 국립공원이나 생태·경관보전지역 등과 같은 생태계 보전지역이 전혀 없기 때문에 이러한 지역을 중심으로 수행되는 별도의 조사는 없었다. 또한 제2차 전국자연환경조사에서는 조사 및 평가 단위가 대부분 해발고도가 높은 산지를 중심으로 선정되었기 때문에 군 외곽에 위치한 일부 지역에서만 조사가 수행되었다. 따라서 기존의 조사 결과를 토대로 분석한 고령군의 생태환경은 고령군의 현 상태를 정확하게 진단할 수 없다는 단점을 가지고 있다.

고령군의 서쪽 지역은 가야산과 이어지는 산지를 이루고 있어 비록 해발고도 아주 높지는 않으나 전형적인 산지 지역이다. 수려한 자연 경관을 자랑하지는 않지만 훼손된 지역이 매우 적으며 소나무 위주의 식생에서 참나무류 위주의 식생으로 점차 안정을 찾아가고 있는 것으로 판단된다. 하천의 규모도 작지만 산지의 상류를 중심으로 교란되지 않은 상류에서만 서식하는 다수의 동물들이 분포한다. 이러한 사실은 현재의 평가보다도 고령군의 외곽에 분포하는 산지와 계곡 상류의 자연 환경이 매우 우수하며, 잘 보존하고 가꾸기만 한다면 보존 가치가 높다고 평가될 수 있는 지역이 빠르게 증가할 것이라는 사실을 보여 준다. 자연 환경은 그대로 존재하는 것이기도 하지만, 사람에 의해 가꾸어지기도 하는 것이다. 개발에 앞서 적극적인 보전과 활용을 고려할 때이다.

사사

본 논문에서 이용된 환경부의 생태자연도를 볼 수 있도록 제공해주신 젠21의 김현애 과장님께 감사의 말씀을 전합니다.

참고문헌

고령군, 1996, 고령군지.
고령군, 고령군 통계연보(제42회~제46회), 2002~2006.
환경부, 2007, 생태자연도 고시(2007년 4월 11일자 환경부고시 제2007-67호).
환경부·국립환경과학원, 2001, 거창·성주(3-4)의 자연환경 생태조사 보고서.
환경부·국립환경과학원, 2001, 합천·고령(3-5)의 자연환경 생태조사 보고서.
Milbrath, L. W., 1984, Environmentalists : Vanguard for a New Society Albany, University of New York press.
http://www.gyeongbuk.go.kr/ Main/main.html(경상북도청 홈페이지)
http://www.goryeong.go.kr/(고령군청 홈페이지)

환경문제와 자연 재해*

전영권

1. 서론

    고령군은 낙동강을 경계로 대구광역시와 인접해 있어 사회·경제적으로 대구광역시와 밀접한 관계를 가지면서 성장해오고 있다. 특히 대구 산업경제권의 영향을 직접 받아드리는 지리적 여건과 더불어 인근의 대구 성서공업단지, 달성공업단지 등과의 연계성으로 인해 고령군에는 앞으로 더 많은 산업단지가 들어 설 가능성이 있다. 한편 정부에서 강력히 추진하고 있는 4대강 정비사업[1]의 일환으로 계획 중인 낙동강 환경 정비 및 물길 살리기 사업은 대구광역시는 물론 낙동강변을 따라 위치하는 고령군과 같은 지역에는 엄청난 변화를 가져다 줄 것으로 예상된다. 특히 '4대강 정비사업'에서 핵심과제인 관광·문화 활성화와 생태환경 복원사업은 이들 지역민들에게는 문화와 환경의 질을 제고시키는 데 크게 기여할 것으로 기대된다. 조만간

---

* 이 글은 한국지역지리학회지 제15권(2009년) 제1호, pp.1-15에 게재된 바 있음.
1 '4대강 유역정비사업', '4대강 살리기 프로젝트' 등으로도 불려지는 '4대강 정비사업'은 2011년 말까지 14조 원을 투입하여, 한강·낙동강·금강·영산강 등 우리나라 4대 강을 정비하는 국책 사업으로 정부에서는 '한국판 녹색 뉴딜'이라고도 부른다. 정부가 '4대강 정비사업'을 추진하는 이유는 두 가지다, 그 하나는 홍수와 가뭄으로 인한 재난을 방지하고 지역 주민들에게 생태환경 공간을 제공하는 것이고, 또 다른 하나는 미국 발 금융위기로부터 시작된 최근의 국가적 경제위기를 극복하기 위한 것이다. 국토해양부가 밝힌 '4대강 정비사업'의 주요 내용은 첫째, 홍수 방지를 위한 제방 보강사업, 둘째, 가뭄 대비 비상용수 확보를 위한 보의 설치, 셋째, 하천 주변 환경 개선을 통한 생태공원·자전거길 조성사업 등이다. 그러나 시민단체를 비롯한 일각에서는 '4대강 정비사업'을 대운하 사업 준비를 위한 또 다른 준비로 인식하고 있다.

크게 늘어나게 될 관광·문화 인프라와 복원될 생태환경에 비례하여 이를 활용하려는 지역민들의 수요도 증가할 것으로 예상되어 지역의 건강한 환경을 지속적으로 유지하기 위해서는 체계적이고 실현가능한 환경정책이 마련되어져야 할 것이다.

본 연구는 고령군의 환경 및 재난에 대한 현황을 파악한 후, 체계적인 정책 방향을 모색하기 위해 경상북도 23개 시·군의 환경 및 재난에 대한 각종 통계자료를 분석하였다. 또한 고령군의 장·단기 발전계획인 『고령 비전 2010』과 『2020 고령군 기본계획』의 발전계획 수립 타당성과 경상북도 23개 시·군 중 고령군 상대적 위치 그리고 지역주민 1,011명을 대상으로 한 '민선4기 출범1년에 즈음한 고령군 주요시책에 대한 지역민 여론조사' 등을 토대로 고령군의 환경과 재난 대책을 위한 정책적 제언을 하고자 하였다. 이를 위해 경상북도 통계연보(1998~2007년), 고령군 통계연보(1998~2007년), 대구지방환경청의 고령군 대기오염 측정자료(2002~2004년), 고령군의 장·단기 발전계획서(『고령 비전 2010』, 『2020 고령군 기본계획』), 지역민 여론조사 등의 자료를 활용하였다.

2. 환경

1) 대기오염

경상북도 시·군별 최근 10년 간(1996~2005년) 대기오염 현황의 경우 포항, 경주, 김천, 구미, 안동 등 시급 규모의 지역에 대한 자료만 파악이 가능하였다. 자료 또한 불충분하여 대기오염 항목별 측정 자료가 기간별로 일정하지 않고 측정기간도 짧아 분석을 위한 충분한 자료는 구할 수 없었다. 고령군의 경우도 대구지방환경청에서 측정한 자료가 3년 치에 불과하여 타 지역과의 비교를 위한 자료 가치로는 한계가 있다. 우선 대기 중 아황산가스 농도는 포항, 구미, 김천, 경주, 안동 등의 시급 지역이 고령군보다 훨씬 높게 나타난다. 특히 중화학 공업단지가 집적되어 있는 포항이 비교적 높게 나타난다. 일산화탄소 농도는 공업집적이 상대적으로 덜한 안동과 김천이 높게 나타나고 있어 지형과 기상의 국지적 영향을 받는 것으로 판단된다. 이산화질소는 고령군과 김천이 대기 중 농도가 낮게 나타난다. 대기 중 먼지 농도는 고령군이 매우 높게 나타나는데 이것은 측정지점의 차이성에서 나타나는 것으로 판단된다. 즉 측정지점이 다산지방산업단지와 다산주물공단 등 공단에 위치한 경우의 먼지농도는 매우 높게 나타난다(공업단지의 경우 129㎍/㎥, 고령군청의 경우 43㎍/㎥임). 오존 농도는 비슷하나 고령, 경주, 구미가 비교적 낮게 나타난다. 결과적으로 고령군의 대기환경 상태는 우리나라 환경기준치인 아황산가스 0.02ppm, 미세먼지 50㎍/㎥, 오존 0.060ppm, 이산화질소 0.03ppm, 일산화탄소 9.0ppm은 물론 세계보건기구(WHO)의 권고 기준치인 아황산가스 0.019ppm, 미세먼지 60㎍/㎥, 오존 0.019 ppm, 이산화질소 0.021ppm, 일산화탄소 9.0ppm에 비해서도 낮게 나타나고 있어 대체로 대기환경 상태가 양호한 것으로 판단된다. 다만 공업단지[2]가 밀집해 있는 다산지방산업단지와 다산주물공단의 경우 먼지 농도는 우리나라 환경기준치와 세계보건기구 기준치를 훨씬 상회하고 있어 이에 대한 대책이 필요하다. 한편 최근 3년 간의 대기오염 현황에서 판단해 볼 때, 포항과 경주는 개선되는 경향을 보이고 있는 반면, 고령군의 경우는 대기오염 지표 모든 항목에 있어 다소 악화되는 경향을 보이고 있어 이러한 점을 고려한 새로운 장·단기 발전계획 수립이 요구된다.

표 1. 경상북도 주요 시·군 최근 10년(1997~2006) 평균치 대기오염 현황

	아황산가스 (ppm/year)	일산화탄소 (ppm/8H.)	이산화질소 (ppm/year)	먼지 (㎍/㎥/year)	오존 (ppm/8H.)
포항	0.009	0.75	0.025	58	0.026
경주	0.007	0.79	0.021	54	0.021
김천	0.007	0.95	0.019	59	0.022
구미	0.008	0.77	0.026	61	0.021
안동	0.008	1.02	0.022	54	0.022
고령	0.003	0.58	0.017	81	0.021

주 : 안동은 2004~2006년 3년 평균치며, 고령군은 2002~2004년 3년 평균치임.
　　먼지의 경우 경주는 2000년 통계자료 없음.
　　경북통계연보를 토대로 재구성함(단 고령군은 대구지방환경청 자료를 토대로 함).

---

[2] 고령군에는 1988년 12월에 착공하여 1989년 10월에 완공된 쌍림농공단지를 비롯해 농공단지 2개소와 산업단지 3곳 등 5곳이 현재 가동 중에 있다. 농공단지로는 쌍림면의 쌍림농공단지(1988년 12월 26일 착공, 1989년 10월 31일 완공, 단지면적 256,150㎡)와 개진면의 개진농공단지(1991년 11월 22일 착공, 1993년 10월 29일 완공, 단지면적 140,058㎡)가 있으며, 지방산업단지로는 다산면의 다산일반산업단지(1991년 6월 7일 착공, 1995년 2월 27일 완공, 단지면적 636,000㎡)와 2008년 7월 말에 준공된 다산일반2산업단지(2003년 9월 8일 착공, 2008년 7월 31일 착공, 단지면적 703,000㎡) 그리고 개진면의 개진지방산업단지(1995년 5월 18일 착공, 1997년 12월 5일 완공, 단지면적 148,000㎡) 등이 있다. 쌍림농공단지는 35개 업체가 입주하여 현재 31개 업체가 가동 중이고, 섬유·직조가 주된 업종이며, 개진농공단지는 34개 업체 중 현재 32개 업체가 가동 중에 있으며, 석유화학이 주된 업종을 보인다. 일반산업단지의 경우 다산일반산업단지는 71개 업체 중 59개 업체가, 개진지방산업단지는 20개 업체 중 18개 업체가 현재 가동 중에 있으며, 주된 업종으로는 다산일반산업단지는 철강기계, 개진지방산업단지는 기계금속 분야다. 2008년에 완공된 다산일반산업2단지의 경우는 71개 업체가 입주하고 주된 업종은 비금속 기계 분야다.

표 2. 경상북도 주요 시·군 최근 3년 간(2004~2006) 대기오염 현황

지역	연도	아황산가스 (ppm/year)	일산화탄소 (ppm/8H.)	이산화질소 (ppm/year)	먼지 (μg/m³/year)	오존 (ppm/8H.)
포항	2004년	0.010	0.827	0.031	69.000	0.029
	2005년	0.009	0.750	0.023	61.000	0.027
	2006년	0.008	0.708	0.023	60.167	0.025
경주	2004년	0.006	0.973	0.024	68.091	0.025
	2005년	0.004	0.625	0.019	45.250	0.020
	2006년	0.004	0.392	0.021	50.417	0.021
김천	2004년	0.008	1.409	0.026	47.364	0.023
	2005년	0.008	0.867	0.023	46.250	0.032
	2006년	0.009	0.950	0.028	48.500	0.030
구미	2004년	0.009	1.018	0.024	55.727	0.022
	2005년	0.007	0.908	0.029	53.167	0.025
	2006년	0.006	0.817	0.028	58.417	0.025
안동	2004년	0.008	0.939	0.020	53.273	0.023
	2005년	0.008	1.217	0.026	51.500	0.022
	2006년	0.009	0.892	0.021	58.167	0.022
고령	2002년	0.003	0.500	0.014	47.750	0.031
	2003년	0.035	0.575	0.016	74.000	0.018
	2004년	0.035	0.650	0.023	121.000	0.015

주 : 경북통계연보를 토대로 재구성 함. 고령군은 대구지방환경청 자료(2002~2004)를 토대로 함.

2) 낙동강 수계 수질오염 현황

 최근 10년 간 경상북도 권역의 낙동강 수계 수질오염 현황을 알아보기 위해 측정망이 설치된 안동과 고령군을 대상으로 분석한 통계자료는 〈표 3〉과 같다. 표에서 볼 수 있듯이 상류지역인 안동의 경우 하류지역인 고령군에 비해 수질오염 지표에 있어 대체로 양호하다. 수온의 경우 위도상의 영향으로 상류지역인 안동이 고령군에 비해 저온을 나타낸다. 수소이온농도지수는 안동, 고령군 모두 하천 수질환경기준 생활환경 1등급인 6.5~8.5에 해당하고 있어 상수원수 1급에 해당하는 양질이다. 용존산소량(DO) 역시 안동, 고령군 모두 상수원수 1급(1a급 : 매우 좋음)에 해당하는 7.5이상을 나타낸다. 생물학적 산소요구량(BOD)에 있어서는 안동은 대체로 상수원수 1급 기준인 1이하(1a급 : 매우 좋음)를 나타내지만, 고령군은 1997~2002년 3등급(보통, 3~5), 4등급(약간 나쁨, 5~8)에서 2003년 이후부터는 2등급(약간 좋음, 2~3)으로 개선되고 있다. 부유물질의 경우 안동은 1등급(25이하)으로 양호하나, 고령군은 1997~2002년

과 2005~2006년에는 대체로 양호한 편이나 2003년, 2004년은 4등급(약간 나쁨, 100 이하)으로 다소 악화된 상태를 보인다. 대장균군의 경우 안동은 1997~2002년과 2006년에는 1등급 (1b : 좋음, 50~500), 2003~2005년에는 3등급(보통, 1,000~5,000)을 나타내는 반면, 고령군은 2006년에는 2등급(약간 좋음, 500~1,000), 1999년과 2001년에는 3등급(보통, 1,000~5,000), 1997~1998년과 2002~2005년에는 4등급 이하(약간 나쁨, 나쁨, 매우 나쁨 : 5,000 이상)로 나타난다.

3) 쓰레기 수거처리 현황

경상북도 시·군별 최근 10년 간(1997~2006년) 쓰레기 수거처리 현황은 〈표 4〉에서 보는

표 3. 최근 10년 간(1997~2006) 낙동강 수계 수질오염 현황

연도	지역	온도(°C)	pH	DO (mg/ℓ)	BOD (mg/ℓ)	부유물질 (mg/ℓ)	대장균군 (MPN/100ml)
1997년	안동	12.0	7.4	8.8	1.1	2.5	181
	고령	16.0	8.1	10.0	5.1	15.7	18,000
1998년	안동	13.0	7.6	9.2	0.9	2.2	490
	고령	16.0	7.8	9.9	3.1	14.1	8,000
1999년	안동	11.0	7.5	9.4	0.9	4.6	380
	고령	16.0	7.9	10.3	3.1	16.6	2,600
2000년	안동	12.0	7.6	9.5	1.0	2.3	360
	고령	16.0	8.2	11.0	4.3	15.0	12,000
2001년	안동	13.0	7.5	8.9	1.0	2.6	91
	고령	16.0	8.2	10.4	4.2	16.0	5,000
2002년	안동	11.8	7.5	9.2	1.0	6.7	227
	고령	15.9	8.2	10.4	3.6	21.6	5,600
2003년	안동	12.8	7.2	8.7	0.9	9.4	1,670
	고령	15.3	7.6	10.0	2.1	33.6	7,858
2004년	안동	13.1	7.3	9.2	0.9	5.4	2,573
	고령	16.1	7.8	10.4	2.6	25.8	15,170
2005년	안동	14.1	7.5	10.3	1.0	6.8	1,421
	고령	16.3	8.0	11.2	2.9	20.3	6,940
2006년	안동	12.8	7.2	9.5	0.9	6.3	182
	고령	16.3	7.9	11.2	2.8	18.1	785

주 : 경북통계연보를 토대로 재구성함.

것처럼 쓰레기 총량이 1997~1999년, 2001~2002년, 2000년과 2003~2007년 기간 동안의 통계 처리 방식 기준이 각각 달라 총량의 상대적 비교는 의미가 없는 것으로 판단된다. 따라서 본 연구에서는 경상북도 쓰레기 총량에 대한 고령군의 연도별 상대적 비율의 증감과 수거처리 방식에 대한 특성을 위주로 살펴보고자 한다. 우선 경상북도 쓰레기 총량에서 차지하는 고령군의 쓰레기 총배출량의 최근 10년 간 변화율은 1.17%, 0.91%, 0.68%, 0.63%, 0.31%, 0.31%, 2.03%, 1.95%, 0.99%, 1.64%로 2002년까지는 감소추세를 보이다가 2003년에는 최대치인 2.03%까지 증가하였다가 다시 감소추세를 보이고 있다. 쓰레기 수거처리 방식의 경우 경상북도는 재활용, 매립, 소각, 해역배출 기타 순으로 나타난다. 특히 재활용의 비중이 큰 폭으로 증가해 2005년에는 전체 수거처리량의 89%에 달해 환경 개선에 큰 기여를 하는 것으로 판단된다. 고령군의 경우는 수거처리 비중에 있어 재활용과 소각이 증가한 반면 매립은 감소하고 있

표 4. 최근 10년 간(1997~2006) 경북·고령군 쓰레기 수거처리 현황
(단위 : 톤)

연도	지역	총계	수거처리				
			매립	소각	재활용	해역배출	기타
1997년	경북	2,044.3	1,483.4	97.6	463.3	–	–
	고령군	24	15	–	8	–	–
1998년	경북	1,979.0	1,342.1	125.1	511.8	–	–
	고령군	18	10.0	1.0	7.0	–	–
1999년	경북	2,020.1	1,319.6	151.3	549.2	–	–
	고령군	13.7	7.1	2.5	4.1	–	–
2000년	경북	34,374.7	3,802.3	800.8	29,004.9	475.5	291.2
	고령군	215.9	73.2	4.8	136.2	1.7	–
2001년	경북	620,084.2	47,002.2	45,799.1	519,289.3	544.6	7,449.0
	고령군	1,905.4	41.0	50.3	1,813.0	1.1	–
2002년	경북	660,062.5	50,821.4	47,136.6	558,286.2	397.6	3,420.7
	고령군	2,074.3	25.8	55.7	1,985.6	3.6	3.6
2003년	경북	32,005.8	2,536.3	1,202.3	27,657.6	585.8	23.7
	고령군	652.8	20.4	7.2	618.5	6.6	–
2004년	경북	34,251.0	2,129.5	970.9	30,425.5	675.0	50.1
	고령군	666.2	6.9	20.2	629.7	9.3	–
2005년	경북	38,814.1	2,605.4	985.6	34,550.3	621.3	51.5
	고령군	385.7	6.3	21.6	355.2	2.6	–
2006년	경북	35,220.0	2,208.3	994.3	26,879.0	743.9	4,394.5
	고령군	578.7	5.7	13.0	515.1	1.5	43.4

주 : 경북통계연보를 토대로 재구성함.

어 쓰레기 수거처리 방식의 선진화로 환경개선에 큰 기여를 하고 있다.

4) 환경오염물질 배출시설

최근 10년 간 환경오염물질 배출시설의 경우 경상북도 통계연보에 제시된 통계치와 고령군 통계연보에 제시된 통계치 사이에 약간의 오류가 나타나고 있다. 따라서 경상북도 시·군 별 비교설명은 경상북도 통계연보를 참조한 반면, 고령군 각 지역별 비교설명은 고령군 통계연보를 참조했다.

대기(가스, 먼지, 매연 및 악취) 환경오염물질 배출시설의 경우, 경상북도는 1997년, 1998년, 1999년에는 각각 2,456개소, 2,473개소, 2,526개소로 큰 변동이 없다가 2000년에 들어서 3,637개소로 대폭 증가한다. 이후 2006년까지는 큰 변동이 없다. 그러나 2004년부터 대기 환경오염물질 배출시설물 중 5종의 비중은 현저히 주는 반면 많은 오염물질을 배출하는 1종을 비롯하여 2, 3, 4종은 증가하는 추세를 보여 대기환경에 나쁜 영향을 주는 것으로 판단된다.

고령군 역시 1997년, 1998년, 1999년 각각 79개소, 82개소, 95개소이던 것이 2000년에 들어서 140개소로 급증하여 2003년에는 189개소까지 증가하다가 그 이후 약간 감소하는 경향을 보인다. 그러나 2004년부터 경상북도 추세와 같이 5종 비율이 주는 반면 3종과 4종이 상대적으로 늘어나고 있어 고령군 지역 대기환경에는 좋지 않은 영향을 주고 있다. 다만 1997~2001년 사이에 존재하던 2종 시설이 2002년부터는 나타나지 않고 있으나 그 수는 미미하여 대기환경에 큰 영향을 주지는 못한다.

수질(폐수) 환경오염물질 배출시설의 경우, 경상북도는 1997년, 1998년 각각 2,433개소, 2,544개소에서 1999년 3,494개소로 급증하였다가 2000년에 2,586개소로 다시 감소한 후 2001년 4,667개소로 다시 급증한 후 큰 변동을 보이지 않는다. 오염물질 발생량에 따른 종별 현황의 경우 1종과 2종은 2000년을 기준으로 3종과 4종은 2001년을 기준으로 급증하는 추세다.

고령군의 경우 1997년, 1998년 공히 88개소이던 것이 1999년, 2000년에 각각 124개소, 150개소로 증가한 후 다소 기복을 보이지만, 대체로 165~179개소로 큰 변동은 보이지 않는다. 오염물질 발생량에 따른 종별 현황에 있어서는 최근 10년 간 큰 차이를 보이지 않고 있어 대기환경오염물질과는 대조를 이룬다.

소음 및 진동을 발생하는 환경시설물의 경우 경상북도는 1997년 2,437개소에서 꾸준히 늘

표 5. 최근 10년 간(1997~2006) 경상북도 환경오염물질 배출시설 현황

(단위 : 개소)

연도	환경오염물질 배출시설	총계	1종	2종	3종	4종	5종	소음 및 진동
1997년	대기	2,456	23	67	78	468	1,820	2,437
	수질	2,433	12	20	61	153	2,187	
1998년	대기	2,473	23	67	77	475	1,831	3,171
	수질	2,544	12	21	89	186	2,236	
1999년	대기	2,526	23	65	73	481	1,884	2,658
	수질	3,494	12	24	98	200	3,160	
2000년	대기	3,637	78	98	65	289	1,528	3,009
	수질	2,586	36	36	97	134	2,283	
2001년	대기	3,893	88	123	111	595	2,976	3,382
	수질	4,667	42	51	209	292	4,073	
2002년	대기	3,926	88	116	112	576	3,034	3,500
	수질	4,908	41	53	200	295	4,319	
2003년	대기	4,021	80	117	115	586	3,123	4,261
	수질	4,005	41	47	199	302	3,416	
2004년	대기	3,855	116	181	290	1,255	2,013	4,549
	수질	3,938	39	44	193	290	3,372	
2005년	대기	3,946	119	184	302	1,326	2,015	4,470
	수질	4,117	41	44	183	283	3,566	
2006년	대기	3,984	113	183	295	1,340	2,058	4,935
	수질	4,290	40	43	172	274	3,761	

주 : 경북통계연보를 토대로 재구성함.

어 2006년에는 2배가 넘는 4,935개소에 달한다. 고령군의 경우도 1997년 129개소에서 2006년에는 186개소(경북통계연보에 의하면 220개소)로 증가하고 있어 대기, 수질, 소음 및 진동에 있어 경상북도와 고령군은 환경문제가 갈수록 심화되고 있음을 알 수 있다.

5) 고령군 읍·면별 환경오염물질 배출시설 현황

 고령군의 읍·면별 환경오염물질 배출시설 현황은 〈표 7〉, 〈표 8〉과 같다. 고령군에는 1989년 10월 완공된 쌍림농공단지를 시작으로 1993년 개진농공단지, 1995년 다산1차 지방산업단지, 1997년 개진지방산업단지, 2008년 다산2차 지방산업단지 등이 완공되어 다양한 업종의 제조업이 가동 중이다. 각 공단의 제조업체로부터 배출 되는 대기 및 수질 환경오염은 환경산

업의 비약적인 발전에도 불구하고 오염물질 저감 및 해소에는 기술적인 한계를 가질 수밖에 없다. 또한 일부 기업가들의 비윤리적 사고방식에서 기인하는 환경오염물질 무단 불법배출은 사회적으로 심각한 문제를 야기한다. 따라서 지역민들의 삶의 질적 제고를 위해서는 지역경제 활성화만큼이나 환경문제의 해결에도 큰 비중을 두고 대처해 나가지 않으면 안 될 것이다. 특히 『고령 비전 2010』, 『2020 고령군 기본계획』에 의하면 고령군에서는 2015년까지 기업체 1,000개를 유치하고(다산면, 성산면, 개진면 일대), 다산3차 지방산업단지 등 6,500,000m²를 조성하고 2020년까지 개진면 일대에 첨단산업단지를 조성할 계획이어서 향후 심각하게 대두될 환경문제 해결에 적극적인 노력이 요구된다.

고령군의 읍·면별 대기환경오염물질 배출시설의 경우 비교적 규모가 큰 지방산업단지가 위치하는 다산면과 농공단지와 지방산업단지가 위치하는 개진면이 두드러진다. 대기 배출시

표 6. 최근 10년 간(1997~2006) 고령군 환경오염물질 배출시설 현황

(단위 : 개소)

연도	환경오염물질 배출시설	총계	1종	2종	3종	4종	5종	소음 및 진동
1997년	대기	79	-	1	3	17	58	129
	수질	88	-	-	1	3	84	(129)
1998년	대기	82	-	1	3	18	60	145
	수질	88	-	-	5	15	68	(132)
1999년	대기	95	-	1	2	20	72	136
	수질	124	-	-	7	17	100	(156)
2000년	대기	140	-	5	4	42	89	144
	수질	150	-	-	8	17	125	(156)
2001년	대기	149	-	4	3	44	98	148
	수질	139	-	-	1	19	119	(166)
2002년	대기	160	-	-	3	51	106	163
	수질	165	-	-	5	22	138	(159)
2003년	대기	189	-	-	4	56	129	200
	수질	177	-	-	6	24	147	(174)
2004년	대기	143	-	-	21	75	47	204
	수질	175	-	-	6	23	146	(152)
2005년	대기	160	-	-	27	77	56	217
	수질	179	-	-	6	24	149	(159)
2006년	대기	168	-	-	29	79	60	220
	수질	170	-	-	5	26	139	(186)

주 : 경북통계연보를 토대로 재구성함. ( ) 안의 값은 고령군통계연보 자료임.

표 7. 최근 10년 간(1997~2006) 고령군 읍·면별 대기환경오염물질 배출시설 현황
(단위 : 개소)

	1997년				1998년				1999년				2000년				2001년			
	계	3종	4종	5종	계	3종	4종	5종	계	3종	4종	5종	계	3종	4종	5종	계	3종	4종	5종
고령읍	27	–	4	22	27	–	4	22	25	–	6	19	23	–	5	18	25	–	6	19
덕곡면	–	–	–	–	–	–	–	–	–	–	–	–	–	–	–	–	–	–	–	–
운수면	–	–	–	–	–	–	–	–	–	–	–	–	–	–	–	–	20	–	–	20
성산면	15	–	3	12	15	–	3	12	20	–	3	17	20	–	2	18	10	–	2	8
다산면	3	1	–	2	3	1	–	2	4	1	–	4	8	–	–	8	20	–	–	20
개진면	15	–	5	10	15	–	5	11	16	–	5	11	18	–	3	15	7	–	4	3
우곡면	4	1	–	3	4	1	–	3	2	–	–	2	3	–	–	3	20	–	–	20
쌍림면	15	1	5	9	15	1	5	9	14	–	3	1	20	–	4	16	4	–	4	–
계	79	3	17	58	80	3	17	59	81	1	17	64	92	–	14	78	106	–	16	90

	2002년				2003년				2004년				2005년				2006년			
	계	3종	4종	5종	계	3종	4종	5종	계	3종	4종	5종	계	3종	4종	5종	계	3종	4종	5종
고령읍	31	–	10	21	33	–	11	22	29	1	13	15	31	2	12	17	32	2	12	18
덕곡면	–	–	–	–	–	–	–	–	–	–	–	–	–	–	–	–	–	–	–	–
운수면	–	–	–	–	–	–	–	–	–	–	–	–	–	–	–	–	–	–	–	–
성산면	26	–	4	22	30	–	4	26	21	2	13	6	25	3	13	9	26	3	15	8
다산면	49	3	24	22	61	4	26	31	52	14	31	7	58	16	34	8	60	17	34	9
개진면	30	–	6	24	37	–	8	29	29	5	10	14	33	5	11	17	33	6	10	17
우곡면	3	–	–	3	3	–	–	3	–	–	–	–	–	–	–	–	–	–	–	–
쌍림면	21	–	6	15	25	–	7	18	11	–	5	5	13	1	7	5	17	1	8	8
계	160	3	50	107	189	4	56	129	142	23	72	47	160	27	77	56	168	29	79	60

주 : 고령군통계연보를 토대로 재구성함.

설물의 2006년 읍·면별 개소 수는 다산면, 개진면, 고령읍, 성산면, 쌍림면 순을 보이며, 특히 최근 10년 간 다산면은 3개소에서 60개소로 무려 20배 증가하여 고령군의 대기 환경오염물질 배출시설 증가에 주도적인 역할을 했다. 한편 다산면의 경우는 대기환경오염물질 배출량이 많은 3종의 증가 추세가 두드러지게 나타나고 있다. 반면에 덕곡면, 운수면, 우곡면 등은 2006년 현재 대기환경오염물질 배출시설물이 전무한 것으로 나타난다.

수질환경오염물질 배출시설의 경우, 수질 배출시설물의 읍·면별 개소 수는 2006년 현재 개진면, 다산면, 고령읍이 각각 35개소, 34개소, 33개소로 비슷한 분포를 보인다. 특히 성산면의 경우는 1997년 5개소에서 2006년 20개소로 4배가량 증가해 가장 큰 폭의 증가를 보인다. 이 밖에도 다산면과 개진면 그리고 쌍림면은 증가추세가 두드러진다. 대기환경오염물질 배출

표 8. 최근 10년 간(1997~2006) 고령군 읍·면별 수질환경오염물질 배출시설 현황

(단위 : 개소)

	1997년				1998년				1999년				2000년				2001년			
	계	3종	4종	5종	계	3종	4종	5종	계	3종	4종	5종	계	3종	4종	5종	계	3종	4종	5종
고령읍	28	-	2	26	39	-	2	37	35	1	2	32	40	-	1	39	42	-	1	41
덕곡면	-	-	-	-	-	-	-	-	-	-	-	-	-	-	-	-	-	-	-	-
운수면	2	-	-	2	2	-	-	2	2	-	-	2	1	-	1	-	1	-	-	1
성산면	5	-	-	5	5	-	-	5	7	-	1	6	14	-	1	13	15	-	1	14
다산면	17	1	-	16	19	1	-	18	22	1	-	21	22	-	-	22	22	-	-	22
개진면	16	-	-	16	21	-	1	20	26	1	2	23	26	5	1	20	29	5	2	22
우곡면	1	-	-	1	1	-	-	1	-	-	-	-	-	-	-	-	-	-	-	-
쌍림면	19	-	1	18	21	-	3	18	25	-	13	12	24	-	5	19	26	-	5	21
계	88	1	3	84	108	1	6	101	117	3	18	96	127	5	8	114	135	5	9	121

	2002년				2003년				2004년				2005년				2006년			
	계	3종	4종	5종	계	3종	4종	5종	계	3종	4종	5종	계	3종	4종	5종	계	3종	4종	5종
고령읍	42	1	1	40	42	1	1	40	35	1	1	33	41	1	1	39	36	1	2	33
덕곡면	-	-	-	-	-	-	-	-	-	-	-	-	-	-	-	-	-	-	-	-
운수면	-	-	-	-	-	-	-	-	-	-	-	-	-	-	-	-	-	-	-	-
성산면	16	-	1	15	18	-	1	17	13	-	1	12	18	-	2	16	20	-	3	17
다산면	38	1	-	36	42	1	1	40	43	1	1	41	40	1	1	38	36	1	1	34
개진면	38	3	6	29	41	4	6	31	34	3	4	27	43	4	5	34	43	3	5	35
우곡면	-	-	-	-	-	-	-	-	-	-	-	-	-	-	-	-	-	-	-	-
쌍림면	31	-	13	18	34	-	15	19	26	-	13	13	37	-	15	22	35	-	15	20
계	165	5	22	138	177	6	24	147	151	5	20	126	179	6	24	149	170	5	26	139

주 : 고령군통계연보를 토대로 재구성함.

표 9. 최근 10년 간(1997~2006) 고령군 읍·면별 소음 및 진동 발생시설 현황

(단위 : 개소)

	1997년	1998년	1999년	2000년	2001년	2002년	2003년	2004년	2005년	2006년
고령읍	23	24	19	24	25	25	27	27	29	21
덕곡면	3	3	-	-	-	2	1	2	2	5
운수면	2	2	1	-	-	1	-	-	-	-
성산면	34	35	45	45	48	48	53	45	48	55
다산면	19	19	20	20	21	24	27	25	24	31
개진면	28	29	41	41	45	36	45	37	38	45
우곡면	4	4	8	3	3	5	1	1	1	2
쌍림면	16	16	22	23	24	18	20	15	17	27
계	129	132	156	156	166	159	174	152	159	186

주 : 고령군통계연보를 토대로 재구성함.

시설의 경우와 마찬가지로 덕곡면, 운수면, 우곡면에는 배출시설이 전무하여 이들 지역은 상대적으로 환경이 좋은 곳으로 평가된다.

한편 소음 및 진동의 경우, 2006년 현재 성산면 55개소를 필두로 개진면, 45개소, 다산면 31개소, 쌍림면 27개소 등의 순을 보이며, 운수면의 경우는 없는 것으로 나타난다.

3. 재해

1) 풍수해

경상북도 시·군별 최근 10년 간 풍수해 현황은 〈표 10〉에서 보는 것처럼 침수면적 규모로

표 10. 최근 10년 간(1997~2006) 경상북도 시·군별 연평균 풍수해 현황

(단위 : 명, ha, 천 원)

	사망 및 실종	이재민	침수면적	피해액
포항시	3.1	194.2	312.624	14,589,584
경주시	0.7	111.9	328.980	16,716,429
김천시	3.2	290.6	331.087	45,653,439
안동시	0.1	44.2	507.410	12,829,907
구미시	0.3	38.7	246.668	3,162,925
영주시	0.8	134.1	198.285	3,780,833
영천시	0.2	45.7	118.739	10,298,775
상주시	1.4	323.6	702.083	24,849,725
문경시	0.4	20.3	87.324	5,721,017
경산시	0.2	8.2	21.074	1,492,162
군위군	0.2	22.8	176.138	6,084,179
의성군	0.4	40.2	1,049.510	10,264,148
청송군	0.1	23.0	173.230	11,317,955
영양군	0.4	129.3	114.330	13,988,948
영덕군	0.8	102.5	89.719	10,423,625
청도군	0.1	4.3	43.304	8,723,006
고령군	0.0	34.4	276.691	3,271,619
성주군	0.5	38.0	364.821	19,578,267
칠곡군	0.1	20.4	49.126	3,462,834
예천군	0.6	70.2	469.187	3,522,223
봉화군	0.6	31.3	114.185	9,932,828
울진군	0.2	62.7	45.900	14,711,887
울릉군	0.7	49.4	0.892	6,864,735

주 : 경북통계연보를 토대로 재구성함. 김천시는 매미태풍이 있었던 2003년 침수면적 자료 없음.

는 의성군, 상주시, 안동시, 예천군 순으로 나타나고 있다. 풍수해로 인한 침수면적이 비교적 넓게 나타나는 지역은 지형적으로 큰 강이 흘러 넓은 범람원이 발달하고 있어 지형적인 변수가 큰 영향을 주는 것으로 판단된다. 피해액은 김천시, 상주시, 성주군, 경주시 순으로 나타나는데, 피해액이 단순히 침수면적 규모와 비례하여 나타나지 않고 있다. 즉 침수지에 상대적으로 많은 인구가 거주하게 되면 침수면적이 작더라도 인명과 재산피해가 크게 되어 피해 규모도 커지게 된다. 울릉군의 경우는 침수면적이 0.892ha로 적음에도 불구하고 침수면적이 526배에 달하는 예천군이나, 310배에 달하는 고령군보다 피해액이 2배가량 많다. 반면 의성군의 경우 침수면적은 경상북도에서 가장 넓은 1,049ha에 달하지만 피해액 규모는 12번째에 불과하다. 고령군의 경우 침수면적과 피해액이 경상북도 23개 시·군 가운데 각각 9번째, 21번째를 나타내지만 침수면적에 비해 피해액은 작은 편이다. 또한 최근 10년 간 풍수해로 인한 사망자는 단 한 명도 없어 경상북도 23개 시·군 중 풍수해에 있어서는 비교적 안정된 것으로 평가된다.

2) 재난사고

경상북도 시·군별 재난사고의 경우 1997~1999년 기간의 자료가 미비하여 본 연구에서는 최근 7년 간(2000~2006년)의 자료를 활용하였다. 최근 7년 간 경상북도 시·군별 재난사고 현황은 <표 8>에서 보는 것처럼 발생건수별로는 포항시, 구미시, 경주시, 안동시, 경산시, 영천시 순으로 나타나고 있다. 사망, 부상 등 인명피해 역시 인구수가 많은 시 규모에서 높게 나타난다. 재난사고에 따른 재산피해도 인구수가 많아 발생건수가 많은 시 규모에서 많게 나타난다. 고령군의 경우 발생건수, 사망자수, 부상자수, 재산피해액이 경상북도 23개 시·군 중 각각 18번째, 18번째, 18번째, 17번째로 나타나고 있으며, 고령군의 인구수가 19번째를 차지하고 있음을 볼 때 재난사고 특성이 인구수와 깊은 관계를 보인다고 할 수 있다.

3) 인구 천 명 당 연평균 풍수해·재난사고

경상북도 시·군별 인구수 대비 풍수해 및 각종 재난사고의 피해 정도와 특성을 알아보기 위해 최근 10년 간(재난사고는 최근 7년 간 자료임) 인구 천 명 당 연평균 풍수해 및 재난사고 현황을 나타낸 것이 <표 11>이다.

재난 발생건수의 경우 9건 이상 시·군은 성주군, 영천시, 안동시며, 8~9건 사이는 경주시, 문경시, 군위군, 7~8건 사이는 고령군, 영덕군, 칠곡군, 영주시, 포항시, 봉화군, 구미시로 나타나고 있다. 반면에 5건 이하의 발생건수를 보이는 시·군은 의성군, 청도군, 울진군, 청송군, 예천군, 울릉군으로 비교적 재난사고로부터 안정된 지역으로 나타난다. 재난 피해액의 경우 상주시가 375,573원으로 다른 시·군에 비해 10배 이상 많다. 다음으로 칠곡군 31,347원, 김천시 28,679원, 군위군 20,971원으로 나타나며, 고령군은 14,652원으로 경북도내 시·군 평균 금액 29,453원 보다 훨씬 적다. 그러나 상주시를 제하면 경상북도 평균 재난피해액 13,720원보다는 다소 많은 피해금액을 보인다.

풍수해 피해액의 경우 3억 원 이상의 시·군은 울릉군(6억 9천만 원), 영양군(6억 4천만 원), 성주군(3억 9천만 원), 청송군(3억 5천만 원), 김천시(3억 1천만 원)며, 1억 원 이상의 시·군은

표 11. 최근 7년 간(2000~2006) 경상북도 시·군별 연평균 재난사고 현황

(단위 : 건, 명, 천 원)

	발생 건수	사망	부상	재산 피해
포항시	3,638	223.6	4393.7	6,659
경주시	2,531	113.4	3645.7	3,926
김천시	990	65.1	1210.6	4,202
안동시	1,632	66	2163.7	2,461
구미시	2,541	77	3351.9	3,233
영주시	882	43.3	1129.7	1,279
영천시	1,068	55.7	1335.6	2,208
상주시	798	52.4	951.1	43,186
문경시	699	45.3	849.7	1,274
경산시	1,484	52.9	1917.9	2,526
군위군	243	34.4	315.3	631
의성군	393	31.1	390.3	629
청송군	174	18.3	253.3	195
영양군	139	13.6	192.4	128
영덕군	353	31.1	489.9	318
청도군	280	21.4	357.7	714
고령군	275	25.6	324.4	526
성주군	491	35.6	535.7	666
칠곡군	791	46.1	1445.9	3,441
예천군	254	25.6	290.7	499
봉화군	276	27.4	377.6	436
울진군	341	28.3	401.1	977
울릉군	39	22.9	33.1	62

주 : 경북통계연보를 토대로 재구성함. 재산피해는 6년 (2000~2005) 평균값임.

봉화군(2억 4천만 원), 울진군(2억 3천만 원), 영덕군(2억 1천만 원), 상주시(2억 1천만 원), 군위군(2억만 원), 청도군(1억 7천만 원), 의성군(1억 4천만 원) 등이다. 반면 1억 원 미만에 해당하는 시·군은 고령군을 비롯해 11개 지역이다. 결론적으로 경상북도에서 풍수해와 각종 재난사고로부터 비교적 안정성이 높은 시·군은 경산시, 예천군, 구미시, 의성군, 영주시, 청도군 등지로 평가되며, 안정성이 다소 낮은 시·군으로는 성주군, 군위군, 영천시, 칠곡군, 문경시, 봉화군, 고령군 등지로 평가된다. 고령군은 경상북도 23개 시·군에서 재난 발생건수 7위, 사망(재난) 4위, 부상(재난) 13위, 재난 피해액 8위, 풍수해 피해액 13위를 나타낸다.

표 12. 최근 10년 간(1997~2006) 경상북도 시·군별 주민 천 명 당 연평균 풍수해·재난사고 현황

(단위 : 건, 명, 천 원)

	발생건수 (재난)	사망 (재난)	부상 (재난)	피해액 (재난)	피해액 (풍수해)	10년 평균인구	7년 평균인구
포항시	7.1	0.44	8.58	13.031	28,473	512,401	511,918
경주시	8.9	0.40	12.86	13.914	58,428	286,102	283,460
김천시	6.7	0.44	8.23	28.679	307,814	148,315	147,106
안동시	9.2	0.37	12.23	14.100	71,241	180,092	176,888
구미시	7.0	0.21	9.22	8.803	8,935	353,998	363,501
영주시	7.1	0.35	9.09	10.391	29,679	127,391	124,282
영천시	9.4	0.49	11.74	19.600	88,453	116,432	113,798
상주시	6.9	0.45	8.17	375.573	206,704	120,219	116,402
문경시	8.4	0.55	10.27	15.616	67,091	85,272	82,770
경산시	6.6	0.24	8.55	11.188	6,799	219,466	224,403
군위군	8.0	1.13	10.35	20.971	196,854	30,907	30,462
의성군	5.7	0.45	5.63	9.228	141,241	72,671	69,325
청송군	5.5	0.58	8.07	6.316	346,719	32,643	31,404
영양군	6.6	0.64	9.12	6.158	637,165	21,955	21,086
영덕군	7.3	0.64	10.13	6.648	208,564	49,978	48,349
청도군	5.6	0.43	7.21	14.531	168,884	51,651	49,621
고령군	7.6	0.70	8.92	14.582	90,569	36,123	36,378
성주군	9.9	0.72	10.79	13.493	386,205	50,694	49,650
칠곡군	7.2	0.42	13.24	31.347	33,134	104,509	109,188
예천군	4.7	0.47	5.33	9.296	61,555	57,221	54,560
봉화군	7.0	0.70	9.64	11.310	241,757	41,086	39,153
울진군	5.6	0.46	6.55	16.189	232,217	63,354	61,219
울릉군	4.0	2.35	3.40	6.453	688,125	9,976	9,725

주 : 경북통계연보를 토대로 재구성함. 재난의 경우는 7년(2000~2006) 평균값임.

4. 환경 및 재해 분야에 대한 지역민 여론

지역주민 1,011명(남성 508명, 여성 503명)을 대상으로 한 '민선4기 출범1년에 즈음한 고령군 주요시책에 대한 지역민 여론조사(2007년 11월, 에이스리서치)'에 의하면 환경보호 분야의 경우 잘했다는 응답이 63.9%(아주 잘함 9.5%, 잘하는 편 54.4%)로 잘 못했다는 응답 30.3%(잘못한 편 28.5%, 아주 못함 1.8%)에 비해 배 이상으로 많이 나타났다(무응답 5.8%). 지역별로는 덕곡면(85.7%), 운수면(78.1%), 성산면(69.5%), 우곡면(67.1%), 고령읍(66.5%), 개진면(64%), 쌍림면(55.9%), 다산면(52.5%) 순으로 나타나고 있다. 성별로는 여성(64.8%)이 남성(63%)에 비해 약간 높게 나타났다. 연령별로는 50대 이상(69.4%), 40대(60.7%), 30대(59.6%), 20대(54.8%)순으로 나타났으며, 거주기간별로는 11~20년(68.6%), 6~10년(64.9%), 21년 이상(63.4%), 1~5년(59.3%)으로 나타나고 있다.

하천골재 채취 사업, 오염 소하천 정비사업, 사문진교 가설공사 등 건설·재해분야의 경우 잘했다는 응답이 63.4%(아주 잘함 10.2%, 잘하는 편 53.2%)로 잘못했다는 응답 30.5%(잘못한 편 29.6%, 아주 못함 0.9%)보다 배 이상 많았다(무응답 6.1%). 잘했다는 응답은 덕곡면(83.7%)과 운수면(83.6%), 연령이 높을수록(50대 이상 69.4%) 상대적으로 높았다. 재난 분야 역시 잘했다는 응답이 잘못했다는 응답에 비해 배 이상 많은 것으로 나타나고 있음을 알 수 있는데, 이것은 고령군 지역민들이 고령군에서 추진하고 있는 환경·재해 분야에 대체로 긍정적인 평

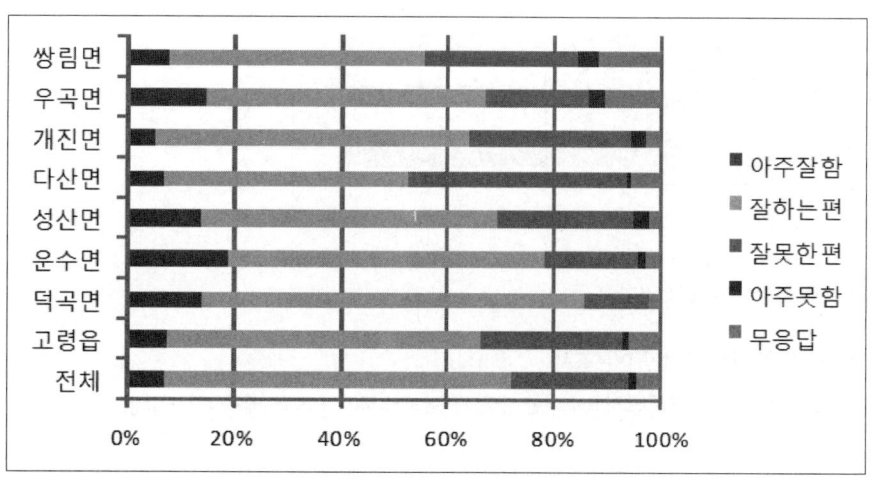

지역별 환경보호 분야 여론조사 결과

그림 1. 계속

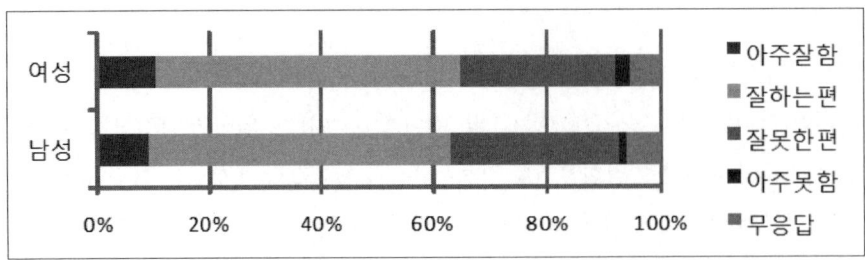

성별 환경보호 분야 여론조사 결과

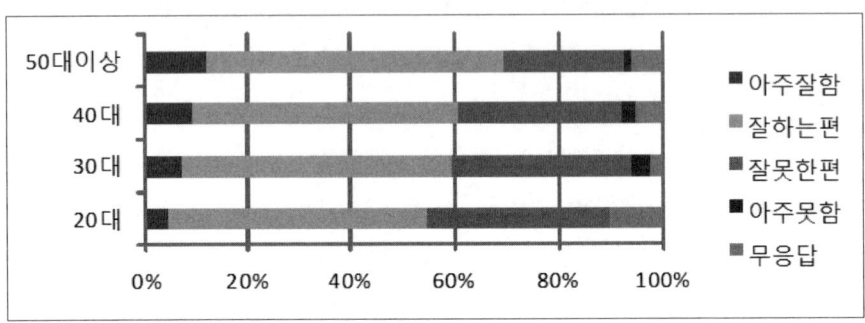

연령별 환경보호 분야 여론조사 결과

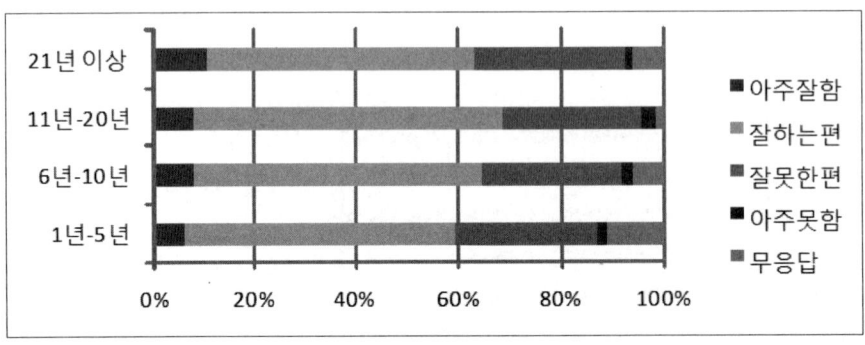

거주기간 별 환경보호 분야 여론조사 결과

그림 1. 고령군 주요시책에 대한 지역민 여론조사
자료 : 민선4기 출범1년에 즈음한 고령군 주요시책에 대한 지역민 여론조사(2007년 11월, 에이스리서치)

가를 내리고 있다는 것을 의미하고 있지만, 지역별로는 다소 편차를 보이고 있음도 알 수 있다. 특히 산업단지가 주로 분포하는 다산면, 쌍림면, 개진면 지역민들의 경우는 다른 지역에 비해 잘 못했다는 응답이 상대적으로 많이 나타나고 있어 이들 지역주민에 대한 정책적 배려가 필요할 것으로 판단된다.

5. 고령군 장·단기 발전계획 검토

정부에서 강력히 추진하고 있는 '낙동강 환경정비 및 물길 살리기 사업'은 물론 대구 광역권의 확대로 지역적 중요성이 점증하는 고령군의 경우 상위 개발계획과 관련 계획과의 조화는 그 어느 때 보다 절실하다. 그러나 제4차 국토종합개발계획, 제3차 경상북도 종합계획, 대구권 광역도시계획, 제2차 고령군 종합계획 등에서 지향하는 목표와 실천계획 등이 사뭇 다르게 나타나고 있어 이에 대한 조절과 검토는 필수적이다. 예컨대 2020년 고령군의 인구 예상치가 제2차 고령군 종합계획에서는 75,000명인 반면, 제3차 경상북도 종합계획에서는 41,000명, 대구권 광역도시계획에서는 60,000명, 2020 고령군 기본계획에서는 50,000명으로 되어 있어 기본계획 수립 결과 자체의 신뢰성이 떨어질 수밖에 없다. 또한 장·단기 계획으로 추진되는 산업단지 조성계획이 기존의 농공단지와 일반산업단지 일대에 계획 중이다. 그러나 계획대로 추진될 경우 지역민 여론조사에서도 드러났듯이 기존 공단지역인 다산면, 개진면, 쌍림면의 지역주민들은 다른 지역에 비해 고령군의 환경 및 재난 정책에 대해 부정적인 견해를 보이는 비율이 높음을 알 수 있었다. 따라서 공업단지 유치에 따른 환경 및 재난 문제 대비는 물론 공단지역 주민들의 환경개선을 위한 종합대책이 장·단기 발전계획에 구체적으로 마련되어야 함에도 불구하고 그렇지 못한 점은 시급히 수정되어야 할 것으로 판단된다.

6. 결론

본 연구에서는 경상북도 23개 시·군의 환경 및 재난에 대한 각종 통계 현황을 살펴본 후, 경상북도 내에서 고령군의 상대적 위치를 파악해 보았으며, 이를 토대로 환경 및 재난 분야의 경우 고령군의 현황과 고령군이 지향해나가야 할 바를 다음과 같이 요약하여 보았다.

첫째, 고령군의 장·단기 발전계획인 『고령 비전 2010』, 『2020 고령군 기본계획』에 의하면 고령군에서는 2015년까지 기업체 1,000개를 유치하고(다산면, 성산면, 개진면 일대), 다산3차 지방산업단지 등 6,500,000m²를 조성하고 2020년까지 개진면 일대에 첨단산업단지를 조성할 계획으로 되어있다. 따라서 향후 심각하게 대두될 환경문제 해결에 대한 실현가능한 중·장기 계획을 마련해야 할 것이다.

둘째, 대구 산업경제권의 영향을 직접 받아드리는 지리적 여건과 더불어 인근의 대구 성서공업단지, 달성공업단지 등과의 연계성으로 인해 고령군에는 앞으로 더 많은 산업단지가 들어설 가능성이 있다. 또한 '4대강 정비사업'의 일환으로 계획 중인 '낙동강 환경 정비 및 물길 살리기 사업'의 핵심과제인 관광·문화 활성화와 생태환경 복원사업은 이들 지역민들에게는 문화와 환경의 질을 제고시키는 데 크게 기여할 것으로 기대된다. 따라서 지역의 건강한 환경을 지속적으로 유지하기 위해서는 체계적이고 합리적인 환경정책이 마련되어져야 할 것이다. 특히 많은 대기오염을 유발시킬 가능성이 높은 기계금속(주물공장)공장이 대부분인 다산일반산업단지의 경우 특별한 대책이 강구되어야 할 것이다.

셋째, 대기오염은 고령군이 타 지역에 비해 미세먼지가 많은 것으로 나타났으나 이는 산업단지에 편중돼 측정된 결과로 판단된다. 그 밖의 대기오염지표는 우리나라 환경기준치와 세계보건기구 권고 기준치에 비해 낮게 나타나고 있어 대기환경 상태가 비교적 양호한 것으로 파악된다.

넷째, 최근 10년 간(1997~2006년) 경상북도 권역의 낙동강 수계 수질오염 현황의 경우 측정망이 설치된 안동과 고령군의 수소이온농도지수(pH), 용존산소량(DO)은 1등급으로 나타나 매우 양호한 것으로 평가된다. 생물학적 산소요구량(BOD)은 안동의 경우 1등급으로 매우 양호하다. 고령군의 경우 1997~2002년 3,4등급에서 2003년 이후부터는 2등급으로 개선되었다. 이 밖에 부유물질과 대장균군의 경우 안동은 비교적 양호한 편이나 고령군은 다소 불량한 것으로 나타난다.

다섯째, 최근 10년 간(1997~2006년) 경상북도와 고령군의 쓰레기 현황을 분석한 결과 경상북도에서 차지하는 고령군의 쓰레기 비중은 2001년 최소 0.31%에서 2003년 최대 2.03% 범위로 나타난다. 쓰레기 수거처리 방식의 경우 경북, 고령군 모두 재활용과 매립이 증가하고 있어 쓰기 수거처리 방식의 선진화로 환경개선에 큰 기여를 한다.

여섯째, 최근 10년 간(1997~2006년) 경상북도 시·군별 환경 분야 현황의 경우, 대기 환경 오염물질 배출시설은 경상북도, 고령군 모두 상대적으로 대기오염 배출량이 많은 2, 3, 4종의 비중이 증가하는 추세를 보이고 있어 대기환경에 나쁜 영향을 주는 것으로 나타난다. 수질 환경오염물질 배출시설은 경상북도의 경우 수질오염 배출양이 비교적 많은 3, 4종이 증가한 반면 고령군은 큰 변동이 없었다. 소음 및 진동 발생 시설물은 경북, 고령군 모두 증가추세가 뚜렷하다.

일곱째, 최근 10년 간(1997~2006년) 고령군 읍·면별 환경 분야 현황을 분석해본 결과 대기환경오염물질 배출시설의 경우 지방산업단지와 농공단지가 위치하는 다산면, 개진면이 급증하고 있으며, 수질환경오염물질 배출시설의 경우는 개진면, 다산면 성산면이 크게 증가한 것으로 파악된다. 오늘날 환경산업의 비약적인 발전에도 불구하고 오염물질 저감 및 해소에는 기술적인 한계를 가질 수밖에 없다. 따라서 지역민들의 삶의 질적 제고를 위해서는 지역경제 활성화만큼이나 환경문제의 해결에도 큰 비중을 두고 대처해 나가야 할 것이다.

여덟째, 최근 10년 간(1997~2006년) 경상북도의 풍수해 및 재난 분야를 분석한 결과 예천군, 구미시, 의성군, 영주시, 청도군 등은 비교적 안정성이 높은 지역으로 평가된 반면, 성주군, 군위군, 영천시, 칠곡군, 문경시 등은 안정성이 다소 낮은 지역으로 평가된다. 고령군은 경상북도 23개 시·군에서 재난 발생건수 7위, 사망(재난) 4위, 부상(재난) 13위, 재난 피해액 8위, 풍수해 피해액 13위로 다소 안정성이 떨어지는 지역으로 평가된다. 따라서 고령군 재난의 가장 큰 원인으로 작용하는 낙동강의 범람을 사전에 차단하는 것이 관건이라 볼 수 있다. 이를 위해서는 기 축조된 제방에 대한 사전 점검을 통한 제방 보강공사와 상습 침수지에 배수펌프 시설 설치 확대 등이 대안으로 제시될 수 있을 것이다. 아울러 『고령 비전 2010』에서 제시된 낙동강 프로젝터를 통해 낙동강의 치수 및 이수 문제가 동시에 해결될 수 있도록 정책적 지원이 뒤따라야 할 것이다.

아홉째, '민선4기 출범1년에 즈음한 고령군 주요시책에 대한 지역민 여론조사'에 의하면 환경보호와 건설·재난의 경우 잘했다는 응답이 잘못했다는 응답에 비해 배 이상 많은 것으로 나타나고 있다. 이것은 고령군 지역민들이 고령군에서 추진하고 있는 환경 및 재난 분야에 대체로 긍정적인 평가를 내리고 있다는 것을 의미하지만, 지역별로는 다소 편차를 보인다. 특히 산업단지가 주로 분포하는 다산면, 쌍림면, 개진면 지역민들의 경우는 다른 지역에 비해 잘 못했다는 응답이 상대적으로 많이 나타나고 있어 이들 지역주민에 대한 정책적 배려가 필요하다.

참고문헌

경상북도, 1998~2007, 경북통계연보(제38회~제47회).
고령군, 1996, 고령군지.
고령군, 1998~2007, 고령군 통계연보(제38회~제47회).
고령군, 2006, 2020 고령군 기본계획.
고령군, 2007, 군민 삶의 질에 대한 지표조사 및 군정주요 시책에 대한 여론조사 결과.
http://www.gyeongbuk.go.kr/ Main/main.html(경상북도청 홈페이지).
http://www.goryeong.go.kr/(고령군청 홈페이지).
http://daegu.me.or.kr/(대구지방환경청 홈페이지).
http://www.me.or.kr/(환경부 홈페이지).

제2부

고령군의 지역성과 인구

5. 군현지도의 특성과 고지명 / 김기혁(부산대 교수)
6. 인구의 특성과 고령화 / 김부성(고려대 교수)
7. 지역이미지와 개선정책 과제 / 임석회(대구대 교수)

군현지도의 특성과 고지명*

김기혁

1. 들어가면서

1) 연구목적

고지도는 그림으로 그린 역사 지리서이다. 지도 위에 그려진 이미지와 고지명은 과거 역사 공간속에 있던 세계를 현실로 끌어옴으로써 장소들의 위치 · 거리 · 방향과 지리적인 속성을 알 수 있게 하여 과거와 현재 간의 소통의 도구가 된다. 조선 후기 17~18세기에는 각 지방을 상세하게 그린 군현지도가 광범위하게 제작되었다. 이들 지도는 조선시대 지방의 단위 행정구역인 고을을 그렸기 때문에 산천을 비롯한 자연경관은 물론 읍치, 취락, 교육기관, 도로, 시장 등 지역 내용을 구체적으로 묘사하고 있어, 역사지리 뿐만 아니라 다른 분야에서도 사료적인 가치를 지닌다.

이들 지도들은 지리 정보가 지도를 통해 상세하게 정리되었음을 보여 준다. 도서관과 박물관에 소장되어 있던 이들 지도들이 1990년대부터 광범위하게 공개되면서 학계의 주목을 받기 시작하였다. 이후 지방의 문화와 역사에 대한 관심이 높아지면서 지도 해석의 폭은 매우 넓고 다양해졌다. 전통지리사상의 이해, 전통 경관의 복원이 연구 주제로 부각되었다. 또한 장소

---
* 이 글은 한국지역지리학회지 제15권(2009년) 제1호, pp.16-35에 게재된 바 있음.

(place)의 의미가 중요시되면서 고지명을 대상으로 분석이 이루어졌고, 이미지는 장소 연구에 자료로 이용되기 시작하였다. 옛지도에 수록된 고지명이 중요시되는 이유는 지명의 위치정보를 통하여 당시의 지리적인 환경을 밝힐 수 있기 때문이다. 또한 수록된 지명은 지도 발달을 파악하는데 중요한 단서가 되어, 군현지도들이 『대동여지도』(1861)의 바탕이 되었음이 확인되기도 하였다.

낙동강 중류의 유역 분지에 위치한 고령군은 일찍부터 농경문화가 발달하였다. 가야시대에는 대가야가 위치하면서 신라와 백제와의 관계에서 지정학적으로 중요한 위치에 있었다. 통일신라 시대를 거쳐 고려·조선시대에 이르는 동안 낙동강을 배경으로 다른 지방과는 다른 독특한 장소성을 유지할 수 있었다. 고령군의 장소성에 대한 연구는 일찍부터 향토문화 학자와 역사학자들에 의해 진행되었으며 많은 연구물이 출간되었다. 그러나 고지도가 고령군의 역사지리를 이해하는 좋은 도구임에도 불구하고 대부분의 연구는 『대동여지도』에만 의존하는 경향이 있었다. 『대동여지도』에 수록된 지리 정보는 다른 군현지도에 비해 매우 적어 향토사와 역사지리 연구에 한계가 있었다. 이와 같은 향토 연구의 한계는 군현지도가 그동안 원활하게 공개되지 않았기 때문이었다. 그러나 최근의 연구 사업(김기혁, 2005a)에서 조선시대 고령현을 상세하게 그린 고지도가 적지 않게 소장되어 있음이 확인되었다.

이들 지도들은 동일한 공간을 대상으로 하였음에도 불구하고 매우 다양한 형태로 묘사되어 있다. 목측(目測)이나 보측(步測)을 바탕으로 하였기 때문에 제작자의 주관이 반영되어 지도 제작 의도를 엿볼 수 있다. 기존의 연구에서 이들 군현지도들은 대부분 지도책 형태로 제작되었으며 묘사 방법 등을 바탕으로 지도의 계열이 밝혀진 바 있다. 지도의 계열이 있음은 군현지도 제작에 있어서 일정한 원칙이 있음을 의미한다. 그러나 이러한 제작 원칙들은 지방에 투영되면서, 각 고을의 특성에 따라 수록 지명 등이 다른 내용으로 표현될 수 밖에 없다. 각 계열에서 나타나는 고을 묘사 방법의 차이는 당시 지역의 고유한 성격을 파악하는데 중요한 자료로 이용된다.

본 연구는 조선 후기 고령현 군현지도의 계열별 내용과 수록된 고지명을 비교 분석함으로써 지도에서 중요하게 다루어진 내용을 확인하고, 나아가 『대동여지도』와의 연관성을 파악하고자 하였다. 분석 절차로서는 먼저 조선 후기 고령현의 지리적인 범위를 확인하고, 수집된 23점의 군현지도와 지리지 부도(이하 '군현지도')[1]를 수집하여 지도 계열별로 고령현이 어떻게 다

---

[1] 본 연구에서 군현지도에 읍지 등의 지리지에 부도로 그려진 지도도 포함하였다. 이들 지도에 수록된 지리 정보들은 군현지도 제작과 밀접한 관계가 있기 때문이다.

른 모습으로 그려졌는가를 설명하였다. 이후 각 계열 지도의 수록 지명을 비교하였고, 이들 지명이 『대동여지도』에 수록된 지명과 관련성이 있는가를 파악하였다.

2) 연구의 지리적 범위 : 고령군 역사지리와 행정구역 변화

지형 기복도에 나타난 고령군의 자연환경은 〈그림 1〉과 같다. 동쪽은 대구광역시 달성군, 서쪽과 남쪽은 경상남도 합천군, 북쪽은 성주군과 접하고 있다. 군의 서남쪽이 험한 산줄기로 이어져 소백산맥의 일맥인 가야산이 군의 서북쪽에서 동남쪽으로 뻗어나와 북두산(北斗山, 688m), 미숭산(美崇山, 734m) 등의 산지를 이루고 있다. 가야산의 일맥인 만대산(萬代山, 688m), 노태산(魯泰山, 498m), 소학산(巢鶴山, 489m) 등의 산지가 연결되면서 경상남도와 경계를 이루고 있다. 동쪽은 대구광역시 달성군과의 경계로 낙동강 본류가 흐르고 있다.

가야산에서 발원한 대가천(大伽川), 소가천(小伽川), 내곡천(內谷川), 안림천(安林川), 회천(會川) 등의 하천들이 여러 지류로 흘러 고령읍에서 합류하여 우곡면 남부에서 낙동강으로 유입된다. 대가천은 가야산 북동쪽에서 발원해 성주군 수륜면을 거쳐 운수면을 관통해 남류하고, 소가천은 가야산 동남쪽에서 발원해 덕곡면을 가로 질러 흐른다. 내곡천은 미숭산에서 발원하여 고령읍을 동서로 관류하여 흐르다가 이들 하천과 고령읍 인근에서 합류한다. 안림천은

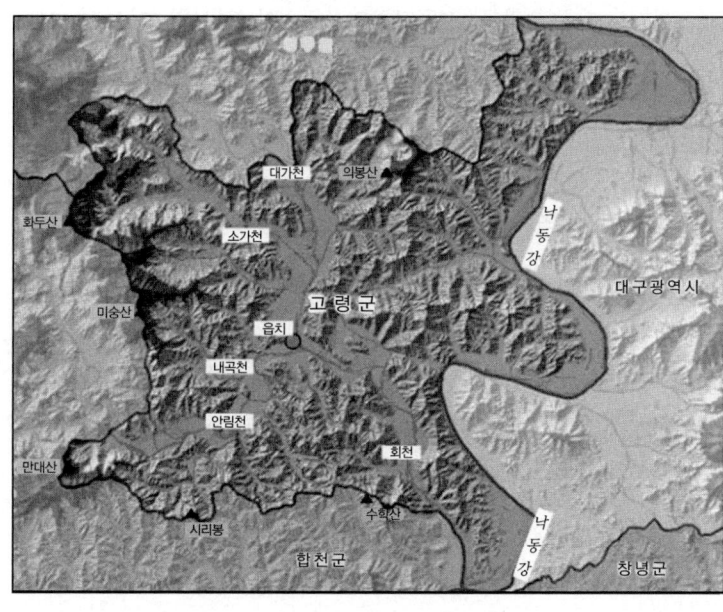

그림 1. 고령군 지형 기복도
자료 : 수치지도

가야산 남쪽에서 발원해 해인사 홍류동 계곡을 거쳐 합천군 가야면과 야로면을 지나 고령군 쌍림면을 동서로 관류하여 고령읍에서 회천과 합류하여 낙동강으로 흘러 들어간다. 이들 소하천 유역은 평지보다 구릉이 많으나, 낙동강의 서안과 지류 유역에는 비옥한 충적평야가 형성되어 있다.

고령군 일대에는 삼한시대에 미오야마국(彌烏邪馬國)이 있었던 것으로 비정되고 있으며, 이는 대가야(大伽倻) 지역에 해당된다. 대가야는 562년(진흥왕 23)에 이사부(異斯夫)와 사다함(斯多含)이 이끈 신라군의 공격을 받아 멸망하여 대가야군(大伽倻郡)으로 편제되었다. 9주제 아래에서는 청주(菁州, 현 진주)에 속하여 적화현(赤火縣, 현 합천군 야로면)과 가시혜현(加尸兮縣, 현 합천군 가야면)을 거느렸고, 757년(경덕왕 16) 지방제도 개편 때 고령군(高靈郡)으로 개명되었다. 고려시대에는 940년(태조 23)에 경산부(京山府, 현 성주)에 소속되었고, 야로현과 신복현이 분리되어 세력이 약화되었다가 1175년(명종 5)에 감무가 파견되었다.

조선시대 들어와 1413년(태종 13) 고령군에 감무 대신 현감이 파견되었다. 1614년(광해군 6)에 고령군을 거느리고 있던 성주에서 이창록(李昌祿)이 광해군을 비방하여 성주목이 폐지되면서 성주목을 거느리기도 하였으나 곧 환원되었고 현으로 유지되었다. 1895년(고종 32)에 전국 행정구역이 23부로 개편되면서 대구부의 고령군이 되었고, 1896년(건양 1)에 13도로 개편됨에 따라 경상북도 고령군이 되었다.

고령군의 행정구역은 20세기 초에 매우 급격하게 변화하였다. 조선 후기와 현재 행정구역을 비교한 것은 〈그림 2〉와 같다. 현재는 1읍(고령읍) 7면(덕곡면, 운수면, 성산면, 다산면, 개진면, 우곡면, 쌍림면)으로 구성되어 있으나 북부 지역의 덕곡면, 운수면, 성산면, 다산면은 조선 후기에는 성주군에 속하였었다.

이들 4개 면의 행정 구역 변화 내용은 〈표 1〉과 같다. 덕곡면의 경우 대부분이 성주군 인곡면(仁谷面), 덕곡면(德谷面)에 속하였던 지역이다. 이들 지역은 1906년 고령군에 편입되었고, 1914년 인곡면(仁谷面)·덕곡면(德谷面)과 고령군의 관동면(館洞面) 일부를 통합하여 지금의 고령군 덕곡면(德谷面)이 되었다.

1983년 덕곡면 일부가 성주군에 편입되었다. 운수면의 경우 조선 후기 성주군 운라면(雲羅面), 흑수면(黑水面), 도장면(道長面)에 속하였던 지역으로 1906년 고령군에 편입되었다. 1914년 이들 지역과 구음면(九音面) 일부를 통합하여 운수면(雲水面)으로 하였다. 성산면은 성주군 소야면(所也面), 가현면(加峴面) 지역으로 1906년 고령군에 편입되었다. 1914년 이들 지역과 원래 고령군이었던 구음면(九音面), 도장면(道長面) 일부를 통합하여 성산면으로 하였다. 다산

그림 2. 조선 후기 고령현 행정구역
출처 : 고려대학교 민족문화연구원(www.altlaskorea.org)

표 1. 고령군 북부 지역의 행정 구역 변화

면	행정구역 변화 내용
덕곡면 (德谷面)	○ 1906년 성주군 인곡면(仁谷面), 덕곡면(德谷面)이 고령군에 편입됨. ○ 1914년 고령군 인곡면(仁谷面), 덕곡면(德谷面)과 관동면(館洞面) 일부를 통합하여 고령군 덕곡면(德谷面)이 됨(덕곡면 지역이 덕곡면 가륜동, 원송동, 노동, 백동, 성동이 되고, 인곡면 지역이 덕곡면 반성동, 본리동, 옥계동, 예동, 용흥동이 되고, 관동면 지역이 덕곡면 후암동이 됨) ○ 1983년 고령군 덕곡면 성동이 성주군 수륜면(修倫面)에 편입
운수면 (雲水面)	○ 1906년 성주군 운라면(雲羅面), 흑수면(黑水面), 도장면(道長面)이 고령군에 편입됨. ○ 1914년 고령군 운라면(雲羅面), 흑수면(黑水面)과 구음면(九音面), 도장면(道長面) 각 일부를 통합하여 고령군 운수면(雲水面)이 됨(운라면, 흑수면, 도장면 지역이 운수면 월산동, 화암동, 봉평동, 대평동, 신간동, 법동, 팔산동, 유동이 되고, 구음면 지역이 운수면 운산동이 됨)
성산면 (星山面)	○ 1906년 성주군 소야면(所也面), 가현면(加縣面)이 고령군에 편입됨. ○ 1914년 고령군 소야면(所也面), 가현면(加縣面)과 구음면(九音面), 도장면(道長面) 각 일부를 통합하여 고령군 성산면(星山面)이 됨(소야면 지역이 성산면 기족동, 어곡동, 득성동, 고탄동, 삼대동, 오곡동이 되고, 가현면 지역이 성산면 무계동, 박곡동, 대흥동, 용소동, 상용동, 강정동이 되고, 도장면 지역이 성산면 기산동이 되고, 구음면 지역이 성산면 사부동이 됨)
다산면 (茶山面)	○ 1906년 성주군 벌지면(伐知面), 다산면(茶山面)이 고령군에 편입됨. ○ 1914년 고령군 벌지면(伐知面), 다산면(茶山面)을 통합하여 고령군 다산면(茶山面)이 됨(벌지면 지역이 다산면 월성동, 노곡동, 송곡동, 나정동, 벌지동이 되고, 다산면 지역이 다산면 곽촌리, 호촌리, 상곡리, 평리동, 좌학동이 됨)

출처 : 행정안전부, 2006, 지방행정구역요람

면은 성주군 벌지면(伐知面), 다산면(茶山面)에 속하였으나 1906년 고령군에 편입되었고, 1914년 이들을 합하여 다산면(茶山面)으로 하였다. 따라서 조선 후기 군현지도에 그려진 고령현은 성주군에 속하였던 이들 4개 면을 제외하고 지금의 고령읍과 쌍림면, 우곡면, 개진면 일대이다.

2. 연구 자료 및 군현지도의 계열

1) 고령현 군현지도

조선시대의 고령현은 군현지도와, 이를 바탕으로 제작된 도별도 및 『청구도』, 『대동여지도』 등에서 비교적 상세하게 그려져 있다. 국내에서 이들 지도는 총 30여 점이 있는 것으로 추정된다[2]. 이들 중 군현지도로서 23점이 수집되었으며 서지 내용과 지리 정보 묘사 방법은 〈표 2〉와 같다. 소장처별로는 서울대학교 규장각한국학연구원(이하 '규장각')이 11점으로 가장 많으며, 이어 국립중앙도서관(이하 '국중')이 5점, 한국학중앙연구원 장서각(이하 '장서각')이 2점외에 영남대박물관(이하 '영박') 등 각 기관에 산재되어 있다. 군현지도는 대부분 책자식으로 되어 있으나 1872년에 제작된 『지방군현지도』(이하 『1872지방지도』)의 경우는 낱장으로 되어 있다[3]. 대부분의 지도는 18세기 이후 편찬되었으나 제작 시기가 파악 안된 경우가 대부분이다.

고령현 지도 중 이미지와 함께 여백을 이용하여 주기가 기재되어 있는 지도는 『안동도회도』 등 5점의 지도가 있다. 주기는 지도 계열별로 볼때 회화식 군현지도에 공통적으로 수록되어 있다. 주기에는 고을의 호구수, 경지면적, 방리 지명 등의 내용이 담겨져 있다. 격자상 방안위에 고을이 그려진 지도는 『(비변사인)영남지도』 등 5점이 있다. 이들 방안은 1리 간격으로 그려진 지도와 20리 간격으로 그려진 지도로 구분된다. 1리 방안지도는 고을내에서 장소간의 거리를 알아보기 쉽게 하여 측정하기 위해 그려진 방안으로 추정된다. 20리 방안지도의 경우 전국 모든 고을이 동일한 크기의 방안에 그려져 있어 축척의 기능을 하고 있다.

---

[2] 국내에 『청구도』는 약 10점, 『대동여지도』는 25여 점이 있는 것으로 파악되고 있다. 이들은 지리 정보가 거의 동일하여 1점으로 취급하였다.
[3] 이 지도의 경우 낱장으로 되어 있기 때문에 정확한 지도 표제는 없다. 규장각에서 이 지도를 영인하여 책자식으로 구성하면서 『지방군현지도』로 하였기 때문에 이후 이 용어를 일반적으로 사용하고 있다.

방위표시는 간지(干支)를 이용하거나 동서남북(東西南北)으로 방위를 표시한 지도가 있으며 전혀 없는 경우도 있다. 1리 방안지도 중 규장각 소장의 『해동지도』와 『영남지도』 및 『광여도』에만 수록되어 있고 다른 지도에서는 기입되어 있지 않다. 지도 묘사의 시점(視點)은 일방, 이방, 사방 등으로 다양하게 나타난다. 대부분 일방(一方) 시점으로 묘사되어 있으나 『해동지도』 및 읍지 부도와 『1872지방지도』의 경우 사방(四方) 시점으로 표현되어 있다.

산지 표현 방법은 산줄기식으로 표현되는 형태와 독립된 산지로 그려진 경우로 구분된다. 『해동지도』와 『조선지도』 등에서는 산지가 이어져 줄기로 묘사되어 있는 『(비변사인)영남지도』의 경우 봉우리만 그려져 있다. 하천은 모든 지도에 비슷한 구도로 그려져 있다. 특히 산지

표 2. 연구자료 : 고령현 군현지도의 서지정보 및 표현 방법

소장처	서지정보			지리정보 표현방법					
	지도 표제	편찬연대	구성(크기 : cm)	주기	방안	방위	시점	산지	도로
규장각	『朝鮮地圖』	1767-1776년	7책(50×39)	×	○	×	일방	산줄기	○
	『1872地方郡縣地圖』	1872년	낱장(122×73)	×	×	×	사방	산줄기	○
	『廣輿圖』	19C 초기	7책(27×17)	○	×	干支	일방	봉우리	×
	『輿地圖』	1736-1776년	6책(27×19)	○	×	×	삼방	산줄기	○
	『海東地圖』	18C 중엽	8책(47×31)	○	○	동서남북	사방	산줄기	○
	『安東都會左通地圖』	18C 초기	1책(95×73)	○	×	×	일방	산줄기	×
	『地乘』	19C 초기	6책(27×19)	×	×	×	사방	산줄기	○
	『(備邊司印)嶺南地圖』	18C 중엽	6첩(107×88)	○	○	干支	일방	봉우리	○
	『嶺南邑誌』	1871년	읍지부도(95×73)	×	×	×	사방	실경	○
	『慶尙道邑誌』	1832년	읍지부도(27×35)	×	×	×	사방	산줄기	○
	『嶺南邑誌2』	1895년	읍지부도(21×31)	×	×	×	사방	산줄기	○
국립중앙도서관	『輿地便覽』	19C 초기	6책(마이크로필름)	×	×	×	사방	산줄기	○
	『八道地圖』	1785-1800년	8책(35×21)	×	○	×	일방	산줄기	○
	『海東輿地圖』	1776-1795년	3책(34×21)	×	○	×	일방	산줄기	×
	『輿地圖』	1736-1776년	6책(30×29)	○	×	×	사방	산줄기	×
	『各邑地圖』	1703-1750년	1책(29×19)	×	×	×	사방	산줄기	×
한국학중앙연구원장서각	『嶺南圖』	18C 중엽	3첩(107×88)	○	×	干支	일방	봉우리	○
	『地圖』	1767-1776년	4책(44×65)	×	○	×	일방	산줄기	○
고려대도서관	『八道地圖草』	18C 후반	1책(37×23)	×	×	×	일방	산줄기	○
고려대박물관	『東國輿圖』	19C 초기	7책(33×32)	○	×	×	일방	산줄기	○
교회사연구소	『輿地圖書』	1760년 전후	읍지부도(21×31)	×	×	×	사방	봉우리	○
영남대박물관	『嶺南地圖』	18C 중엽	1책(33×23)	○	×	干支	일방	봉우리	○
간송미술관	『小華輿圖』	5책(구체적인 내용 미상)							

주 : 이하 소장기관 약어 : 서울대학교 규장각한국학연구원; 규장각, 국립중앙도서관; 국중, 한국학중앙연구원 장서각; 장서각, 고려대도서관; 고도, 고려대학교 박물관; 고박, 교회사연구소; 교회, 영남대학교 박물관; 영박, 간송미술관; 간송

와의 대응관계는 산을 줄기로 표현한 지도에서 상세하게 표현되어 있다. 이 경우 소백산지에서 분기한 2차산지가 낙동강 가까이까지 뻗어와 고을을 감싸며 흐르는 모습과 지류 하천들이 낙동강에 유입하는 모습이 잘 묘사되어 있다.

도로 표현 방법은 지도마다 상이하다. 도로가 상세하게 표현된 지도는 회화식 지도 중 『해동지도』・『여지도』(국중)과 『지승』과 『(비변사인)영남지도』와 영남대박물관의 『영남지도』이다. 『1872지방지도』에도 상세하게 묘사되어 있다. 『조선지도』의 경우 간선도로만 묘사되어 있다. 도로 표현은 간결하지만 북쪽의 성주(星州), 남쪽의 초계(草溪)로 이어지는 경로가 잘 그려져 있다. 『해동여지도』에서는 생략되어 있다. 한편 읍치 표현 내용에서 『해동지도』와 『1872지방지도』의 경우의 경우 객사・아사・읍창・침류정・향교 관아의 분포 등 내부 시설의 배치를 묘사하고 있다. 특히 『1872지방지도』에서는 좀더 상세하여 포청・군기고 및 성황단・여제단・사직단까지 표시되어 있다.

2) 군현지도 계열[4]

이들 군현지도들은 기존 연구(김기혁 등, 2005)에서 4계열로 분류된 바 있다. 이 연구 결과를 고령현에 적용하여 보면 수집된 23점의 고령현 지도는 회화식 지도 8점, 1리 방안지도 4점, 20리 방안지도 4점, 지방 지도는 5점, 분류 미상 2점으로 구분된다. 이들 지도의 계열별 발달 과정과 『대동여지도』와의 관련은 〈그림 3〉과 같이 재구성될 수 있다.

회화식지도 계열은 홍문관에서 주도하여 편찬된 지도인 『해동지도』에서 높은 완성도를 보이며, 이후 이를 모사한 지도가 이에 속한다. 지도 내용으로 볼때 『안동도회』와 깊은 관계가 있으며, 이후 『해동지도』가 지명 및 주기 등의 내용이 보충되면서 편찬된 것으로 보인다. 『지승』, 『여지도』(국중・규장), 『여지편람』의 지도는 내용이 유사하나 앞의 두 지도에 비해 정밀함이 덜한 것을 볼 때 『해동지도』를 모사한 지도로 생각된다.

1리 방안지도 계열은 비변사에서 주도하여 편찬된 지도와 이를 모사하며 부분 수정되는 지도들이다. 『(비변사인)영남지도』가 가장 먼저 제작된 것으로 보이며, 이와 거의 같은 시기에 『영남도』와 『영남지도』가 만들어진 것으로 보이며, 모사되는 과정에서 체제를 수정하고, 내용

---

[4] 이들 군현지도들에 대해서는 기존의 연구(김기혁, 2005b)에서 회화식지도, 1리 방안지도, 20리방안지도, 지방지도로 계열화한 연구결과가 있다. 고령현의 지도도 이 계열에서 크게 벗어나지 않음이 확인되어 본 논문에서는 이를 바탕으로 고령현 군현지도를 설명하고자 하였다.

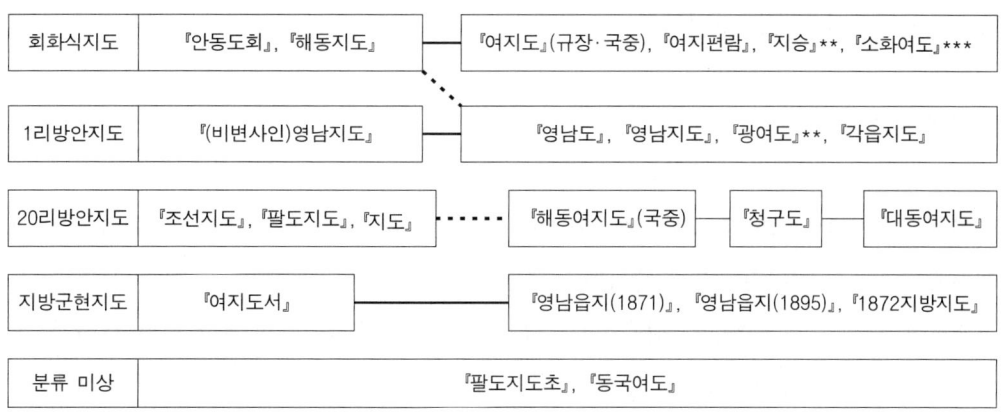

그림 3. 고령현 군현지도의 계열과 『대동여지도』
자료 : 김기혁(2005b)에 의거하여 재구성

* 실선은 직접적, 점선은 간접적인 영향
** 『광여도』와 『지승』의 경우 각각 일부 도와 군현이 회화식지도와 1리 방안지도 계열로 제작됨.
*** 『소화여도』(간송)는 경주부사례임.

이 일부 참조되었다. 이들 지도는 이후에 『각읍지도』와 『광여도』에 의해 모사되면서 일부 내용이 추가되거나 생략된 것으로 보여진다.

20리 방안지도 계열은 영조의 명을 받아 신경준이 주도하여 제작된 지도로 밝혀져 있다. 『조선지도』, 『팔도지도』, 『지도』와 『해동여지도』가 이에 해당된다. 이 중 『해동여지도』는 앞의 세 지도와는 달리 방안에 수치가 기재되고 동일 도면에 2-8개 군현까지 그려져 있다. 이들 지도는 19세기에 제작된 『청구도』와 『대동여지도』 제작의 바탕이 되었음이 기존의 연구에서 밝혀지고 있다(양보경, 1995; 김기혁 등, 2005).

지방지도 계열은 지방의 화원들이 주도하여 그린 지도로 각 지역마다 다양한 형태로 나타나며, 실경으로 표현되는 것이 특징이다. 『여지도서』 부도가 가장 먼저 그려진 지도로 보이며, 이후 편찬된 읍지의 부도는 이를 모사하고 있다. 낱장 지도로는 『1872지방지도』가 대표적이다.

3. 지도의 계열별 내용

1) 회화식 지도

회화식 군현지도 계열 중 대표적인 지도인 『해동지도』의 이미지는 〈그림 4〉와 같다. 지도의 여백에 주기로서 지리지의 편목(編目)이 부기되어 있다. 내용에는 제목, 성곽, 호구 및 인구, 토지면적, 곡물총수, 군병총수, 봉수, 사방 경계 및 방면 경계, 군명, 형승, 건치연혁, 산천, 고적, 역원, 불우, 창고, 토산 등이 기재되어 있다. 지도에는 총 48개의 지명이 수록되어 있다.

지도 표현에서 산지의 경우 진산은 서쪽의 미숭산(美崇山)에서 뻗어내려 이루어진 현 서쪽 2리에 있는 이산(耳山)이다. 이 산은 남북의 두 봉우리로 되어 있는데, 귀 모양을 하고 있다고 해서 귀산, 고령읍에 으뜸이라 하여 주산, 산 중턱에 옛 무덤이 아홉 봉우리를 이루어 남북으로 뻗어 있어 구미산이라고도 불린다. 산 정상에 주산성과 비가 있으며, 근처에는 10여 기의 고분군이 산재한다.

읍치 서쪽 미숭산에서 산줄기가 동쪽으로 향해 가다가 진산인 '耳山'에서 멈추고 명당인 읍

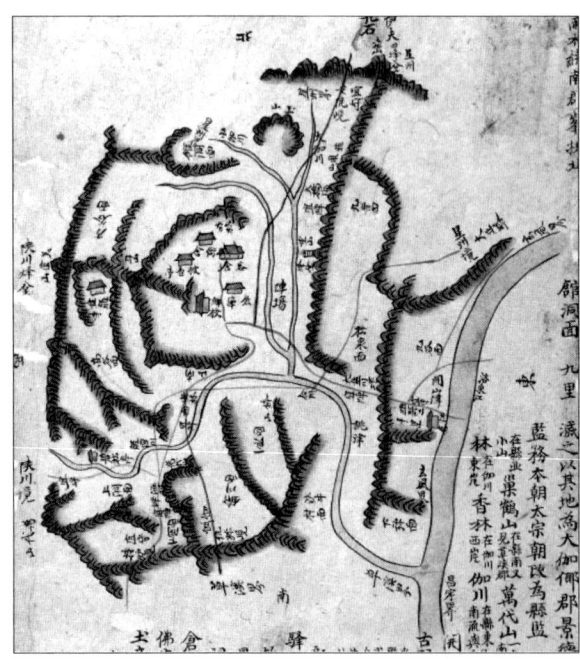

그림 4. 『해동지도』(규장각, 18세기) (부분)

치를 감싸안고 있다. 또한 명당수인 가야천과 용담천이 읍치 앞에서 합쳐져 '슴川'(지금의 '會川')이 되어 동류하여 낙동강 본류로 들어 간다. '披香亭'은 읍내에 있는 누각이다. 읍치 좌측에 보이는 '碧松亭'은 기원전 57년(신라 박혁거세 1)에 창건되었다고 전해지는데, 신라 말에 중수할 때 최치원이 상량문과 시를 지었다 하며, 조선 성종 때 김굉필, 정여창이 시를 지어 찬송하였다 한다. 1920년 장마 때 떠내려가는 것을 일부 건져서 현재의 위치(고령군 쌍림면 신촌)에 세웠다고 한다. 미숭산에 있는 '盤龍寺'는 용이 서리고 앉은 것 같은 지형에 위치하여 그러한 이름이 붙었다고 한다. 반룡사는 802년(신라 애장왕 3) 해인사보다 먼저 지었다 하며, 신라 말에 보조국사가 중수하였는데, 임진왜란 때 불에 타서 사명대사가 중건하였다. 그 후 화재로 1764년(영조 40)에 현감 윤심협이 옮겨 세웠다. 읍치 서쪽 낙동강에 위치한 개산진은 고령군에서 현풍으로 가는 주요 나루터로서도 중요하였을 뿐만 아니라 고령현에서 거둔 세곡이 개산진 부근의 강창에 수납되어 조운에서도 중요하였다. 또한 고령군의 중요한 관문 포구로서 어염과 곡물의 물물교환이 이루어지기도 하였다.

도로는 읍치를 결절로 하여 발달해 있다. 가뭄때 기우제를 지내던 낙동강의 개산진(開山津)을 건너 안동 가는 도로, 용담천과 나란한 길을 따라 합천 가는 도로, 여러 고개를 넘어 남쪽의 초계 가는 도로, 가천을 따라 가다가 안원현을 넘어 성주 가는 도로 등이 잘 묘사되어 있다. 여러 분기점들도 표현되어 있다. 대교천변의 성주 가는 경로와 읍치 앞에는 각각 대교장(大橋場)과 진장(陳場)이 있다.

고령군 향교는 지금의 고령읍 연조동에 소재한다. 창건 시기는 알려져 있지 않다. 임진왜란으로 소실되었을 때 위패만을 옮겨 매안(埋安)하였다. 1676년에 위패를 매안하였던 장소에 중건하였고, 1702년에 현감 구문유(具文遊)가 당시의 향교 위치가 좋지 않다 하여 현 위치로 이전하였다. 1917년 빈흥제(賓興齊)를 건립하였고, 1983년 내삼문을 신축하여 오늘에 이르고 있다. 현존하는 건물로는 대성전·명륜당·동재·서재·정문 등이 있다. 대성전에는 5성, 10철, 송조 6현, 우리나라 18현의 위패가 봉안되어 있다. 조선시기에는 국가로부터 토지와 전적·노비 등을 지급받아 교관이 교생을 가르쳤으나, 갑오개혁 이후 신학제 실시에 따라 교육적인 기능은 없어지고 봄·가을에 석전을 봉행하며, 초하루·보름에 분향하고 있다.

관아 시설로는 객사를 비롯하여 아사·창고·피향정(披香亭)이 있다. 읍치 북쪽 산줄기 끝자락에는 적림이 있다. 이는 풍수적으로 취약한 형국을 비보하기 위하여 인위적으로 식재하여 놓은 숲이다. 향교는 남쪽에 별도의 공간에 묘사되어 있다. 읍치 앞 가천 맞은 편 산줄기에는 망산봉수가 있다. 이 봉수는 부산의 동래에서 한양으로 연결되는 제2거선 중 제 2간봉에 해당하는 것으로서, 남으로는 합천의 미숭산 봉수에 응하고 북으로는 성주의 이부노산 봉수에 응한다. 읍치 좌측의 합천 가는 길에는 벽송정(碧松亭)이 있다. 기원전 57년에 창건되었다고 전해지는 오래된 누정인데, 신라 말에 중수할 때 최치원이 상량문을 썼으며, 조선시기에는 김굉필과 정여창이 시를 지어 찬송하였다고 한다. 이들 지명 외에도 주기에는 가천 서안의 향림(香林), 현 남쪽의 어정(御井), 금림왕릉(錦林王陵), 동경제(東京堤), 안림역(安林驛), 여러 사우(祠宇) 등이 기록되어 있으나 지도에는 표시되어 있지 않다.

이외에 회화식지도 계열에 속하는 지도로서 『여지도』(규장각)의 경우 산지와 하천, 도로 등의 구도나 내용 구성에 있어서 『해동지도』와 흡사하나 부분적으로 적지 않은 차이를 보이고 있다. 22개 방면이 사각형 안에 기재되어 있고, 특히 도로가 표현되어 있지 않은 점은 매우 큰 차이이다. 또한 읍치에 향교의 건물은 표시되어 있으나 이름이 표기되어 있지 않다. 읍치에는 쾌빈루(快賓樓)가 추가되어 있다. 『신증동국여지승람』에서는 이 누정의 이름에 대하여 이중윤(李中允)의 기문을 인용하여 "아름다운 화초가 무성하고 고우며, 시냇물이 맑고 잔잔하여 정신은 맑아지고 기분은 상쾌하여 손님을 즐겁게 할 만 하므로 쾌빈정이라 하였다."라고 묘사되어 있다. 읍치 북쪽에서 가천을 따라 남쪽의 합천(合川)에 이르기까지 수풀(赤林)이 조성되어 있는 것이 실감나게 묘사되어 있다. 그 앞의 교장(敎場)은 『해동지도』에서는 진장(陳場)이라 되어 있다. 이들 외에도 산지나 고개 이름은 약간 소략하다. 『여지도』(국중)의 전체적인 구도나 내용 구성은 『여지도』(규장각)와 흡사하다. 도로가 그려져 있고, 교장이 진장으로 표기된 점, 향교에 이름이 구체적으로 표기된 점, 남산 아래 합천과 초계 가는 길가에 안림역(安林驛) 지명이 기재된 점이 다르다. 이 역은 김천도(金泉道)의 16개 속역 중 하나였다.

『여지편람』과 『지승』, 『각읍지도』는 전체적인 구도나 산줄기의 모양, 적림의 표현 모습, 성내의 관아시설 등을 포함한 정보의 상대적인 위치가 서로 거의 일치하여 모사관계가 확연히 엿보인다. 구도나 내용상의 특징은 위의 『해동지도』와도 비슷하다. 그러나 내용의 세부에 있어서는 약간의 차이를 보이고 있다. 이들 세 지도에는 방면과 역명이 사각형 안에 기재되어 있고, 동일한 시설이 많이 그려져 있다. 또한 적림이 구체적으로 묘사되어 있으며, 읍치에 쾌빈루가 있고 진장이 교장으로 표기된 따위는 약간 다르다.

2) 1리 방안지도

1리 방안지도의 대표적인 지도인 『(비변사인)영남지도』(규장각)에도 여백을 이용하여 자세한 주기가 수록되어 있다(그림 5). 편목에는 호구 및 인구, 토지면적, 환곡 등 비축 미곡 총액, 군역 총액, 읍치로부터의 거리 등이 기재되어 있다. 방위는 간지(卯酉午子)로 표현되어 있으며, 지도의 위가 서쪽이고 아래가 동쪽이다. 서쪽을 중심으로 하여 일방 시점으로 그려져 있는데, 서쪽을 위로 하여 그린 것은 진산인 귀산의 좌향을 고려한 때문으로 여겨진다. 지도에는 32개의 지명이 수록되어 있다.

산지는 봉우리로 묘사되어 있어 산줄기의 방향은 정확하게 묘사되어 있지 않다. 산지와 하천과의 대응관계도 매우 미약하며, 하천 지명도 상세하지 않다. 낙동강이나 가천, 용담천 등이 표기되어 있지 않기 때문이다. 용담천과 가천이 합류하는 곳(合川)에는 양가천(兩伽川)이라 되어 있다. 낙동강 변에는 개산진(開山津)이 표시되어 있다. 도로는 읍치를 결절로 하여 동쪽의 현풍, 서쪽의 합천, 남쪽의 초계, 북쪽의 성주로 가는 경로가 청색으로 그려져 있다. 특히 성주로 이어지는 도로는 황색으로 표현되었다. 현내의 방면·산·고개·사찰·창고 등에 이르는 경로도 청색으로 매우 구체적으로 그려져 있다.

고을의 진산은('耳山')은 지도에는 표시되어 있지 않다. 읍치 동쪽에서는 회천과 안림천이 합류하여 낙동강으로 들어간다. 지도에는 '梅林祠'·'道巖祠'·'靈淵祠'·'文淵祠' 등 4개의 '祠'가 보이고 있는데 모두 사액 받지는 못한 곳이다. 지도 아래쪽의 '江倉'은 이 고을의 세미와 대동미를 운반하기 위해 저장하던 창고이다. 읍치 뒤에는 향교가 묘사되어 있다. 합천 가는 도로에는 벽송정이 있고, 안림면에는 안림역이 있으며, 미숭산에는 반용사가 있다. 읍치 앞 망산에는 봉수가 있으며 봉수간에는 경로가 표시되어 있다.

동일 계열에 속한 지도로서 『영남지도』의 구도와 내용구성은 『(비변사인)영남지도』와 비슷하다. 그러나 방안이 없고 관할 구역이 표시되지 않고, 봉수 경로가 표현되어 있지 않은 것이 다르다. 방위에서 『(비변사인)영남지도』에는 위가 서쪽(酉)으로 되어 있는데, 이 지도에는 위가 남쪽(子)으로 되어 있다. 『영남도』의 구도나 내용 구성도 『(비변사인)영남지도』와 유사하다. 방안을 사용한 것이며, 관할구역이 표시된 것, 산지·도로·지명·봉수망에 이르기까지 거의 비슷하다. 그러나 지도의 위가 남쪽으로 표시된 점은 오히려 『영남지도』와 동일하다.

『광여도』의 전체적인 구도나 내용 구성도 『(비변사인)영남지도』와 유사하다[5]. 도로가 묘사되어 있지 않는 등 차이를 보이고 있다. 또한 방안과 관할 영역을 나타낸 표시가 없다. 망산봉수에는 서로 응하는 봉수끼리 직선으로 연결해 놓은 봉수망도 그려져 있지 않다. 읍치는 사각형

---

5 『광여도』의 경우 다른 도의 군현이 회화식으로 그려지나 경상도의 경우 1리방안식 지도의 계열에 속하는 것이 특이하다.

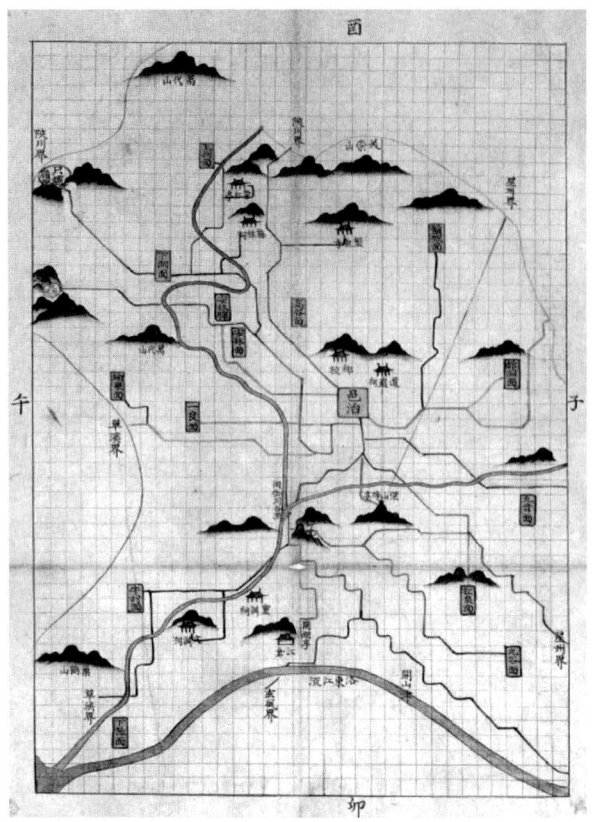

그림 5. 『비변사인 영남지도』(규장각, 18세기) (부분)

속에 읍치라고 적어 그 위치를 간단하게 나타냈다. 주기에 '안림역은 관문에서 10리 떨어져 있으며, 대마 2필, 기마 2필, 복마 12필 있다'는 기록과 개산진에 대해서 '관문에서 29리 떨어진 낙동강변에 있으며 넓이는 150보이다. 배가 1척 있다'는 기록이 있다. 벽송정과 개호정(開湖亭)은 공정(公亭)이라고 기재되어 있다.

3) 20리 방안지도

이 계열에 속한 지도로서 대표적인 지도인 『조선지도』(그림 6)는 전체 구성이 실제와 가깝고 『대동여지도』의 고령현 지역 구도와 거의 흡사하다. 지명수는 29곳에 기재되어 있어 군현지도 중 가장 적다. 산지는 줄기로 묘사되어 있고, 하천은 이와 잘 대응하고 있다. 그러나 낙동강이 구체적으로 묘사되어 있지 않아 앞의 두 계열의 지도들에 비해 낙동강과의 위치 관계는 잘 파

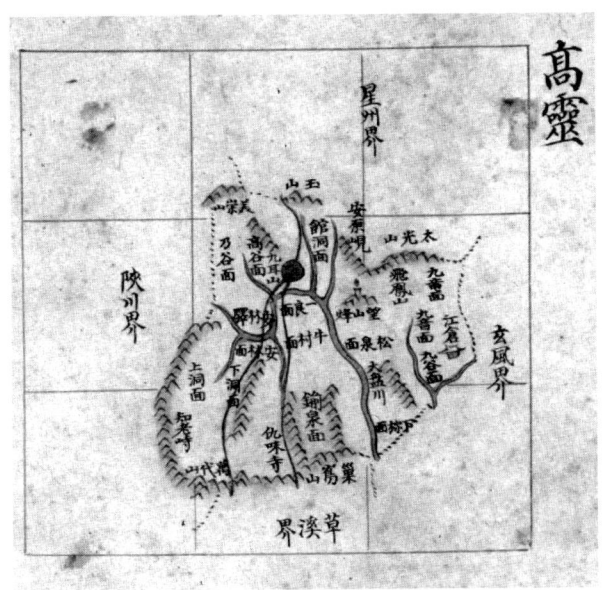

그림 6. 「조선지도」(규장각, 18세기) (부분)

악되지 않는다. 진산에는 '구이산(九耳山)'이라고 표기하였다. 하천에는 이름이 거의 표기되어 있지 않다. 다만 양가천과 용담천이 합류하여 낙동강으로 유입하는 곳에 대반천(大盤川)이라고 표기되어 있다.

읍치는 진산인 구이산 아래 위치하고, 그 양쪽에는 하천이 감싸 흐르고 있다. 읍치는 홍색 원으로 표현되어 있으나 풍수 형국으로 묘사되어 있지 않다. 도로는 읍치를 결절로 하여 세 갈래가 묘사되어 있다. 북쪽으로는 옥산(玉山)을 돌아 성주로 가는 길, 남쪽으로는 소학산(巢鶴山)과 만대산(萬代山)을 잇는 산줄기의 고개를 넘어 초계 가는 도로가 묘사되어 있다. 읍치 아래에 보이는 '安林驛'은 성주의 '戊溪驛'과 '安彦驛', 합천의 '金陽驛', 초계의 '八鎭驛'과 연결되는 역이다. 읍치 동쪽에 보이는 '望山烽'은 미숭산, 성주의 '伊夫老山'에 응한다.

이 계열에 속한 지도로 「지도」와 「팔도지도」는 산지와 하천·읍치 등 전체적인 구도와 내용 구성, 정보의 위치 등이 서로 거의 흡사하다. 진산의 이름이 '구이산'이라고 쓰여진 점이라든가, 하천에 '대반천'만 기재되어 있는 점, 도로의 방향이 남북으로 발달해 있고 세 갈래로 묘사되어 있는 점 등이 모두 동일하여 지도들 간의 모사 관계를 보여 준다. 그러나 「지도」에서는 산줄기에 산봉이 있는 부분은 청색으로 포인트를 주어 표현하고 있으며, 글씨체나 그림이 매우 정교하게 표현되어 있어서 회도(繪圖)로서의 이미지가 돋보인다. 위의 두 지도에 비해서 「해동여지도」에는 지도학적인 차이점이 나타난다. 방안이 지도 위에 그려져 있고, 방안의 수치가 기입되어 있다. 또 읍치는 고리 모양의 원 속에 고령군의 첫 글자인 고(高)자가 쓰여 있고, 한 도엽에 이웃하는 합천과 초계가 함께 그려져 있다. 도로가 그려져 있지 않으며 하천에는 '대반천'이 표기되어 있다.

4) 지방군현지도

이 계열에 속한 대표적인 지도는 『1872지방지도』이다. 지방 화원들에 의해 그려졌기 때문에 제작자의 주관적인 인식이 반영되어 있어 실제와는 매우 차이가 많다(그림 7). 이 지도는 북쪽 대신에 서쪽을 위로하여 그려졌다. 이는 읍치의 좌향을 고려한 결과로 해석된다. 산천은 청색을 사용하여 표현하였는데 산줄기는 연맥을 강조하여 다소 거칠게 그렸고 하천은 굵기를 달리하여 대소를 구분하였다. 특히 미숭산에서 고을의 진산인 '耳山'으로 뻗어 내린 줄기를 매우 강조하였다. 읍치에는 삼단일묘(三壇一廟)를 비롯한 여러 관청 건물을 상세히 그렸다. 특히

그림 7. 『1872 지방군현지도』 고령현(규장각, 1872년)

'獄'은 울타리를 그려 격리된 공간임을 표현하였다. 주변 지역에는 각 면과 소속 마을을 비교적 상세히 표시하였다. 당시 설치된 사창도 다른 군현과 마찬가지로 표시되어 있다. 홍선으로 그려진 도로변에는 역과 점막도 볼 수 있고 사람의 왕래가 잦은 읍내에는 '邑市'가 기재되어 있다. 이외에 읍치 동쪽의 '望山烽臺', 상동면의 '碧松亭', 숭의산 밑의 '盤龍寺'이 부가적으로 그려져 있다.

이외에 지방군현지도 중 가장 먼저 제작된 『여지도서』 고령현의 부도에는 인접하고 있는 현풍(동), 합천(서), 초계(남), 성주(북)를 사각형 안에 기입하였다. 북쪽을 위로 하여 지도를 작성하고 제목도 상단에 크게 기입하였으나 지명의 표기는 서쪽이 위를 향하도록 기입한 것이 많다. 도로망은 읍치에서부터 다섯 경로로 성주, 대구, 현풍, 초계, 합천 방면의 도로를 표시하였다. 하천은 쌍선으로 표시하였으며, 낙동강만 지명을 기입하였다. 산의 지명은 가야산, 미숭산, 소학산, 옥산 4곳만 기입하였으나 50여곳의 산봉우리를 묘사하였다. 산지는 읍치를 중심으로 네 방위로 펼쳐져 있는 모습으로 그렸으며, 산줄기를 연속적으로 표현하지는 않았다. 산이 모습과 가옥의 모습이 간단한 산수화 풍을 연상시킨다. 지명이나 사설의 명칭은 검은 사각형 안에 기입하였다. 마안 봉대에 가옥을 그려 넣은 점이 특색이다.

이 계열에 속한 다른 지도의 경우 대부분 비슷한 구도를 취하면서도 부분적인 차이를 보이고 있다. 한편 『경상도읍지』의 부도에는 주기가 간략하며 강창을 표시하였다. 산봉우리들이 서쪽을 향하도록 그렸다. 『영남읍지』의 경우 경상도읍지와 동일 계열의 지도로서 굵은 선으로 단순화 시켰다. 『영남읍지2』는 실경산수화풍으로 비교적 정교하다. 산봉우리를 사실적으로 세밀하게 묘사하였고, 수목도 그려 넣었다. 산봉우리들이 서쪽을 향하도록 그렸다. 읍치의 관아나 기타 시설을 나타내는 건물의 모습이나 담장의 모습이 투시도법으로 그려져 있다. 서구에서 전래된 원근법의 영향을 받았음을 알 수 있다. 주변 지역 14개 면의 명칭을 기입하였으며, 여제단과 사직단 외에 옥녀봉과 남산이 표시되어 있다.

4. 군현지도 고지명과 『대동여지도』

1) 군현지도 수록 지명

〈표 4〉는 각 계열의 대표적인 군현지도에 수록된 의 유형별 지명 수이다. 『해동지도』에는 48

곳에 지명이 기재되어 있으며, 그중 자연지명이 19곳(39.6%)으로 가장 많다. 『(비변사인)영남지도』의 경우 32곳에 지명이 수록되어 있으며 그중 방리 지명이 13곳(40.6%)으로 비중이 가장 높다. 『조선지도』에는 29곳에 지명이 기재되어 있고 그중 방리지명이 14곳(48.3%)로 가장 많다. 『1872지방지도』의 경우 144곳의 지명이 수록되어 있으며 그중 방리 지명이 107곳에 기재되어 있고 그중 리 지명은 94곳에 수록되어 있다(표 3). 이 지도에서 이와 같이 방리 지명이 상세하게 표현된 것은 이 지도의 제작 목적이 군사적인 목적 뿐만 아니라 지방 지배의 강화에도 있기 때문인 것으로 사료된다. 한편 『대동여지도』에 수록된 지명은 14곳에 불과하여 군현지도에 비해 가장 적다(후술).

수록 지명을 유형별로 지도간 비교해 보면 산, 하천 등의 자연 지명의 경우 『해동지도』가 19곳(39.6%)으로 가장 많고, 『영남지도』의 경우 6곳(17.7%)에 불과하다. 방리 지명의 경우 『1872지방지도』가 가장 많으나 리 지명을 제외하면 『조선지도』가 14곳(48.3%)으로 가장 많다. 도로, 봉수, 역원 등의 인문지명의 경우 『해동지도』의 경우 12곳(25.0%)으로 가장 높으나 리 지명을 제외하면 『1872지방지도』가 23곳(46.0%)으로 가장 높다. 『영남지도』와 『조선지도』에는 각각 6곳과 3곳에 불과하다. 사찰, 누정 등의 기타 지명은 『영남지도』가 7곳으로 가장 많다. 이와 같은 지도별 수록 지명 계열의 차이는 지도 제작 목적이 다름을 보여 준다.

〈표 5〉는 각 지명별로 지도의 기재 여부를 정리하여 비교한 것이다. 산지명에서 4종의 지도에 전부 기재가 되는 지명은 '미숭산', '만대산'이며, 3종에서 기재된 지명은 '이산', '옥산', '소학산'이다. 이중 '미숭산'과 '만대산' 및 '소학산'은 합천군과 경계를 이루는 산지로 지금도 사용되는 지명이다. '옥산'은 현재 의봉산 부근의 산지명으로 생각된다. '이산(耳山)'은 『조선지도』에 '구이산(九耳山)'으로 기재되어 있으며[6], 읍치의 진산이다. 이외에 '노산', '남산', '본산' 등의 산지명은 『해동지도』, '신씨분산', '금산' 등은 『1872지방지도』에만 수록되어

표 3. 『1872지방지도』 수록 마을 지명

加富洞, 介坊里, 高谷里, 古蒞里, 救院里, 館洞里, 廣岱里, 九皐洞, 九谷里, 菊田里, 箕士里, 內洞里, 內良里, 內上谷, 內下谷, 大谷, 大谷里, 大寺洞, 大壯里, 桃津里, 艮谷里, 屯德里, 詩禮洞, 幕洞, 梅村里, 明德里, 朴谷, 盤龍里, 盤雲里, 鳳頭洞, 鳳鳴洞, 釜谷, 扶禮里, 佛堂里, 沙村里, 山塘里, 山幕里, 山村里, 上伽谷, 上草里, 石寺里, 沙鳧里, 首谷里, 新安里, 新津里, 阿谷里, 峨山里, 安和里, 良田里, 漁隱洞, 延詔洞, 吾今里, 吾老洞, 吾土里, 外洞, 外良里, 龍塘谷, 月磯里, 月幕里, 月塢里, 楮田里, 店村里, 竹城里, 中村里, 地境洞, 只土洞, 池山洞, 池傘洞, 直洞, 七洞里, 平地里, 楓谷里, 下伽谷, 河羅洞, 荷山里, 下草里, 鶴洞, 軒門里, 化甲里, 黃城里, 後巖里, 善興洞, 屬邑里, 松林里, 松亭里, 松泉里, 舍禮里, 沙鳧洞, 內九音里, 谷漁隱洞, 下下於里, 快賓亭里, 野翁亭里, 新龜村里.

표 4. 지도 유형별 수록 지명

(괄호안은 %)

지명 유형	「해동지도」(18세기)	「영남지도」(18세기)	「조선지도」(18세기)	「1872지방지도」	「대동여지도」(1861)
자연지명	19(39.6)	6(18.8)	11(37.9)	12(24.0) / 12(8.3)*	12(85.7)
방리지명 (리 지명)	12(25.0)	13(40.6)	14(48.3)	13(26.0)* / 107(74.3)	0(0.0)
인문지명	12(25.0)	6(18.8)	3(10.3)	23(46.0)	1(7.1)
기타지명	5(10.4)	7(21.9)	1(3.5)	2(4.0) / 2(1.4)	1(7.1)
합계	48(100.0)	32(100.0)	29(100.0)	50(100.0) / 144(100.0)	14(100.0)

* 「1872지방지도」에서 아래 셀은 방리지명을 합산하였을 경우의 비율임.

있다.

하천 관련 지명의 수록은 낙동강을 제외하면 지도간 차이가 매우 심하다. '낙동강'의 경우 3종의 지도에서 수록되어 있으며, 이외의 다른 하천들은 한 종에서만 수록된다. '대가천', '소가천'은 「해동지도」에서만 기재되며 이들 하천은 「영남지도」에서는 '양가천'으로 기재되어 있다. '대반촌'은 「조선지도」에서만, '회천'은 「1872지방지도」에서만 기재되어 있다. 한편 이들 지도와는 달리 「대동여지도」에서는 하천 관련 지명이 매우 다양하다. 「해동지도」에 기재된 '용담천'이 수록되며, 이외에 '사혜평', '개산강'은 「대동여지도」에서만 기재되어 있다. '낙동강' 지명은 수록되어 있지 않고 '江'으로만 기재하여 하천임을 보여 준다.

고개 지명도 '안원현' 외에는 지도별 공통점을 보이고 있지 않다. '안원현'의 경우 「해동지도」와 「조선지도」에서만 기록되어 있다. '난현'의 경우는 「영남지도」와 「1872지방지도」에서 나타난다. 이외에 '구□현'과 '시로현'은 「해동지도」에, '지로치'는 「조선지도」에, '지현'은 「1872지방지도」에서만 기재되어 있다. '정림'과 '향림' 등의 숲 지명은 「해동지도」에서만 나타난다.

방리지명으로는 4점의 지도에 17개 지명이 수록되어 있다. 대부분의 지도에 공통적으로 수록되어 있으나 지도별로 수록지명이 상이한 경우도 있다. '우촌면'의 경우 「해동지도」에 '사우촌면'으로 '일량면'의 경우 「영남지도」에는 '양면'으로 기재되어 있다. 한편 '반성면'과 '구

---

6 한편 「조선도」(일본오사카부립도서관)과 「청구도」에서 이 지명이 구이산으로 기재되는 것은 「조선지도」와 대축척 지도간의 관련성을 보여 준다.

표 5. 군현지도 수록 지명 비교

대분류	소분류	지명	『해동지도』	『영남지도』	『조선지도』	『1872 지방지도』	대분류	소분류	지명	『해동지도』	『영남지도』	『조선지도』	『1872 지방지도』
자연지명	산지명	美崇山	○	○	○		인문지명	도로	大丘路	○			
		萬代山	○	○	○	萬岱山			巡營路				○
		玉山	○		○	○		진	桃津	○			
		巢鶴山		○	○	○			開山津		○		
		飛鳳山			○			봉수	望山烽臺		○	○	○
		耳山	○		九耳山	○			伊夫烽臺	○			
		開山浦	老山	○					陜川烽臺	○			
		南山	○						烽臺	○			
		鉢山	○					역원	安林驛		○	○	○
		申氏墳山				○		읍치	鄕校	○	○		○
		金山				○			邑治		○		
		望山	○		○(烽)				邑內				○
		太光山		○					客舍	○			○
	하천	洛東江	○	○		○			衙舍	○			○
		大伽川	○						鄕廳				○
		小伽川	○						將廳				○
		兩伽川		○					縣司				○
		大盤川			○				東軒				○
		會川				○			獄				○
		沙惠坪							人吏廳				○
		大盤川坪	○						軍器庫				○
		龍潭川	○						册室				○
		開山江							厲祭壇				○
		江							社稷壇				○
	고개	安院峴	○		○				城隍壇				○
		卵峴		○				장시	陣場	○			
		仇□峴	○	仇□峴嶺					大橋場	○			
		持爐峴	○	只爐嶺	知老峙				邑市				○
		芝峴				○		점막	店幕				○
	기타	赤林	○					창고	江倉	○	○	○	○2
		香林	○						倉庫	○			
방리지명	면지명	高谷面	○	○	○	○			社倉				○2
		館洞面	○	○	○	○			邑倉				○
		上洞面	○	○	○	○		누정	碧松亭	○	○		○
		九谷面	○	○	○	○			披香亭				
		九音面	○	○	○	○			開湖亭		○		
		松泉面	○	○	○	○		사묘	梅林祠	○	○		
		安林面	○	○	○	○			靈淵祠	○	○		
		下洞面	○	○	○	○			文淵祠		○		
		下□面	○	○	○	○			道巖祠		○		
		乃谷面	○	○	○	○		사찰	盤龍寺	○	○		○
		一良面	○	○	良面				仇味寺			○	
		牛村面	沙牛村面	○				고현	新復				
		鍮泉面		○									
		盤城面		○									
		九龍面			○								

□는 판독 불가 지명

룡면'은 『영남지도』와 『조선지도』에서만 나타난다. 『대동여지도』에서는 방리 지명은 전혀 기재되어 있지 않다.

인문지명 중 도로는 『해동지도』에 대구부를 잇는 '대구로' 1곳, 『1872지방지도』에 '순영로'로 1곳이 기재되어 있다. 나루터는 『해동지도』에 '도진', 『영남지도』에 '개산진'이 있다. 봉수대로는 '망산봉대'가 『영남지도』와 『조선지도』, 『1872지방지도』에 수록되어 있다. '이부봉대'와 '합천봉대'는 『해동지도』에만 있다. 역원으로는 '안림역'이 『해동지도』를 제외한 모든 지도에 수록되어 있어 당시 중요 기능을 하였음을 보여 준다.

읍치 관련 지명은 『영남지도』와 『조선지도』에서는 거의 기재되어 있지 않다. 『해동지도』에는 객사와 아사가 표현되어 있으며, 『1872지방지도』에는 이외에 성황단, 여단, 사직단과 향청, 장청, 현사, 동헌, 옥, 인사청, 군기고, 책실 등의 내용이 기재되어 있다. 장시로는 『해동지도』에 '진장', '대교장'이, 『1872지방지도』에 '읍시'가 기재되어 있다. 창고로서 '강창'이 모든 지도에 기재되어 있어 개포를 중심으로 한 이곳이 당시의 수운에 있어서 주요 지점임을 보여 준다. 『1872지방지도』에는 이외에 창고, 사창, 읍창이 표현되어 있다.

누정으로는 '벽송정'이 『조선지도』을 제외한 전체 지도에 수록되어 있다. 사우로는 '매림사', '영연사' 등이 『해동지도』와 『영남지도』에 있으며 이외에 '문연사', '도암사'는 『영남지도』에만 수록되어 있다. 사찰로는 '반룡사'가 3종의 지도에 수록되어 있어 지역에서 중요한 사찰임을 보여준다. 이외에 '구미사'는 『조선지도』에 기재되어 있다.

이상 고지도에서 수록된 지명들을 볼때 산지에서 미숭산, 만대산, 옥산, 소학산, 이산, 하천에서 낙동강, 고개에서 안원현과 난현이 지역의 자연 지리를 설명하는데 중요한 랜드마크였음을 보여 준다. 도로로는 대구와 합천을 잇는 길이 주요 도로로 인식되어 있었으며, 역원으로는 안림역이, 낙동강을 통해 이어지는 수운에서 개산포가 중요한 역할을 하고 있었음을 보여 준다. 기타 지명에서는 정자로서 벽송정이, 사찰로서는 반룡사가 주요한 지점으로 이해되고 있었음을 보여 준다.

2) 『대동여지도』 고령현 고지명

목판본 『대동여지도』(1861)에 묘사된 고령현은 〈그림 8〉과 같다. 현재 고령군 중 고령읍, 쌍림면, 우곡면, 개진명 등 과거 고령현에 속하였던 지역들이 군현지도에 비해 비교적 소략하게 묘사되어 있으며 구도는 20리 방안지도인 『조선지도』과 유사하다. 인근 고을과는 태광산, 미숭산, 이을현, 소학산을 사이에 두고 경계를 이루고 있다. 산지는 서부 합천 방향에서 이어지는 산줄기가 동남쪽으로 이어져 내려오는 것으로 묘사되어 있다. 고을의 봉수로는 '望山' 봉수가 유일하게 표시되어 있다. 이 봉수는 서쪽으로 합천 야로현 미숭산 봉수에 응하고 북쪽으로 성주 가리현 이부로산 봉수에 응한다. 고을의 역원으로는 읍치 남쪽에 위치한 '安林驛' 이 유일하고 원은 표시되어 있지 않다.

하계망은 낙동강이 현의 동쪽에서 북에서 남으로 흐르며 고령현을 지나는 곳은 '개산강' 으로 묘사되어 있다. 낙동강변에는 '강' 으로만 표시하여 낙동강임을 보여 주고 있다. 북서와 남서쪽에서 동류하는 하천들이 비교적 실제와 가깝게 묘사되어 있다. 고령현을 중심으로 이웃 고을과 연결하는 도로망이 직선으로 묘사되어 있고 그 위에 10리 간격으로 표시되어 있다.

수록 지명은 14곳에 수록되어 있어 다른 군현지도들에 비해 그 숫자가 현격하게 적다. 특히 방리 지명은 전혀 기록되어 있지 않다. 수록 지명 중 산지, 하천 등의 자연 지명은 12곳을 차지하여 가장 많으며, 인문지명과 기타 지명은 1곳에 불과하다(표 4). 지명을 구체적으로 보면 산지 지명으로는 '耳山', '美崇山', '玉山', '巢鶴山', '望山', '飛鳳山', '太光山' 등 7곳, 하천

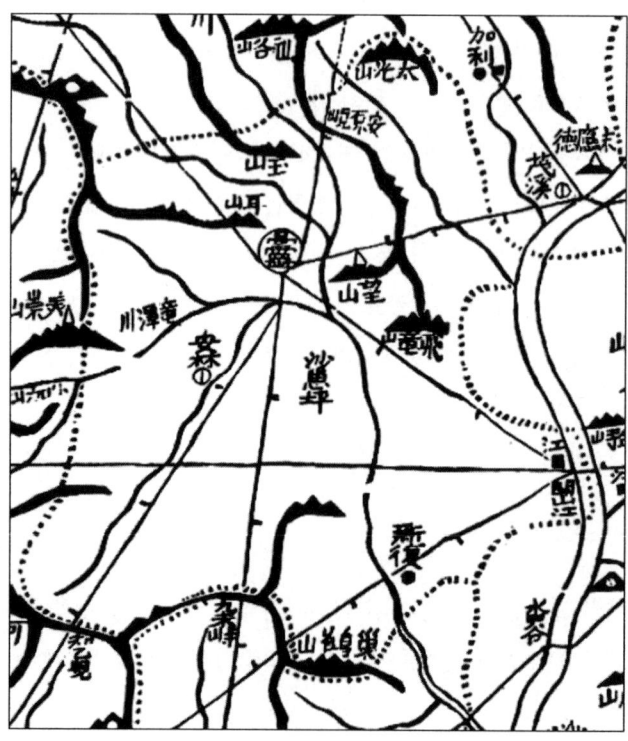

그림 8. 「대동여지도」(1861)의 고령현

관련 지명으로 '개산강', '용담천' 및 '사혜평' 등 3곳, 역지명으로 '안림' 1곳, 고현 지명으로 '신복' 1곳이 수록되어 있다.

〈표 6〉은 『대동여지도』에 수록된 14곳의 지명과 관련하여 이전의 사료에 수록된 내용들로, 수록 지명들은 지리지나 군현지도에 근거하여 유래되었음을 보여 준다. 14곳의 지명중 11곳은 지리지에 근거하여 수록된 지명이다. '이산'은 지리지에 고을의 진산이라는 내용이 있으며 고지도 중 『조선지도』에서는 '구이산'으로 수록되는 오류를 빚기도 하였으나 『대동여지도』에서는 수정되어 표기되었다[7]. 합천군과 경계를 이루는 '미숭산'은 지리지뿐만 아니라 군현지도에 전부 수록되어 고을의 범위를 나타내는 대표적인 랜드마크였음을 보인다. 당시 초계군과 경계를 이루는 소학산도 주요 지명으로 인식되었음을 보여 준다. 이들 지명은 지금도 사용하고 있는 지명이다. 망산에는 봉수가 있음이 기록에서 보여 준다. 비룡산의 경우 지리지의 기록에서는 나타나지 않으며, 일부 군현지도에서는 '비봉산'으로 수록된다. 이는 '비룡산' 지명이 『대동여지도』 제작 과정에서 오류의 결과임을 보여 준다.

하천지명으로 용담천, 개산강은 지리지 기록과 함께 군현지도에서 나타난다. '사혜평'의 경우 지리지에서는 '용담천' 기록에서 지명이 나타나나 군현지도에서는 표시되어 있지 않다. 고개지명인 '안원현'은 지리지에 근거하고 있지 않으나 일부 군현지도에서 나타나고 있다. 안림역은 지리지와 군현지도에서 수록되어 당시 매우 주요 지명임을 보여 준다. 고현인 '신복'의 경우 지리지에서 상세한 설명이 기록되어 있다. 그러나 군현지도에는 전혀 수록되지 않다가, 『대동여지도』에서만 나타나는 것이 특징이다. 한편 군현지도와 『대동여지도』 지명 관련도를 보았을때 『해동지도』 8곳, 『영남지도』 5곳, 『조선지도』 9곳, 『1872지방지도』 7곳으로, 『조선지도』와의 관련성이 가장 높다. 『조선지도』와의 지명을 구체적으로 비교하여 보면 '이산'과 '비룡산'이 서로 다르게 수록되어 있으며 용담천, 개산강[8], 사혜평, 낙동강, 신복 지명은 『대동여지도』에서만 나타난다.

이상 『대동여지도』의 수록지명을 보면 이 지도의 제작 과정에서 지명 정보의 수집 과정을 유추할 수 있게 해준다. 즉 지도의 고을별 하계망과 산지 표현은 기존의 20리 방안지도 형태로

---

[7] '이산'에는 대가야의 왕 및 수장급 무덤으로 여겨지는 대형 고분들이 능선을 따라 분포한다. 일명 주산이라고도 불리운다. 이들은 지산동고분군(사적 79호)으로 지정되어 보호되고 있다. 산의 정상에는 대가야의 산성으로 추정되는 고령주산성(사적 61호)이 있으며 기록에 의하면 고령군 읍내에 대가야 왕궁터와 御井 등이 있었다고 전해진다.

[8] 지금의 개포 일대이다. 개포는 옛날 개산포로 부르다가 팔만대장경이 열뫼재-고령읍-낫질신동-야로를 거쳐 해인사로 운송된 역사로 인해 이후 開經浦라 불리기도 하였다. 조선시대까지만 해도 경상도 내륙의 곡식과 소금을 운송한 큰 포구였다. 지도에도 이곳에 창고가 표시되어 있고 합천까지 이르는 도로도 그려져 있다. 일제강점기에 개포로 지명이 바뀌었다.

표 6. 지리지 및 사료에 기재된 『대동여지도』 수록 지명

지명	지리지		고지도				
	『신증동국여지승람』	『여지도서』	『해동지도』	『영남지도』	『조선지도』	『1872지방지도』
1. 이산(耳山)	"현의 서쪽 2리에 있으며 진산이다."	○	○	×	九耳山	○
2. 미숭산(美崇山)	"현의 서쪽 20리에 있다. 합천군 조에 또 나온다."	○	○	○	○	○
3. 옥산(玉山)	"현의 북쪽 7리에 있는 작은 산이다."	○	○	×	○	○
4. 소학산(巢鶴山)	"현의 남쪽 38리에 있다. 초계군(草溪郡) 편에도 나온다."	○	×	○	○	○
5. 태광산(太光山)	"가천(伽川) 동쪽 기슭에 있다."	×	×	×	○	×
6. 망산(望山)	"봉수 : 현의 동쪽 7리에 있다. 서쪽으로 합천 야로현 미숭산에, 북쪽으로 성주 가리현 이부로산(伊夫老山)에 응한다."	○	○	×	○	×
7. 비룡산(飛龍山)	〈기록 없음〉	×	飛鳳山	×	飛鳳山	×
8. 용담천(龍潭川)	"합천군 야로현(冶爐縣) 야천(倻川)의 하류이고, 현의 남쪽 5리 사혜평(沙惠坪)에 이르러 가천과 합치어 동쪽으로 흘러서 개산강(開山江)으로 들어간다."	○	○	×	×	×
9. 개산강(開山江)	"현의 동쪽 22리, 현풍현의 경계에 있고 성주 무계진(茂溪津)의 하류다. 남쪽으로 흘러서 초계군의 경계로 들어가 가물창진(加勿倉津)이 된다."	○	×	開山津	×	開山浦
10. 사혜평(沙惠坪)	용담천 기록 참조	○	×	×	×	×
11. (낙동)강(江)	-	-	洛東江	洛東江	×	洛東江
12 안원현 安院峴	〈기록없음〉	×	○	○	○	×
13. 안림역(安林驛)	"현의 남쪽 14리에 있다."	○	○	○	○	○
14. 신복(新復)	"고읍 : 남쪽으로 30리다. 본래 신라 가시혜(加尸兮)였는데, 일명 가시성(加尸城)이라고도 한다. 경덕왕(景德王) 16년에 신복이라 고쳐 고령군 영현(領縣)으로 되었다가, 고려 초에 소속되었다."	○	×	×	×	×

그린 조선전도를 밑그림으로 하여 목판을 제작하였으나 수록 지명은 다른 지리지와 고지도들을 참고하여 선정하였음을 보인다. 특히 군현지도에서 나타나지 않는 '사혜평'과 '신복'이 이 지도에서만 수록되는 것을 주목할 필요가 있다. 두 지역 모두 고대 역사뿐만 아니라 임진왜란 때 교통로의 요충지 역할을 한 곳이다. 이는 『대동여지도』에서 판각 지명의 선정에서 이와 같은 역사적인 사실을 중요하게 고려하였음을 시사한다.

5. 요약 및 결론

본 연구는 조선 후기에 제작된 23점의 고령현 군현지도를 대상으로 기존의 연구를 바탕으로 계열별로 지도에 수록된 내용과 지명의 비교 분석을 하였고 『대동여지도』와의 관련성을 파악하였다. 연구결과를 요약하면 다음과 같다. 기존의 연구 결과를 바탕으로 볼때 고령현 군현지도는 회화식지도 8점, 1리 방안지도 4점, 20리 방안지도 4점, 지방지도 5점, 분류 미상 2점으로 구분될 수 있었다.

지도별로 고령현의 묘사 특징을 보면 회화식지도의 경우 풍수 형국을 이용하여 산줄기가 고령현의 서쪽에서 동쪽으로 이어지는 형태로 그렸으며, 혈의 자리에 향교를 배치하였다. '적림'을 내청룡으로, '남산'을 내백호로 해석하였다. 앞의 망산 봉수를 안산(案山)으로 하였으며 이를 줄기로 표현하였다. 하천은 서부 산지에서 발원하여 득수와 파수 형국을 그렸으며, 동류하여 낙동강에 유입하는 형태로 묘사하였다. 이는 고을 묘사에서 풍수지리적인 사상을 중요하게 염두에 두었음을 보여 준다. 1리 방안지도는 지도의 배치에서 서쪽을 지도 위에 배치하여 미숭산을 그리고, 아래쪽에 동쪽의 낙동강을 그렸다. 망산봉대에서 각 봉수로 이어지는 봉수망을 지도의 아래에서 위쪽으로 묘사함으로써 낙동강의 방어적인 위치를 실감있게 묘사하고 있다.

20리 방안지도는 앞의 두 지도에 비해 소략한 듯 보이나 실제 모습과 매우 가깝게 그리고자 한 흔적이 보인다. 산은 일부만 줄기로 표현되었으며 이웃 고을과의 연결성을 나타내는 산지명이 크게 기재되어 있다. 이 지도에서는 낙동강이 일부만 표현되어 있다. 이는 당시 낙동강 우안의 적지 않은 부분이 현풍현에 속하였고, 이를 사실적으로 표현하였기 때문이다. 지방지도 계열 중 『1872지방지도』의 구도는 『(비변사인)영남지도』와 유사하다. 미숭산을 지도의 위 부분에 배치하고, 낙동강을 아래에 그림으로써 서쪽을 위로 하는 구도를 취하고 있다. 초계와의 경계를 줄기로 표현하고 있어 고을간의 경계를 뚜렷하게 그렸다. 도로망이 상세하게 표현되어 있으며 지명의 위치 정보를 상세하게 알수 있게 하였다.

지도별 수록 지명을 비교하여 보면 지명의 종류에서 차이가 나고 있다. 회화식 지도와 지방지도의 경우 수록 지명의 숫자가 많을 뿐만 아니라 읍치와 관련된 지명이 많이 수록되어 있다. 특히 방리 지명이 자세하게 기록되어 있고, 지방지도의 경우 마을 지명도 상세히 기록되어 있다. 이와 같은 내용은 중앙정부에 의한 지방의 지배가 강화되면서 지도에 반영된 결과로 사료된다. 1리 방안지도의 경우 교통망과 관련된 지명의 비율이 비교적 높으며, 특히 험로, 봉수 등의 지명이 수록되어 있다. 이는 군사적인 목적에서 제작되었기 때문인 것으로 생각된다. 20리 방안지도의 경우 수록 지명수는 적으나 주요 지명과 함께 이웃 고을과의 연결성을 파악할 수 있는 산지 지명을 많이 수록하였다.

　『대동여지도』에 수록된 고령현의 내용과 지명은 『대동여지도』의 제작과정을 유추할 수 있게 하여 준다. 고령현의 구도는 앞의 군현지도 중 『조선지도』를 기본으로 하였음을 보여 준다. 그러나 지명 기재에서는 그대로 기재한 것이 아니라 일정한 기준에 의해 선정되었음을 보여 주나. 지명이 기재된 곳이 14곳에 불과한 것이 이를 보여 준다. 이와 같이 수록 지명의 숫자가 매우 적음은 지도를 제작하면서 기존 자료를 바탕으로 지명을 선별하였음을 보여 준다. 이들 지명의 대부분은 『신증동국여지승람』 등의 지리지를 바탕으로 하였고, 동시에 기존에 제작된 군현지도를 일부 참고하였음을 보여 준다. 즉 지도의 고을별 하계망과 산지 표현은 20리 방안지도와 이를 바탕으로 제작된 전국 지도를 밑그림으로 하여 목판을 제작하였으며 수록 지명은 군현지도뿐만 아니라 지리지 등을 이용하여 주요 지명만을 선별하였음을 보여 준다. 특히 다른 군현지도에서 나타나지 않는 지명이 대부분 역사지명임을 볼때 김정호는 지도 제작에서 역사적인 내용을 비중있게 고려하였음을 보여 준다.

　본 연구의 대상이 된 고지도는 제작 당시 고령군의 지역구조와 공간구성을 파악하는 좋은 자료로 역사공간을 이해하고 복원할 수 있는 사료로 활용될 수 있다. 특히 수록 지명은 당시의 지리적인 특성을 파악하는 데 중요한 자료로 고령군의 과거와 현재에서 공동의 기억을 찾아내는데 고리 역할을 한다. 한편 고지명 연구에서 대축척 지도 발달에서 고리 역할을 하는 『청구도』등과 기타 지리지 등의 지명을 비교하지 못하고, 정확한 위치 비정이 이루어 지지 못한 것은 본 연구의 한계이다.

참고문헌

慶尙道邑誌(1832)
世宗實錄地理志(1454)
新增東國輿地勝覽(1530)
輿地圖書(1757~1765)
地方行政區域要覽(2006)
건설부국립지리원, 1982, 한국지명요람.
건설부국립지리원, 1985, 한국지지, -경상도편-.

경상북도교육위원회, 1984, 경북지명유래총람.
경상북도사편찬위원회, 1983, 경상북도사.
고령군, 1982, 대가야의 얼.
고령군, 2004, 한국고대사학회, 대가야의 성장과 발전, 서울 : 서경문화사.
고령문화원, 1997, 고령지역의 역사와 문화
권병탁, 1979, 경북 고령지방 도자산업의 사적 연구, 사회과학, 10. 영남대학교 사회과학연구소.
김기혁·윤용출·배미애·정암, 2005b, 조선 후기 군현지도의 유형연구-동래부를 사례로-, 대한지리학회지, 40(1), 1-26.
김기혁, 2006, 우리나라 도서관·박물관 소장 고지도의 유형 및 관리 실태 연구, 대한지리학회지, 41(6), 714-739.
김기혁, 2008, 부산고지도, 부산광역시.
김도윤, 1992, 경북지역 가야문화연구, 대가야문화총서 14.
배우성, 1996, 18세기 관찬지도 제작과 지리 인식, 서울대학교 박사학위 논문.
부산지리연구소, 2004, 부산·울산·경상남도 시군별 고지도; 1권-8권.
부산지리연구소, 2005, 대구·경상북도 시군별 고지도; 1권-8권.
양보경, 1992, 18세기 비변사지도의 고찰 -규장각소장 도별 군현지도집을 중심으로-, 규장각, 15, 93-123.
양보경, 1995, 대동여지도를 만들기까지, 한국시민강좌, 16. 84-121.
오상학, 2001, 조선시대의 세계지도와 세계 인식, 서울대학교 박사학위논문.
이찬, 1992, 한국의 고지도, 범우사.
이찬, 1981, 한국 고지도에서의 좌표체계, 한국과학사학회지 3(1), 3-11.
이기봉, 2004, 김정호의 『청구도』제작과정과 지도적 특징에 관한 연구, 대한지리학회지, 39(3), 473-493.
이상태, 1999, 한국 고지도 발달사, 혜안.
정동락, 2002, 고령향교의 연혁과 운영기반, 민족문화논총, 26. 경산 : 영남대 민족문화연구소.

인구의 특성과 고령화*

김부성

1. 서론

　농촌과 도시의 개념 및 성격을 규정하는 지표는 시대와 지역에 따라 다양하지만 일반적으로 행정적 편의상 1차적으로 인구규모를 기준으로 도시를 정하고 도시이외의 지역을 농촌으로 간주한다. 우리나라에서 과거에는 '시=도시', '군=농촌'이라는 구분이 사용되었으나 도·농 통합시 출현이후에는 '동=도시', '읍·면=농촌' 또는 '동·읍=도시', '면=농촌'이라는 등식이 통상적으로 이용되고 있다. 인구 2만 이상의 읍과 동지역 인구를 도시인구로 하는 우리나라의 공식적인 도시화율은 1960년 35.8%, 1970년 49.8%, 1980년 66.7%, 1990년 79.5%, 2005년 86.5%로 지속적으로 증가하였으며 그와 상응해서 농촌인구는 급속하게 감소하였다(국토연구원, 2006b). 시부 인구만으로 계산한 도시화율도 1960년에는 28%에 불과했으나 2005년에는 81.5%에 달하고 읍 전체를 도시인구로 포함시킬 경우 도시화율은 2005년 기준 91%에 이른다. 우리나라에는 2007년 현재 읍 212개, 면 1,206개, 동 2,166개가 존재하며 읍과 면을 농촌이라 했을 경우 농촌의 면적은 우리나라 전체면적의 90%에 육박하고 농촌인구는 전체인구의 18.5%에 불과한 셈이다(농림부, 2007).

　도시와 농촌을 구분하는 인구기준 또한 각국마다 상이한데 우리나라에서는 인구규모 5만

---

* 이 글은 한국지역지리학회지 제15권(2009년) 제1호, pp.36-52에 게재된 바 있음.

명, 2만 명이 각각 시, 읍의 최소기준요건이다. 또한 인구 5만 이상의 도시 형태를 갖춘 지역이 있는 군이나 인구 2만 이상의 도시 형태를 갖춘 2개 이상의 지역의 인구가 5만 이상인 군은 도·농 복합형태의 시로 승격될 수 있다. 외국의 도시인구 기준은 일본과 인도 5,000명, 미국 2,500명, 독일과 프랑스 2,000명, 캐나다와 호주 1,000명, 아이슬란드 200명 등으로 대부분 우리나라의 기준에 비해 훨씬 낮다(이성우·임형백, 2004). 영국은 주거 밀도에 따라 농촌을 다시 산촌(dispersed dwellings), 소촌(hamlet), 마을(village), 농촌중심지(small town), 근교농촌(urban fringe) 등으로 구분한다(송미령 등, 2007).

최근에 도시의 상대적 개념으로 농촌을 정의하던 것에서 벗어나 농촌 그 자체를 몇 가지 지표를 통해 상이한 유형으로 나눠보려는 시도들이 나타나고 있다. 이는 도시화·산업화의 영향을 받으면서 농촌의 성격도 다양해지고 있다는 것을 반영한다. 과거에는 도시와 농촌의 구분이 상대적으로 명확하였다. 농촌은 농업위주의 경제활동을 통해 도시에 농산물을 공급해 주는 기지역할을 하였고, 도시는 농산물의 소비지로 2·3차 산업에 종사하는 지역이었다. 그러나 도시의 팽창으로 인해 많은 농촌이 도시에 흡수 또는 도시화되면서 농촌의 성격도 희석되고 있다. 도시에 근접한 농촌일수록 이러한 경향은 강하고 반면에 도시와 멀리 떨어진 원격농촌들은 급격한 인구유출로 지역사회 유지자체를 위협받고 있다.

OECD에서는 도시중심지로부터의 거리에 따라 농촌지역을 '경제적으로 도시와 통합된 농촌지역', '중간농촌지역', '원격농촌지역'으로 분류하였고(송미령, 2006), Marsden(1998)은 점점 더 분화되어 가는 농촌 분석의 출발점으로서 '보존된 농촌', '경쟁적 농촌', '가부장적 농촌', '의존적 농촌'이라는 4가지 이론적인 농촌유형을 제안하였다. 비슷하게 현대 프랑스 농촌의 세 가지 모습은 '도시들의 농촌 또는 새로운 형태의 농촌', '경제와 인구기능의 쇠퇴로 인한 가장 낙후한 농촌', '균형을 추구하는 새로운 농촌'으로 대표된다(정옥주, 2007). 일본 농림수산성에서는 농촌을 '도시적 지역', '평지농업지역', '중간농업지역', '산간농업지역'으로 구분하고 중·산간지역에 대한 정책적 배려를 강조한다(송미령 등, 2007). 우리나라에서도 지속적으로 농촌의 유형화가 시도되었는데 일례로 성주인·송미령(2003)은 전국 140개 도·농 복합시 및 군을 중심도시와의 연계성, 자족성정도, 농업의존도에 따라 '비농업 강세형', '자족성 우세형', '대도시 통합형', '일반 농촌형'으로 나눈바 있다. 이러한 농촌의 유형화는 각 지역에 맞는 농촌계획과 정책을 수립할 때 기초자료로 활용할 수 있다(성주인, 2006).

근래 농업이 쇠퇴하면서 생산의 공간으로서의 농촌의 가치는 감소한 반면 경관 및 문화적 전통유지 기능, 환경보전 기능, 농촌활력유지 기능, 식량안보 기능, 야생동물의 서식지를 제공하는 기능 등 농업과 농촌의 다원적 기능(multifunctionality)이 주목받고 있다(임형백·이성우, 2004). 미래의 농촌은 첫째 안전하고 신선한 농산물을 공급하여 국민의 건강을 수호해야하는 농업생산 공간으로서의 역할은 물론 둘째 농촌주민의 삶의 공간, 전원생활을 지향하는 도시주민의 삶의 공간, 노령인구의 은퇴 후 삶의 공간 등 전 국민의 쾌적한 전원거주공간으로서의 기능을 수행해야 할 것이다. 셋째 농업을 기반으로 하는 바이오산업, 소규모 입지자유형산업, 자연경관을 자본으로 하는 여가문화산업 등 다양한 컨텐츠의 신산업 입지공간으로서의 농촌의 역할이 확대될 것이다. 넷째 다양한 자연자원, 역사·문화자원, 환경·경관자원 등 농촌어메니티의 소재지로서 전 국민 대상의 매력 있는 교육·여가·휴양 공간이 되어야 할 것이다(송미령, 2006). 여기서 어메니티는 농촌정책의 새로운 목표로서 농촌지역에 존재하는 생물종의 다양성, 생태계, 고 건축물, 농촌경관, 농촌공동체의 독특한 문화나 전통 등 농촌고유의 가치와 정체성을 보여 주는 유·무형의 자원을 말한다(농촌진흥청 농촌어메니티정보시스템). 즉 농촌지역의 건전한 발전은 국토발전의 균형성, 지속가능성, 안전성확보와 직결되어 있다(국토연구원, 2006a).

 그러나 미래의 어메니티 자원의 거점기지로서의 농촌역할의 중요성에 비추어 볼 때 우리나라 대부분의 농촌지역은 심각한 어려움에 처해 있는 것이 사실이다. 우선 사회적으로 농촌인구의 감소와 고령화로 인해 농촌사회가 활력을 상실하고 지역서비스가 쇠퇴하고 있다. 경제적으로 일자리와 소득기회가 도시에 비해 현저히 부족하고 청년층의 이농과 농산물개방 등으로 농업 및 1차 산업도 쇠퇴하고 있다. 환경적으로도 집약적 농업과 난개발로 생태 및 경관파괴가 진행되고 있으며 정치적으로는 중앙정부에 과도하게 의존하고 자율성이 부족하며 관료주의가 만연되어 있다. 그동안 수많은 농촌지역개발사업이 시행되었고 막대한 자금(2004년도 기준 15개 농촌지역개발사업 균특회계 예산 8,000억 원, 2005년부터 신활력사업 연 2,000억 원 규모, 송미령·박주영, 2004)이 투입되었음에도 불구하고 많은 농촌지역에서 아직도 인구감소–서비스의 최소요구치 부족–서비스합리화–취업기회부족–인구유출–인구감소로 이어지는 인구감소의 악순환(vicious circle of rural depopulation)이 지속되고 있다(Bowler, 2001). 이에 본 장에서는 전형적인 농촌지역에 해당하는 고령군을 대상으로 농촌침체의 근본원인이라 할 수 있는 인구감소와 고령화현상을 우리나라 전체와 비교·분석하고 장래추이를 전망해 보고자 한다.

2. 농촌인구와 농가인구의 감소 : 우리나라와 고령군의 추이

우리나라의 농(어)촌인구 및 농가인구는 지속적으로 감소하였으나 1995년 이후 농촌 및 농가인구의 한계수준도달로 인구감소세는 둔화되고 있다(국토연구원, 2006a). 여기서 농가인구라는 것은 농업에 종사하는 사람과 그들에 소속된 비경제활동인구를 지칭한다. 전형적 도시지역인 동 인구는 1975년에 우리나라 전체인구의 48.4%에서 2005년에 81.5%(3,850만 명)로 증가하였고 반면 전형적인 농촌지역인 면의 인구는 같은 기간 40.9%에서 10.2% (482만 명)로 현저히 감소하였다(그림 1). 읍 지역의 인구는 1980년 전체인구의 12.1%에서 1995년 7.8%(348만 명)까지 감소하였다가 그 이후에는 오히려 조금씩 증가하여 2005년에는 8.3%(394만 명)에 이르렀다.

2005년 읍의 평균 인구는 18,679명이고 면의 평균 인구는 3,984명이다. 면부의 인구감소가 농촌인구감소의 주된 원인이 된다고 할 수 있다. 읍과 면을 합친 농촌인구는 1975년 전체인구의 51.6%에서 2005년 18.5%(876만 명)로 감소하였다. 이 추세가 그대로 유지된다면 2015년 읍의 인구는 지금보다 9.1% 증가한 428만 명에 달할 것이고 반면에 면의 인구는 지금보다 27.8% 감소하여 약 345만 명 수준에 머물 것이다(표 1).

읍과 면의 인구변화가 이처럼 다른 양상으로 전개된다는 것은 농촌지역 정주체계와 관련하

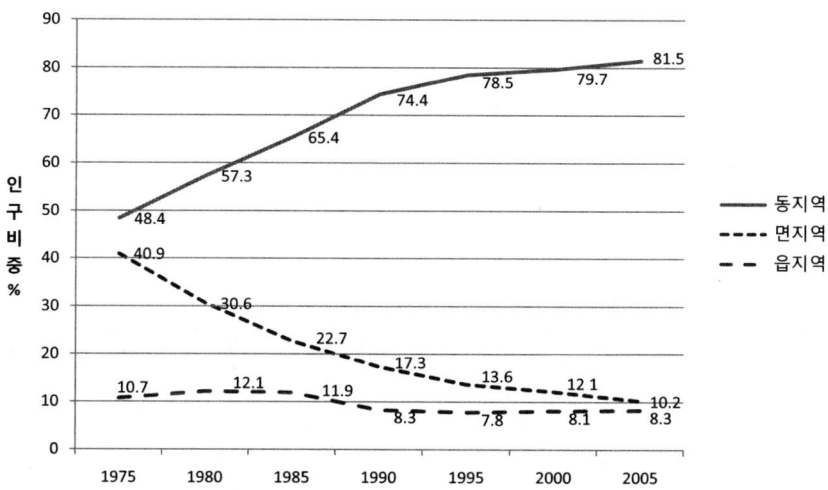

그림 1. 인구분담비중 변화추이의 지역 간(읍·면·동) 비교(1975~2005)
자료 : 국토연구원, 2006a

표 1. 농촌 인구의 변화(1995~2020)

	1995	2000	2005	2010	2015	2020
읍 인구	348만	376만	394만	410만	428만	447만
면 인구	609만	563만	482만	406만	345만	294만
농촌 인구	957만	938만	876만	816만	773만	740만
읍 수	192	197	210	(210)	(210)	(210)
면 수	1,231	1,217	1,200	(1,200)	(1,200)	(1,200)
읍 평균 인구	18,146	19,064	18,679	19,508	20,375	21,280
면 평균 인구	4,945	4,622	3,984	3,386	2,878	2,446

자료 : 채종현 · 박주영 · 김정섭, 2007

여 시사되는 바가 크다. 어느 정도가 적정수준인지 밝히기는 어렵지만 최소한의 인구규모가 유지되는 범위 안에서 정주생활권이 형성된다고 할 때 인근주민의 생활편의 서비스수요까지 충족하도록 그 기능을 요구받는 읍의 수가 늘어 날 것이다. 인구와 3차 산업부문 사업체수의 상관관계가 읍과 면 사이에서 다소 다르게 나타나는데 읍의 경우 상관계수가 0.764인 반면 면부에서는 그보다 높은 0.823이었다. 이것은 인구감소에 따른 사업체감소의 가능성이 읍보다는 면에서 더 크다는 것을 보여 주는 것이다. 실제로 2001년 기준 인구 100명당 3차 산업부문 사업체 수는 동에서 평균 6.82개소, 읍에서 평균 5.57개소, 면에서 평균 3.75개소로 나타났다(채종현 · 박주영 · 김정섭, 2007). 특히 2005년 현재 인구 2,000명 미만의 면은 287개로 전체 면의 23.9%를 차지하고 있다. 현재 추세대로라면 2015년 경 인구 2,000명 미만인 면의 수는

표 2. 주민 수 2,000명 미만인 면의 추이(1995~2020)

연도	1995	2000	2005	2010	2015	2020
수	101	169	287	426	558	689
비율	8.2%	13.9%	23.9%	35.5%	46.5%	57.4%

자료 : 채종현 · 박주영 · 김정섭, 2007

표 3. 농가의 주요 지표변화(1970~2005)

	1970	1975	1980	1985	1990	1995	2000	2005
농 가구 (만 가구)	248	238	215	193	177	150	138	127
농가인구(만 명)	1,442	1,324	1,083	852	666	485	403	343
농가인구 비율(%)	44.7	37.5	28.4	20.9	15.5	10.8	8.6	7.1
평균 가구원수(명)	5.81	5.57	5.02	4.42	3.77	3.23	2.91	2.7
가구당 농업종사자(명)	2.91	2.86	2.49	2.48	2.2	2.08	2.16	1.91

자료 : 농림부, 2007 ; 김정호 · 박문호 · 이용호, 2007

558개로 늘어 전체면의 46.5%에 달할 것이다. 이는 기초적인 생활서비스 공급능력을 상실할 가능성이 큰 면의 수가 현재의 2배로 늘어날 것임을 암시하는 것이다(표 2).

농가인구비율도 역시 1975년 전체인구의 37.5% (1,324만 명)에서 2005년 7.1%(343만 명)로 급격히 감소하였고 농가호수는 같은 기간 238만 호에서 127만 호로 격감하였다(표 3). 현재의 추이가 계속된다면 농가인구는 2010년에 294만 명, 2015년에는 228만 명으로 더 줄어들 전망이다(김정호·박문호·이용호, 2007).

농가의 평균가구원수도 1975년 5.57명에서 2005년 평균 2.7명으로 절반이하로 감소하였다. 도시와 농촌의 평균가구원수를 비교해보면 1985년까지는 농촌의 평균가구원수가 도시보다 많았으나 1990년대 이후로 도시가 농촌을 추월하여 2005년에는 동 2.9명, 읍·면 2.7명이 되었다. 농촌의 가족의 해체는 1인가구의 **빠른** 증가에서도 볼 수 있다. 1인가구의 비중이 1975년에 동 4.5%, 읍·면 3.9%였으나 2005년에는 동 19.1%, 읍·면 23.3%로 농촌이 도시를 앞질렀다(표 4).

농가소득원 다변화와 함께 겸업농가의 비중은 1975년 19.4%에서 2005년 40.5%로 증가하였고 농가소득 중 농업소득비중은 같은 기간 81.9%에서 38.7%로 감소하였다. 그러나 이와 같은 농가소득 다변화 노력에도 불구하고 도시가계소득 대비 농가소득수준은 1985년 112.8을 정점으로 꾸준히 감소하여 2005년에는 78.2를 기록하였다(그림 2).

고령군은 1965년 인구 78,288명을 정점으로 지속적으로 인구가 감소되어 1990년에는 1965년 인구 절반이하의 수준인 35,298명에 이르렀고 1991년에 인구가 38,187명으로 일시적으로 증가하였으나 그 이후에 매년 감소하여 1995년에 인구 36,350명을 기록했다. 1997년에 인구

표 4. 우리나라와 고령군의 1인가구비율과 평균 가구원수 변화추이(1975~2005)

		1975	1980	1985	1990	1995	2000	2005
전국	1인가구(%)	4.2	4.8	6.9	9.0	12.7	15.5	20.0
	평균가구원	5.0	4.5	4.1	3.7	3.3	3.1	2.9
동	1인가구(%)	4.5	4.7	6.8	8.6	11.8	14.6	19.1
	평균가구원	4.8	4.4	4.0	3.7	3.4	3.2	2.9
읍·면	1인가구(%)	3.9	4.9	7.2	10.3	15.6	18.9	23.3
	평균가구원	5.3	4.7	4.2	3.7	3.1	2.9	2.7
고령군	1인가구(%)	-	-	-	-	-	22.0	28.3
	평균가구원	5.2	4.4	3.8	3.3	3.0	2.8	2.5

자료 : 통계청, 2008; 국토지리정보원 국토포탈 : - 자료없음.

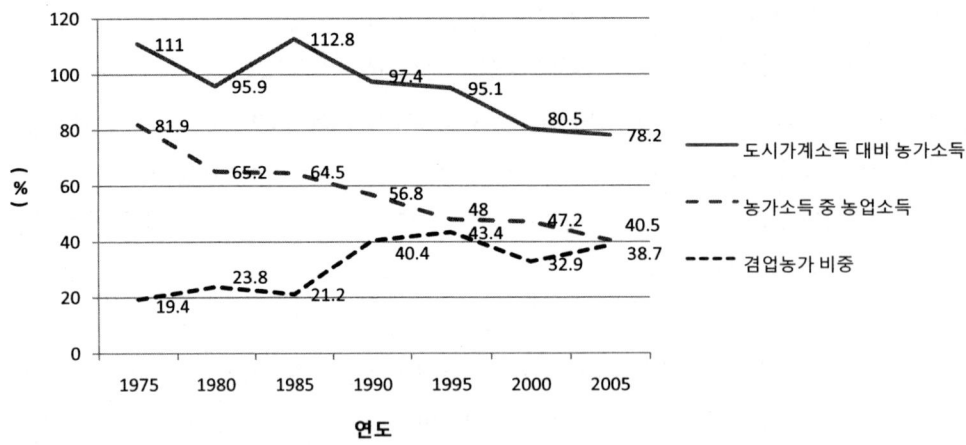

그림 2. 농가소득수준, 농업의존도 및 겸업농가비중의 변화추이(1975~2005)
자료 : 국토연구원, 2006a

39,136명으로 재 증가 후 2005년까지 꾸준히 감소하여 2005년에 인구 35,143명으로 1965년 이래 최저점에 도달하였다. 2006년과 2007년에는 다시 증가세를 보여 2007년 기준 고령군 인구는 36,047명이다. 1996년과 2007년 사이의 인구변화 경향은 인구이동에서 그대로 반영되는데, 인구가 증가한 1996년, 1997년, 2006년, 2007년에는 전입이 전출보다 많은 '+' 순 이동을 보이고 인구가 감소했던 해(1998-2005년)는 전입이 전출보다 적은 '-' 순이동을 나타내고 있다(표 5).

전입이 전출을 초과했던 2006년 기준 고령군 전입·전출의 지역별 분포를 보면 고령군 전입자(4,917명)의 64%는 대구, 20%는 경북, 6%는 경남에서 왔으며 전출자(4,330명)의 54%는 대구, 26%는 경북, 6%는 경남을 목적지로 하고 있어 총 이동의 88%가 인접 시·도에서 이루

표 5. 고령군의 인구추이와 인구이동(1965~2007)

	1965	1970	1975	1980	1985	1990	1995	1996	1997	2000	2005	2006	2007
인구	78,288	67,539	63,005	48,961	41,192	35,298	36,350	37,898	39,136	38,221	35,143	35,911	36,047
인구밀도	204	177	168	127	107	92	95	99	102	100	91	94	94
외국인	-	-	-	-	-	156	245	355	634	872	1,134	1140
전입	-	-	-	-	-	-	-	5.563	5,506	4,183	4,348	4,917	4,587
전출	-	-	-	-	-	-	-	4,283	4,489	4,878	4,517	4,330	4,380
순이동	-	-	-	-	-	-	-	1,380	1,417	-695	-169	587	207

자료 : 고령군 통계연보, 2006; 통계청 국가통계포털 : - 자료없음.

어지고 있고 특히 대구에의 의존도가 높음을 알 수 있다(그림 3). 대구로부터의 전입이 대구로의 전출을 초과한 것(805명 초과)이 2006년 고령군 인구증가(768명 증가)에 크게 기여하였다고 할 수 있다. 고령군은 도시와 농촌의 기능적 연계를 바탕으로 한 유형화 연구에서도 '대도시 통합형'으로 분류된 바 있다(성주인·송미령, 2003). 그 다음으로 전입과 전출이 많은 시·도는 경기도(전입 137, 전출 163), 서울(전입 112, 전출 161), 부산(전입 78, 전출 72), 울산(전

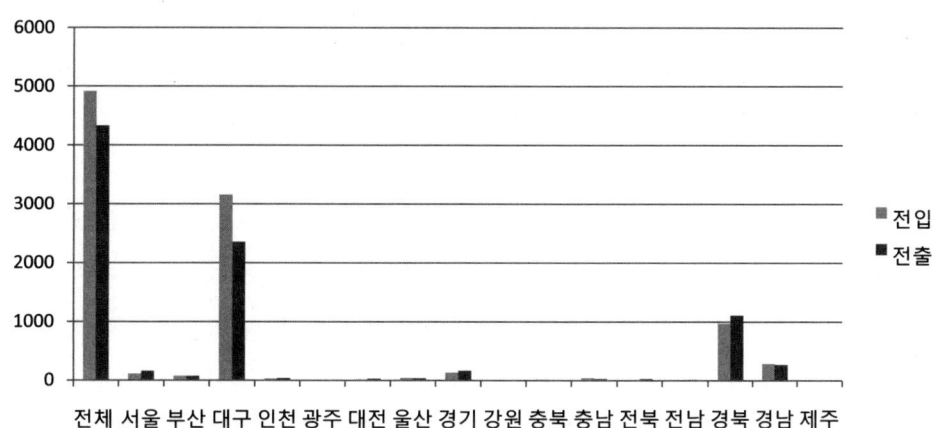

그림 3. 시·도별 고령군 전입·전출자(2006)
자료 : 통계청 국가통계포털

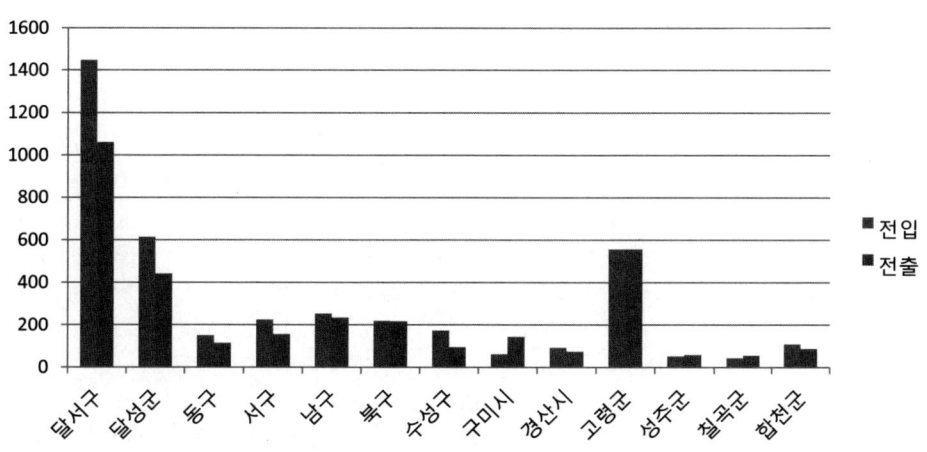

그림 4. 고령군 전입·전출자 상위 시·군·구(2006)
자료 : 통계청 국가통계포털

입 40, 전출 37)인 반면, 동·서간의 이동인 전라남북도와의 총 교류는 비교적 근거리임에도 불구하고 전입 16, 전출 42로 미미하다. 특히 광주는 전입 6, 전출 3에 불과해 전국 시·도 중에서 제주도(전입 5, 전출 7)보다도 낮은 최하위를 기록했다.

고령군 전입자와 전출자의 지역적 분포를 시·군·구로 세분해서 분석해 보면 인구이동량이 큰 지역은 예외 없이 고령군과 지리적으로 가까운 시·군·구라는 것을 다시 한 번 확인할 수 있다(그림 4). 대구 내에서도 고령군과 경계를 맞대고 있는 달서구 및 달성군과의 전입(각각 1447, 614), 전출(각각 1,061, 441)이 압도적이며 이 수치는 고령군내의 이동(557명)보다도 높다. 2005년 인구주택총조사의 통근·통학 자료를 바탕으로 중심도시 연계권역을 분석한 연구에서도 이와 비슷한 결과가 도출되었는데 고령군은 달성, 성주와 더불어 달성권을 형성하는 것으로 나타났다(송미령 등, 2007). 기타 경계를 마주한 성주군, 경남 합천군, 거리가 가까운 구미시, 경산시와의 교류도 많은 편이다.

1991년과 1997년에 인구증가현상이 나타난 것은 다산, 개진 지방 산업단지와 쌍림, 개진 농공단지 등이 준공되었고 외국인노동자들도 유입되기 시작했기 때문이라 사료된다. 실제로 다산면의 2007년 인구는 1970년 7,500명보다도 많은 9,141명으로 고령읍 인구 10,731명에 육박하고 있다. 2005년 현재 외국인도 다산면에 363명, 개진면에 168명, 쌍림면에 149명이 등록되어 있다. 다산면을 제외하고는 모든 읍면의 인구가 지난 30년 동안 감소하였다(표 6).

1975년과 2005년 사이 30년 간의 고령군의 인구변화율을 같은 기간 전국 농촌의 인구감소율과 비교해보면 고령군 인구감소율 45%, 전국 읍·면부 인구감소율 48%로 우리나라 평균과 비슷한 수치이다. 평균가구원수는 2005년 2.5명으로 전국 농촌평균 2.7명보다 낮고 1인가구

표 6. 고령군 읍·면 별 인구변화(1970~2007)

	1970	1975	1980	1985	1990	1995	1996	1997	2000	2005	2007
고령읍	14,010	14,230	12,840	11,540	11,260	10,990	11,235	11,312	11,361	10,811	10,731
덕곡면	5,901	5,293	3,734	2,748	2,076	2,050	2,025	1,945	1,825	1,635	1,585
운수면	6,497	5,963	4,424	3,477	2,699	2,910	2,826	2,719	2,580	2,283	2,299
성산면	6,895	6,365	5,112	4,401	3,944	3,932	3,959	3,875	3,638	3,259	3,135
다산면	7,561	6,786	5,255	4,071	3,515	4,099	5,840	7,458	7,626	7,611	9,141
개진면	7,168	6,513	4,616	3,997	2,875	3,168	3,170	3,177	2,972	2,618	2,513
우곡면	7,450	7,349	5,135	4,133	3,068	2,976	2,868	2,803	2,587	2,205	2,109
쌍림면	1,0770	1,0470	7,826	6,820	5,840	6,225	5,975	5,847	5,632	4,721	4,534

자료 : 통계청 국가통계포털 ; 고령군청 홈페이지

비중은 28%로 농촌평균보다 높다(표 4). 고령군 전체가구 중 농가비율은 1980년 82.6%에서 2005년 39.8%로, 고령군 전체인구 중 농가인구비율은 같은 기간 76.3%에서 35%로 현저하게 감소하였다(표 7). 전체 농가 중 전업농가 3,944호, 겸업농가 1,073호로 겸업농가비율은 21.4%(2005년)이며 이는 전국평균 38.7%에 훨씬 못 미치는 수치이다(고령군청 홈페이지, 그림 2).

농촌지역으로서 고령군의 인구는 2006년 기준 경상남북도 인근 군 중에서 군위군(26,687명), 청송군(28,465명), 의령군(31,625명)보다 많고 봉화군(35,775명), 산청군(35,704명)과 비슷한 수준이다(표 8). 군위군, 청송군, 의령군은 전국 인구최소 시·군·구 순위 8, 10, 15위이다(통계청, 2007). 그러나 외국인은 1,134명으로 경상남북도 군 중에서 칠곡군, 함안군 다음으로 많다.

2020년 고령군 기본계획에 의하면 2020년 고령군 인구는 자연적 증가 추정인구 33,900명에 사회적 증가분 16,100명을 합하여 약 50,000명으로 추산되고 있다. 또한 그때쯤 되면 다산면이 고령읍의 인구를 앞지를 것으로 예측된다(표 9).

표 7. 고령군 농가지표 변화추이(1980~2005)

	1980	1996	2000	2005
농가 수(비율,%)	(82.6)	6,023(45.7)	5,749(46.8)	5,017(39.8)
농가인구(비율,%)	(76.3)	17,720(46.7)	15,222(39.8)	12,317(35.0)

자료 : 국토지리정보원 국토포털; 고령군청 홈페이지

표 8. 고령군 인접 군의 인구와 외국인 수(2006)

경북	인구	외국인	경남	인구	외국인
군위군	16,991	304	의령군	31,625	305
의성군	63,409	462	함안군	64,867	1,407
청송군	28,587	122	창녕군	63,476	622
청도군	46,556	412	산청군	35,704	234
고령군	35,911	1,134	함양군	41,162	305
성주군	47,231	873	거창군	63,917	259
칠곡군	114,612	3,222	합천군	55,104	370

자료 : 통계청, 2006 전국 주민등록 인구통계

표 9. 고령군 단계별 생활권별 인구배분계획(2010~2020)

		2010년	2015년	2020년
고령군	합계	40,000	45,000	50,000
	자연적 증가	35,500	34,700	33,900
	사회적 증가	4,500	10,300	16,100
산서 생활권	소계	21,810	24,136	24,510
	고령읍	11,900	13,343	13,068
	쌍림면	5,545	5,870	6,195
	덕곡면	1,865	2,089	2,214
	운수면	2,500	2,864	3,033
산동 생활권	소계	18,190	20,864	25,490
	다산면	9,300	11,103	14,754
	성산면	3,325	3,650	3,975
	개진면	2,915	3,043	3,268
	우곡면	2,650	3,068	3,493

자료 : 고령군, 2020 고령군기본계획

3. 농촌의 고령화: 우리나라와 고령군의 추이

우리나라의 고령화는 세계에서 유래 없이 빠른 속도로 진행되고 있다. 주요 저 출산 국가의 65세 이상 노인인구가 7%(고령화 사회)에서 14%(고령사회)로, 14%에서 20%(초 고령사회)로 진입하는데 소요되는 기간을 통해 각국의 노령화속도를 보면(표 10), 우리나라의 노인인구가 7%(2000년)에서 14%(2018년)로 증가하는데 걸리는 시간은 18년, 14%에서 20%로 증가하는데 걸리는 시간은 베이비붐세대(1955~1963년 출생)의 고령인구편입으로 인하여 단지 8년(2026년)으로 예상되고 있다. 이미 2006년에 초 고령사회로 접어든 일본보다도 훨씬 빠른 고령화속도를 보여 주고 있는 셈이다. 일찍이 1864년에 고령화 사회가 되었던 프랑스의 경우 고령사회가 되는데 무려 116년의 시간이 걸렸다. 한국이 지금처럼 고령화되면 2050년에는 한국의 고령인구 비중이 38.2%에 이르러 세계최고 수준이 될 것이다(최숙희·민승규, 2008).

우리나라의 65세 이상 인구비율은 1970년 3.1%에서 2005년 9.1%로 늘었고 유소년 (0~14세) 인구구성비는 같은 기간 42.5%에서 19.2%로 감소하였다. 노령화 지수는 7.2에서 47.3으로 늘어났고, 노년부양비는 5.7에서 12.6으로 증가하였다. 노년부양비가 2020년에 21.7, 2050년에 72로 증가될 경우, 2005년에 생산 가능인구(15~64세) 7.9명이 노인 1인을 부양했지만

표 10. 주요 저 출산국가의 인구고령화 속도

국가	해당 노인인구비 도달연도			증가소요연수	
	7%	14%	20%	7~14%	14~20%
한국	2000	2018	2026	18	8
일본	1970	1994	2006	24	12
독일	1932	1972	2012	40	40
영국	1929	1976	2021	47	45
이탈리아	1927	1988	2007	61	19
미국	1942	2013	2028	71	15
프랑스	1864	1979	2020	115	41

자료 : 김정석, 2005; 최숙희·민승규, 2008

2020년에는 생산 가능인구 4.6명이 노인 1인을 부양해야하고 2050년에는 생산가능인구 1.4명이 노인 1인을 부양해야 한다는 결론이 나온다(표 11). 고령화가 빠른 속도로 나타나는 것은 출산율이 급격히 떨어지고 대신 평균수명이 크게 늘었기 때문이다. 여성 1인이 가임기간(15~49세) 동안 출산하는 자녀인 합계출산율(세계 평균 2.65)은 1960년 6.0에서 2005년 1.08까지 저하되었다. 이는 일본(1.29)보다 낮고 선진국평균 1.56보다도 낮은 수치이다. 반면 평균수명은 1960년 52.4세에서 1980년 66.2세 2000년 75.9세로 늘었고 2020년에는 80.7세로 예상된다.

표 11. 우리나라 고령화관련 지표의 변화추이(1970~2050)

65세 이상 인구구성비	노년 부양비	노령화 지수	합계	출산율
1970	3.1	5.7	7.2	4.53
1975	3.5	6.0	8.9	-
1980	3.8	6.1	11.2	2.83
1985	4.3	6.5	14.2	1.67
1990	5.1	7.4	20.1	1.59
1995	5.9	8.3	25.2	1.65
2000	7.2	10.1	34.4	1.47
2005	9.1	12.6	47.3	1.08
2010	11.0	15.0	67.7	-
2015	12.9	17.6	94.8	-
2020	15.6	21.7	108.7	-
2030	24.3	37.7	213.8	-
2050	38.2	72	429.3	-

자료 : 통계청, 2007 한국의 사회지표 : 노년부양비=(65세 이상 인구/15~64세 인구)×100, 노령화지수=(65세 이상 인구/0~14세인구)×100 : - 자료없음.

고령화와 저 출산의 급속한 진행으로 장래인구감소에 대한 우려가 확산되고 있다(김호범·곽소희, 2007). 총인구는 2018년 4,934만 명을 정점으로 감소세로 전환되어 2050년경에는 4,234만 명으로 감소할 전망이다. 인구감소는 곧 바로 생산가능인구의 감소로 연결된다. 생산가능인구는 2016년의 3,619만 명을 정점으로 감소세로 전환되어 2050년에는 2,242만 명으로 34년 만에 1,377만 명이 감소하게 되는 것이다(표 12). 인구의 감소보다 생산가능인구의 감소가 훨씬 큰 폭으로 발생하게 되는 것이다. 생산 가능인구의 고령화도 심화될 전망인데 생산가능인구중 25~49세 비중은 2005년의 59.6 %를 정점으로 지속적으로 감소하는 반면 50세 이상의 생산 가능인구 비중은 2005년 20.5%에서 지속적으로 증가할 전망이다. 고령화는 그밖에도 소비와 투자를 위축시키고 성장률을 잠식하며 기업의 생산성을 하락시키는 등 경제에 부담을 줄 수 있다. 또한 사회보장제도의 확충과 그에 따른 재정분담문제 등으로 세대 간의 갈등을 야기할 소지도 있다.

우리나라 농촌의 고령화는 더욱 더 심각한 상황이다. 면지역의 경우 65세 이상 인구가 1975년 4.9%에서 2005년에 이미 24.2%에 이르러 초 고령사회에 진입하였다. 반면 동지역은 1975년 2.3%에서 2005년 7.2%로 인구고령화의 도·농 격차가 확대되고 있다(그림 5). 우리나라 2005년 234개 시·군·구 별 노년인구율의 분포를 살펴보면, 노년인구비율이 30%를 넘은 기초자치단체는 괴산, 임실, 순창, 곡성, 함평, 보성, 고흥, 예천, 영양, 의성, 군위, 합천, 의령, 남해군으로 전형적인 농촌지역들이고, 전체 63개 지역이 초 고령사회(20% 이상)에 해당된다(한주성, 2007). 심지어 2004년 17대 총선에서 234개 기초 자치단체 중 60대 이상 투표자 비율이 전체투표자의 50% 이상인 지역이 합천군(55.2%)을 포함해 11개 지역, 40% 이상인 지역이 청송군(49.1%), 고령군(48.1%)을 포함해 46곳이나 되는 것으로 나타났다.

표 12. 우리나라 총인구와 생산가능인구의 전망추이(2000~2050)

	2000	2005	2010	2020	2030	2050
총인구(천 명)	47,008	48,138	48,875	49,326	48,635	42,343
생산가능인구(천 명)	33,702 (100%)	34,530 (100%)	35,611 (100%)	35,506 (100%)	31,299 (100%)	22,424 (100%)
15~24세 비중(%)	22.8	19.9	18.3	15.6	13.1	14.7
25~49세 비중(%)	58.8	59.6	56.7	50.9	49.5	44.4
50~64세 비중(%)	18.4	20.5	25.0	33.5	37.4	40.9

자료 : 최숙희·민승규, 2008

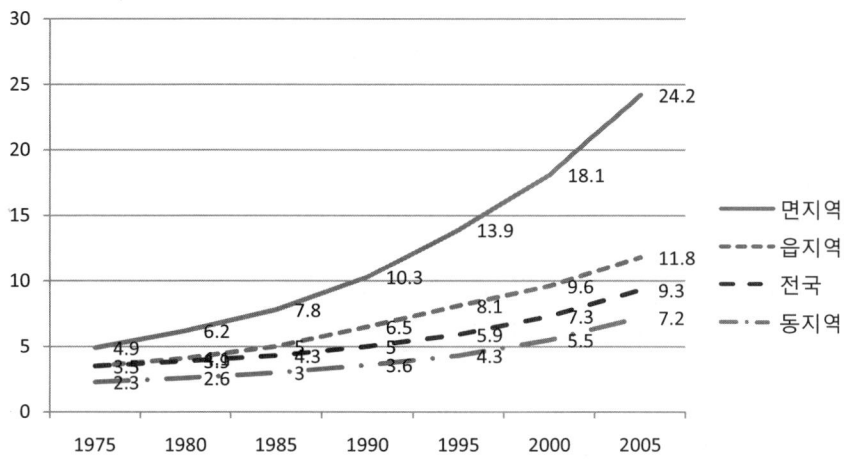

그림 5. 인구고령화 추이의 지역 간(동·읍·면) 비교(1975~2005)
자료 : 국토연구원, 2006a

1990년 농촌 노령화지수 38.5%에 대응되는 전국 노령화지수는 2000~2005년 사이에 이루어지고 1990년 농촌노년부양비 13.4%는 2005~2010년 사이의 전국부양비와 근사하고 1990년 농촌 노인인구비율 9.0%는 2005년 전국 노인인구비율과 유사한 것으로 나타나 농촌지역의 고령화 정도는 전국평균보다 약 15년 앞질러 가는 것으로 추계된다(표 13). 농가인구의 고령화는 더 진행되어 2005년에 노년인구비율이 29.1%였고 2006년에는 30%를 초과해 그야말로 초

표 13. 농촌의 고령화관련 지표 변화추이(1990~2020)

		1990	1995	2000	2005	2010	2015	2020
노령화	농촌	38.3	58.4	78.7	101.4	124.6	149.8	182.1
지수	전국	20.0	25.2	34.3	45.9	62.0	82.6	109.0
부양비	농촌	48.5	46.9	50.0	58.7	62.7	63.6	64.7
	전국	44.3	41.4	39.5	40.2	38.8	38.6	40.9
유소년	농촌	35.1	29.6	28.0	29.2	27.9	25.5	22.9
부양비	전국	36.9	33.0	29.4	27.5	23.9	21.1	19.6
노년	농촌	13.4	17.3	22.0	29.6	34.8	38.2	41.8
부양비	전국	7.4	8.3	10.1	12.6	14.8	17.5	21.3
노인	농촌	9.0	11.8	14.7	18.6	21.4	23.3	25.4
인구비	전국	5.1	5.9	7.2	9.0	10.7	12.6	15.1

자료 : 김경덕, 2004 : 부양비=(0~14세 인구+65세 이상 인구/15~64세 인구)×100, 유소년부양비=(0~14세 인구/15~64세 인구)×100, 노령화지수와 노년부양비는 표 11참조

표 14. 연령별 농가인구 변화추이(1990~2015)

	1990	1995	2000	2005	2010	2015
농가인구	666만	485만	403만	343만	294만	228만
0~14세	137만 (20.6%)	68만 (14%)	46만 (11.4%)	34만 (9.8%)	24만 (8%)	14만 (6.3%)
15~64세	452만 (67.9%)	339만 (69.8%)	270만 (66.9%)	210만 (61.1%)	170만 (57.9%)	127만 (55.7%)
65세 이상	77만 (11.5%)	78만 (16.2%)	88만 (21.7%)	100만 (29.1%)	100만 (34%)	87만 (38%)

자료 : 김정호 등, 2007

표 15. 농업경영주의 연령별 구성(1990~2004)

	29세 이하	30대	40대	50대	60대	70세 이상	계(천호)
1990	2.1	12.5	21.1	33.0	22.8	8.5	100%(1,767)
1995	0.8	8.9	18.2	29.8	29.6	12.7	100%(1,501)
2000	0.5	6.1	17.2	25.2	34.7	16.4	100%(1,383)
2004	0.1	2.9	14.7	23.1	36.2	23.0	100%(1,240)

자료 : 이영기, 2006

초고령사회로 진입하였다(표 14). 농가의 노년부양비는 2005년 48.5로 전국평균의 4배에 달하고 노령화 지수도 306.2로 전국평균의 6배를 초과한다.

농업경영주의 고령화도 지속가능한 농업발전에 문제가 되고 있는데 2004년 전체농가 124만호 중 농업경영주의 연령이 39세 이하인 농가는 3%에 불과하고 60대가 36.2%, 70세 이상이 23%를 차지한다(표 15). 2005년 기준 경영주 연령별 농가소득에서도 59세 이하의 연평균소득 4,000만 원에 비해 60대 평균소득은 3,000만 원, 70세 이상은 2,000만 원에 불과하였다(농림부, 2007; 박대식, 2004).

고령군의 노인인구비중은 1995년에 13%에서 2005년에 20%로 증가하여 초고령사회에 진입하였으나 그 수치는 우리나라 전체 농촌의 평균치(18.6%)를 약간 상회하는 정도이다(그림 4). 노령화지수도 160.2로 우리나라 전체 농촌평균(101.4)보다는 높지만 경상북도내의 의성군(285.8), 군위군(277.3), 청도군(249.4), 영양군(241.8) 등에 비해 낮은 편에 속한다(그림 6).

또한 자연증가율과 노령화는 일반적으로 높은 역의 상관관계를 보이는데 경상북도 평균 자연증가율(1.0‰)과 노령화지수(81.4)를 원점으로 하여 경상북도 각 시·군의 노령화지수와 자연증가율을 좌표 상에 표시해본 결과는 이 사실을 잘 증명해 준다(그림 7). 즉 자연증가율이 1

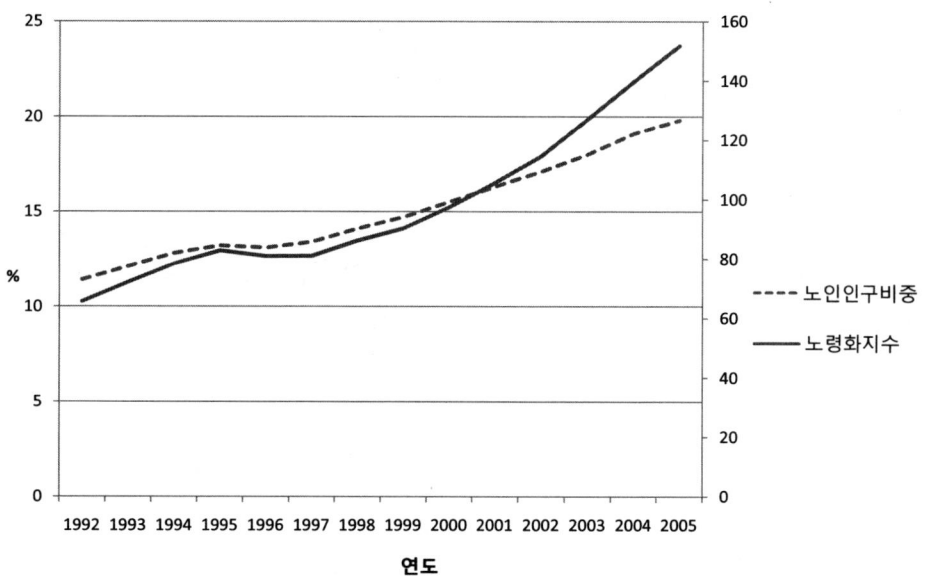

그림 6. 고령군 노인인구비율 및 노령화지수 추이(1992~2005)
자료 : 국토지리정보원 국토포털

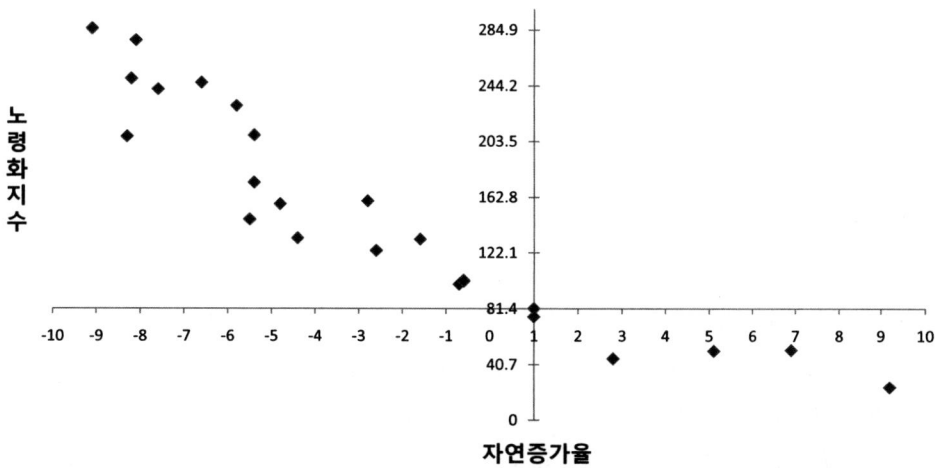

그림 7. 경상북도 시·군 별 노령화지수 및 자연증가율(2006)
자료 : 통계청, 2006 인구동태 통계연보; 통계청 국토통계포털

이상인 포항시(2.8), 경주시(1.0), 구미시(9.2), 경산시(5.1), 칠곡군(6.9)의 노령화지수는 경상북도 평균 이하이고 자연증가율이 1 이하인 고령군(-2.8)을 포함한 기타 시·군의 노령화지수는

전부 평균 이상이다. 대체적으로 자연증가율이 낮을수록 노령화지수는 높아지며 경상북도내에서도 시·군 간 노령화의 차이가 분명하게 나타나고 있다.

고령화정도는 읍·면별로도 차이를 보이는데 고령읍은 노인인구비중이 16%로 군 평균보다 낮다. 인구증가추세를 보이는 다산면은 노인인구비중도 13%로 가장 적다(표 16). 인구가 가장 적은 덕곡면의 노인인구비율은 36%로 최고치를 기록하고 있으며, 우곡면과 운수면 노인인구 비율 30%이상을 비롯하여 고령군 대부분의 면이 우리나라 면 평균 24%를 상회한다(그림 5와 비교). 유소년층 인구비중도 고령읍(16%)과 다산면(17%)은 비교적 높은 편인데 비해 나머지는 우리나라 농가평균 9.8%에도 못 미치고 있으며(표 14와 비교), 노령화지수도 다산면의 76에서 우곡면의 500까지 그 차이가 극심하다(표 17). 자연증가율도 고령읍과 다산면에서만 각각 1.8, 2.6으로 증가세를 보이고 기타 면의 경우 감소세를 보인다. 특히 덕곡면과 우곡면은 자연증가율이 각각 −11.2, −12.5로 조사망률이 조출생률보다 훨씬 높다(표 18).

이러한 읍·면 별 인구구성의 불균형은 인구 피라미드에서도 잘 나타나는데 〈그림 8〉에서 보듯이 비교적 안정적인 다산면에서부터 가장 기형적인 덕곡면에 이르기까지 다양한 형태를 보여 주고 있다.

4. 인구지표에 따른 고령군의 읍·면 별 유형화

앞에서도 보았듯이 같은 군내에서도 읍·면에 따라 인구변화는 다양하게 진행된다. 농촌성을 대표하는 2가지 지표 즉 순인구밀도(2005년 각 읍·면의 인구/읍·면의 개발가능면적, 평균 356인/km²)와 중심지접근성(읍·면사무소에서 시·군청 소재지까지의 실제 교통거리, 평균 15.1km)을 기준으로 전국 읍·면을 네 가지 유형으로 구분한 결과 〈표 17〉과 같은 상이한 인구특성이 나타났다(송미령 등, 2007). 유형 1은 인구밀도가 높고 중심지접근성도 높은 지역으로 읍·면별 평균인구도 16,640명으로 가장 높으며 인구도 증가추세이다. 고령읍이 이 유형에 속한다. 유형 2는 인구밀도는 높으나 접근성은 낮은 읍·면으로 인구는 약하게 감소하고 있다. 다산면이 이 유형에 속하지만 다산면의 경우 고령읍과의 접근성은 떨어져도 대구시와의 접근성이 높고 인구도 증가하고 있다. 유형 3(인구밀도 저, 접근성 저)과 유형 4(인구밀도 저, 접근성 고)에 해당되는 읍·면의 인구는 큰 폭의 감소세를 보이는데 고령군의 나머지 면은 유형 4에 속한다. 유형 3 또는 4로 분류되는 읍·면들은 숫자적으로 가장 많고 기존연구에서 전

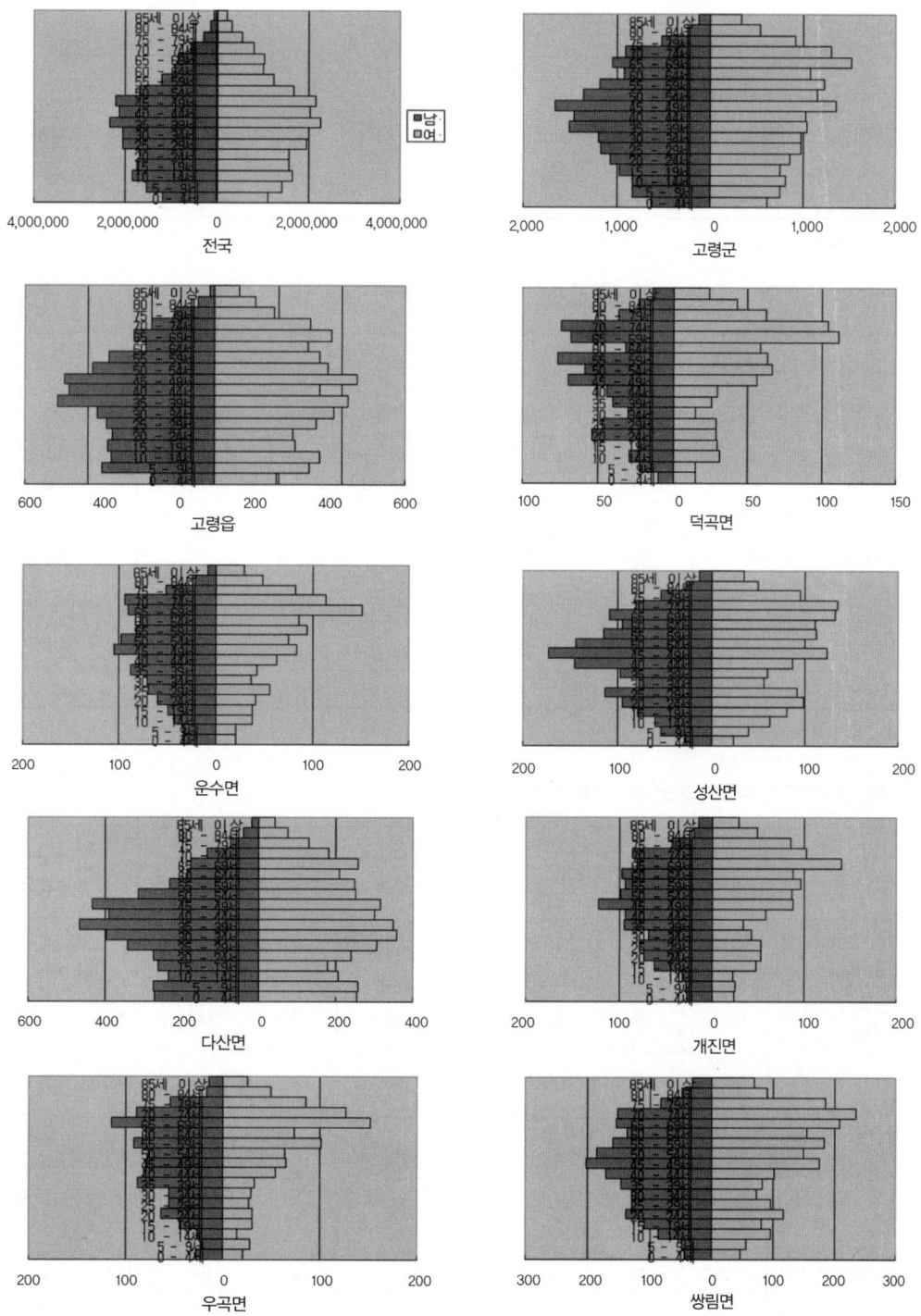

그림 8. 우리나라와 고령군의 인구피라미드(2007)

표 16. 고령군 읍·면별, 연령별 인구구성(2007)

	고령군	고령읍	덕곡면	운수면	성산면	다산면	개진면	우곡면	쌍림면
0~14세(%)	13	16	8	8	9	17	7	7	9
15~64세(%)	66	68	56	62	67	70	65	58	62
65세 이상(%)	21	16	36	30	24	13	28	35	29
노령화지수	161	100	450	375	267	76	400	500	322

자료 : 통계청 국토통계포털

표 17. 우리나라 읍·면 유형별 특성비교(2005년 기준)

	유형1	유형2	유형3	유형4	전체
읍·면 수(개)	237 (16.8%)	114 (8.1%)	514 (36.5%)	544 (38.6%)	1,409 (100%)
총 인구(명)	394만 (45.6)	118만 (13.7)	169만 (19.6)	182만 (21.1)	864만 (100%)
읍·면별 평균인구(명)	16,640	10,389	3,292	3,345	6,132
연 평균 인구 증가율 (1990~2005년, %)	0.6	-0.7	-3.7	-3.4	-2.6
특성	인구밀도 高 접근성 高	인구밀도 高 접근성 低	인구밀도 低 접근성 低	인구밀도 低 접근성 高	
고령군 읍·면	고령읍	다산면		기타 6개면	

자료 : 송미령 등, 2007

표 18. 인구지표에 따른 고령군 읍·면의 유형화

		인구 (2007)	인구밀도 (2005, 人/km²)	노인인구비 (2007, %)	지수 (2007) 노령화	자연증가율 (2006, %)	외국인 (2005)	인구변화율 (75~05년, %)	인구변화율 (05~07년, %)	세대당인구 (2005)
인구 정체형	고령읍	10,731	228	16	100	1.8	93	-24	-0.8	2.5
인구 증가형	다산면	9,141	166	13	76	2.6	363	12	20	2.8
인구 완감형	성산면	3,135	67	24	267	-6.6	55	-49	-4	2.5
	개진면	2,513	66	28	400	-7.8	168	-60	-4	2.4
	쌍림면	4,534	66	29	322	-8.4	149	-55	-4	2.5
인구 급감형	덕곡면	1,585	42	36	450	-11.2	16	-69	-5	2.2
	운수면	2,299	50	30	375	-5.7	10	-62	0.7	2.2
	우곡면	2,109	47	35	500	-12.5	18	-70	-4	2.3
전체		36,047	92	21	161	-2.8	872	-45	2.6	2.5

자료 : 통계자료에 의거 필자 작성

통적인 농촌이자 낙후지역으로 분류되던 곳으로 대도시근교를 제외한 국토전반에 걸쳐 널리 분포하고 있다.

마지막으로 다양한 인구지표에 따라 고령군의 읍·면을 4가지 유형으로 분류해보고 각 유형을 고령군 발전계획과 연계시켜보는 것으로 본 연구의 결론을 갈음하고자 한다(표 18).

첫째 유형은 인구정체형으로 고령읍이 여기에 속한다. 인구규모와 인구밀도가 군에서 가장 크고 지난 30년 간 인구감소율이 군 평균보다 낮은 편이며 지난 2년 간 인구변화율도 미미한 수준이며 2006년도 자연증가율 '+1.8'을 기록하고 있다. 노인인구비율과 노령화지수도 군 평균보다 낮은 편이다. 전통적인 소도읍형으로 고령군에서도 앞으로 대가야 역사문화·관광의 중심거점으로 육성할 계획을 세우고 있다.

둘째는 인구증가형으로 다산면이 여기에 속한다. 다산면은 고령군내에서 유일하게 인구가 증가하고 있는 지역으로 노인인구비율과 노령화지수도 가장 낮고 외국인도 군내에서 가장 많이 거주하고 있으며 자연증가율도 '+2.6'이다. 대구와의 거리가 가깝고 다산지방산업단지 등이 입지하고 있는 신도시형으로 앞으로 고령군의 경제개발거점으로 발전할 가능성이 크고 인구도 고령읍을 추월 할 가능성이 크다.

셋째 인구완감형으로 성산면, 개진면, 쌍림면이 여기에 속한다. 이 유형은 인구규모, 인구밀도, 인구감소비율, 노인인구비율, 자연증가율, 외국인수 등에서 전체 고령군 8개 읍·면의 중간그룹을 형성한다. 쌍림면 딸기, 성산면 메론, 개진면 감자 등 인지도가 높은 특화농산물과 더불어 개진·성산 지방산업단지 및 개진·쌍림 농공단지가 입지해 있으며, 성산 유통/물류단지, 쌍림 농산물 도소매센터 등이 예정되어 있는 1·2·3차 산업 혼재형이다.

넷째 인구급감형으로 이 유형의 전형적 형태는 덕곡면, 우곡면에서 나타나고 운수면은 인구완감형과 인구급감형의 중간정도에 해당된다고 할 수 있다. 이 유형은 인구가 적고 인구밀도가 낮으며, 인구감소율, 노인인구비율, 노령화지수가 높고 자연증가율이 매우 낮다.

외국인도 거의 없는 전형적인 일반농촌형이다. 고령군에서 앞으로 실버타운, 전원주택단지, 청소년 수련원 등 자연친화형 농촌생활권으로 발전시킨다는 계획을 갖고 있다(고령군, 2006).

5. 결론

농촌지역사회의 변화를 종합적으로 연구한 대부분의 선행연구들은 인구구조의 변화를 농촌

지역사회의 변화에 있어서 자장 중요한 측면으로 파악하고 있다. 또한 각각의 농촌유형을 고려한 정책수단을 발굴하여 지역 나름의 특성에 맞는 발전방향을 모색할 때도 인구지표는 필수적인 변수가 되며 그 지역의 발전 잠재력은 인구변화 속에 반영된다. 예를 들어 2005년 현재 73개 낙후지역(신활력지역과 개발촉진지구사업 대상지역 시·군·구)의 평균인구규모는 약 44,133명으로서 비 낙후지역의 1/6 수준으로 나타나고 인구밀도는 87.58명/km²으로 비 낙후지역의 1/66에 불과하다(이원호, 2008). 신활력지역에 속하는 고령군의 경우 인구 35,143명으로 낙후지역 평균 인구에도 못 미치는 셈이고 인구밀도는 89/km²로 낙후지역 평균과 비슷하다. 1970년 이후 낙후지역의 연평균 인구변화율은 -2.36%(고령군 -1.37%)로서 매우 빠르게 인구가 감소되었다. 1995~2000년와 2000~2005년 사이의 낙후지역의 연평균 인구변화율은 각각 -1.8%(고령군 +1%)와 -2.6%(고령군 -1.6%)로 인구감소의 추세가 심화되고 있다. 연평균인구변화율은 사업체수의 변화와 밀접한 관련을 보이는데 1995~2000년 사이 도소매업체 수가 증가한 시·군 24개 중 21개 시·군에서 인구도 증가하였다(김경덕, 2004). 또 1995~2000년 사이 인구가 증가한 지역의 연평균 농가인구변화율은 -3.3% 인데 반해 인구가 감소한 지역의 경우 농가인구변화율은 연평균 -4.7% 로 인구변화율과 농가인구 변화율 간 에도 상관관계가 높음을 알 수 있다. 낙후지역의 노령화 지수도 143.8(고령군 160.2)로 비 낙후지역에 비해 2.7배 이상 높게 나타난다. 전반적으로 지역발전 잠재력의 주요구성요소로서의 인적 자본 측면에서 우리나라 낙후지역의 인구구조는 매우 취약하다고 볼 수 있다.

   전체적으로 고령군은 인구구조상 우리나라 일반농촌 내지 낙후지역의 평균적인 유형으로 분류될 수 있다. 단지 차이라 하면 1995~2000년 사이 인구가 증가하였다는 점이다. 실제 2000~2001년 통계를 기준으로 인구, 산업구조, 농업, 재정자립도, 정보화 등 14개 지표를 통해 138개 시·군을 요인분석 한 결과 고령군은 E형, 즉 논농사 중심 일반농촌형으로 분류되었다. 이 유형의 특징은 인구감소, 높은 고령화, 낮은 겸업농가비율, 낮은 재정자립도 등으로 표현될 수 있으며 총체적인 조건불리지역의 특성을 지닌다(임석회, 2005). 2005년 기준 4개 영역 37개의 변수를 선정, 농촌지역 지자체 140개 시·군(52개 도농복합시, 88개 군)을 대상으로 지역발전지수를 상, 중, 하 그룹으로 산출한 결과에서도 고령군은 '주민경제력지수' '중', '주민활력지수' '하', '공공서비스 충족지수' '하', '삶의 여유 공간지수' '하' 의 저조한 성적을 보이고 있다(송미령 외 4인, 2007). 그러나 4장의 유형화에서도 나타나듯이 동일한 군내에서도 읍·면에 따라 정주여건이 다르기 때문에 일률적으로 농촌정책을 적용하는 것은 무리가 있다. 유사성과 차별성을 기초로 하여 그에 적합한 계획을 세우는 것이 중요하다.

참고문헌

고령군, 2006, 2020 고령군 기본계획.
고령군, 2006, 통계연보.
국토연구원, 2006a, 국토공간 상의 농촌지역 변화트렌드와 정책적 시사점, 국토정책브리프, 제104호.
국토연구원, 2006b, 2005년 인구총조사 결과를 통해 본 우리나라의 도시화 트렌드와 특성, 국토정책브리프, 제106호.
권영근 등 18인, 2006, 농업·농촌의 이해, 박영률 출판사.
김경덕, 2004, 농촌·농가인구 및 농업노동력 중장기 전망과 정책과제, 한국농촌경제연구원.
김정석, 2005, 특집 고령화 사회와 대응과제 1; 고령화 사회의 노인인구와 노인가구의 변화와 전망, 국토, 280, 5-19.
김정호·박문호·이용호, 2007, 농가의 경제사회적 성격변화와 전망, 한국농촌경제연구원.
김호범·곽소희, 2007, 한국의 인구전환과정과 경제성장, 경제연구, 25(4), 125-144.
농림부, 2007, 2007 농림업 주요통계.
대한국토·도시계획학회, 2006, 농촌계획의 이론과 실제, 보성각.
대한민국 정부, 2006, 2006~2010 제1차 저출산고령사회 기본계획.
박대식, 2004, 농촌 노인의 경제활동 및 소득 실태 분석, 농촌경제연구원.
성주인, 2006, 농촌의 유형화와 발전방향, 농촌계획의 이론과 실제, 보성각.
성주인·송미령, 2003, 지역유형 구분과 농촌의 유형별 특성, 농촌경제 26(2), 1-22.
송미령, 2006, 농촌의 토지현황과 계획체계, 농촌계획의 이론과 실제, 보성각.
송미령·박주영, 2004, 농촌 지역개발사업의 체계화 방안, 한국농촌경제연구원.
송미령·박주영, 2007, 선진국 농촌정책의 최근 동향과 시사점, 한국농촌경제연구원.
송미령·김용성·성주인·박주영·허윤진, 2007, 살기 좋은 농촌 만들기를 위한 정책재편 방안, 농촌경제연구원.
양순미, 2005, 농촌노인의 사회역할 활동모델과 사업화 방안 개발 연구, 노인복지연구, 27, 119-145.
이영기, 2006, 농업구조정책의 주요과제, 농업 농촌의 이해, 박영률 출판사.
이원호, 2008, 우리나라 낙후지역의 지역잠재력 실태와 지원제도의 효과분석, 지리학연구, 42(2), 279-291.
임석회, 2005, 농촌지역의 유형화와 특성 분석, 한국지역지리학회지, 11(2), 211-233.
임형백·이성우, 2004, 농촌사회의 환경과 기능, 서울대학교 출판부.
정옥주, 2007, 프랑스 농촌과 농촌정책, 선진국 농촌정책의 최근동향과 시사점, 한국농촌경제연구원.
정철모, 2006, 농촌 정주체계의 변화와 평가, 농촌계획의 이론과 실제, 보성각.
채종현·박주영·김정섭, 2007, 농촌지역의 인구변화와 3차산업 분포, 농촌경제, 30(1), 109-117.
최숙희·민승규, 2008, 고령화 정책의 우선순위 분석, Issue Paper, 삼성경제연구소.
통계청, 2007, 2006 인구동태 통계연보.
통계청, 2007, 2006 전국 주민등록 인구통계.
통계청, 2007, 국제통계연감.
통계청, 2008, 2007 한국의 사회지표.
한주성, 2007, 인구지리학, 한울 아카데미.

Bowler, I., 2001, Rural Alternatives, in Daniels, P.(ed), *Human Geography*, Prentice Hall, 128-153.

Marsden, T., 1998, Economic Perspectives, in Ilbery, B., ed., *The Geography of Rural Change*, Longman, 13-30.

http://www.goryeong.go.kr(고령군청 홈페이지)

http://www.land.go.kr(국토지리정보원 국토포털)

http://rural.rda.go.kr(농촌진흥청 농촌어메니티정보시스템)

http://www.kosis.kr(통계청 국가통계포털)

지역이미지와 개선정책 과제*

임석회

1. 서론 : 연구의 배경과 목적

 이 연구는 경북 고령군의 현재적 상황에서 대내적, 대외적으로 형성되어 있는 지역이미지의 내용을 분석하고, 지역발전의 관점에서 고령군에 대한 지역이미지를 보다 긍정적으로 유도하는 전략적 방향을 모색하는 것이 목적이다. 사람들은 직접적이든 간접적이든 자신이 접하는 사물이나 대상에 대하여 일정한 이미지를 갖는 경향이 있다. 이미지가 형성되는 대상은 소비제품과 같은 물건일 수도 있고, 국가나 도시와 같은 지리적 단위로서의 지역일 수도 있고, 자신이 상대하는 다른 사람일 수도 있으며, 심지어는 자기 자신이 될 수도 있다. 예를 들어서 '대구' 라는 도시 혹은 '중국산 제품' 에 대하여 머릿속에 자연스럽게 떠올려지는 그 무엇이다. 고령군에 대해서도 사람들은 그 어떤 이미지를 분명히 가질 것이다.
 이미지가 어떻게 형성되는가는 매우 복잡한 문제이다. 그것은 자신의 직접적인 개인 경험에 바탕을 두고 형성되기도 하고 자신의 경험과 상관없이 집단적으로 형성되기도 하며, 객관적 사실에 근거를 둘 수도 있고, 아닐 수도 있다. 그러나 중요한 점은 그 이미지의 옳고 그름을 떠나서 그것이 존재를 하는 한 사람들이 그 이미지의 대상에 대하여 사고하거나 행동하는데 이미지가 상당한 영향을 미친다는 것이다.

---

* 이 글은 한국지역지리학회지 제14권(2008년) 제4호, pp.309-327에 게재된 바 있음.

이것은 물건이나 사람에 대해서만이 아니라 지역에 대해서도 마찬가지이다. 예를 들어 고향을 마음 속에 그리며, 그 고향을 찾고자 하는 행동이나, 지역감정을 가지고 근거 없이 타 지역 사람들을 부정적으로 대하는 것 모두, 사람들이 어떤 지역에 대하여 갖는 이미지와 밀접히 관련되어 있다. 이미지의 객관적 사실 여부를 떠나 이처럼 이미지가 사람들의 사고나 행동에 영향을 준다는 것은 우리가 부닥치는 매우 현실적이고 실질적인 문제이다.

이러한 맥락에서 볼 때, 지역이 갖는 이미지는 지역발전의 관점에서 매우 중요한 의미를 갖는다. 왜냐하면, 지역과 관련된 행위 주체에게 어떤 영향을 미치느냐에 따라 지역에 대한 이미지가 지역발전에 저해되는 요소가 될 수도 있고 그 반대도 될 수 있기 때문이다. 또한 중요한 점은 이미지가 '형성 된다'는 것으로, 환언하면 인위적으로 이미지를 만들 수 있으며, 나아가 형성된 이미지는 시간적 지속성을 갖지만 동시에 변동성을 갖는다는 것이다(김정현, 2004; 이수범, 2004). 이는 지역이미지가 지역발전에 긍정적 영향을 미칠 수 있다는 점과 더불어, 단순히 그러한 차원을 넘어 지역발전의 전략적 수단으로 보다 적극적으로 활용될 수 있음을 의미한다.

따라서 지역발전을 도모하는 데 있어서 지역이미지의 활용은 주어진 조건에 수동적으로 적응하는 것이 아니라, 능동적으로 지역발전의 조건을 창출하는 것이 된다. 이러한 지역이미지의 중요성은 세계경제의 통합 과정에서 더욱 강화되는 추세이다. Hospers(2006)에 의하면 유럽 통합 이후 유럽에서 장소들 간의 하드웨어나 소프트웨어의 동질성이 증대하면서 가시적 입지 요인의 수렴에 따라 인지적 속성을 가진 비가시적 요인, 즉 사람들의 마음 속에서 일어나는 지역이미지가 점점 더 의미 있는 것이 되어가고 있다.

실제로 우리나라에서도 많은 도시, 지역들이 특징 있는 구조물의 건축, 상징물의 제정, 지역축제의 개최 등 다양한 수단을 동원해서 자신에 대한 긍정적인 이미지를 구축하기 위한 노력들을 하고 있다. 지역이미지를 표출하기 위한 수단으로 활용되는 브랜드(brand)만 보더라도 우리나라의 거의 모든 지방자치단체들이 지역 브랜드를 가지고 있다. 광역과 기초자치단체를 통틀어 250여개 이상의 지역 브랜드가 있는 것으로 추산된다(김현호, 2006). 마찬가지로 지역이미지 구축에만 활용되는 것은 아니지만 지역이미지와 밀접한 관련을 가지고 지역이미지 형성의 주요한 수단 또는 계기가 되는 축제 역시 문화관광부에서 집계하는 것만 해도 전국적으로 650여 개 이상이 된다(임석회, 2007). 예를 들어 전남 함평은 나비를 소재로 한 지역축제를 통해 지역이미지를 긍정적으로 형성하는데 가장 성공한 지역의 하나가 될 것이다.

이러한 지역이미지 형성의 중요성은 특히 최근, 지역을 하나의 상품과 같이 마케팅 대상으로 인식하는 이른바 장소마케팅(place marketing)이 지역발전전략으로 중요시되면서 더욱 커지는 경향이다. 상품 마케팅이란 것 자체가 소비자로 하여금 그 상품에 대하여 좋은 이미지를 갖도록 하는 일과 밀접히 관련되기 때문이다. 세계화의 역설로 다른 지역과 차별화할 수 있는 장소 배태적(place-embedded) 요소의 중요성이 증대한다고 할 때, 그리고 그것을 지역발전을 위한 장소마케팅으로 연결시킨다고 할 때(임석회, 2007), 지역의 긍정적이고도 개성 있는 이미지 형성을 위한 능동적 노력은 지역발전에 있어 매우 중요한 실천적 과제이다.

이런 점에서 이 글은 모두(冒頭)에서 밝힌 바와 같이 경북 고령군의 지역발전을 도모하기 위한 하나의 전략적 방향 제시로서, 현재 형성되어 있는 경북 고령군의 지역이미지가 어떤 모습인지를 분석한다. 지역발전 특히 장소마케팅의 관점에서 지역이미지를 개선하기 위한 정책 과제와 대안을 모색하고자 한다. 이와 같은 목적에 따라 이 글은 내용적으로 크게 세 부분으로 나눠진다. 먼저 전반부에서는 지역이미지에 관한 연구 동향 및 관련 개념들을 이론적으로 고찰한다. 중반부에서는 고령군의 지역이미지에 대한 실증적 분석으로서 지역주민이 갖는 대내적 이미지와 지역 외부에 소개되는 대외적 이미지의 실태를 분석하고자 한다. 끝으로 후반부에서는 이론적 고찰과 실증적 분석을 바탕으로 지역이미지의 측면에서 고령군의 지역발전을 위한 정책 과제와 방향을 모색하고자 한다.

본 장은 이러한 고령군의 지역이미지 분석 및 장소마케팅 전략으로서 긍정적 지역이미지를 만들기 위한 정책과제 모색의 연구목적에 다음과 같은 연구방법과 자료 활용을 통하여 접근하고자 한다.

첫째, 문헌 연구를 통해 지역이미지에 관한 국내외 연구 성과를 검토한다. 지역이미지의 개념적 특성 및 형성요인, 지역 활성화를 위한 장소마케팅 전략으로서 지역이미지 만들기의 의미와 성공적 지역이미지의 요건, 지역이 보유한 장소자산(place assets) 및 브랜드화(branding)와의 관계 등을 정리하고자 한다.

둘째, 고령군의 지역이미지를 지역 주민이 보유한 대내적 이미지와 외부에 알려지는 대외적 이미지로 구분한다. 대내적 이미지는 설문조사 자료를 바탕으로 지역 주민이 스스로 형성하고 있는 고령군에 대한 이미지를 고찰하고, 대외적 이미지는 언론 매체의 보도 자료 내용을 분석하고자 한다. 언론 매체에는 신문, 방송, 잡지 등 다양한 매체가 존재하나 이 연구에서는 종합일간지의 2000년 이후 기사 자료를 중심으로 분석하였으며, 한국언론재단의 기사검색 사이트(kinds)를 활용하였다. 고령군 주민대상의 설문조사는 2007년 2월 이루어졌으며, 총 178부가 분석에 활용되었다.[1]

2. 이론적 고찰

1) 지역이미지에 관한 연구동향

인간이 어떤 대상에 대하여 갖게 되는 이미지에 대한 초기 연구는 사회심리학이나 행동심리학의 영역에서 시작되었으며, 1950년대로 거슬러 올라갈 만큼 상당히 오래전부터 연구되어 왔다(Boulding, 1959). 그러나 이미지가 갖는 경제적 효과나 그 활용에 관한 연구를 주도하고 가장 활발하게 연구되고 있는 분야는 기업 마케팅 영역에서이다. 기업 마케팅 분야에서는 1980년대 이전부터 이미지에 관한 연구가 상당히 관심을 받아 왔다. 마케팅 분야에서 이미지에 이러한 주목은 기업 혹은 제품 이미지가 고객의 구매 행동에 상당한 영향을 줄 수 있다는 생각 때문이다(Wee et al., 1986). 사실, 광고의 주요 목적 중 하나는 표적 소비자들이 자사 브랜드에 대한 호의적인 태도를 형성하도록 하거나 기존 태도를 보다 호의적으로 강화하는데 있다(김태호 등, 2007). 즉, 좋은 이미지를 갖게 해서 자사 제품의 구매를 유도하는 것이다.

기업 마케팅에서도 자사 상품의 긍정적 혹은 우호적 이미지를 구성하는 전략의 한 수단으로 지역이나 장소, 국가와 같은 지리적 영역을 활용하는 예가 적지 않다. 과거부터 상품의 원산지(product's place of origin)는 그 상품의 품질이나 명성, 특징에 대한 의미 있는 정보를 함축적으로 제공하는 것으로 인식되어 왔기 때문이다(서정욱, 2006). 보르도 와인, 스카치 위스키, 하나바 시가 등은 원산지가 상품의 명성에 기여하는 대표적인 예일 것이다.

상품의 평가에 원산지가 미치는 영향은 주로 원산 국가(a country-of-origin)의 관점에서 연구되었는데, Schooler(1965)는 이런 효과에 대한 최초 연구자로 손꼽힌다(Pereira et al., 2005). Schooler는 원산 국가를 제외하고 다른 모든 점에서 동일한 상품이 다르게 평가된다는 것을 발견하였다(Van Ittersum et al., 2003). 환언하면, 상품의 원산지 이미지가 상품의 평가에 영향을 준다는 것이다. 국가 간의 무역 전쟁이 심화되면서 최근 우리나라에서도 한국이라는 국가 이미지 혹은 원산지 이미지가 한국 제품의 선호나 평가에 미치는 영향에 대하여 여러 연구들이 이루어지고 있다(대한무역투자진흥공사, 2005; 윤성환, 2006; 이춘수·이장로, 2006; 이춘수, 2007).

이와 같이 원산지 혹은 생산·가공된 지역의 이미지가 상품의 품질과 명성을 알리는데 중요

---

[1] 누락된 응답으로 유효설문의 수가 설문항목에 따라 다소 다를 수 있다.

시되면서 원산지 표시제(Protected Designations of Origins, PDOs) 또는 지리적 표시제(Protected Geographical Indications, PGIs)를 통해 그 산업적 가치를 제도적으로 보호하거나 육성하기도 한다(Skuras and Dimara, 2004). 특히, 일반적으로 단순히 국명 또는 행정구역명을 사용하는 원산지 표시와 달리 지리적 표시는 상품의 품질, 명성을 당해 상품이 생산·가공된 지역의 지리적 속성과 연관시킴으로써 지역 특산품에 대한 배타적 권리를 부여하고 지역문화산업의 진흥을 통한 지역경제 활성화와 장소마케팅을 위한 효과적 수단을 제공한다. 지리적 표시제의 활용이 직접적인 지역 문화산업의 발전뿐만 아니라 지역의 정체성 제고와 지역이미지 고양에도 큰 역할을 담당함으로써 장소마케팅 등을 통한 지역발전 여건의 개선에 전반적으로 기여할 수 있다는 것이다(서정욱, 2006).

관광학 역시 이러한 지역이미지에 관한 연구가 활발하게 이루어지고 있는 분야이다. 특히, 관광지 이미지는 국내외를 막론하고 관광행동 연구분야에서 가장 주요한 주제의 하나이다. 관광지 이미지 개념이 주목을 받는 이유는 관광지를 포함한 관광상품의 인상이 소비자의 의사결정에 중요하게 작용할 것이라는 가정 때문이다(고동우, 2004).

사실, 지역이미지는 전통적으로 관광지를 선전하는데 있어서 가장 중요한 실마리를 제공한다. 잠재적 관광객들은 대개 그들의 목적지에 대하여 가능한 정보원에 기초한 일정한 이미지를 형성한다(Wee et al., 1986). 따라서 관광상품을 선전하고 경쟁력을 확보하는데 있어 여행자들의 마음 속에 새로운 이미지를 창출하거나 기존의 긍정적 이미지를 강화하는 일은 매우 중요한 과제가 된다(Uysal et al., 2000). 때문에 국내 관광학계에서도 비교적 이에 관한 많은 연구들이 이루어지고 있는데, 연구의 초점이 되는 것은 주로 관광지 이미지의 개념 및 속성을 일반론으로 해서 이미지의 측정과 척도 개발(엄서호, 1998; 박석희·고동우, 2002), 이미지의 결정변수와 형성과정(김병국·박석희, 2001; 고동우, 2004), 관광지 이미지와 관광객의 만족도 또는 충성도의 관계(박동진·손광영, 2004; 박영기·윤지환, 2005) 등이다.

지리학 분야에서는 지역이 연구의 핵심대상이 되고 지역성, 장소성 등 지역이미지와 밀접한 관련을 갖는 개념들이 일찍부터 개발되었음에도 불구하고 지역이미지 자체에 대한 연구는 기업마케팅이나 관광학 분야에 비해 상대적으로 활발하지 못하였다. 그러나 특정 도시와 지역의 개발에 있어서 장소에 기반한 상징이나 신화(myth)의 중요성이 점차 인정되면서 지역이미지에 관한 관심이 증대되고 있다.

그 중요성이란 지역이미지가 지역을 방문하려는 외부인이나 지역에서 새로운 사업을 벌이려는 사람들의 의사결정에 영향을 준다는 것이다. 또 지역이미지가 지역주민이 자신들을 지각하고 보다 넓은 사회 내에서 그들의 역할을 인식하는데도 영향을 미친다는 것이다(Shortridge, 2005). 특히, 1990년대 이후 지역발전의 한 수단으로서 장소를 하나의 상품으로 인식하고 장소의 개념과 마케팅 이론을 접목한 장소판촉론이 주목을 받으면서 장소마케팅의 전략적 방안 일부로 지역이미지에 관한 논의가 확대되는 추세이다(이정훈, 2004; 이희연, 2005; 이용균, 2005; 이무영, 2006). 그러나 지역이미지에 관한 국내 지리학계의 연구동향은 여전히 장소마케팅론의 부수적 수준에서 논의되는 정도이며, 본격적으로 지역이미지를 다루고 있는 연구는 별로 없는 형편이다.

2) 지역이미지의 개념과 특성

기업이미지, 제품이미지, 국가이미지, 도시이미지, 지역이미지, 장소이미지, 관광지 이미지 등 이미지(image)란 용어가 널리 쓰이지만, 이미지가 정확히 무엇을 의미하는지 정의 내리기는 쉽지 않다. 쓰임새가 다양한 만큼 내포하는 의미도 다양하기 때문이다. 따라서 이미지의 개념 역시 그 쓰임새와 연구자에 따라 다양하다. 그러나 이미지의 개념을 정의하는 데 있어서 한 가지 일반적인 공통점은 이미지의 본질이 인지과정에 있다는 것이다(이순갑·하수규, 2007). 이미지의 사전적 정의도 마음 속의 생각, 상, 형 또는 상징 등으로 설명되며, 이미지는 간단히 인간의 마음 속에 '비추어진 모습'이라 할 수 있다. 초기 이미지 연구를 선도한 Boulding (1956) 역시 이미지를 '사람이 진실하다고 믿는 주관적 마음의 세계로서 경험의 종합적 결과'라고 정의한다. 이런 점에서 이미지는 이성을 통한 합리적 결과라기 보다는 일상생활에서 '자연적으로 만들어진 느낌의 총체'로서 사람들이 대상에 대해 가지는 심상(mental picture)이라고 볼 수 있다(김정헌, 2004). 여기서 이미지의 본질과 관련하여 중요한 점은 인지과정의 종합적 결과라는 것과 사람들이 진실하다고 믿는 주관적 마음의 세계이기 때문에 어떤 이미지에 대해 반드시 합리성을 기대할 수 없다는 것이다. 이것이 이미지가 갖는 중요한 특성의 하나이다.

그러나 이보다 더 중요한 점은 사람들이 진실하다고 믿는 주관적 마음의 세계로서의 이미지가 그 이미지의 대상에 대한 개인이나 혹은 집단의 태도와 행동을 지배한다는 것이다(Dowling, 1988). 합리적이든 아니든 이미지가 인간의 인식과 행동을 이해하는데 유용한 개념으로 받아들여지는 것도 이미지가 갖는 이러한 효과 때문이라고 할 수 있으며, 이런 이유로 기업이미지, 제품 이미지, 도시이미지, 국가 이미지 등으로 폭넓게 적용되어 사용된다고 볼 수 있다(이수범 등, 2004). 지역도 하나의 인지 대상인 바에야 이미지가 대상 지역에 대한 사람들의 어떤 의사결정과 행동에 영향을 미친다는 점은 동일하다.

이미지가 갖는 또 하나의 특성은 이미지가 개인적 수준에서만 형성되는 것이 아니라는 점이다. 이미지는 원래 개인적으로 구성되지만 유사한 이미지를 다수가 집단적으로 공유할 수 있다. 따라서 이미지를 보유자가 개인이냐 집단이냐에 따라서 개인 이미지와 집단 이미지로 구분하기도 한다. 여기서 집단 이미지란 특정 집단에 소속되어 있는 개인이 공유하는 시간, 공간, 관계, 평가 등에 대한 일련의 이미지로서의 성격을 갖는다. 이것은 이미지가 사회적으로 학습되거나 전이되며 사회문화에 영향을 받기 때문이다(김정헌, 2004).

이러한 이미지의 대상은 인간뿐만 아니라 사건, 사물, 자연 등이 될 수 있다. 지역이미지는 이미지가 지역 또는 지역민을 대상으로 형성되는 것이라고 할 수 있다. 전술한 이미지의 정의를 지역에 적용시키면, 이와 같은 지역이미지는 특정 지역에 대한 사람들의 경험의 종합적 결과로서 갖는 인상의 총체라고 할 수 있을 것이다. 이러한 지역이미지는 지역의 사회, 문화, 경제적 배경을 근거로 하는 물리적 환경 요소와 그것에 대한 사람들의 인지를 통해 형성된다는 측면에서 시각적 면뿐만 아니라 심상적인 면까지 포함한다(최희경, 1996).

인간과 환경의 상호작용의 산물인 이미지는 인간이 환경 자극을 수용하여 반응하기까지의 과정을 통해 형성된다고 볼 수 있다. 즉, 사람들이 그 지역과 얼마동안 접촉을 지속하면 그들의 기억 속에 어떤 지식이 저장되어 그들과 지역 사이의 양방향적 작용에 의하여 지역에 대한 이미지를 갖게 된다. 이러한 관점에서 지역이미지는 지역에 대한 경험 없이 획득한 여러 형태의 정보나 지역 내에서의 실제 경험을 통해 형성된 지역 인상의 총체라고 할 수 있다(이순갑·하규수, 2007). 도시이미지에 대하여 Lynch(1960)는 특정 지역을 대상으로 이용자와 지역의 물리적 환경에서 발생하는 지속적인 상호작용을 통해 형성되는 일종의 집단 이미지로 정의한다. 이용자에 따라 도시이미지가 다르게 나타나지만 일반적으로 유사한 문화적 또는 사회경제적 배경을 가진 사람들은 같은 이미지를 공유한다는 것이다(이수범, 2004). 그러나 이러한 공유가 개인 이미지와 별개로 집단 이미지가 존재한다는 것은 아니다. 이미지 자체는 한 개인의 인지과정을 통해 주관적으로 형성되는 것만큼 이미지 형성의 기본은 개인적이다.

다른 형태의 이미지와 마찬가지이지만, 지역이미지도 대상이 되는 지역과의 직접적인 상호작용에 의해서만 형성되는 것은 아니다. 직접적인 경험 이외에 다양한 매체를 통해 또는 다른 사람으로부터의 전언을 통해 그 이미지를 형성할 수 있다. 같은 맥락에서 관광지 이미지에 관한 연구에서는 흔히 관광지 이미지의 유형을 형성 원천에 따라 크게 유도된 이미지(induced image)와 유기적 이미지(organic image)로 구분한다. 전자는 신문이나 잡지, TV 등으로부터 얻는 일반적 정보에 의해 형성되는 것을, 후자는 관광관련 기관에 의해서 의도적으로 작성된 촉진 정보에 의하여 형성되는 것을 말한다(고동우, 2004; 박한식, 2007).

이미지의 형성이 이처럼 유도되는 경우는 관광지뿐만 아니라 다른 사물이나 사람에 대해서도 흔히 발생할 수 있다. 이미지의 형성 원천 면에서 특히 지역이미지는 다른 종류의 이미지에 비해 유도되는 경우가 많다고 볼 수 있다. 왜냐하면 다른 지역을 경험하는 인간 활동의 본질적 한계가 거리의 제약이기 때문이다. 또한 교통수단의 발달로 다른 지역을 직접 경험할 기회와 공간적 범위가 확대되었고 하나, 지역이미지의 대부분이 매스컴 등의 정보에 따라 형성된다고 할 정도로(박한식, 2007), TV, 인터넷 등 매체의 발달은 그 이상의 간접 경험 기회를 제공한다.

일반적으로 이미지를 형성하는 요소는 이미지의 대상과 이미지의 형성자에 따라 달라진다. 지역이미지도 이런 점에서 동일하다. 특히, 지역의 구성요소가 다양하고, 이러한 구성요소가 이미지 형성자들의 개인적·집단적 경험과 결부되어 나타나기 때문에 지역이미지를 형성하는 속성은 매우 복잡하다. 따라서 연구자들은 일반적으로 먼저 범주를 구분하고 각 범주의 세부 요소들을 분류한다. 이수범 등(2004)은 도시이미지 형성 요인을 크게 자연요소와 물리적 요소, 비물리적 요소로 구분하고 자연 요소에는 자연환경을, 물리적 요소에는 건축물과 도시외관, 상징물 등 인공물을, 비물리적 요소에는 도시의 역사성, 문화 등을 포함시키고 있다. 그러나 이러한 분류는 자연환경에 물리적, 비물리적 요소가 있다는 점에서 용어 사용의 혼란을 가져올 수 있다. 또한 케빈리치는 도시이미지를 형성하는 5요소 도로, 운하 같은 path, 건물, 간판 같은 landmark, 해안, 강과 같은 edge, 광장, 역과 같은 node, 면으로 이루어진 district를 들고 있다(박억철, 2003). 그러나 이는 시각적, 물리적 요소만을 도시이미지 형성 요인으로 보고 있다는 점에서 문제가 있다.

이와 같은 구분보다 지역이미지의 구성요소를 보다 체계적으로 파악하는 방법은 범주를 이원적으로 이해하는 것이다. 하나는 유형적 요소와 무형적 요소로 구분되는 차원이다. 가시적 요소는 직접적이든 간접적이든 시각적 경험을 통해서 이미지 형성에 영향을 주는 요소들이고, 비가시적 요소는 시각이 아닌 다른 경로를 통해 이미지 형성에 영향을 주는 요소들이다. 다른 하나는 자연적 요소와 인공적 요소로 구분되는 차원이다. 이것들은 가시적일 수도 있고 비가시적일 수도 있다. 대표적인 유형의 자연적 요소로는 지형 경관, 무형적인 자연적 요소로는 기후 환경을 들 수 있을 것이다. 기후와 관련한 '대구'라는 도시의 지역이미지와 지형 경관과 관련된 강원도의 지역이미지를 예로 들 수 있다. 마찬가지로 지역이미지 형성에서 유형 문화재나 특산물은 유형적인 인공적 요소가 되며, 지역의 역사나 주민의 정체성 등은 인공적이지만

표 1. 지역이미지의 형성 요소

구분	유형적 요소	무형적 요소
자연적 요소	지형 경관, 동식물 등	기후 환경, 지리적 위치 등
인공적 요소	건축물, 도로, 유형 문화재, 특산물, 도시계획, 도시색채, 지역 상징물 등	무형 문화재, 향토 역사, 주민 정체성, 지역의 사회 환경, 경제여건 등

무형적 요소로서 지역이미지 형성에 영향을 준다. 경주는 지역의 역사 및 그와 관련된 유형·무형의 문화재가 지역이미지 형성에 큰 요인이 된 전형적인 사례가 될 것이다.

그러나 이러한 이미지의 형성 요소들이 각각의 개별적인 지역이미지를 형성하는 것은 아니다. 일반적으로 이미지는 어떤 느낌 또는 인상의 총체이기 때문에 이것 따로 저것 따로 형성되지 않는다. 즉, 그 중에서 중요한 형성 요소가 있겠지만 여러 요소들이 어우러져 총체적으로 집약된 형태로 나타난다. 예를 들어 "○○은 무엇"하는 식의 함축적으로 짤막하게 형성되는 인상이다.

이와 같이 형성된 지역이미지는 긍정적이든 부정적이든 상당히 안정성이 있어서 쉽게 변화하지 않는다. 그러나 일단 만들어진 이미지가 지속적으로 유지되는 것 또한 아니다. 즉, 어떤 이미지가 되었건 지속성을 갖지만 동시에 변모한다는 것이 이미지의 특성이다. 지역 활성화를 위한 지역이미지 제고의 전략 수립이 가능한 것도 이미지가 영구불변한 것이 아니라 변화하기 때문이다. 이미지는 그 만큼 관리가 필요하다(이수범, 2004).

3) 지역이미지와 장소마케팅

장소마케팅은 말 그대로 장소를 판촉(마케팅)하는 일체의 행위로 말한다. 상품마케팅이 제품을 판촉(마케팅)하는 것이라면, 장소마케팅에서는 장소가 곧 상품이 된다. 물론 장소마케팅이 주체에 따라 장소마케팅에 다양한 의미부여와 실천방식이 있을 수 있다(이무용, 2006). 그러나 장소마케팅은 대부분의 경우 장소 혹은 지역을 마치 상품과 같은 것으로 보고 그것을 판촉하듯이 지역발전을 추진하는 전략으로 인식된다. 물론 모든 장소마케팅이 장소를 상품화하는데 초점이 있는 것은 아니다. 사회마케팅이라고 불리는 네덜란드식 장소마케팅은 도시의 경제적 촉진 및 개발과 모든 계층의 이해를 반영하는 도시의 물리적·사회적 결합을 의미한다. 반면에 우리나라에서의 장소마케팅은 특정 장소가 그 특성을 살리는 정책을 펴고, 그 이미지를 부각하여 홍보함으로써 고객을 유치하는 전략이다(이수범, 2004).

장소마케팅은 그 개념이 학술적으로 처음 등장한지 불과 일이십년에 지나지 않지만, 이제는 그 등장 배경을 설명할 필요가 없을 정도로 학술이론으로뿐만 아니라 실제 지역발전정책으로도 상당한 영향력을 미치고 있다. 장소마케팅의 기원은 19세기~20세기 초반 유럽의 해변 휴양지에 대한 선전이나 미국의 서부개척 과정에서의 대대적인 홍보활동에 있다(이용균, 2005; 이희연, 2005). 그러나 본격적인 학술적 연구와 정책으로서의 실현은 구미에서는 1980년대 이후, 한국에서는 1990년대 말부터 이루어지기 시작했다(이무용, 2006).

지역발전전략으로서 장소마케팅이 지역이미지 영역에 한정되지 않는다. 그러나 '지역이미지를 어떻게 만들어 갈 것인가' 라는 문제는 장소마케팅에서 가장 중요한 과제이다. 마치 상품 마케팅에서 좋은 상품이라는 이미지 형성 없이 그 상품의 마케팅 성공을 생각하기 어렵듯이 지역에 대하여 좋은 이미지를 형성하지 않고서는 장소마케팅을 성공적으로 이끌 수 없기 때문이다. 마케팅이란 소비자를 확보하고 그들을 지키는, 문자 그대로 시장을 획득하기 위한 노력이다. 이 과정의 성공은 제한된 합리성(bounded rationality)을 가진 소비자들이 제품을 어떻게 지각하느냐, 즉, 어떤 이미지를 형성하느냐에 달려 있다는 것이다(Hospers, 2006).

이것은 장소마케팅에서도 마찬가지이기 때문에 Kearns and Philo(1993)은 "장소 판매(selling places)의 실제는 기업가나 관광객 혹은 주민들에게 장소가 매력적인 곳이 되도록 하기 위하여 지리적으로 정의되는 특정 장소의 이미지를 구성하는 것이다"라고 한다. 또한 장소마케팅 프로그램이 많은 성과를 거두고 있음에도 그 실천과 적용에서 한계에 부딪치는 경우가 적지 않다. 장소마케팅에 실패하는 도시들의 사례를 살펴보면 가장 큰 원인은 프로그램에서 지역의 '차별화된 이미지'를 제대로 설정하지 못하는데 있다(이정훈, 2004).

그러므로 장소마케팅의 성공 여부는 일차적으로 지역에 대하여 어떤 형태의 긍정적 이미지를 만드느냐에 달려있는데, 가장 기본적인 전략은 지역을 많이 알리는 것이다. 공간인지이론(spatial cognition theory)에 따르면 한 장소의 이미지는 그 지역이 외부에 알려진 정도에 따라 긍정적 방식으로 영향을 받는다. 즉 "알면 사랑하게 되고, 모르면 사랑하지 않게 된다(unknown and unloved, known and loved)"라는 것이다(Hospers, 2006).

그러나 장소마케팅에서 이미지 전략은 단순히 지역을 알리는, 즉 단순히 선전하는데 있지 않다. 그런 것이라면 도시 선전주의(city boosterism)이라고 해서 과거에도 있었다. 장소마케팅이 이와 다른 점은 단순히 지역(도시)의 선전에 그치는 것이 아니라 지역을 수요에 바람직한 방향으로 맞추는데 있다. 이를 위해 장소마케팅은 지역을 단순한 물리적 실체가 아니라 역사적, 문화적 중요성을 지닌 차별적이고 패키지화된 상품으로 포장하는 것이다(이수범, 2004). 따라서 장소마케팅에서 이미지 전략의 핵심은 이미지 홍보가 아니라 이미지 만들기(image making)가 된다. 이런 점에서 개념적으로 장소마케팅의 이미지 전략은 지역이미지를 지역이 도달하려는 목표에 맞도록 구성하는 이미지 포지셔닝(positioning)이라고 볼 수 있다.

이미지 만들기는 지역의 장소자산(place assets)과 정체성(identity)을 토대로 하는 것이 바람직하다(이희연, 2005). 사실, 지역 활성화 수단으로 장소마케팅의 기본 전략이 지역을 다른 지역과 구별되는 장소 상품으로 만드는데 있기 때문에 차별화된 지역이미지의 형성은 장소마케팅 성공의 필수적 전제조건이라고 할 수 있다. 이러한 지역 만들기 과정에서 기존의 이미지가 긍정적인 경우에는 이미지 강화 전략을, 부정적인 경우에는 이미지 대체 전략을, 기존 이미지가 부재한 경우에는 이미지 창출 전략을 사용하는 상황별 전략을 구사할 수 있다(이무용, 2006). 지역을 상징하는 이미지가 구축되고 나면, 이를 구체화시키는 작업이 필요하다. 흔히 이를 이미지의 브랜드화(branding)라고 하는데, 장소마케팅의 과정에서 적극적인 장소 프로모션(place promotion)의 단계이다.

브랜드의 본래 개념은 상품이나 서비스를 경쟁자와 구별하기 위해 사용한 명칭, 용어, 상징, 디자인 혹은 그것들의 결합체이다. 제품 차별화의 수단일 뿐만 아니라 소비가가 제품을 인식하도록 하고, 자신의 이미지를 표출하는 수단이 브랜드이다. 같은 맥락에서 지역 브랜드는 지역의 상품과 서비스를 다른 지역과 구별하기 위해 사용하는 명칭, 용어, 상징, 디자인 혹은 이것들의 결합체라고 할 수 있다. 기업 브랜드가 기업이미지를 소비자에게 각인시키고 새로운 고객을 창출하는 것처럼 지역 브랜드도 흔히 장소 고객(place customers)이라고 하는 거주민, 기업, 방문객을 지역에 끌어들이고(Hospers, 2006), 지역 상품의 판매를 촉진함으로써 부가가치를 높이는 역할을 한다(김현호, 2006).

그러나 이러한 지역이미지 만들기와 이미지의 브랜드화 있어서 유의해야 할 점이 몇 가지 있다. 첫째, 이미지의 진정성(authenticity)이다. 장소마케팅의 이미지나 상품은 개성과 고유성을 지녀야 하고 지역 정체성을 반영해야 한다(이무용, 2006). 장소성을 왜곡하는 정체불명의 이미지나 상품을 개발하면 고객의 외면을 받거나 비판에 직면할 수 있다. 특히, 지역이미지의 대부분이 매스컴 등의 정보에 따라 형성되기 때문에 이미지와 실태 사이에는 괴리가 발생하기 쉽다. 매스컴 정보의 밀도, 신뢰성, 양 등이 지역이미지 형성에 큰 영향을 미친다(김정헌, 2004).

둘째, 이미지 전략은 장기적 안목에서 구상되어야 한다. 지역이 내세우는 이미지와 브랜드가 수시로 바뀐다면 이는 곧 지역 정체성 혼란으로 이어진다. 이러한 혼란은 오히려 기존 이미지가 부재한 것만 못하다. 따라서 그만큼 지역의 이미지 만들기와 브랜드화는 신중을 기하여야 한다.

셋째, 이미지와 브랜드는 세대, 계층, 장소에 걸쳐 지역 전체를 상징하고 대표할 수 있는 것이어야 한다. 특정한 것에 한정된 이미지와 브랜드화는 지역 내 갈등의 소지가 될 뿐만 아니라 대외적으로 지역의 이미지를 왜곡하는 것이 될 있다.

넷째, 전달하려는 메시지가 분명하여야 하고 한두 가지의 명확한 이미지로 지역의 장소성을 집약할 수 있어야 한다. 그래야만 사람들은 이미지를 쉽게 그리고 오래 기억할 수 있고, 그곳에서 무엇을 할 수 있는지 기대할 수 있다.

3. 고령군의 지역이미지 : 실태 분석

1) 주민의식을 통해서 본 지역이미지

(1) 고령군의 연상 이미지

지역 주민이 자신의 지역에 대하여 갖는 이미지는 정체성(identity)을 구성하는데 있어서 중요한 역할을 한다. 또한 장소마케팅은 삶의 근간이 되는 터전의 의미를 대내적으로 확인하고 대외적으로 그 가치를 확산해서 지역의 번영을 가져오고자 하는 것이다(임석회, 2007). 따라서 장소마케팅에서 이미지 전략을 대외적인 지역이미지의 측면에서만 접근하기 쉽지만 대내적인 지역이미지 형성도 대단히 중요한 과제이다. 자신의 정체성이 분명하여야 그것을 드러낼 수 있다는 점에서 오히려 지역주민의 지역에 대한 긍정적이고 우호적인 대내적인 이미지 형성이 대외적인 이미지 형성에 선행하는 과제이다. 이런 점에서 지역주민이 자신의 삶의 터전인 고령군을 어떻게 인식하고 있는지 파악할 필요가 있다.

주민들이 고령군에 대하여 가장 많이 연상하는 단어는 대가야 역사, 대가야 고분, 대가야 축제 등으로 모두 '대가야'라는 단어로 모아진다. '대가야'를 제1연상으로 하는 비율이 68.8%로 전체 응답의 2/3를 넘으며, 제2연상에서도 '고령군 딸기' 다음으로 높은 비율을 34.1%를 차지한다. '대가야' 다음으로는 '고령군 딸기'가 비교적 높은 편인데, 제1연상으로는 13.6%, 제2연상으로는 37.1%의 비율을 차지했다. 그 외에 '고령군 수박' 등이 있었으나 '대가야'에 비해서는 그 비율이 매우 낮다. 따라서 '대가야'는 주민들이 일반적으로 인식하는 고령군의 대표 이미지라고 할 수 있다.

고령군 주민의 이러한 인식은 외부 사람에게 고령군을 소개를 할 때, 어떤 것을 가장 먼저 소개하겠냐는 질문에 대한 응답에서도 그대로 반영되어 나타나고 있다. 가장 소개하고 싶은 것을 1가지만 선택하라고 하였을 때, 대가야 역사(가야 고분) 57.9%, 고령군 딸기 21.9%, 고령군 수박 16.3%의 비율로 선택되었다. 이는 전술한 고령군 주민 스스로 고령군의 대가야 역사에 대하여 상당히 자랑스러워하고 고령군=대가야 이미지가 각인되어 있음을 의미한다. 그러나 고령군=대가야라는 역사적 이미지와 고령군 딸기, 고령군 수박과 같은 지역특산물의 이미지가 상호 잘 연결되지 않은 문제가 있다.

응답 집단별로 큰 차이는 없지만 한두 가지 주목되는 것은 이 설문에서 고령군이나 대구·경북 출신이 아닌 고령군에서의 거주기간이 짧은 주민과 이주민의 대가야 선택 비율이 오히려 원주민들보다 높다는 점이다. 직업 면에서도 회사원들의 대가야 선택 비율이 높다. 이는 원주민들이 고령군의 다양한 장소자산을 경험할 수 있는 기회가 있었던 반면, 회사원과 같은 이주민들은 상대적으로 대가야 이외에 다른 자산을 경험할 계기가 적은데서 기인하는 것으로 사료된다. 10~20대의 상대적으로 낮은 대가야 선택 비율 또한 특기할만한 사항이다.

그러나 고령군 주민 스스로는 고령군의 향토역사를 고령군=대가야로 인식하고 자부심을 갖는 만큼 그것을 통해 주변 지역에 비해 고령군이 경쟁력을 갖는다고는 생각하지 않는다. 자연환경, 향토역사, 전통문화, 농업생산, 생활환경 5개 영역에서 주변 지역에 비해 고령군이 어떤 점에서 경쟁력이 있다고 생각하는가라는 질문에 대해 고령군=대가야로의 인식에 따라 예상대로 향토역사라는 비율이 36.2%로 가장 높게 나왔지만, 농업생산이라는 비율도 32.6%로 적지 않아 전술한 연상이미지와는 차이가 있다. 이는 고령군 주민들이 '대가야'와 고령군을 일체화하고 그 향토역사에 긍지를 갖지만 그것이 실제 지역의 경쟁력인가에 대해서는 다소 회의를 갖는다는 것을 의미한다. 이것은 '대가야'라는 향토역사가 경제적 측면에서 갖는 효과가 크지 않기 때문일 것이다. 따라서 경제적 측면에서는 오히려 특산물로서 고령군 딸기나 고령군 수박과 같은 농업생산이 경쟁력 있는 것으로 인식될 수 있다.

농업생산은 자연환경과 밀접하고, 향토역사는 전통문화와 연결되는 것이므로 지역이미지와 경쟁력의 조합은 향토역사+전통문화 혹은 농업생산+자연환경이 좀 더 나은 패키지가 될 수 있다. 고령군의 경우 이 조합이 향토역사+농업생산으로 다소 어긋나는 점이 없지 않다. 고령군 주민이 대가야 역사를 자랑하면서도 전통문화가 취약하다고 인식하는 것은 '대가야'가 하

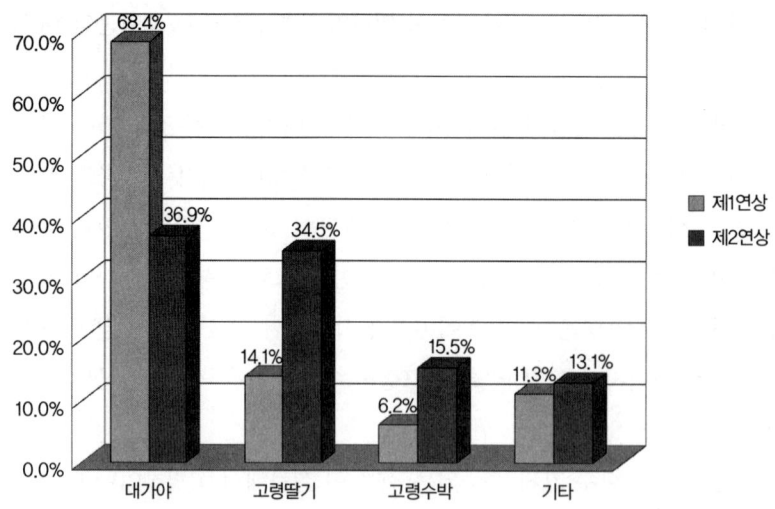

그림 1. 주민들이 연상하는 고령군의 이미지

표 2. 주민들이 소개하고 싶은 고령군의 장소자산

(단위 : 명, %)

구분			응답자 수(n)	개실마을	고령수박	고령딸기	자연 휴양림	대가야 고분	양전도 암각화
응답자 전체			178	1.7	16.3	21.9	1.7	57.9	0.6
응답집단별	성별	남	85	1.2	20.0	17.6	1.2	60.0	0.0
		여	93	2.2	12.9	25.8	2.2	55.9	1.1
	연령	10~20대	31	3.2	16.1	32.3	6.5	38.7	3.2
		30~40대	63	3.2	7.9	17.5	1.6	69.8	0.0
		50~60대	48	0.0	22.9	16.7	0.0	60.4	0.0
		70대 이상	35	0.0	22.9	28.6	0.0	48.6	0.0
	직업	농업	50	0.0	20.0	26.0	0.0	54.0	0.0
		자영업	37	0.0	18.9	21.6	2.7	56.8	0.0
		공무원	40	5.0	7.5	20.0	0.0	67.5	0.0
		회사원	11	0.0	9.1	9.1	9.1	72.7	0.0
		기타	40	2.5	20.0	22.5	2.5	50.0	2.5
	거주지	읍부	37	2.7	2.7	29.7	5.4	59.5	0.0
		면부	141	1.4	19.9	19.9	0.7	57.4	0.7
	거주 기간	10년 이하	53	0.0	11.3	22.6	1.9	62.3	1.9
		11~30년	45	2.2	17.8	20.0	0.0	60.0	0.0
		31년 이상	64	3.1	21.9	20.3	1.6	53.1	0.0
	출신 지역	고령군	108	2.8	19.4	18.5	1.9	57.4	0.0
		대구·경북	44	0.0	11.4	34.1	2.3	50.0	2.3
		기타 지역	24	0.0	12.5	16.7	0.0	70.8	0.0

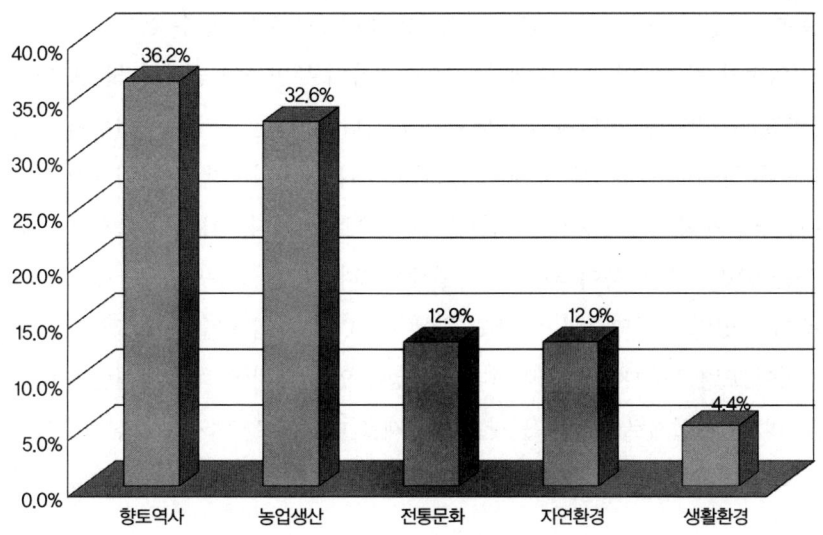

그림 2. 주민들이 생각하는 지역경쟁력 부문(2복수응답)

나의 역사스페셜일 뿐 그것이 실제 주민들의 전통이나 문화와는 연결되어 있지 않음을 함의한다.

(2) 고령군의 대외 이미지에 대한 인식

고령군 주민들은 지역발전에 외부 사람들의 고령군에 대한 이미지가 중요하다고 생각하고 있다. 관련 설문에 매우 중요하다고 응답한 비율이 60%를 넘고, 약간 중요하다고 한 비율까지 합하면 90%에 가까운 주민들이 지역발전에 외부 사람들의 고령군에 대한 이미지가 중요하다고 생각한다. 노년층과 이주민 집단에서 '매우 중요하다'는 응답 비율이 상대적으로 다른 집단에 비해 낮지만 '약간 중요하다'는 응답 비율을 포함하면 이러한 인식에 연령, 직업, 거주기간 간에 별 차이가 없다. 주민 대부분은 외부 사람들에게 고령군이 좋은 이미지로 비추어졌으면 하며 그것이 지역발전에 큰 도움이 된다고 생각한다.

대체로 고령군 주민들은 외부 사람들에게 고령군이 역사와 전통이 있는 지역으로 알려져 있다고 생각한다. 조사에 응답한 주민의 약 50%가 이와 같은 생각을 갖고 있다. 고령군 주민들은 스스로 역사와 전통이 있는 고장이라고 여기는 만큼 다른 사람들도 고령군을 그렇게 보리라 생각하는 것이다. 반면에 자연환경이 수려한 지역으로 인식될 것이라는 응답 비율은 2.3%로 매우 낮다. 전술한 고령군의 대표이미지에서 자연환경에 대한 자신들의 평가가 반영된 것이라고도 할 수 있는데, 자연환경에 대한 자신감의 결여를 보여 준다고도 할 수 있다.

최근 고령군의 대외적인 지역이미지에 대해서도 50% 이상의 주민들이 좋아졌다는 평가를 내리고 있으며, 나빠졌다는 평가는 응답자의 2.2%에 불과하다. 이러한 평가에는 연령이나 직업, 거주기간 등에 따른 차이가 거의 없는 편이다. 고령군의 대외 이미지가 이 같이 좋아졌다고 인식하는 것은 대가야 체험축제가 중요한 역할을 한 것으로 보인다. "대가야 축제가 외부 사람들에게 고령군을 알리는데 도움이 되었다고 생각하느냐?"라는 질문에 전체 응답자의 60.7%가 많은 도움이 되었다고 하였으며, 약간 도움이 되었다는 응답 비율도 28.7%가 되었다. 주민 10명 중 9명이 고령군의 대외적 지역이미지 형성에 있어 대가야 축제의 역할에 대해 긍정적 평가를 내리고 있다. 실제로 축제장을 찾은 방문객을 대상으로 "대가야 중심지로서의 고령군의 이미지 변화에 대한 조사 결과' '그렇다' 라고 긍정적인 응답이 95.8%로 나타났다(정강환, 2006).

이와 같은 대가야축제의 성공을 반영해 대외적으로 알려지고 싶은 고령군의 이미지에 대해

표 3. 주민들의 고령군의 대외 이미지에 관한 의식

설문 항목	설문 응답	비율(%)
고령군 발전에서 외부인이 갖는 지역이미지의 중요성(n=178)	매우 중요하다	61.2
	약간 중요하다	28.1
	별로 중요하지 않다	9.6
	전혀 중요하지 않다	1.1
고령군에 대한 외부인의 지역이미지 변화(n=177)	좋아졌다	52.0
	변화가 없다	45.8
	나빠졌다	2.3
고령군에 대한 외부인의 일반적인 지역이미지(n=177)	낙후한 농촌지역	22.6
	쾌적한 근교 농촌	23.7
	자연환경이 수려한 지역	3.4
	역사와 전통이 있는 지역	50.3
고령군 지역이미지 개선에 대가야 축제가 미치는 효과(n=178)	많은 도움이 되고 있다	60.7
	약간 도움이 되고 있다	28.7
	별로 도움이 되지 않는다	2.8
	전혀 도움이 되지 않는다	4.5
	잘 모르겠다.	3.4
고령군에 대하여 외부인이 가졌으면 하는 지역이미지(n=177)	청정한 자연환경을 가진 고장	7.3
	대가야의 역사가 숨 쉬는 고장	61.6
	대도시 근교의 쾌적한 전원농촌	13.6
	유교적 전통문화가 발달한 고장	1.7
	뛰어난 농업특산물이 생산되는 고장	15.8

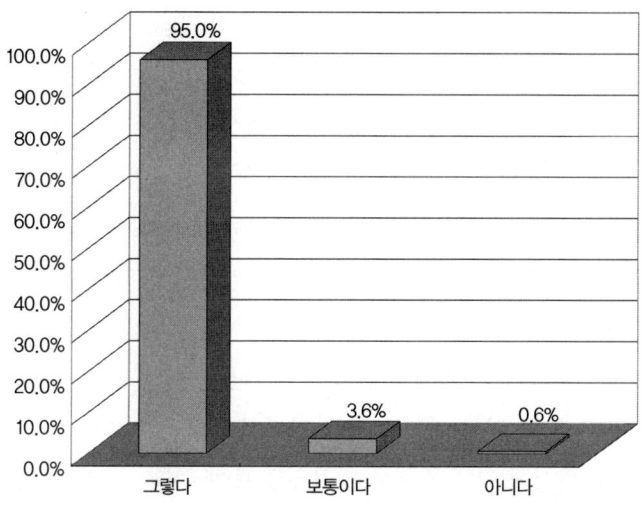

그림 3. 대가야축제 방문객의 고령군 이미지 변화
출처 : 대경대학, 2005(정강환, 2006에서 재인용)

서도 '대가야의 역사가 숨 쉬는 고장', '청정한 자연환경을 가진 고장', '대도시 근교의 쾌적한 전원농촌', '유교적 전통문화가 발달한 고장', '뛰어난 농업특산물이 생산되는 고장' 중 역시 '대가야의 역사가 숨 쉬는 고장'으로 알려졌으면 좋겠다는 비율이 61.6% 가장 높고, 다음으로는 '뛰어난 농업특산물이 생산되는 고장' 15.8%, '대도시 근교의 쾌적한 전원농촌' 13.6% 순이다. 이러한 인식 또한 연령이나 성별, 직업, 거주지, 출신지 등에 있어서 큰 차이가 없다. 다만, 출신지가 고령군이 아닌 다른 대구·경북 지방이거나 다른 시·도인 경우에는 고령군 출신에 비해 '대도시 근교의 쾌적한 전원농촌' 이미지를 갖기를 바라는 비율이 약간 높다. 이는 이들이 이주민으로서 고령군의 생활환경에 대한 관심이 많은데서 비롯된 것으로 보인다.

2) 언론 매체를 통해서 본 지역이미지

미디어는 전술한 바와 같이 지역이미지의 주요한 형성 원천이다. 특히, 지역 주민이 아닌 외부인의 지역이미지 형성에는 지역에 대하여 여러 정보를 제공하는 미디어의 역할이 더욱 클 수밖에 없다. 따라서 미디어 정보가 곧 지역이미지는 아니지만, 미디어에 고령군이 어떻게 소개되고 있는가를 통해 고령군의 대외적인 인지도와 이미지를 간접적으로 파악할 수 있다. 여기서는 한국언론재단의 DB(kinds)에 수록된 일간신문 보도 자료를 중심으로 고령군의 지역이미지를 분석하고자 한다.

일간 신문에서 고령군과 관련된 기사는 대체적으로 2005년 이후 지속적으로 늘어나는 추세이다. '고령군'을 키워드로 기사검색을 할 때, 서울에서 발행되는 종합일간지를 기준으로 기사 건수가 2004년 33건, 2005년 70건, 2006년 71건, 2007년 86건으로 매년 증가한다. 물론 2000년, 2002년, 2003년의 기사 건수가 2004년보다 많고, 2000~2003년 사이에는 증가와 감소의 변동이 있지만 2004년 이후에는 그러한 변동 없이 지속적으로 증가하고 있으며, 따라서 전반적으로 2000년 이후 고령군에 관한 기사 건수가 증가하였다.

이러한 추세는 대가야에 관한 기사 건수 변화와 거의 비슷하게 나타난다. 이는 고령군에 관한 기사 건수 증가와 대가야에 관한 기사건수의 증가와 밀접한 관련이 있음을 의미한다. 즉, '대가야'가 고령군의 대외적인 인지도 향상에 크게 기여하고 있음을 보여 준다. 고령군에 관한 기사 건수가 크게 증가한 2005년도는 고령대가야체험축제가 제1회 개최된 연도이기도 하다. 대가야에 관한 기수 건수도 2000년 이후 전반적으로 증가하고 있지만, 2004년 이전에는 연도에 따라 증가와 감소가 나타나고 변동 폭도 별로 크지 않다. 그러나 2004년 이후에는 지속적으로 증가해서 2007년에는 대가야에 관한 기사 건수가 2003년의 5배 이상에 이른다.

지방에서 발행되는 종합일간지의 고령군과 대가야 관련 기사도 마찬가지로 크게 증가하고 있는데, 〈표 4〉에서 볼 수 있듯이 관련 키워드의 검색에서 2006~2007년 사이 기사 건수가 2

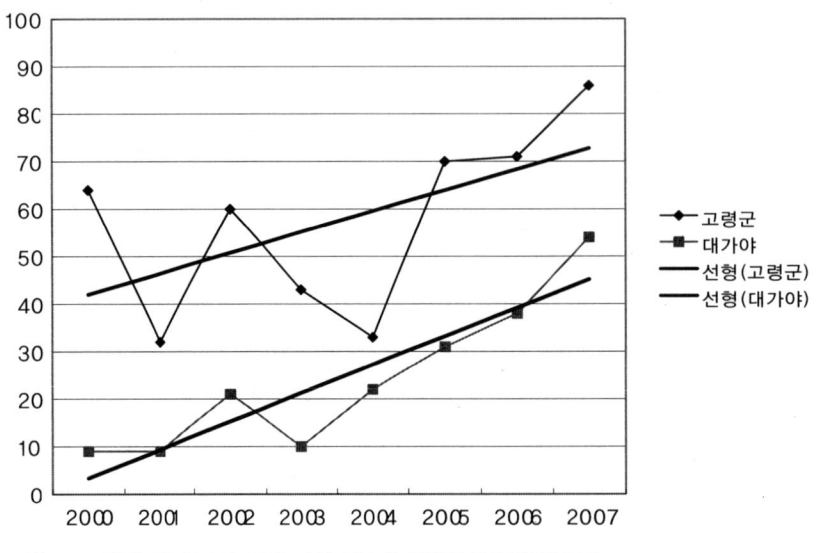

그림 4. 고령군 및 대가야 관련 기사 건수의 변화(서울종합일간지)

표 4. 고령군 및 대가야 관련 기사검색 결과(2006~2007)

	고령군		대가야		고령+대가야		고령군+대가야	
	2006	2007	2006	2007	2006	2007	2006	2007
서울	71	86	38	54	30	49	17	32
지방	189	283	70	142	51	109	18	49
M지	64	160	22	63	20	50	10	30
Y지	95	68	13	32	12	30	7	15

배가 이상 증가하였다.[2] 이러한 기사 건수의 증가는 서울에서 발행되는 이른바 중앙 일간지보다 훨씬 많은데, 이는 대구·경북지방의 두 유력 일간지(M일간지와 Y일간지)의 보도에 힘입은 바 큰 것으로 사료된다. 이 두 일간지의 기사 건수가 전체 지방 일간지 고령군 및 대가야 관련 기사 건수의 80~90%를 차지한다.

키워드 검색에 의해 고령군에 관한 기사 건수 중 대가야와 관련된 것이 얼마나 되는지 그 비율을 알 수 있는데, '고령'과 '대가야'를 검색어로 할 경우 고령군에 관한 기사 건수 중 대가야와 관련된 기사만을 추출할 수 있다.[3] 이러한 검색 결과, 서울과 지방 발생 종합일간지를 모두 포함해서 고령군 관한 기사 중 30% 이상이 대가야와 관련된다. 그리고 대가야 관련 기사의 비율이 2006년 31.1%에서 2007년 34.4%로 높아지고 있다.

여기서 주목되는 것은 〈그림 5〉에서 볼 수 있듯이 서울에서 발행되는 종합일간지의 대가야와 관련된 고령군 기사 비율이 M일간지나 Y일간지보다 높다는 점이다. 그만큼 고령군이 대구·경북 이외 지방에 알려지는데 대가야가 큰 비중을 차지하고 있음을 의미한다. 특히 2007년 서울 발행 종합일간지의 고령군에 관한 기사 중 대가야 관련 비율은 57.0%에 이른다. 이상의 기사검색 결과는 대가야가 대외적으로 고령군에 대한 인지도의 증가와 함께 지역이미지의 형성 요소가 되고 있음을 말해준다.

그러나 대가야 이외의 고령군의 다른 장소자산은 언론매체의 주목을 별로 받지 않고 있다. 즉, 지역이미지 형성 요소로서 그 인지도가 낮다. 지난 5년 간 고령군에 관한 신문 기사에서 대

---

[2] 한국언론재단의 DB 검색에서 지방 종합일간지에 대한 2005년 이전의 기사는 자료가 불충분하여 분석에서 제외하였다.
[3] 대가야 관련 기사에는 고령군과 관련이 없는 기사도 포함되며, '고령군'과 '대가야'를 검색어로 할 경우 '고령군'이라는 행정구역 명칭을 사용하지 않고 '고령'이라는 지명을 사용한 기사가 제외되므로 대가야 관련 기사 중 고령군과 관련된 기사를 추출하기 위해서는 '고령'이라는 검색어를 사용하여야 한다. 이 경우 고령뿐만 아니라 고령군이라는 행정구역 명칭을 사용한 기사도 검색이 가능하다.

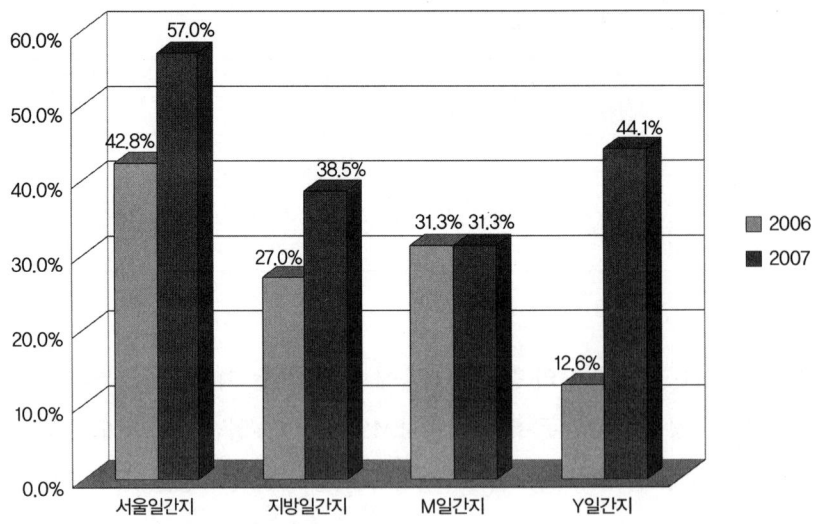
그림 5. 대가야 관련 기사의 비중

가야 관련이 서울발행 종합일간지 80건, 지방발행 종합일간지 85건인 반면, 지역주민들이 대가야 다음으로 외부 사람들에 소개하고 싶은 것으로 선택하는 고령딸기와 고령수박은, 고령딸기 관련 각각 26건, 10건, 고령수박 관련 각각 10건, 12건에 불과하다. 오히려 개실마을 관련이 각각 24건, 22건으로 고령딸기나 고령수박에 비해 기사 건수가 더 많다(그림 6). 기본적으로 '대가야'가 지배적 요소이지만, 그 하위의 지역이미지 일부 요소에서 고령군 주민과 외부인이 서로 다르게 인식하고 있음을 의미한다. 그러나 그 비중 자체가 크지 않다는 점에서 큰 의미를 부여하기는 어렵다.

4. 고령군 '지역이미지 만들기'의 정책과제

1) 대가야 이미지의 문제점

이론적 고찰에 논하였듯이 지역 활성화를 위한 장소마케팅 전략으로서 지역이미지의 성공적 구축에는 몇 가지 필요한 조건들이 있다.

첫째, 지역의 장소자산과 정체성을 토대로 지역이미지가 구축되어야 한다는 것이다. 차별화

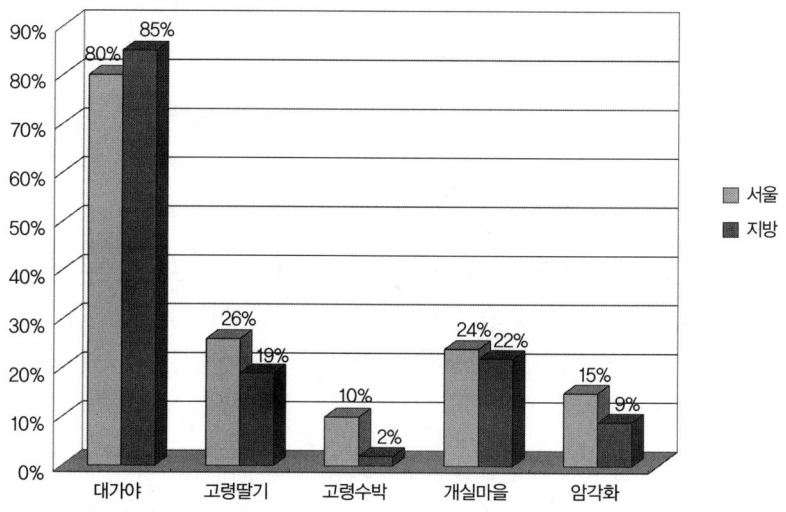

그림 6. 고령군 관련 기사검색 결과(2003.5~2008.5)

된 지역이미지의 형성이 장소마케팅 성공의 필수적 전제조건이기 때문이다.

둘째, 이미지는 지역 전체를 통괄할 수 있는 대표성을 가져야 하며 대중에게 효과적으로 전달되고 각인될 수 있도록 집약된 메시지를 담고 있어야 한다는 것이다. 전체를 하나로 해서 대상에 대한 느낌을 집약하는 것이 이미지 형성의 기본 특성이다. 따라서 그러한 이미지일수록 지역이미지를 인지하기 용이하고 대중들은 그 지역에 가면 무엇을 얻을 수 있을지 명료하게 이해하고 기대하게 된다.

셋째, 이미지가 진정성을 가져야 하며, 장기적으로 지속될 수 있어야 한다는 것이다. 진정성 없는 이미지는 기대에 따른 실망의 크기를 더하고 대중의 외면과 지역정체성의 혼란을 가져오기 때문이다.

넷째, 지역이미지는 모든 세대, 모든 계층, 모든 지역에 다가갈 수 있어야 한다. 이는 지역이미지가 다른 지역과 차별화된 장소특수성(place-specificity)을 가지면서도 동시에 보편적 가치를 가져야 된다는 것을 의미한다. 지역이미지가 장소-특수한 가치를 가지면서 동시에 보편적 가치를 갖는 것이 쉬운 일은 아니다. 그러나 장소마케팅의 의미가 장소자산의 가치를 대내적으로뿐만 아니라 대외적으로 확산해 지역의 번영으로 이어가는 것이라면 그것이 보편성을 가질 때 그 가치가 지역을 넘어 확장될 가능성이 더욱 커진다.

다섯째, 이미지를 구체화하고 명확히 전달할 수 있는 브랜드화가 뒷받침되어야 한다. 브랜드화는 지역이미지를 상표와 같은 형태로 가시적으로 집약함으로써 지역이미지를 보다 간결하고 명확하게 전달하게 된다.

이와 같은 성공적 지역이미지 구축 조건에서 보았을 때, 현재 고령군의 대가야 이미지 형성은 여러 가지 점에서 고무적이다. 고령군이 대가야축제를 통해 장소마케팅에 적극적으로 나선 것이 몇 년 되지 않았음에도 불구하고, 대가야는 다른 지역과 차별화되는 장소자산이면서 전술한 주민의식과 언론매체의 기사 보도에서도 확인되듯이 지역 정체성에 확고하게 자리 잡고 있다. 또한 대가야 이미지는 지역 전체를 통괄하는 대표성을 가지며 동시에 가야 역사라는 하나의 집약된 메시지를 담는다. 대가야 이미지는 지역의 역사성에 토대하는 만큼 지속가능하고 진정성을 담보한다.

그러나 대가야 이미지의 이러한 긍정적 요소에도 불구하고 고령군의 대가야 이미지가 갖는 몇 가지 문제점을 지적할 수 있다. 무엇보다도 전술한 지역이미지의 성공적 요인 중 보편성 측면에서 대가야 이미지는 상대적으로 취약하다. 대가야가 장소특수성 측면에서는 훌륭한 고령군의 장소자산이고 대가야체험축제와 박물관, 전시관을 통해 무형적 자산에서 유형적 자산으로 전환될 수 있었다. 하지만 모든 역사가 누구에게나 보편적으로 가치가 있는 것은 아니라는 점을 인식할 필요가 있다.

예를 들어 유대인에게는 매우 중요한 역사, 유물·유적이지만, 아랍인에게는 별로 의미가 없는 역사, 유물·유적일 수 있다는 것이다. 2006년 1월~12월 대가야왕릉전시관의 유료 방문객 수를 보면, 외국인은 6,088명으로 내국인의 1/100에도 미치지 못하고 이마저 전년도에 비해 20% 이상 감소한 수치이다. 사실 이런 점에서 일정 지역에 한정된 향토역사를 세계적 장소자산으로 보편화하기는 어렵다. 반면에 '친환경'이라는 장소이미지는 특정 장소의 역사보다는 보편적 가치가 더 크다고 할 수 있다. 함평나비축제의 성공은 '나비'를 통해 전해지는 메시지가 '친환경', '자연의 아름다움'과 같은 누구나 동감하는 매우 보편적인 가치에 기반하고 있다는 점에서 찾을 수 있다. 같은 맥락에서 "대가야"를 통해 전달되는 메시지가 무엇인가를 다시 한 번 생각해 볼 필요가 있다.

둘째, 대가야 이미지는 지역의 주요 산업과 연관성이 약하다는 것이다. 환언하면, 관광 이외에 산업적 효과가 별로 없다는 것이다. 지역의 경쟁력 있는 농업 생산물인 고령딸기나 고령수박과도 그 이미지가 잘 연결되지 않는다. 장소마케팅 전략으로서 지역이미지 만들기가 보다 성공하기 위해서는 단순히 관광객 유치에서 한 발 더 나아가 산업적 측면으로 그 이미지가 활용될 수 있어야 한다. 예를 들어 보령머드축제는 보령의 이미지를 개선하는데 기여하였을 뿐만 아니라 머드화장품의 성공으로 이어졌다.⁴ 함평나비축제 역시 함평의 친환경 이미지를 확산하고 지역의 친환경농산물의 판로 확대에 기여한다. 인삼을 대표 이미지로 갖는 금산군 또한 인삼엑스포를 통해 1,000억 이상의 지역경제파급효과를 올린 것으로 평가된다(문화관광부, 2007).

셋째, 대가야 이미지를 선명하게 드러내는 브랜드가 미약하다. 지역 브랜드는 지역의 매력을 가장 정확하고 뚜렷하게 나타내 줄 수 있는 대표성, 선명성을 가져야 한다. 나아가 지역의 특성과 이미지를 가장 잘 연상, 전달할 수 있는 지역성과 차별성을 구비해야 한다(김현호, 2004). 그러나 고령군에서 현재 사용하고 있는 브랜드는 이러한 것이 명확하게 드러나지 않는다.

브랜드에 대한 오해의 하나는 브랜드를 디자인으로만 생각하는 것이다. 브랜드는 제품을 차별화하기 위해 사용하는 명칭, 슬로건, 상징 등 다양한 형태를 가질 수 있으며, 디자인은 그중의 하나일 뿐이다. 고령군 홈페이지를 방문하여 보면, 고령군을 소개하는 곳에 고령군 슬로건과 군 캐릭터들이 있다. 우선, 슬로건 'Go, Go Goryeong'이 무엇을 의미하는지 분명하지 않다.⁵ '출발! 고령! 이런 의미 인지? 혹은 가자! 고령으로'의 의미인지? 그리고 이 브랜드와 대가야 이미지가 어떻게 연관되는지? 쉽게 파악되지 않는다. 같은 맥락에서 브랜드 디자인 역시 대가야 이미지를 제대로 전달한다고 보기 어렵다. '가야地 고령'라는 작은 글씨로 쓰여 있을 뿐이다.

대가야 이미지를 전면에 내세우려면 '가야의 땅, 고령'이라 하는 것이 보다 명확하고 간결하게 메시지를 전달할 수 있을 방법이 될 것이다. 피라미드라든가, 첨성대와 같이 일반인에게 익숙한 시각적 이미지가 아니라면, 오히려 간결한 언어로 표현하는 것이 지역이미지를 각인시키는 데 유리하다. 예를 들어 미국 일리노이 주는 미국인들이 가장 존경하는 링컨 대통령을 상징으로 한 '링컨의 고장(Land of Lincoln)'이란 브랜드를 각종 문서, 홈페이지, 심지어는 자동차 번호판에까지 사용함으로써 건전한 일리노이의 지역이미지를 적절하게 전달한다. '바다의

---

4 보령머드축제는 놀이라고 하는 인간의 보편적 본성에 기반을 둔다. 보령머드축제는 놀이하는 인간(호모 루덴스)의 본능에 충실한 축제이다. 2007년 보령머드축제는 외국인 관광객만 4만 4천 명을 끌어들였다.
5 영문 브랜드의 경우 자칫 그 의미 전달에 문제가 발생할 수 있다. 예를 들어 Hi, Seoul 브랜드는 국내 각종 마케팅 상을 수상한 바 있다. 그러나 Hi, Seoul을 홍보하기 위해 많은 서울시의 많은 예산이 투입되고 있음을 유의할 필요가 있다. 그럼에도 불구하고 Hi, Seoul이 무엇을 말하려 하는지 여전히 불명확하다. Hi, Seoul!에 대해 원어민들은 그 의미가 분명하지 않다고 지적한다. Hi Seoul이 표방하고 지향하는 도시 마케팅의 지향점의 선명성과 지향점이 쉽게 연상, 인지되지 않는 점, 지속적이고 입체적인 브랜드 노출 및 홍보 등은 Hi Seoul 브랜드 마케팅의 약점으로 지적된다(김현호, 2006).

그림 7. 고령군의 브랜드(좌)와 캐릭터들(우)

땅(Land of Sea)'이란 브랜드를 사용하는 경남 통영시도 브랜드 디자인 면에서 한려수도의 이미지가 분명하게 전달되는 것은 아니지만, 브랜드 슬로건 측면에서는 통영의 지역이미지와 통영시가 앞으로 추구하고자 하는 방향 등이 슬로건 속에 잘 반영되어 있는 사례로 볼 수 있다.

넷째, 대가야라는 대표이미지 중심의 연관 이미지 구성이 미약하다. 전술한 통영시의 경우 '바다의 땅'이란 슬로건에는 한려수도 해상관광, 해상레포츠, 한산도 역사관광, 이순신, 거북선 등 관련된 여러 개의 이미지들이 '바다=통영'이라는 대표이미지 아래 통합된 형태로 존재한다. 이런 점에서 현재 고령군의 대가야 이미지는 고분, 역사관광이란 것 이외에 뚜렷한 관련 이미지를 갖지 못한다. 양전도 암각화, 개실마을 등이 있지만 대가야 이미지와 연결성이 분명하지 않다.

다섯째, 고령=대가야 이미지의 구축이 대가야체험축제와 저널리즘에 과도하게 의존하고 있다. 대가야체험축제가 고령군의 이미지 개선에 기여한 것만은 분명하지만 시기적으로 5월에 한정되어 있고, 언론매체 역시 여기에 맞추어 집중적으로 보도하는 경향이 있다. 또한 놀이 중심의 프로그램에 초점이 맞추어짐으로써 대가야의 보다 깊은 역사성과 문화적 전통을 살리는 데 역부족이다. 결과적으로 다양성과 품격 있는 지역이미지를 구축하는 데는 한계를 드러낸다.

2) 지역이미지 개선의 과제와 방향

지역이미지가 긍정적일 경우 그것을 강화하고, 부정적일 때에는 마땅히 새로운 다른 이미지로의 대체를 모색하여야 한다. 그러나 고령군의 대가야 이미지는 새로운 다른 이미지로의 대체를 모색할 만큼 어떤 부정적 측면을 갖지 않는다. 따라서 현재 고령군에 있어 장소마케팅을 위한 지역이미지 만들기의 기본방향은 기존 대가야 이미지의 강화가 될 것이다. 이와 더불어 전술한 바와 같은 대가야 이미지가 갖는 문제점들을 보완할 필요가 있다.

첫째, '가야 역사·문화의 중심지'라는 이미지 포지셔닝(positioning)을 강화할 필요가 있

   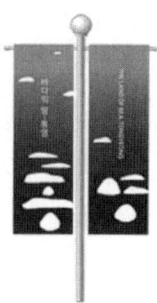

그림 8. 미국 일리노이 주와 경남 통영시의 브랜드 사례

다. 그동안 고령=대가야 이미지의 구축을 통해 고령군이 가야 문화권의 중심지임이 확산되고 있으나 대가야, 고령가야 이상의 신라=경주, 백제=부여와 같은 수준의 이미지 포지셔닝을 확고히 할 수 있어야 한다. 예를 들면, 대전 '중부권 중핵도시', 부산 '국내 최대의 항구도시', 독일 베를린의 'New Capital of Europe'와 영국 버밍햄의 'Europe's Meeting Place'처럼 슬로건을 만드는 것이다. 즉, 고령군을 어떤 문화권, 세력권의 중심지로서의 위치로 이미지화하는 것이다.

둘째, '가야 역사·문화의 중심지'라는 이미지 포지셔닝을 위하여 현재 대가야체험축제에 집중되어 있는 문화 이벤트 개최를 가야의 역사·문화와 관련된 음악제, 학술제 등 보다 다양한 형태로 확대할 필요가 있다. 이러한 문화 이벤트들을 1년 연중 분산 개최함으로써 5월에 한정되는 대가야체험축제의 계절적 한계를 보완할 수 있고, 그 대상도 범위를 확대할 수 있다. 대가야박물관 관람인원의 월별 추이를 보면, 대가야체험축제가 개최되는 4~5월에 전체 관람인원의 40% 이상이 집중되고 있어 관람인원의 증가와 박물관 시설의 적극 활용을 통한 경제적 효율화를 위해서라도 연중 박물관을 활용하는 방안이 모색되어야 한다. 학술 행사의 개최는 이런 점에서 박물관을 활용하는 좋은 방안이 될 수 있다. 또한 가야의 역사와 문화 혹은 4국시대를 조명하는 학술 세미나의 연례적 개최는 저널리즘뿐만 아니라 아카데미즘의 차원에서도 고령군이 가야의 종주임을 알리는 계기가 될 것이다. 한반도 남부 특정 지역의 역사가 아니라 한반도 전체 역사의 한 중심지로 고령군을 자리매김하는 것이 중요하다.

셋째, 지역의 핵심 이미지인 대가야 이미지를 보완할 수 있는 보조 이미지와 브랜드 슬로건의 개발이 요구된다. 현재 대가야 이미지는 과거 역사 이외에 관련해서 연상되는 다른 특별한 이미지들을 갖지 않는다. '가야地 고령'이란 슬로건 역시 이해가 쉽지 않고 경쟁력 있는 이미지 포지셔닝이 가져야 하는 요건인 단순성, 명확성, 호소력이 떨어진다. 오히려 쉽게 풀어서 '가야의 땅, 고분의 도시, 고령' 과 같은 슬로건이 호소력 있고 전달하고자 하는 메시지가 명확하다. Kotler et al.(1993)는 경쟁력 있는 이미지 포지셔닝을 위해서는 정당성, 신뢰성, 단순성, 호소력, 명확성 등의 요건을 충족시켜야 한다고 주장한다.

나아가 대가야란 이미지 또한 역사 이미지에만 머물지 말고 '역사와 자연이 어우러진 고분공원' 의 고령과 같이 보다 보편적 가치를 가진 이미지로 확대함으로써 더 많은 장소마케팅의 소재들을 만들어야 한다. 이와 관련된 장소자산이 부족할 경우에는 핵심 이미지를 보조할 수 있는 도시를 상징하는 대형 구조물과 같은 인위적 장소자산의 도입을 고려할 수 있다.

넷째, 고령군의 대가야 이미지를 선명하게 전달하고 인지할 수 있는 브랜드 슬로건의 설정과 더불어 브랜드 이미지를 시각적 상징물, 캐릭터, 시설물 건축, 지역상품 등에 연관시키는 통합적 마케팅 전략이 필요하다. 예를 들어 앞에서 미국 일리노이 주의 예를 든 것처럼 통일적으로 슬로건이나 로고를 부착함으로써 지속적이고 입체적으로 지역 브랜드를 노출시키고 홍보하는 전략이다.

5. 결론

장소마케팅에서 지역이미지 만들기는 장소의 차별적인 이미지를 전달함으로써 지역 주민의 정체성을 확립하고 나아가 지역의 대외적 인지도와 호감도를 높임으로써 관광객 또는 기업의 유치를 효과적으로 추진하려는 전략이다. 이는 지역이미지가 의도되고 정책적으로 형성될 수 있다는 것을 전제한다. 이러한 전략의 일차적 성공 여부는 얼마만큼 차별적인 이미지를 형성하느냐에 달려 있다. 또한 효율적인 지역이미지를 형성하고 지역 활성화에 실질적으로 기여하기 위해서는 지역의 장소자산 활용을 극대화하는 방향에서 이루어져야 한다. 이 글은 이와 같은 맥락에서 고령군에 대한 지역 주민의 의식과 언론 매체의 기사 분석을 통하여 고령군의 지역이미지를 평가하고 그것을 개선하기 위한 정책 과제를 모색하였다.

2005년 대가야체험축제를 처음 개최한 이후 짧은 기간에도 불구하고 고령군의 대가야 이미지는 지역 주민은 물론 대외적으로 확고하게 자리 잡아가고 있다. 성별, 연령, 직업, 거주지, 출생지에 관계없이 주민 대다수가 대가야를 고령군을 대표하는 지역이미지로 인식하고 있다. 더불어 대가야와 연관된 고령군 관련 기사를 언론매체들이 많이 보도하면서, 고령군에 대한 대외적 인지도도 매우 높아졌으며, 고령군=대가야라는 지역이미지가 대외적으로도 자리 잡게 되었다고 볼 수 있다. 이런 점에서 전반적으로 지금까지 고령군의 장소마케팅 전략으로서 지역이미지 형성은 성공적이다.

그렇지만 고령군의 대가야 이미지는 몇 가지 문제점도 안고 있다. 예컨대 농업 특산물과 같이 지역의 장소자산과 잘 연관이 되지 않은 문제도 있지만, 무엇보다도 지역이미지의 기획 측면에서 부족한 점이 발견된다. 지역의 매력을 증대시키고 관광객과 투자 유치에 더욱 성공하기 위해서는 브랜드 및 슬로건, 로고 등의 재검토가 필요하다. 아울러 대가야체험축제 이외에 연중 기획되는 문화, 예술, 체육, 학술, 해외교류 등 가야의 역사와 관련된 다양한 이벤트 전략이 요구된다.

특히, 장기적으로는 대가야 이미지를 핵심 이미지로 하면서도 특정 지역의 고대 역사라는 이미지보다는 폭넓은 지지를 얻을 수 있는 보편적 가치를 지역이미지로 대가야 이미지를 확장해 나갈 필요가 있다. 그러나 이와 같은 지역이미지의 확장은 기존 대가야의 유물·유적만으로는 한계가 있다. 이런 점에서 새로운 장소자산의 발굴, 경우에 따라서는 인위적 장소자산 도입이 요구된다. 끝으로 중요한 과제는 이러한 장소마케팅과 지역이미지의 형성, 이를 위한 장소자산의 발굴과 재발견, 인위적 장소자산의 조성, 각종 이벤트의 구상, 지역이미지의 브랜드화, 슬로건 및 로고 등이 하나의 체계 속에서 이루어지는 통합성을 가져야 한다. 이를 위한 자원의 집중, 조직의 집중이 필요하다.

장소마케팅은 장소를 매력적으로 만들어 사람들을 끌어들이는 것이다. 따라서 가장 중요한 성공 포인트는 사람들에게 매력 있는 것이 무엇인가를 파악하는데 있다. 대가야라는 고령군의 지역이미지 만들기도 장소마케팅 전략에서 보면 기본적으로 사람들에게 고령군을 매력 있게 만드는 것이 정책의 기본 과제이다. 그런데 문제는 사람들의 욕구가 고정된 것이 아니기 때문에 지역의 매력 포인트도 그것에 맞추어 조정되어야 한다는 점이다. 따라서 한번 긍정적으로 형성된 지역이미지일지라도 지속적인 관리와 조정이 필요하다. 고령군의 대가야 이미지 역시 이러한 점에서 예외가 아니다.

참고문헌

고동우, 2004, 자기지역이미지에 근거한 관광목적지 이미지 형성과정, 관광학연구, 28(2), 213-230.
김병국·박석희, 2001, 관광지의 이미지 형성에 관한 연구 -인지적, 정서적 이미지를 중심으로-, 관광학연구, 25(1), 271-290.
김태호·조병량·한상필, 2007, 부정적 기사가 동일지면에 게재된 기업이미지 광고 및 기업이미지에 미치는 영향에 관한 연구, 광고학, 18(2), 103-125.
김정헌, 2004, 지역이미지 제고를 위한 CI구축 및 PR전략, 한국행정논집, 573-604.
김현호, 2006, 장소판촉수단으로서 지역브랜드 마케팅의 특성과 과제, 지방행정, 55(630), 35-51.
대한무역투자진흥공사, 2005, 한국 국가이미지 현황 및 시사점, 무역연구소.
문화관광부, 2007, 문화관광축제의 변화와 성과 1996~2005, 문화관광부.
박동진·손광영, 2004, 관광동기, 이미지, 기대, 만족 및 충성도 간의 구조적 관계 : 안동지역 방문자를 대상으로, 관광학연구, 28(3), 65-83.
박석희·고동우, 2002, 관광지의 정서적 이미지 척도 개발, 관광학연구, 25(4), 13-32.
박억철·이광호·윤명환, 2003, 지역개발디자인 및 지역 아이덴티지와 지역이미지 형성에 관한연구, 기초조형학연구, 4(1), 177-186.
박영기·윤지환, 2005, 단양지역 관광지 이미지가 관광객의 만족과 재 방문의도에 미치는 영향, 한국지역개발학회지, 17(3), 175-190.
박한식, 2007, 지역이미지 분석을 통한 장소마케팅 전략 : 관광객과 지역주민 이미지 차이를 중심으로, 관광연구논총, 19(1), 101-115.
서정욱, 2006, 지리적 표시제 도입이 지역 문화산업 진흥에 미치는 영향 -보성녹차를 사례로-, 한국지역지리학회지, 12(2), 229-244.
엄서호, 1998, 관광지 이미지 측정에 관한 연구, 관광학연구, 21(2), 53-65.
윤성환, 2006, 국가이미지와 브랜드 개성이 상해 소비자들의 한국제품 선택에 미치는 영향, 무역학회지, 31(2), 263-282.
이무용, 2006, 장소마케팅 전략의 문화적 개념과 방법론에 관한 고찰, 대한지리학회지, 41(1), 39-57.
이무용, 1997, 도시개발의 문화전략과 장소마케팅, 공간과 사회, 8, 197-231.
이수범, 2004, 도시이미지 제고를 위한 장소마케팅 전략 : 인천을 중심으로, 커뮤니케이션학 연구, 12(1), 56-83.
이수범·신성혜·최원석, 2004, 시민 관계성이 도시이미지에 미치는 영향에 관한 연구, 광고학연구, 15(1), 7-31.
이순갑·하수규, 2007, 아파트 구매행동에 미치는 지역이미지의 영향에 관한 연구 -서울의 강남지역(서초구, 서초구, 송파구)을 중심으로-, 한국지역개발학회지, 19(1), 171-200.
이용균, 2005, 경기 남동부지역의 장소자산 특성 파악과 장소마케팅 추진전략, 한국도시지리학회지, 8(2), 55-72.
이정훈, 2004, 지역개발에서 차별화된 장소이미지 설정을 위한 장소분석 방법론 재구축, 38(4), 지리학연구, 479-495.
이춘수, 2007, 국가와 기업이미지가 중국소비자의 상품평가에 미치는 실증연구 -중국 7개 지역을 대상으로-, 국제지역연구, 11(1), 587-607.

이춘수 · 이장로, 2006, 한국의 국가이미지에 미치는 기업이미지와 신뢰의 영향에 관한 탐색적 실증연구, 무역학회지, 31(5), 149-171.

이희연, 2005, 세계화시대의 지역연구에서 장소마케팅의 의의와 활성화 방안, 한국도시지리학회지, 8(2), 35-53.

임석회, 2007, 영역자산의 장소판촉과 향토축제의 유형 -경북지방을 사례로-, 한국지역지리학회지, 13(3), 271-289.

정강환, 2006, 독특한 주제, 참여형 프그로램 개발해야, 월간 지방의 국제화 웹진, 2006년 4월호 (http://wenzine.klafr.or.kr/read.htm?middle.title_no=929).

최희경, 1996, 고양시 도시이미지 정립방안에 관한 연구, 서울대학교 환경대학원 석사학위논문.

Boulding, K. E., 1956, The Images: *Knowledge and Life in Society*, University of Michigan Press: Ann Arbor.

Dowling, G. R., 1988, Measuring corporate image: a review of alternative approaches, *Journal of Business Research*, 17, 27-34.

Hospers, G-J, 2006, Borders, bridges and branding: the transformation of the Øresund region into an imagined space, *European Planning Studies*, 14(8), 1015-1033.

Kearns, G. and Philo, C., 1993, Culture, history, capital: a critical introduction to selling places, in Philo C. and Kearns, G. (eds.), *Selling Places: The City as Cultural Capital*, Past and Present, Seoul: Pergamon Press, 1-32.

Kotler, P. D., Hider, H. and Rein, I., 1993, Marketing Places: Attracting Investment, *Industry and Tourism to Cities, States and Nations*, New York: The Free Press.

Lynch, K., 1960, *The Image of City*, Cambridge, MA: MIT Press.

Pereira, A., Hus, C-C. and Kundu, S. K., 2005, Country-of-origin image: measurement and cross-national testing, *Journal of Business Research*, 58, 103-106.

Schooler, R. D., 1965, Product bias in the central American common market, *Journal of Market Research*, 2, 394-397.

Shortridge, J. R., 2005, Regional image and sense of place in Kansas, Kansas History: *A Journal of the Central Plains*, 28, 202-219.

Skuras, D. and Dimara, E., 2004, Regional image and the consumption of regional image and the consumption of regionally denominated products, *Urban Studies*, 41(4), 801-815.

Uysal, M., Chen, J. S. and Williams, D. R., 2000, Increasing state market share through a regional positioning, *Tourism Management*, 21, 89-96.

Van Ittersum, K., Candel, J. J. M., Meulenberg, T. G., 2003, The influence of the image of a product's of origin on product evaluation, *Journal of Business Research*, 56, 215-226.

Wee, C. H., Hakam, A. N. and Ong, E., 1986, Temporal and regional difference in image of a tourist destination: implications for promoters of tourism, *Service Industries Journal*, 6(1), 104-114.

제3부
고령군의 경제와 발전 과제

8. 농업의 특성과 발전 과제 / 이보영(경북대 교수)
9. 제조업의 실태와 정책 과제 / 이철우(경북대 교수)
10. 관광 자원의 이용과 개발 전략 / 최정수(대구경북연구원)
11. 지역경제 여건과 발전 정책 / 이종호(경상대 교수)

농업의 특성과 발전 과제

이보영

1. 머리말

각 국가 간의 FTA의 체결 및 농업의 경쟁력 약화로 한국의 농촌은 갈수록 피폐해지고 있는 현실이다. 특히 농업 시장의 개방화로 인한 농산물의 가격 하락과 그로 인한 농가 경제의 악화, 정부의 투·융자 보조의 한계, 농업 전망의 불투명성으로 인해 농민의 농업에 대한 부정적 인식으로 표출되고 있다. 특히 농가 부채의 경우 10년 간 3배가 증가하고 있으며 농촌을 떠나는 이농 인구는 계속해서 증가하는 추세에 있다. 하지만 웰빙 열풍으로 인해 친환경, 유기농으로 재배된 고품질의 농작물에 대한 수요도 증가하고 있으며, 시장 개방은 상대적으로 수출 시장의 확대도 가져 올 수 있다. 또한 연 소득 1억 원 이상의 신농업인의 출현은 농가의 새로운 희망이 될 수도 있으며 이는 곧 비즈니스 모델을 활용한 융합 농업의 출현을 가져오며 도농 복합 영농 경영의 성공 사례 및 최근 귀농, 귀촌 인구의 증가 등 절망만 있는 것은 아니다. 특히 고령군은 대구광역시라는 대도시에 인접하고 있고 낙동강과 그 강에 의해 형성된 충적 평야 등 다른 농촌에 비해 상대적으로 양호한 조건을 가지고 있는 것도 사실이다.

이에 본 연구는 고령군의 농업 실태를 분석하여 지역 농업의 특성을 규명하고 발전 과제를 제시하고자 한다. 먼저 가장 많은 토지로 이용되고 있는 임업 및 농업을 중심으로 토지 이용 현황을 간략히 살펴보고, 다음으로 고령군 농업의 일반 특성 및 고령군이 가진 강점을 성과 위주로 살펴 본 후, 고령군의 농민을 대상으로 2008년 6월에 행해진 설문 조사 및 심층면접 결과를 분석할 것이다. 마지막으로 이를 토대로 고령군의 농업의 발전을 위한 과제를 제시하고자 한다.

2. 토지이용

고령군의 총 면적은 384km²로서 이 중 임야가 64.6%인 247.63km²로 가장 많은 부분을 차지하며, 밭은 20,264km²로 14.1%, 논은 53,439km²로 5.4%를 차지해 비 도시적 용도가 전체의 84.1%를 구성하고 있다. 이에 비해 도시적 용도인 대지와 학교, 도로, 공장 용지 등은 5% 미만에 지나지 않는 전형적인 농촌의 토지이용을 보여 주고 있다. 특이한 것은 농업 진흥 구역이나 농업 보호구역을 도시계획 결정이나 다른 법률에 의해 농지전용 허가를 받고자 할 때에는 협의권자와 협의해야 하는 등 농지의 전용은 억제하도록 하고 있으므로, 현재 고령군에는 농업 진흥 구역으로 지정된 면적이 4,187ha, 농업보호구역이 825ha에 이른다. 이는 고령군 전

표 1. 지목별 토지 이용 현황(2005)

구분	면적(km²)	구성비(%)
계	384.050	100.0
전	20.264	5.4
답	53.439	14.1
과수원	0.549	0.2
목장용지	1.320	0.4
임야	247.629	64.6
대지	5.737	1.4
공장용지	1.763	0.4
학교용지	0.389	0.1
도로	8.111	1.9
하천	31.049	8.1
제방	2.231	0.6
구거	6.599	1.7
유지	1.687	0.4
묘지	1.785	0.5
잡종지	1.329	0.3
기타	0.169	0.1

자료 : 고령군 통계연보 2006

표 2. 농업 진흥 구역 및 농업 보호 구역(2005)

연별	합계		농업진흥구역		농업보호구역	
	필지수	면적	필지수	면적	필지수	면적
2000	38,315	5,013.6	30,648	4,187.8	7,667	825.8
2001	39,828	5,499.6	31,757	4,478.1	8,071	1,021.5
2002	39,828	5,499.6	31,757	4,478.1	8,071	1,021.5
2003	39,828	5,499.6	31,757	4,478.1	8,071	1,021.5
2004	39,630	5,486.2	31,602	4,466.1	8,028	1,020.1
2005	**39,620**	**5,485.9**	**31,592**	**4,465.8**	**8,028**	**1,020.1**
고령읍	5,766	751.8	4,706	615.9	1,060	135.9
덕곡면	3,748	527.4	2,557	366.2	1,191	161.2
운수면	6,427	917.5	4,710	716.5	1,717	201.0
성산면	4,471	534.3	3,253	379.8	1,218	154.5
다산면	2,722	398.6	1,781	300.5	941	98.1
개진면	4,436	795.9	4,055	726.5	381	69.4
우곡면	5,620	755.4	5,294	712.3	326	43.1
쌍림면	6,430	805.0	5,236	648.1	1,194	156.9

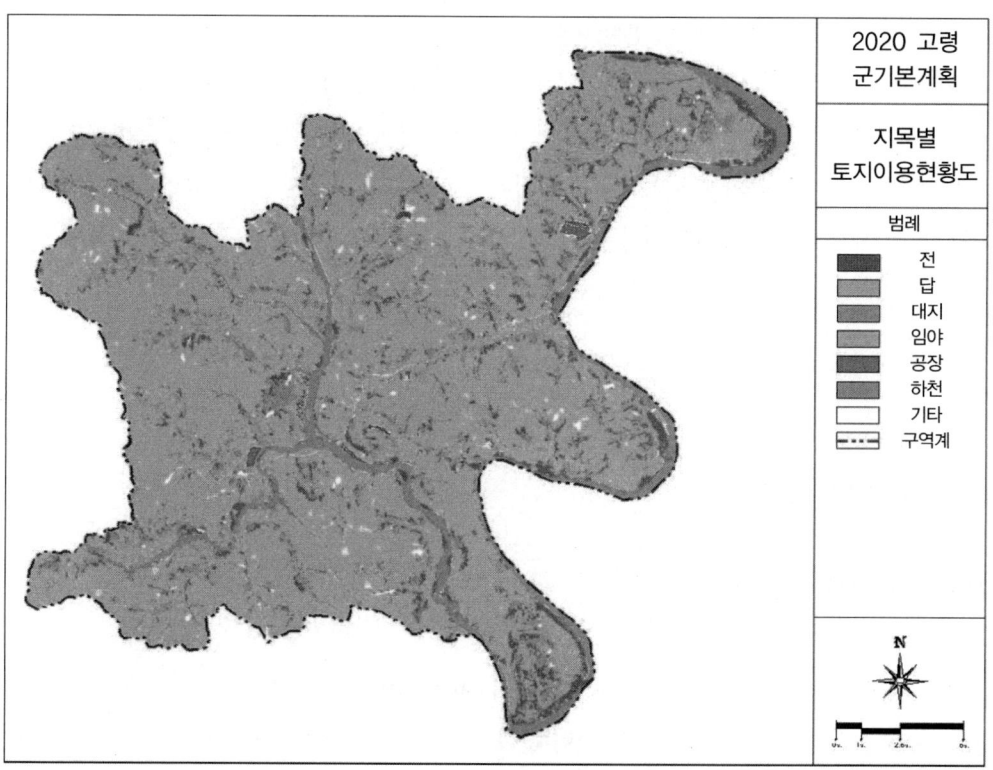

그림 1. 고령군 지목별 토지 이용 현황도(2003)

표 3. 구 국토 이용 관리법상 용도지역의 현황(2003)

구분	면적(km²)	구성비(%)
계	383,970	100.0
도시지역	29,819	7.8
준도시지역	2,618	0.7
준농림지역	100,171	26.1
농림지역	250,146	65.1
자연환경보전지역	1,216	0.3

자료 : 고령군 내부자료 2003

체의 13.2%를 차지해 도시 개발의 장애 요소로 작용하고 있는 것도 현실이나 5년 전에 비해 약 1% 정도 감소하였다. 이러한 농업 보호구역과 농업진흥구역이 많은 것은 불리한 점이 될 수도 있지만 집중과 특화로 활용할 수 있는 구체적인 방안이 제시될 수 있다면 고령군 농업 발전의 유리한 점으로도 작용할 수 있다.

　구 국토 이용 관리법상 용도 지역의 현황을 살펴보면 농림지역이 250km², 준농림 지역이 100km²로서 전체 91%를 점하고 있는 전형적인 농촌적 토지 이용을 보여 주고 있다.

　즉 고령군은 전체 면적의 대부분이 임야나, 밭, 논 등의 농업적 토지이용을 보이며 전체의 91%는 농림, 혹은 준 농림지역이다. 그 외에도 대가야 문화와 관련된 유적지와 문화재의 분포로 인해 많은 지역이 문화재 보존지구로 지정되어 있어 도시 개발의 장애 요인으로 작용하고 있다. 도시 지역 중 60%가 개발제한 구역으로 지정되어 있고 실제 도시 지역으로 이용되는 면적은 전체의 3% 수준으로 전형적인 농촌의 토지 이용양상을 보이고 있으므로 이의 활용 방안을 모색할 필요가 있다.

3. 농업 현황 및 특성

1) 농업의 현황

　고령군은 한-미, 한-EU FTA 등 농산물 수입 개방 확대와 대형 유통업체 중심의 농산물 유통 환경의 변화, 가축 전염병의 발생, 산림 문화 휴양 수요 증가에 따른 산림 문화 시설 확충의 필요성 제기와 같은 현실하에 고령군 농업의 경쟁력 강화와 활력 있는 농촌 개발을 위해 주된 농정을 펴고 있다. 이러한 농정을 구체화하기 위한 『2020 고령군 기본계획』에 의하면 전략 식품 위주의 특화 작물 개발을 통한 농가소득 기반 조성, 농산물 유통 근대화를 통한 농가 수익의 제고, 21세기형 첨단 농업 기반 조성, 휴양 자원 및 관광 자원과 연계한 녹색 관광 활성화, 산림자원의 경영 관리를 기본방향으로 정하였다.

이에 대한 실천방안으로는 ① 영농기법 및 영농 상품의 단계적 개발, ② 소비자 위주의 농산물 유통 체계 및 마케팅 전략의 구축, ③ 첨단 영농기술 보급 및 교육 프로그램의 확대 실시, ④ 지역 문화 관광 자원과 연계한 영농 상품의 개발 그리고 ⑤ 산림자원의 경영 관리를 제시하였다(고령군, 2006). 이러한 비전과 농업 발전방안을 마련하기 위해서는 현재 고령군 농업의 실태, 나아가서는 존립기반을 보다 구체적으로 분석하고 이를 기초로 정책 대안이 제시되어야 할 것이다.

고령군의 농가 인구는 2000년 15,222명에서 2005년 12,317명으로 8.1% 감소하였으나 2005년에는 약 400명의 증가세를 보인다. 이 중 전업농가는 3,944가구로 전체의 80%를 점하며 1종 겸업이 386가구, 2종 겸업이 687가구가 있다. 경지 면적은 6,643ha로서 밭이 1,6303ha, 논이 5,250ha이나 200년과 비교하여 보면 지속적으로 감소하여 10.3% 감소하였다. 이 중 논의 감소가 밭의 감소보다 약간 많은 편이며, 가구당 경지 면적은 2000년의 119a에서 2005년 132a로 계속 증가하는 추세인데 이는 농민소득의 감소, 생활편익시설의 미비 등으로 이농현상이 두드러져 나타나는 것으로 우리나라 농촌의 현실을 잘 반영하는 것으로 보여 진다. 한 가지 특이한 것은 2004년을 정점으로 가구당 경지 면적이 감소하였는데 이는 역시 전국적으로 나타나고 있는 귀농 및 귀촌 현상과 무관하지 않은 것으로 보인다. 그 외에도 고령군의 내부

표 4. 농가인구 및 경지면적(2005)

(단위 : 가구, 명, ha, a)

연별	농가	농가 인구	경지면적			가구당 경지면적(a)		
			합계	논	밭	계	논	밭
2000	5,749	15,222	6,832	5,228	1,604	119	91	28
2001	5,272	13,580	5,843	5,250	1,537	129	100	29
2002	4,995	13,128	6,767	5,247	1,520	135	105	30
2003	4,811	12,699	6,705	5,190	1,515	139	108	31
2004	4,621	12,297	6,675	5,095	1,580	144	110	34
2005	5,017	12,317	6,643	5,013	1,630	132	99	32

자료 : 고령군 통계연보 2006

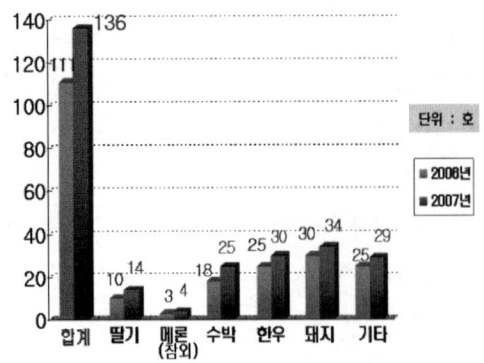
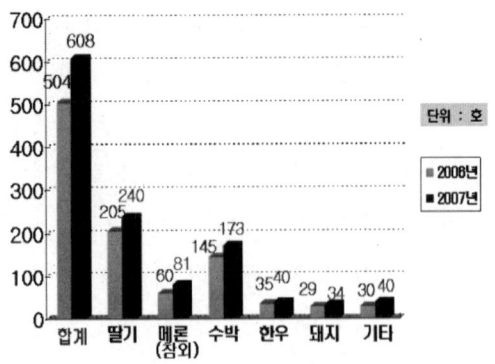

그림 2. 작물별 농가소득 1억 원 이상 가구 수   그림 3. 작물별 농가소득 5천만 원 이상 가구 수

자료를 이용하여 농가의 특성을 조금 더 분석해 보면 2008년 현재 농가 소득 1억원 이상 농가 수를 보면 136가구로 2007년의 111가구에 비해 약 15% 증가하였음을 보여 준다.

이들 농가 중 가장 많은 것은 돼지 및 한우 사육 농가이나 수박이나, 딸기, 메론과 같은 과수 재배 농가도 많아지고 있어, 이는 고령군 농업 발전 정책 수립에 참고가 되어야 할 것으로 보여 진다. 한편 농가 소득 5천만 원 이상의 농가 수도 608가구로서 2007년의 504가구에 비해 약 20% 증가하여 농가 소득 5천만 원 이상 농가 수는 총 744호로서 전체 군의 농가의 약 20%를 차지하고 있으며 이들 농가 역시 전 축산농, 과수재배농과 관계없이 전반적으로 증가하고 있는 추세이다.

2005년 현재 식량 작물 재배 면적은 5,324ha, 생산량은 32,381M/T로 2000년에 비해서는 점차 감소하고 있는 추세이나, 2003년 고비 이후로 계속해서 증가하고 있는 추세이다. 이중, 미곡의 면적과 생산량이 각각 4,408ha, 20,199M/T로서 가장 많은 비중을 차지하며 이어 서류, 맥류, 두류, 잡곡의 순이다. 전국의 경향과 유사하게 이들 중 미곡을 제외한 작물의 생산량은 상대적으로 급감하는 추세여서 주로 미곡에 집중하고 있음을 알 수 있으나 면적의 감소 폭에 비해 생산량의 감소 폭이 낮은 것으로 미루어 보아 생산성은 높아지고 있음을 알 수 있다.

이 중 미곡은 논벼가 주를 이루고 있으며 생산성 또한 논벼가 밭벼에 비해 높게 나타난다. 밭벼는 2003년부터 재배되기 시작하여 생산성은 급격히 높아지고 있는 추세이나 논벼의 생산량에는 미치지 못하고 있다. 맥류의 경우 겉보리의 재배가 주를 이루고 있으며 2001년을 정점으로 감소하고 있으나 최근에 올수록 증가하는 추세이다. 밀의 생산은 없으며 2002년에만 호밀을 약 1,396M/T 재배하였다. 잡곡의 경우 재배 면적과 생산량 모두 옥수수, 메밀, 조, 수수

표 5. 식량작물 생산량(정곡)

(단위 : ha, M/T)

구분	합계		미곡		맥류		잡곡		두류		서류	
	면적	생산량	면적	생산량	면적	생산량	면적	생산량	면적	생산량	면적	생산량
2000	6,155.2	40,229.0	4,699.0	21,872.0	351.0	860.0	89.7	169.1	251.0	351.2	698.2	16,784.7
2001	6,113.3	39,171.0	4,728.0	23,300.0	417.3	1,052.0	115.0	200.0	271.0	373.0	582.0	14,246.0
2002	5,941.0	48,325.0	4,567.0	28,315.0	302.0	696.0	80.0	134.0	238.0	364.0	754.0	18,816.0
2003	5,443.4	23,626.0	4,608.0	12,218.0	245.0	1,176.0	23.3	133.0	140.0	198.0	427.1	9,901.0
2004	5,373.8	32,159.8	4,504.0	21,407.0	289.0	745.6	29.4	166.0	135.2	192.9	416.2	9,648.3
2005	5,324.0	32,381.8	4,408.0	20,199.0	289.0	783.0	36.0	184.0	174.8	278.8	416.2	10,937.0

자료 : 고령군 통계연보 2006

의 순이며 두류의 경우 콩, 팥, 녹두의 순이다. 서류의 경우 감자의 재배 면적이 고구마의 그것보다 9배나 많을 정도로 감자의 재배가 압도적이다.

과실류의 재배 면적과 생산량은 2000년에 비해 각각 45%, 30% 감소하였으나 역시 면적의 감소 폭에 비해 생산량의 감소 폭이 상대적으로 낮은 것으로 보아 생산성은 증대되고 있음을 알 수 있다. 특용 작물은 2002년을 기점으로 감소하는 추세를 보이다가 2005년에는 급감하였다. 채소류는 과채류, 조미채소, 근채류, 엽채류 순으로 재배 면적과 생산량을 보이고 있다. 과채류 역시 면적은 줄어들고 있는 추세이나 생산량은 약간 줄어들어 생산성이 높음을 알 수 있다. 채소류 중 다른 채소는 감소 혹은 정체 상태이나 조미채소의 경우 그 재배 면적과 생산량은 꾸준한 증가 추세를 보이고 있는데 이는 역시 친환경, 웰빙 열풍과 무관한 것으로 보이지는 않는다.

이 중 2008년의 시설 채소 재배 면적을 살펴보면 1,135ha로서 전체 경지 면적 4.32ha의

표 6. 식량작물 생산량(미곡)

(단위 : ha, M/T)

연별	합계		논벼			밭벼		
	면적	생산량	면적	생산량	10a당	면적	생산량	10a당
2000	4,699	21,872	4,699	21,872.0	466	-	-	-
2001	4,728	23,300	4,728	23,300.0	453	-	-	-
2002	4,540	28,148	4,540	28,148.0	620	-	-	-
2003	4,631	16,838	4,608	16,768.0	363	23	305	70
2004	4,504	29,732	4,477	29,638.0	662	27	94	347
2005	4,408	28,032	4,388	27,952.0	637	20	80	400

자료 : 고령군 통계연보 2006

표 7. 맥류 생산량

(단위 : ha, M/T)

연도	합계		겉보리			쌀보리			호밀		
	면적	생산량	면적	생산량	10a 당	면적	생산량	10a당	면적	생산량	10a당
2000	351.0	860.0	351.0	860.0	252.0	-	-	-	-	-	-
2001	417.3	682.0	407.3	652.0	248.0	10.0	30.0	616.0	-	-	-
2002	475.0	2,092.0	279.0	636.0	228.0	23.0	60.0	261.0	173.0	1,396.0	807.0
2003	245.0	1,176.0	225.0	1,080.0	480.0	20.0	96.0	480.0	-	-	-
2004	289.0	745.6	275.2	710.0	258.0	13.8	35.6	258.0	-	-	-
2005	289.0	783.0	275.0	742.0	270.0	14.0	41.0	293.0	-	-	-

자료 : 고령군 통계연보 2006

표 8. 식량작물생산량(과실류, 특용작물, 채소류)

(단위 : ha, kg, M/T)

연도	과실류		특용작물		채소류							
					과채류		엽채류		근채류		조미채소	
	면적	생산량	면적	생산량	면적	생산량	면적	생산량	면적	생산량	면적	생산량
2000	76.7	960.5	133.4	410.9	1,131.8	37,794.4	140.3	9,337.3	88.0	3,625.0	215.1	3,553.8
2001	62.2	926.6	119.7	334.6	1,119.7	37,960.1	102.8	5,461.1	50.7	2,161.0	188.6	3,552.3
2002	60.7	902.0	175.8	575.2	0.0	0.0	14.5	653.3	22.6	974.5	209.9	4,465.8
2003	52.8	876.3	145.4	529.8	1,066.6	37,728.3	62.9	3,208.4	35.0	1,509.0	201.1	4,377.0
2004	45.3	721.0	143.6	548.7	965.9	37,743.4	16.1	607.1	26.8	1,152.4	213.5	4,202.0
2005	43.3	642.5	54.4	32.6	926.3	35,964.0	86.8	3,899.0	44.7	1,788.0	251.7	5,529.0

자료 : 고령군 통계연보 2006

표 9. 시설채소 재배면적(2008)

(단위 : ha, %, 호)

구분	계	딸기	수박	참외	메론	토마토	감자
면적	1,135(100)	215(19)	586(52)	136(12)	131(12)	12(1)	55(5)
농가수	1,693	497	682	206	213	29	84

자료 : 고령군청 내부 자료

27%에 달해 급증하였음을 알 수 있다. 이들은 주로 벼농사와 더불어 하는 겸업농으로서 농지 사용의 집약도를 높일 뿐 아니라 농가 소득의 주요 원천이 되고 있다. 규모별로 보면 수박이 전체의 52%로 가장 많은 면적을 차지하고 있으나 농가 수 역시 많아 상대적으로 영세함을 알 수 있으며, 다음으로 딸기, 참외, 메론, 감자, 토마토의 순이다.

그림에서 보듯이 고령군의 친환경 인증 면적은 2006년의 261ha에서 2007년 351ha로 급증하고 있다. 즉, 전체 경지 면적의 5.3%가 인증을 받았는데 이는 전국 평균 4.2%를 훨씬 상회하

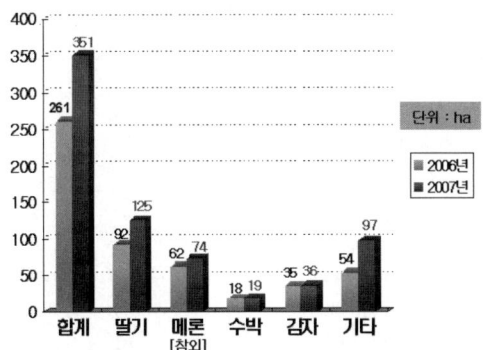
그림 4. 작물별 친환경 인증 현황

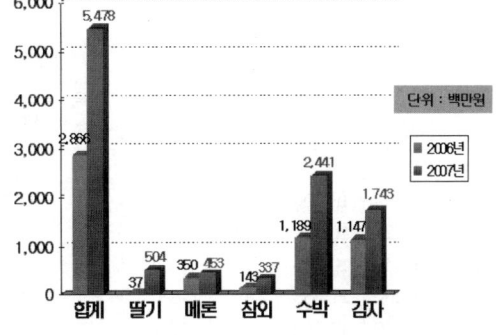
그림 5. 작물별 농협 연합 사업단 판매 실적

며, 경북 평균 5.2%보다 약간 높아 고령군 농업의 미래에 대한 대안이 될 수 있음을 보여 준다. 특이한 것은 이러한 친환경 농산물 중에서 무농약의 품질 인증 비율은 53%[1]로 저농약의 단계를 넘어 친환경 농업으로 어느 정도 전환되었음을 시사한다.

이러한 성과는 농협연합 사업단의 판매 실적이 뒷받침하고 있다. 이는 2007년에 비해 거의 100% 성장하였음을 보여 주고 있는데 주는 수박과 감자와 같은 과채류 및 서류가 주도하고 있다.

2) 고령군 축산업의 현황

가축의 경우 사육되는 가축은 돼지가 가장 많으며 다음으로 닭, 한육우, 젖소의 순이다. 이 중 돼지의 사육 두수가 급증하고 있으며. 사육 호수는 감소함에 비해 두수는 급증하는 것으로 보아 대형 축산농이 많아지고 있음을 보여 준다. 〈표 12〉에서 알 수 있듯이 돼지는 쌍림면과 고령읍, 운수면에서 주로 사육되어 진다. 한우는 운수면과 덕곡면에서 사육두수가 가장 많다. 그 외 한육우, 젖소, 닭의 사육은 점진적으로 증가하는 추세이나 사육 호수는 전반적으로 감소하는 경향을 보여 축산 농가는 점차 감소함을 알 수 있다. 특이한 것은 오리 사육 농가가 비록 2002년의 수준에는 미치지 못하나 현대인의 기호를 반영하여 꾸준히 증가하고 있는 것이다.

---

[1] 참고로 이웃하고 있는 성주군의 경우 23%이다.

표 10. 가축사육현황(1)

(단위 : 마리)

구분	한육우		젖소		돼지		닭		마필		산양	
	사육호수	마리수	사육호수	마리수	사육호수	마리수	사육호수	마리수	사육호수	마리수	사육호수	마리수
2000	1,862	11,771	22	910	78	81,763	196	109,924	-	-	82	1,534
2001	1,509	10,606	25	838	79	99,747	291	240,568	-	-	97	1,686
2002	1,427	10,771	24	844	78	116,835	300	53,496	-	-	109	1,891
2003	1,340	10,488	23	864	74	118,345	297	103,184	-	-	118	2,051
2004	1,266	11,438	19	829	71	119,417	176	151,640	-	-	49	1,491
2005	1,330	12,342	20	1,149	52	161,880	223	138,609	1	3	81	1,236

자료 : 고령군 통계연보 2006

표 11. 가축사육현황(2)

(단위 : 마리)

구분	사슴		토끼		개		오리		거위		꿀벌	
	사육호수	마리수	사육호수	마리수	사육호수	마리수	사육호수	마리수	사육호수	마리수	사육호수	마리수
2000	15	211	31	236	1,049	3,344	23	3,082	1	2,000	198	5,438
2001	12	89	35	189	910	4,822	40	5,751	1	1,350	190	5,585
2002	17	187	33	259	986	7,210	50	5,133	5	1,360	204	7,687
2003	12	195	23	235	1,017	8,224	33	871	2	1,353	213	6,967
2004	10	154	22	2,213	932	6,566	20	11,299	1	100	222	7,525
2005	8	130	13	1,637	780	5,634	39	7,611	1	65	197	6,808

자료 : 고령군 통계연보 2006

3) 고령군의 특산물 현황

위의 농업과 관련된 여러 자료 중 고령군에서 중점으로 지원하고 있고 나름대로 특화된 농작물의 지역별 분포는 <표 12>와 같다. 벼의 경우 고령군 전체에 골고루 분포하고 있으나 우곡면이 가장 높으며 다음으로 고령읍의 생산량이 많다. 고령군에서 집중적으로 육성하고 있는 고령군 옥미의 경우 덕곡면과 고령읍이 가장 높게 나타난다. 고령군 옥미는 새추청벼와 추청벼로 친환경적으로 재배하여 생산에서 출하까지 포장검사 및 품질 검사를 통과한 친환경 고급 쌀이다. 약 600ha의 면적에 연간 2,160톤 정도 생산하고 있다.

수박의 경우 우곡면에서 군 전체 재배 면적의 절반 이상을 차지하고 있으며 낙동강 유역의 기름진 토양과 풍부한 일조량으로 인해 육질이 아삭아삭하고 맛이 뛰어나며 당도도 매우 높아 우곡 그린 수박이라는 상품명을 가지고 유통이 되고 있어 고령군의 우수 특산물이 되었으며 2001년부터는 일본으로도 수출하고도 있다.

고령군 참외는 잘 발효된 완숙 퇴비를 사용하고 농약 살포량을 최대한 줄이고 수정도 벌로 하는 친환경 농법을 도입 재배함으로 당도가 14°Bx 정도로 높고 육질이 연하고 참외 특유의 향이 짙은 것이 특징이다. 주 생산 지역은 다산면과 운수면이며 생산 면적은 129ha이다. 성산 멜론은 전국제일의 주산지로 유기농법으로 생산되며 당도가 16°Bx 이상으로 높고 품질이 우수하여 역시 2001년부터 일본으로도 수출하고 있다. 군 전체 생산량의 대부분은 성산면에서 재배되고 있다.

장미의 경우 양액재배를 하여 꽃 색깔이 선명하고 품질이 우수하여 국내시장에서 호응도가 높을 뿐 아니라 일본으로도 수출하고 있는 특산품이다. 다산면에서 주로 재배되고 있다. 고령 딸기는 가야산의 맑은 물과 풍부한 지하수를 이용하여 재배함으로서 빛깔, 당도, 향기가 뛰어나고, 특히 꿀벌을 하우스에 방사하여 수정작업을 실시함으로 농약 등에 안전하여 일본 등에 수출이 되고 있다. 주된 생산지는 쌍림면이 유명하다.

고령군 감자는 낙동강변 기름진 사질양토에서 재배됨으로써, 알이 굵고, 껍질의 색깔이 희며, 윤기가 나고, 분이 많으며, 특히 기계화재배로 생산비를 절감하고, 고품질 규격 감자를 생산하여 저렴한 값으로 판매 소비자로 부터 각광을 받고 있다. 감자는 개진면에서 주로 재배되며 전체 353ha로서 연간 생산량은 951M/T이다. 경상북도 생산량의 약 29%로 경상북도의 군 중에서 가장 많이 재배하고 있다. 고령군 향부자 주재배지역인 다산면 낙동강변은 향부자 재배에 아주 적합하여, 우리나라 총생산량의 70% 이상을 차지하는 전국 최고의 주산지이다.

표 12. 고령군 특산물의 읍면별 생산량(2008)

(단위 : M/T, 마리)

구분	벼(전체)	고령옥미	한우	돼지	딸기	참외	수박	메론	장미	향부자	감자
계	3,932	598	14,591	158,932	214.6	129.0	585.6	131.3	5.0	112.4	353.0
고령	573	120	1,577	28,854	42.8		27.0	8.7			16.3
덕곡	367	137	2,851	19,700	18.7	3.9	1.3				2.5
운수	470	80	2,916	25,281	4.8	35.0	30.0				
성산	337	26	1,828	8,040		1.8		107.7	0.8		
다산	544	76	1,824	244		88.3	150.1	6.3	4.2	112.4	0.8
개진	462	56	1,124	18,255	19.0		28.5	8.6			281.2
우곡	633	48	869	23,765			348.0				47.0
쌍림	546	55	1,602	34,793	129.3		0.7				5.2

자료 : 고령군 내부자료 2008

그림 6. 고령군의 특산품(고령군청 홈페이지)

이들 지역 특산물과 관련된 고령군의 영농인 단체를 살펴보면 〈표 13〉과 같은데 총 71개의 영농인 단체가 고령군 내에 조직되어 있다. 이 중 작목반이 50개로 약 60%를 점하고 다음으로 영농 조합 법인이 16개이며 연합회는 5개에 불과하다. 농협의 공동 출하 조직으로서 작목반이 영농인 단체의 출발이 본다면 현재 고령군의 영농 단체는 초기 수준의 조직에 머물러 있음을 알 수 있는데 이는 작목반의 연합인 연합회의 숫자가 적고 자본금을 출자하여 법인화한 영농 조합 법인의 숫자가 적은데서 알 수 있다.

한편 작물별로 살펴보면 딸기에 있어서 영농 조합 법인의 숫자가 압도적으로 많은 반면 다른 농작물의 경우에는 전체의 추세를 따라가고 있다. 이는 고령군 쌍림 딸기라는 전국적 지명도에 힘입어 쌍림면을 중심으로 조직된 다수의 영농조합 법인 때문인 것으로 판단된다. 한편 대부분의 영농 조합은 농경지가 많은 면에 주로 분포하고 있으나 딸기의 경우 쌍림면이 많으며 감자의 경우에는 개진면에서 주로 조직되어 있으며 참외는 다산면을 중심으로 조직되어 있음을 알 수 있다.

딸기의 경우는 쌍림면의 안림리 및 백산리를 중심으로 주로 조직되어 있는데 영농 조합 법인이 압도적으로 많으며 다음으로 고령읍이 높게 나타난다. 경북에서 구성비가 가장 높은 감자의 경우는 개진면에서만 영농인 단체가 조성되어 있으며 이 중 개진 감자 영농조합이 회원

표 13. 고령군 영농인 단체 현황

(단위 : 개, 명, ha)

작물	영농인 단체		인원(명)	면적(ha)
수박	소계	13	694	661.8
	영농조합법인	3	58	78.1
	연합회	2	195	156.4
	작목반	8	441	427.4
딸기	소계	12	494	209.3
	영농조합법인	9	375	143.8
	연합회	2	109	30.6
	작목반	1	10	4.9
메론	소계	6	96	49.4
	영농조합법인	1	16	7.0
	연합회	0		
	작목반	5	80	42.4
참외	소계	18	228명	113
	영농조합법인	1	10	7.9
	연합회	1	61	29.5
	작목반	16	157	756.4
감자	소계	11	375명	496.2
	영농조합법인	1	127	150.0
	연합회	0		
	작목반	10	248	346.2
기타작물	소계	11	231명	113.5
	영농조합법인	1	6	3.3
	연합회	0		
	작목반	10	225	110.2

자료 : 고령군 홈페이지(2008년 4월 20일 접속)

수나 비중에 있어서 가장 높게 나타나며 다음으로 생리 감자 작목반이다.

이 외에 고령군의 농업인 학습 조직체는 농촌 지도자 고령군 연합회, 4H 연합회, 농협 경영인 협회, 고령군 생활 개선회 등이 조직되어 있으며 이들이 주로 하는 활동은 〈표 17〉과 같다.

표 14. 영농인 단체-수박

작목명	소재리		영농조합법인 및 작목반명	회원수	재배면적(ha)
	읍면	리			
수박	수박소계		영농조합법인 : 3, 연합회 : 2, 작목반 : 8	694명	661.8
	고령읍	외리	대가야수박연합회	35명	26.4
	덕곡면	원송리	덕곡수박작목반	3명	1.6
	운수면	운산2리	운산2리수박작목반	15명	8.9
		봉평1리	봉평작목반	15명	9.0
		운산1리	운산1리수박작목반	29	13.9
	다산면	평리, 노곡, 호촌1, 2 곽촌상곡 좌학	다산수박작목반연합회	160명	130
		호촌2리	로하스영농법인	19명	30
	우곡면	봉산리	한국유기농업협회 고령우곡지회	14명	14.1
		야정리	우곡원예농조합법인	35명	34
		포리	우곡그린수박작목반	320명	304.9
	개진면	오사리	오사수박작목반	14명	26
		옥산리	개진수박작목반	16명	25
		옥산리	옥산수박작목반	19명	38

표 15. 영농인 단체-딸기

작목명	소재리		영농조합법인 및 작목반명	회원수	재배면적(ha)
	읍면	리			
딸기	딸기소계		영농조합법인 : 9, 연합회 : 1, 작목반 : 5	494명	209.3
	고령읍	본관리	고령딸기원예영농조합법인	78명	32.7
		쾌빈3리	회천딸기작목반	10명	4.9
	덕곡면	반성리 본리리	덕곡딸기영농조합	56명	20.0
	개진면	반운리 신안리	금천딸기영농회	53명	16
	쌍림면	귀원리	제일원예영농조합법인	18명	12.5
		귀원리	쌍림딸기영농조합법인	57명	20.8
		신곡리	안화원예영농조합법인	8명	4.5
		안림리	안림원예영농조합법인	92명	46.7
		안림리	신영농조합법인	6명	3.4
		백산리	용담원예영농조합법인	71명	24.7
		고곡리	임천원예영농조합법인	49명	19.1
		평지리	고령수출딸기영농조합법인	13명	7.6

표 16. 영농인 단체-감자

작목명	소재리		영농조합법인 및 작목반명	회원수	재배면적 (ha)
	읍면	리			
	감자소계		영농조합법인 : 1, 연합회 : , 작목반 : 10	375명	496.2
감자	개진면		개진감자영농조합	127명	150
		개포리	개진감자작목반	22명	27
		오사리	오사감자작목반	34명	51
		구곡리	구곡1리감자작목반	28명	60
		구곡리	구곡2리감자작목반	11명	12
		옥산리	옥산1리감자작목반	28명	5.2
		옥산리	옥산2리감자작목반	24명	35
		부리	창동감자작목반	15명	25
		부리	부리감자작목반	30명	46
		생리	생리감자작목반	30명	63.7
		인안리	인안감자작목반	26명	21.3

표 17. 농업인 학습조직체 현황

단체명	농촌지도자 고령군연합회	고령군 4-H 연합회	(사)한국농협 경영인 고령군연합회	고령군 생활개선회
목적	지역농업발전과 농가소득증대에 기여하며 농업인의 권익신장과 향토문화 계승발전	지·덕·노·체 이념실천으로 건전 민주시민 양성과 영농정착 유도	영농정착과 과학영농기술 습득실천으로 지역사회발전과 과학 영농기수로서 선진농촌 건설	우애·실천·협동정신을 토대로 과학적 생활기술의 실천과 농촌문화발전을 위한 농촌 후계여성육성
위치	경북 고령군 고령읍 내곡리	경북 고령군 고령읍 내곡리	경북 고령군 고령읍 지산리	경북 고령군 고령읍 내곡리
회원수	310명(군연합회 1개회 외 읍면 8개회)	168명(군연합회 1개회 외 학교4-H회 5개회)	500명(군연합회 1개회 외 읍면 8개회)	200명
주요산업	- 과학영농, 생활향상을 위한 선도시범 활동 - 농촌후계 인력육성을 위한 농촌청소년 육성 - 농민권익 보호에 관한 연구조사사업	- 농업과 농업의 이해와 개인과제를 통한 영농기술 습득 - 자연보호 등 단체과제 활동을 통한 협동심 양양과 사회봉사 활동 전개	- 새로운 영농기술, 지도력 배양 협의 및 연찬 - 농업기술 정보 교환 - 과학영농 연구 및 협의 - 지역농업과 농촌발전에 관한 사업추진	- 건전한 농촌가정 육성 및 활력있는 농촌사회 형성 교육행사 실시 - 생활개선 과제의 단체학습 활동 - 농촌생활기술의 홍보물 발간보급

자료 : http://gratec.kory21.net/A/A7_1.htm(2008년 4월 27일 접속)

4) 고령군 농업의 특성

농업의 현황을 살펴 본 결과 나타난 문제점 및 장점을 살펴보면 먼저 문제점은 우리나라 전국의 농촌 현실과 그리 크게 차이가 나지 않음을 알 수 있다. 농가 인구의 지속적 감소 추세는 뚜렷하여 농가당 경지 면적은 증가하는 추세에 있으며 이는 농업을 포기하는 사람이 늘고 있고 결국 이들이 농촌을 떠나고 있음을 알 수 있다. 이로 인해 농가인구의 고령화에 따른 농업 노동력의 질적 수준 저하를 가져와 결국 농업 생산력의 저하를 가져 오고 있음을 보여 준다. 결국 지역 농업 기반은 더욱 약화되어 경쟁력의 저하가 예상될 수 있다. 하지만 농가 소득의 측면에서 고소득 농가는 꾸준히 증가하는 추세이며 그 중에서 미곡 중심의 농업도 중요하지만, 돼지 사육이나, 과채류의 시설재배로 고소득을 이루어 낸 농가가 증가하는 것은 농업 정책을 수립할 때 참고할 사항으로 간주되어 진다. 또한 친환경 농업의 인증률이 매우 높고 농업 연합 사업단의 판매 실적이 높아지는 추세를 반영하면 친환경 농업과 영농 단체의 조직을 통한 농산물 유통 활로의 개척은 꾸준히 유지해야할 정책으로 간주되어 진다.

고령군이 가진 농업의 잠재력을 살펴보면 웰빙 시대의 변화에 발맞추어 저농약의 단계를 넘어선 친환경 유기농으로의 전환을 통해 지역 농업을 육성할 필요가 있으며 전국 평균을 훨씬 상회하는 친환경 농업 인증률에서 알 수 있듯이 충분히 실현이 가능하다. 즉 가까운 대구 혹은 교통이 유리한 입지 조건을 활용하여 대도시 지역에서 많은 소비가 이루어지는 농산물을 대상으로 청정 영농 기법 등 신 영농 기법을 적극적으로 적용할 필요가 있다. 또한 고소득 농가의 분포에서 알 수 있듯이 미곡이나 한우와 돼지의 사육 외에도 특화작물의 재배를 통한 다각화로 지역 농업 구조를 선진화 시킬 필요도 있다. 이러한 특화 작물은 웰빙 및 상대적으로 열려 있는 세계 시장을 공략하는 데 첨병으로 활용될 필요가 있으며 전국의 80%를 생산하는 다산의 향부자[2]는 그 한 사례가 될 수 있다.

---

[2] 향부자는 다산면 2개마을 137 농가와 관련 기관, 단지임원, 가공업자로 구성된 준 농업 클러스터이다. 이 지역의 재배 면적은 185ha로 전국의 88%를 차지하고 있으며 재배 농가의 규모는 호당 평균 0.6ha로 약초 재배에 있어서는 비교적 규모가 크며 재배, 가공, 출하 등이 통합되어 단지가 조성되어 있다. 재배 농가의 대부분이 낙동강변의 하천 부지에 여름철 강우 시 침수되는 유휴지를 활용하여 재배 과정에서 노동 조방적인 영농 형태를 취하며 경지 활용도가 낮은 지대의 개발 가능성이 높은 소득 작물로 정착하고 있다. 재배 농가의 ha당 평균 수량은 6280kg이었고 소득은 380만원이었지만 최근 가격하락으로 재배 면적은 감소하는 추세이다(김봉구 외, 1997).

5) 설문 조사 : 농민의 특성과 의식

이러한 고령군의 농업 실태를 상세히 파악하기 위해 120여 명의 농민을 대상으로 설문 조사를 실시하였다. 이 중 94개의 설문지가 분석대상으로 쓰였으며 설문 대상자의 특성은 〈표 18〉과 같다.

크게 작목반 소속 회원과 비 작목반 소속 회원으로 나누어 살펴보았으며 전체적으로 10,000m² 미만의 영세농이 전체의 62%를 점하고 있으나 작목반 소속의 농민의 경우 기업농의 비중이 약간 높아 작목반 소속 농민의 농가당 경지 면적이 넓음을 알 수 있다. 농가 소득은 대부분이 5,000만 원 미만이나 5,000만 원 이상과 1억 원 이상의 농가도 약 10%를 나타내 고소득 농가도 있음을 알 수 있다.

농민의 평균 연령대는 50대, 60대, 그리고 70대 이상이 주를 이루고 있어 농촌의 고령화 및 노동력의 질 저하 문제는 당면한 과제인 것 같다. 하지만 작목반의 경우는 비 작목반 농민에 비해 상대적으로 젊은 연령대를 구성하고 있다.

또한 농민의 대부분은 겸업을 하고 있었으며 이는 작목반 회원들에 있어서 뚜렷하며 비 작목반의 경우 단일 작물 재배의 비중이 높다. 주된 겸업 농산물은 벼 외에도 양파, 딸기, 메론, 수박 등의 특화 농작물이었으며 겸업을 하지 않으면 농가 수익은 무조건 손해라고 답을 한 경

표 18. 설문조사 응답 농민의 일반 현황

(단위 : 명, %)

구분		작목반	비작목반	전체
영농규모	영세농(10,000m² 미만)	26(48.1)	33(87.9)	59(62.1)
	기업농(10,000m² 이상)	28(52.8)	8(13.1)	36(37.9)
	합계	54(100.0)	41(100.0)	95(100.0)
소득	5,000만 원 미만	48(88.9)	39(97.5)	87(92.6)
	5,000~1억 원	4(7.4)	1(2.5)	5(5.3)
	1억 원 이상	2(3.7)	0(0.0)	2(2.1)
	합계	54(100.0)	40(100.0)	94(100.0)
연령대	30대	4(7.4)	1(2.4)	5(5.3)
	40대	11(20.4)	2(4.9)	13(13.7)
	50대	17(31.5)	8(19.5)	25(26.3)
	60대	13(24.1)	12(29.3)	25(26.3)
	기타	9(16.7)	16(39.0)	27(28.4)
	합계	54(100.0)	41(100.0)	95(100.0)

자료 : 설문조사에 의함(무응답 제외)

표 19. 재배 작물 유형

(단위 : %)

구분		작목반	비작목반	전체
재배 작물	단일작물	16(29.6)	18(45.0)	34(36.2)
	겸업	27(50.0)	15(37.5)	42(44.7)
	2종 겸업	11(20.4)	7(17.5)	18(19.1)
	합계	54(100.0)	40(100.0)	94(100.0)

자료 : 설문조사에 의함(무응답 제외)

표 20. 농업의 중요성

(단위 : 명, %)

구분		작목반	비작목반	전체
중심산업	매우 그렇다	16(29.6)	16(40.0)	32(34.0)
	그저 그렇다	19(35.2)	3(7.5)	22(23.4)
	보통	11(20.4)	6(15)	17(18.1)
	그렇지 않다	8(14.8)	14(35.0)	22(23.4)
	매우 그렇지 않다	–	1(2.5)	1(1.1)
	합계	54(100.0)	40(100.0)	94(100.0)

자료 : 설문조사에 의함(무응답 제외)

우가 많았다.

 이들 농민의 의식을 알아보면 고령군에서 농업이 중심산업이라고 답한 사람이 전체의 34%로 가장 많은 응답을 하였으며 이는 비 작목반의 경우에 더욱 그러하였으나 '보통이다' 및 '그저 그렇다'의 비율도 많아 우리나라 전국 농민의 의식수준과 큰 차이는 없어 보인다. 또한 농업을 통한 지역 경제 활성화 여부에 대한 물음에서는 긍정적 관점이 46%인데 비해 부정적 관점도 그 만큼 많아 격동기의 농업의 장래에 대해서는 혼선을 보이고 있다. 이는 비 작목반의

표 21. 다른 군과의 비교

(단위 : 명, %)

구분		작목반	비작목반	전체
유리하다	매우 그렇다	12(22.2)	4(10.0)	16(17.0)
	그저 그렇다	8(14.8)	6(15.0)	14(14.9)
	보통	19(35.2)	17(42.5)	36(38.3)
	그렇지 않다	11(20.4)	10(25.0)	21(22.3)
	매우 그렇지 않다	4(7.4)	3(7.5)	7(7.4)
	합계	54(100.0)	40(100.0)	94(100.0)

자료 : 설문조사에 의함(무응답 제외)

표 22. 농업을 통한 지역 경제를 활성화

(단위 : 명, %)

구분		작목반	비작목반	전체
활성화 할 수 있다	매우 그렇다	17(31.5)	5(12.5)	22(23.4)
	그저 그렇다	15(27.8)	8(20.0)	23(24.5)
	보통	4(7.4)	10(25.0)	14(14.9)
	그렇지 않다	13(24.1)	9(22.5)	22(23.4)
	매우 그렇지 않다	5(9.3)	8(20.0)	13(13.8)
	합계	54(100.0)	40(100.0)	94(100.0)

자료 : 설문조사에 의함(무응답 제외)

표 23. 농업 정책에 대한 만족도

(단위 : 명, %)

구분		작목반	비작목반	전체
농업 정책에 만족한다	매우 그렇다	1(1.9)	1(2.5)	2(2.1)
	그저 그렇다	2(3.7)	5(12.5)	7(7.4)
	보통	9(16.7)	9(22.5)	18(19.1)
	그렇지 않다	22(40.7)	6(15.0)	28(29.8)
	매우 그렇지 않다	20(37.0)	19(47.5)	39(41.5)
	합계	54(100.0)	40(100.0)	94(100.0)

자료 : 설문조사에 의함(무응답 제외)

경우 더욱 그러하며 상대적으로 작목반에 소속된 농민의 경우 긍정적 시각이 우세함을 알 수 있다.

다른 군과의 비교에서는 '보통이다' 및 '그렇지 않다'의 비중이 60%로 높게 나와 고령군의 농업이 타 군에 비해서 그다지 높은 경쟁력을 가지고 있지 않는 것으로 인식을 하고 있으며 이는 작목반 소속 농민에 비해 비 작목반 소속 농민이 더욱 그러하다.

농업 정책에 대한 만족도의 조사에서는 매우 만족하지 않는 것으로 조사되었는데 부정적 응답의 비중이 80%로 높게 나타났으며 이는 작목반 비 작목반 모두 높게 나타나 현재의 농정에 대해 상당히 불만스러워 하고 있음을 알 수 있다.

6) 농업의 거래 네트워크

농민이 농업적 의사 결정을 하기 위한 주요 정보원을 살펴보면 과거의 관행을 그냥 답습한다가 가장 높게 나타났으나, 작목반 소속 농민의 경우 고령군 농업 기술센터에 대한 의존도가

표 24. 주요 정보원 비교

(단위 : 명, %)

구분		작목반	비작목반	전체
주요 정보원	작목반 혹은 영농조합	5(9.4)	3(7.3)	8(8.5)
	고령군 농업기술센터	20(37.7)	4(9.8)	24(25.5)
	신문, TV, 인터넷과 같은 매체	1(1.9)	2(4.9)	3(3.2)
	이웃 주민	3(5.7)	8(19.5)	11(11.7)
	고령군청 혹은 농협	6(11.3)	1(2.4)	7(7.4)
	그냥 과거에 해오는 대로	13(24.5)	20(48.8)	33(35.1)
	기타	5(9.4)	3(7.3)	8(8.5)
	합계	53(100.0)	41(100.0)	94(100.0)

자료 : 설문조사에 의함(무응답 제외)

표 25. 생산 농작물 유통의 거래 네트워크

(단위 : 명, %)

구분		작목반	비작목반	전체
공간 범위	고령군내	10	14.9	12.1
	대구광역시	23.1	31	26.4
	영남지방	11.9	4.9	8.8
	전국	53.1	23.2	40.2
	해외	-	-	-

자료 : 설문조사에 의함(무응답 제외, 복수응답)

표 26. 생산 농작물 유통 경로

(단위 : 명, %)

구분		작목반	비작목반	전체
유통 경로	직접 판매	12.8	23.7	17.5
	작목반	25.6	3.7	16.1
	도매상	37.6	22.0	30.8
	소매상	-	-	-
	인터넷	-	-	-
	농협	13.1	13.2	13.2
	기타(자가소비는 100)	100	95	95.7

자료 : 설문조사에 의함(무응답 제외, 복수응답)

높게 나타난 반면 비 작목반인 경우 과거에 해 오던 대로가 가장 높으며 다음으로 이웃주민에게서 주로 정보를 얻고 있다. 고령군청이나 고령군 농협의 역할이 미미한 것이 주된 특징으로 보여 지는데 이는 고령군에서의 지역 농업 혁신 클러스터의 형성 가능성이 매우 약함을 추론할 수 있다. 이들이 생산한 농작물의 공간적 거래 범위를 살펴보면 전국, 주로 서울로 가는 것의 비중이 약 40%로 가장 높게 나타나며 다음으로 인접한 대구시가 높게 나타난다. 하지만 작목반의 경우는 전체와 유사하나 비 작목반의 경우 대구로의 출하 비중이 더 높다.

이들 농작물의 유통 경로를 살펴보면 도매상을 통한 판매가 31%로 가장 높게 나타났으나 역시 비 작목반의 경우 직접 판매의 비중이 높음을 알 수 있다. 소매상을 통한 유통이 없음은 안정적 판매처의 확보를 위해 거래를 기피하는 것으로 보여 지며 인터넷을 통한 유통이 전혀 없는 것은 지식 정보화 시대의 시대적 조류에 고령군의 농업이 상대적으로 뒤쳐져 있다는 것을 여실히 보여 주는 사례라고 생각되어 진다.

7) 농업의 문제점 및 추진 방향

이들 농민들의 애로사항을 살펴보면 먼저 노동력 확보 및 비료 농약 값에 대한 부담이 가장 힘든 것으로 나타났다. 다음으로 비싼 시설비가 주된 애로사항으로 지적되었다. 이는 작목반, 비 작목반의 경우 공히 동일한 결과를 보여 준다. 설문조사 중 만난 농민의 대부분은 원가 대비 비료 및 농약 값이 너무 높고 인건비가 비싸다는 불평이 많아서 농사를 지으면 지을수록 빚이 늘어 간다고 대답하였다.

그 외에 지역 농업을 활성화 시키는데 저해하는 요인으로서는 노동력 확보의 어려움을 가장 큰 이유로 들었으며 다음으로 외국산 농산물의 수입을 저해 요인으로 꼽았다. 특이한 것은 정부의 지원 사업이 지역의 실정에 부적합하다는 항목도 17%로 높게 나와 지역의 농업 정책 수립 시 참고해야 될 사항으로 보여 진다.

표 27. 애로사항

(단위 : 명, %)

구분		작목반	비작목반	전체
가장 어려운 점	정보 부재	1(0.7)	4(4.0)	5(2.0)
	노동력 확보	40(26.8)	27(27.3)	67(27.0)
	비싼 시설비	28(18.8)	16(16.2)	44(17.7)
	비료 및 농약 값	44(29.5)	23(23.2)	67(27.0)
	판매처 확보	8(5.4)	10(10.1)	18(7.3)
	관개시설 활용	6(4.0)	2(2.0)	8(3.2)
	비싼 연료비	17(11.4)	12(12.1)	29(11.7)
	기타	5(4.0)	5(5.1)	10(4.0)
	합계	149(100.0)	99(100.0)	248(100.0)

자료 : 설문조사에 의함(무응답 제외, 복수응답)

표 28. 지역 농업 활성화 저해 요인

(단위 : 명, %)

구분		작목반	비작목반	전체
저해 요인	외국산 농산물	31(22.0)	20(21.5)	51(21.8)
	정부의 지원 사업이 지역 실정에 부적합	23(16.3)	16(17.2)	39(16.7)
	지역특유의 농산물, 자원 부재	5(3.5)	6(6.5)	11(4.7)
	지방재정부족 및 예산 부족	25(17.7)	7(7.5)	32(13.7)
	노동력 확보 어려움	38(27.0)	24(25.8)	62(26.5)
	정부 정책의 일관성 부족	9(6.4)	6(6.5)	15(6.4)
	농업 관련 정보 부재	7(5.0)	5(5.4)	12(5.1)
	지역 혁신 주체간 협력 부재	2(1.4)	3(3.2)	5(2.1)
	기타	1(0.7)	6(6.5)	7(3.0)
	합계	141(100.0)	93(100.0)	234(100.0)

자료 : 설문조사에 의함(무응답 제외, 복수응답)

표 29. 지역 농업 활성화를 위한 역점

(단위 : 명, %)

구분		작목반	비작목반	전체
지역 활성화 역점	고령군 및 영세농 대책	37(25.7)	27(28.7)	64(27.4)
	직접 지불제	11(7.6)	7(7.4)	18(7.7)
	농촌 복지	16(11.1)	14(14.9)	30(12.8)
	유통망 확보	33(22.9)	14(14.9)	47(20.1)
	농자금 대출 및 상환조건 개선	30(20.8)	18(19.1)	48(20.5)
	신속 정확한 농업 관련 정보 제공	13(9.0)	6(6.4)	19(8.1)
	기타	4(2.8)	8(8.5)	12(5.1)
	합계	144(100.0)	94(100.0)	234(100.0)

자료 : 설문조사에 의함(무응답 제외, 복수응답)

표 30. 고령군 및 고령군 농업기술센터의 도움

(단위 : 명, %)

구분		작목반	비작목반	전체
도움을 많이 받는다	매우 그렇다	19(35.2)	7(17.5)	26(27.7)
	그저 그렇다	11(20.4)	7(17.5)	18(19.1)
	보통	10(18.5)	7(17.5)	17(18.1)
	그렇지 않다	10(18.5)	7(17.5)	17(18.1)
	매우 그렇지 않다	4(7.4)	12(30.0)	16(17.0)
	합계	54(100.0)	40(100.0)	94(100.0)

자료 : 설문조사에 의함(무응답 제외)

지역 농업 활성화를 위해 역점을 두어야 할 것으로는 고령군 및 영세농에 대한 대책이 27%로 가장 높게 나타났으며(표 29), 다음으로 농자금 대출 및 상환 조건의 개선과 유통망 확보가 20%로 높게 나타났다.

지역 농업에서의 고령군 및 고령군 농업기술센터의 역할은 작목반의 경우 어느 정도 있어 보이나 비 작목반 농민을 대상으로 한 군 및 군 농업기술센터의 역할은 더욱 늘릴 필요가 있어 보인다(표 30).

8) 고령군의 농업 혁신

이 절에서는 고령군에서 그나마 지역 농업의 혁신 클러스터의 조짐이 보이는 두가지 사례에 대해서 논하고자 한다. 하나는 2004년 지역 자치경영 혁신 대상을 수상한 고령군 및 고령군 농업 기술센터의 토양 정밀 검정 및 맞춤 비료 공급으로 지역의 농업을 혁신한 사례이고 다른 하나는 2010년이면 타결되어야할 딸기 종자의 로열티 문제를 극복하기 위한 용담 딸기 원예 작목의 사례이다.

(1) 토양 정밀 검정 및 맞춤비료 공급 사업[3]

고령군에서 시설 원예농업의 발달 및 장기 연작[4]에 따른 문제점이 발생하기 시작한 것은 1990년대 후반이다. 1998년에 전체 농경지의 약 5%에서 2005년에 20%로 연작 장해가 점차 증가하고 있는 추세이다. 이는 곧 토양의 염농도를 증가 시켰고, 선충 피해 등으로 인해 수확량을 감소시키게 되었다. 이 외에도 화학비료의 과다한 사용으로 수질 및 토양 환경이 오염되게 되었다. 이러한 문제점으로 한계에 달한 토양을 살리고 농업 생산성 향상과 경쟁력을 높이기 위해 1998년 민선 2기 군수 공약사업으로 토양 정밀 검정 및 맞춤 비료 공급 사업이 시작되었다. 먼저 1999년에 계획을 수립하고 2001년 까지 토양 정밀 검정을 실시하였다. 석회를 비롯한 토양 개량제의 지속적 공급으로 토양 산도는 적정치에 가까웠으나 퇴비 사용 부족으로 유기물 함량이 크게 부족한 것으로 나타났다.

2001년 벼농사 맞춤비료 198톤을 시범 공급한 이래 벼농사는 비슷한 땅 성질을 가진 농지별

---

[3] 이 부분은 박용도, 2003과 고령군의 내부 자료를 이용하여 정리한 것임.
[4] 딸기의 경우 75년부터 33년 연작을 하였으며 참외, 수박의 경우 80년부터 28년 째 연작을 해오고 있음.

표 31. 검정 결과 토양 성분

구분		산도 (1:5)	유기물 (%)	유효인산 (ppm)	치환성양이온(me/100g)			유효규산 (ppm)	전기전도도 (ds/m)	CEC (me/100g)
					K	Ca	Mg			
논	시용전	5.8	1.9	189	0.33	4.2	1.4	69.0	-	8.64
	시용후	6.0	2.1	172	0.31	4.9	1.61	76.0	-	9.87
	목표치	**6.5**	**3.0**	**100**	**0.25**	**5.5**	**2.0**	**130**	-	**10**
시설	시용전	5.9	2.3	855	1.05	5.0	3.3	-	2.1	-
	시용후	6.1	2.3	740	0.62	5.9	3.3	-	1.7	-
	목표치	**6.5**	**3.0**	**350**	**0.70**	**5.5**	**2.0**	-	**1.5**	-

자료 : 고령군 내부자료

로 비료 종류를 달리하여 지금은 벼 21종 1,340톤을 매년 공급해오고 있으며, 감자, 딸기, 수박, 참외, 멜론 등 6개 주요작물에 대하여 2,235톤(총 소요량 대비 98.7%)을 공급하고 있다. 또한 맞춤 비료 사용 결과를 사용 농가의 10%를 표본 조사하여 농가 만족도를 조사하였으며 수확기 탈곡 현장에서 수확량 조사, 토양 성분 변화를 조사하기 위해 100필지 표본을 분석한 결과 신청 및 공급 편리성, 시용 편리성, 시용 후 작황, 금후 사용 여부에서 매우 높은 농가 만족도가 나타났다. 벼 수확량 역시 10a 당 505kg으로 비시용 지역 대비 6.2%, 전년대비 27%의 증가를 가져왔으며 토양 중 유효 인산 및 칼륨 함량이 떨어져 토양 성분 불균형이 개선되고 있음을 알 수 있다.

또한 맞춤비료 사용으로 비료와 농약사용량이 줄어들어 2004년 7월에는 멸종 위기에 처한 긴꼬리 투구 새우가 고령군 지역에서 광범위하게 발견되었는데, 지금은 고령군 대부분의 논에서 발견되고 있다. 또한 비료가격에 대하여는 군비와 농협 보조금을 합하여 20%(2억 원)를 보조하여 줌으로서 비료가격 인상으로 인한 농가의 경영비 절감에 크게 기여하고 있으며, 토양 환경개선과 생산성증대는 물론 품질향상 등으로 농가로부터 큰 호응을 받고 있다. 작물 작기 내에 3~4회 비료를 주던 것을 밑거름에 단 1회 만 시용하는 완효성 맞춤비료 공급사업도 지난 해에 20ha에서 금년에는 100ha로 확대하여 노동력을 절감하고 비료효율을 30%에서 60%로 끌어올려 비료사용량과 토양 오염을 줄이는 사업도 적극 추진하였다.

이러한 성과는 고령군 농업 기술센터 중심의 관 주도로 고령군의 농업이 처한 현실을 극복하기 위해 지역의 토양 특성을 정밀 검정하고 그리고 그 토양 및 재배 작물에 맞는 맞춤 비료를 공급한 것인데 전형적인 관 주도의 농업 지역 혁신의 사례라고 할 수 있겠다.

즉 지역 농업의 발전을 위해서는 농가부채의 탕감이나 농가에 대한 투자 및 융자 등 물리적

표 32. 연도별 검정실적

연도	사업량			논농업 직접지불제	농업인 의뢰
	계	일반토양	시설재배지		
2008	3,800	1,000	1,500	300	1,000
계	44,306	30,556	12,190	1,020	540
2007	10,580	6,480(덕곡,운수)	3,280 (성산,다산,개진,우곡)	280	540
2006	11,700	7,560(고령,쌍림)	3,860 (고령,덕곡,운수,쌍림)	280	
2005	10,418	6,440(개진,우곡)	3,750 (성산,다산,개진,우곡)	228	
2004	11,608	10,076(성산,다산)	1,300 (고령,덕곡,운수,쌍림)	232	
2003	11,508	8,711(덕곡,운수)	2,530 (성산,다산,개진,우곡)	267	–
2002	9,648	8,324(고령,쌍림)	1,324 (고령,덕곡,운수,쌍림)	–	–
2001	23,232	23,101 (전읍면)	131 (개진)	–	–
2000	13,609	13,456 (전읍면)	153 (다산,개진)	–	–
1999	4,445	628 (전읍면)	628 (덕곡,운수)	–	–

자료 : 고령군 내부 자료

표 33. 연도별 맞춤비료공급실적

연도	계		벼		감자		참외(메론)		딸기		수박	
	포	톤	포	톤	포	톤	포	톤	포	톤	포	톤
2000												
2001	9,900	198	9,900	198								
2002	76,601	1,532	61,167	1,223	12,000	240	3,434	69				
2003	77,787	1,555	61,766	1,235	11,950	239	3,021	60	1,050	21		
2004	73,777	1,476	52,127	1,043	8,500	170	5,500	110	1,150	23	6,500	130
2005	105,364	2,108	65,258	1,306	20,980	419	6,378	127	400	8	12,348	248
2006	108,001	2,160	62,559	1,251	22,818	456	6,429	129	1,865	37	14,330	287
2007	11,756	2,236	67,106	1,342	23,437	469	5,284	107	1,411	28	14,518	290
2008	94,445	1,888	65,259	1,305	26,168	523			3,018	60		
계	657,631	13,153	445,142	8,903	125,853	2,516	30,046	602	8,894	177	47,696	955

자료 : 고령군 내부 자료

기반의 확충보다 지역의 특성을 고려한 혁신 환경이 조성된 사례에 해당할 수 있다. 고령군 농업 기술센터는 고령군내의 토양에 대해 철저한 검정과 그 토양에 식재된 작물의 특성을 고려하고, 농민과 신뢰관계에 기초하여 철저히 지역 중심의 농업 정책을 펼친 결과 창출된 시너지 효과라고 할 수 있다.

(1) 용담 원예 작목반의 혁신 사례[5]

용담 딸기 원예 작목반의 혁신 사례를 살펴보기 위해 먼저 국내의 딸기 재배 현황을 알아보고 다음으로 고령군의 딸기 재배 현황을 상세히 알아 본 후 한 농민의 노력과 고령군 농업 기술 센터와의 유기적 협력으로 국산 육종 딸기가 정착되기까지의 과정에 대해서 알아보고자 한다.

현재 국내의 딸기는 전체 채소 생산액의 약 9% 수준으로 '레드펄(육보)', '아끼히메(장희)'가 78%를 차지하고 있다. 2007년에 비로소 국내 육성 품종인 매향과 '설향'이 등장하였으며 8% 정도로 매년 증가하고 있는 추세이다.

시설딸기의 재배 면적이 6,480ha로 노지 딸기의 1,508ha보다 높아 약 95%를 차지하고 있다. 지역별로 살펴보면 충남, 전남, 경남이 전체의 80% 이상을 차지하며 주산지는 논산이 가장 많이 840ha 수준이고 밀양, 담양, 고령, 진주, 합천의 순이다.

표 34. 품종별 딸기 재배 동향

(단위 : %)

년도	품종별 딸기 정식(의향)면적비율					
	레드펄	아끼히메	매향	설향	금향	기타
2005	53.8	33.7	7.4	-	-	3.7
2006	52.7	33.2	9.2	-	-	4.9
2007	46.8	31.2	7.9	8.6	1.4	4.1
2008	32.8	30.2	4.7	28.6	1.3	2.4

표 35. 연도별 딸기 재배 현황

년도	시설딸기			노지딸기			계		
	재배면적 (ha)	수량 (kg/10a)	생산량 (톤)	재배면적 (ha)	수량 (kg/10a)	생산량 (톤)	재배면적 (ha)	수량 (kg/10a)	생산량 (톤)
2000	6,555	2,633	172,623	535	1,473	7,878	7,090	2,546	180,501
2001	7,219	2,743	198,031	348	1,418	4,935	7,567	2,682	202,966
2002	7,451	2,749	204,830	365	1,399	5,108	7,816	2,686	209,938
2003	7,172	2,800	200,805	331	1,396	4,622	7,503	2,738	205,427
2004	7,058	2,820	199,009	271	1,288	3,491	7,329	2,763	202,500
2005	6,709	2,955	198,263	260	1,435	3,732	6,969	2,898	201,995
2006	6,480	3,091	200,285	333	1,508	5,022	6,813	3,013	205,307

자료 : 딸기, 고품질 재배기술 매뉴얼, 2007, (사) 한국딸기 생산자 협의회

---

[5] 용담 원예 작목반 대표와의 심층 면접 결과를 정리한 것임.

표 36. 지역별 딸기 재배 현황

지역	지역별 딸기 생산량 및 면적 (2006)		
	계		
	재배면적(ha)	10a당 수량(kg)	생산량(톤)
전국	6,813	3,013	205,307
인천	5	1,820	91
광주	32	2,666	853
대전	2	2,650	53
울산	3	1,300	39
경기	116	2,477	2,873
강원	70	2,411	1,688
충북	140	1,609	2,252
충남	1,646	2,886	47,226
전북	628	2,723	17,101
전남	960	2,734	26,244
경북	492	2,882	14,179
경남	2,540	3,555	90,309
제주	179	1,340	2,399

국내 딸기 재배는 지금까지 품종이나 재배 기술면에서 일본의 의존도가 매우 높아 국내 품종의 육성과 국내 기후나 토양에 맞는 재배법 개발로 안정적인 생산성 확보가 중요하다. 2010년이면 고령군 쌍림면의 딸기 종자에 대한 로열티를 일본에 지불하여야 한다. 우리나라에 재배되고 있는 딸기의 대부분은 '육보' 및 '장희'로서 일본 품종이다. 하지만 고령군 농업 기술센터의 권유로 국내 육종 품종 '설향'을 재배하여 성공한 사례가 용담 원예 작목반의 경우이다.

대부분의 농민들이 로열티 문제는 정부에서 알아서 대처를 할 것이라는 다소 대책 없는 장밋빛 낙관, 혹은 무관심이라면 용담 원예 작목반 대표 박두헌씨는 국내 육종 품종을 성공리에 재배함으로서 밀려오는 농산물 수입 시장 개방 및 농민이 부담하게 될 로열티 문제를 해결함과 동시에 농민소득 증대에 도움을 준 사례이다. 그는 사단법인 한국 딸기 생산자 협회의 총무로서 딸기 생산자 협회의 중앙 조직과 네트워크화 되어 있어서 신기술, 세계적인 동향, 다른 지역의 딸기 재배에 대한 정보에 항상 노출되어 있는 유리성도 가지고 있다. 이러한 성공은 그의 딸기에 대한 개인적인 노력도 있었지만 고령군 농업 기술 센터의 도움도 크다. 앞에서 언급된 토양 염류에 의한 연작 피해 방지를 위해 3년에 한번씩 단계적으로 밀기울, 혐기 발효, 약제 처리를 하여 토양 내 염류 농도를 경감하고 토양 전염성인 위황병, 선충 등의 발생을 억제시키는데 도움을 준 맞춤형 비료를 공급받고 있기 때문이다. 또한 군에서도 수막 재배를 이용하여 시설 재배 하우스의 온도를 높이는데 경제적으로 도움을 받고 있다. 예를 들면 밀기울과 같은 친환경 재료 구입 시 40%만 농민이 부담을 하며 시설 확충 시 군에서 50%의 보조를 받고 있다. 이처럼 로열티에 대해 농민들만 노력해서 되는 것이 아니라 정부, 지방 자치단체, 농업 기술 센터 모두의 힘을 합칠 필요가 있다.

국내 육성 딸기 품종은 2005년 9%에서 2006년 17.9%로 증가 했으며 2007년에는 34.6%로 확대되었으며 2010년에는 60%까지 확대할 계획이다. 이중 박두헌씨가 재배한 '설향'의 경우 2006년에 8.6%이었는데 2007년 28.6%로 늘어났다. 이는 국내 육성 딸기 품종의 재배 면적 중 '설향'이 80% 이상을 점하고 있는 것이다. 이러한 변화는 단순한 로열티 점감에 효과적이라는 한가지 이유만이 아니고 '설향' 품종이 가지는 장점, 즉 양호한 저온 신장성, 흰 가루병에 매우 강한 내성, 그 외에 다른 병에 대해서도 일본 품종과 거의 유사한 내성을 가지고 있어 친환경 재배에 매우 적합하기 때문이다.

하지만 그는 친환경 유기농을 열심히 하고는 있지만 역시 상승하는 인건비, 재료비, 시설비 등으로 압박을 받고 있으며 딸기의 시장 가격은 10년 전과 변화가 없으므로 본인 표현대로 "일요일을 포함하여 13개월을 일하여도 부부의 인건비 정도밖에 못 건진다"라고 할 정도로 농촌이 힘들다고 하였다. 즉 부부중심의 가족 노동력에 크게 의존하며 부족한 노동력은 품앗이와 임금노동에 의해 충당되고 있다. 가장 힘든 것은 유통의 문제인데 작목반의 수준에서 운 좋게도 청과시장과 도매 계약이나 급식소와의 도매 계약을 하면 그나마 양호하지만 그에 대한 정보 및 입찰에서의 경쟁력을 갖추는데 한계가 있음을 스스로 인정하고 있는 것으로 보아 다양한 유통 경로를 확보할 필요가 있는 것이 이 작목반이 혁신을 계속 유지하는데 가장 필요한 사항으로 보여 진다.

이상 2개의 혁신 사례는 기존의 다른 지역에서 연구된 결과(우종현, 2006)와 비교해 보면 매우 성공적인 사례라고 할 수 있다. 즉 다른 지역이나 과거의 농업 경영이 노동력과 수익성을 고려한 개별 농가의 의사 결정에 의해 크게 영향을 받으며 생산자간 협력관계나 산, 관 혁신 주체들 간의 네트워크가 미약하며 혁신 주체들 간에는 신뢰 수준이 낮은 반면, 토양 검정과 맞춤 비료 공급의 사례나 용담 원예 작목반의 사례는 지역의 농업 현실과 변화하는 농업 환경에 대응하기 위해 농민을 중심으로 한 고령군과 고령군 농업 기술 센터의 기술 혁신을 위한 노력이 매우 강하며 그들 간의 신뢰 수준 또한 매우 높음을 알 수 있다. 비록 변화하는 유통환경을 고려한 생산 중심 영농 방법의 수준이지만 앞으로는 목표 시장을 설정하고 시장 지향적 생산

구조로의 전환도 모색 중이며 특히 작목반의 경우 생산 원가의 상당 비중을 안정적 유통 업체 모색과 네트워크의 확보를 위해 노력하고 있음을 알 수 있다. 한편 일부의 사례를 제외하고는 지역 혁신의 다른 한 축인 보다 근본적인 연구 부문 즉, 산·학·연·관 가운데 학의 기능이 활성화되지 못하고 있는 것은 고령군 농업 혁신에 매우 불리하게 작용하고 있으며 이를 극복하기 위해 산·학·연·관 혁신 주체들 간의 신뢰에 기초한 상호 협력 체계를 구축하고 이들 혁신 주체들을 체계적으로 조직화할 필요가 있다. 즉 고령군 농업 기술센터의 기술력이 가지는 한계를 보완하기 위해서라도 지역의 농업 대학이나 농업 연구소와의 네트워크 구축이 필요하다고 보여 진다.

4. 고령군 농업의 정책 과제

고령군 기본 계획에 의한 농업 발전의 기본 방향은 ① 전략 식품위주의 특화작물 개발을 통한 농가소득기반 조성, ② 농산물 유통근대화를 통한 농가 수익의 제고, ③ 21세기형 첨단 농업기반 조성으로 잡고 있다. 이를 위한 실천 방안으로서 ① 영농기법 및 영농상품의 단계적 개발, ② 소비자 위주의 농산물 유통체계 및 마케팅 전략의 구축, ③ 첨단 영농기술 보급 및 교육 프로그램의 확대 실시를 제시하고 있다.

먼저 자연 친화적 영농 기법에 의한 과채류 및 특용 작물 품질 고급화와 같은 유기 농법 및 친환경적 영농은 고령군 농업 기술 센터를 중심으로 계속 강력히 추진할 필요가 있으며 이는 토양 검정 및 맞춤비료의 성공 사례에서 보듯이 충분히 실현 가능한 것으로 보인다. 하지만 설문 조사에서도 살펴보았듯이 비 작목반 소속 농민의 경우 어떤 구체적 계획을 가지고 이들에게 다가갈 것인지에 대한 구체적 계획의 마련이 필요하다.

한편 설문 조사에서 판매처의 확보에 있어서의 애로도 나타났는데 대구라는 바로 인접한 대도시 시장을 어떻게 활용할 것인가의 문제이다. 쌀의 경우에는 웰빙의 경향에 부응하고 도시민들의 선호에 맞춘 계약 재배를 통한 친환경 농업으로 지역 브랜드와 상품브랜드를 활용하여야 할 것이며 다행히 고령군 옥미를 통해 그러한 가능성을 발견할 수 있다.

특화 작물의 경우 작목반을 통한 공동생산, 선별로 대량 유통을 활 필요가 있으며, 사업의 실효성 제고를 위하여 인터넷 등 정보망을 활용한 예약·계약 재배 및 영농기법을 적극 도입할 필요가 있다. 즉 변화하는 경제 환경과 시장 구조에 대한 인식의 전환이 필요하다. 최근 소

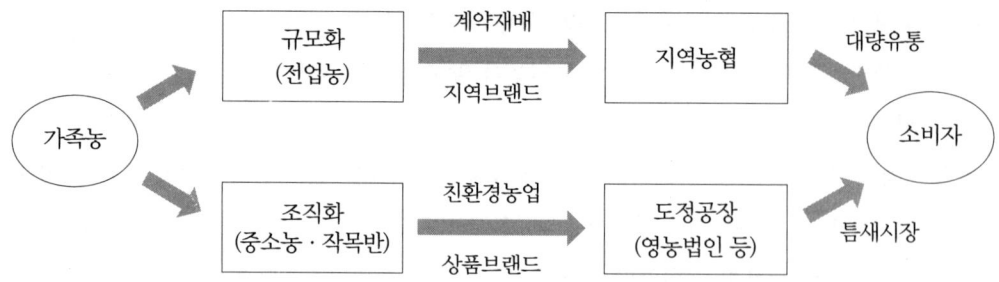

그림 7. 쌀의 유통 경로 개선 방향

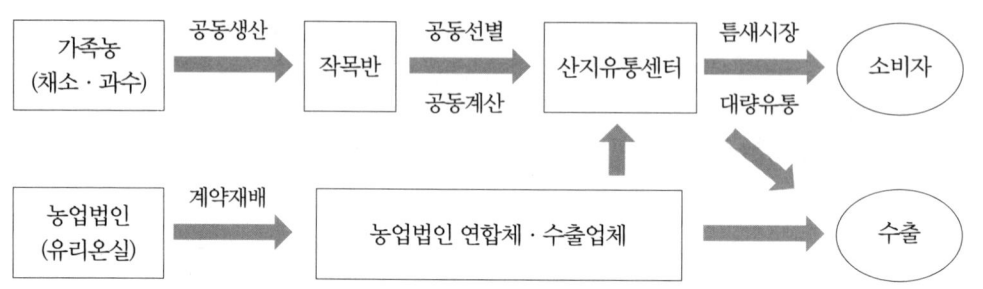

그림 8. 특화 작물 유통의 개선 방향

비지 시장에서는 대형 소매점이 시장 지배력을 확대하고 있다. 또한 소비자들의 삶의 질에 대한 관심이 급증하면서 가격뿐만 아니라 차별화된 상품성, 친환경성이 중요한 변수로 등장하고 있다. 따라서 지역 농업의 발전을 위해 생산자를 조직화한 후 목표 시장을 설정하고 그에 적합한 농산물을 생산하여 유통시킬 필요가 있다.

친환경 웰빙을 매개로 도농 교류를 통해 농촌과 도시의 상생 전략으로 인천의 경우 인접한 시군과 학교 급식 계약 체결 등 인접 시군의 로컬 푸드를 적극적으로 활용하고 있는데 고령군은 인접한 대구의 시장을 어떻게 활용할 것인가가 주된 과제라고 할 수 있다. 이는 농산물의 유통 범위에서도 알아보았듯이 고령군의 특화 농작물은 대도시 시장에서 충분한 경쟁력이 있으므로 남은 문제는 이러한 시장을 개척하기 위한 군과 농민의 노력에 달려 있다. 즉 마을 공동으로 도시민에게 농업·농촌 체험의 기회를 제공하고 이를 통해 지역 특산물의 직거래로 발전시키는 도농교류의 전략을 정책적 과제로 채택할 필요가 있다.

인터넷을 활용한 농작물의 판매가 없는 것으로 보아 농축산물의 전자 상거래를 활성화할 필요가 있다. 이를 활성화하기 위하여 소비자 생활협동조합과 생산자와 협동조합 간 연계를 강화하고 인터넷을 이용한 지역 농축산물 사이버 마켓의 구성과 내용을 지속적으로 개선·개편하는 등 농축산물 유통구조를 정보화시대에 부응할 수 있도록 개혁함으로써 지역 농산품의 판매범위를 전국적으로 그리고 수출을 통해 세계적으로 확대할 필요성도 제기되며 이는 곧 농민에 대한 전자 상거래 교육의 필요성도 제기한다. 또 다른 방안은 전자경매를 위한 디지털 네트워크 구축할 필요가 있으며, 가공 유통시설 확충 등 생활권별 농산물 유통시설 확충을 통하여 산지와 소비지와의 직접 연계망 구축할 필요도 있다.

농업 환경이 시장 경제라는 큰 틀 속에서 빠르게 변화하고 있음을 농민 스스로가 인식하고 전문성을 확보하려는 노력이 필요하며 이를 위해서는 지속적인 영농기술 교육의 필요성이 제기되어 진다(민선규 외, 2005). 즉 영농기술 교육 프로그램을 수립 및 실시할 필요가 있는데 새로운 영농기술의 보급 및 농업인들의 기술수준 향상을 위하여 군차원의 정기적 농업 교육프로그램의 운영해야 하고 지역별로 전문 농업인들의 자치협력기구 조직을 지원하고 이들 자치협력기구를 대상으로 한 주기적 영농기술교육프로그램의 시행으로 학습하는 혁신 농업 클러스터를 조성할 필요가 있다. 다산의 향부자나 고령군 쌍림 원예조합의 혁신 사례는 그 가능성을 충분히 보여 주고 있으며 이는 지역 혁신 관련 주체의 네트워크와 지역 인근 대학교, 농촌진흥원 및 농업 기술 센터와 같은 관련 연구소 등을 활용하여 혁신 네트워크를 구축할 필요가 있다.

그리하여 고령군의 농업은 자본 및 기술 집약적인 고부가가치 농업으로 전환할 필요가 있으며 전업농 중심의 생산과 주산지를 영농조합 법인 등을 통해 조직화할 필요가 있다. 즉 전업농의 시설 자동화, 정밀 농업 등의 도입을 통해 경영 규모를 확대하고 전문화를 실현할 필요가 있으며 중소 영세농은 친환경 농업을 도입하고 작목반을 기반으로 공동생산, 공동 출하, 공동계산(pooling)[6]를 통해 공동의 이익을 추구할 필요가 있다.

또 한가지는 먹거리로서 농업만을 위한 정책에서 과감히 탈피하여 소위 말하는 1차에서 0.5차 더하기 운동, 즉 퓨전 영농의 실현도 추진되어져야 할 정책과제 중의 하나이다. 부연하면 농산물의 상품 브랜드화, 저급품의 경우 가공용으로 수요 창출, 그리고 가공, 유통까지 즉 마케팅과 결합된 농업 정책의 실시가 필요하며 일부 특산품의 경우 이미 시행하고 있는 것도 주지의 사실이다. 농가와 계열 주체가 역할 분담을 명확히 하고 특히 시장 교섭력을 증대하기 위한 수단으로 계약 재배, 공동 계산 등을 적극적으로 추진할 필요가 있다.

---

[6] 일정기간 출하한 농산물을 공동으로 판매하고 품질 등급별로 동일한 가격으로 정산하는 판매 방식

5. 결론

　시장 개방의 확대와 수입 농산물과의 경쟁으로 농가 소득의 불안정성은 확대되고 있다. 이렇게 농업이 위기 상황에 직면해 있는 것은 사실이지만 웰빙 열풍의 활용과 시장 개방을 역으로 활용하면 그 희망이 없는 것도 아니다. 본 글에서는 고령군의 농업의 현황과 특성을 1차 자료 및 2차 설문조사를 통해 살펴보았으며 우리나라의 농업이 처한 현실과 동일한 문제 즉, 농지 면적의 감소, 농가 인구의 고령화, 개방화로 인한 외국산 농산물의 도입으로 인한 경쟁력 악화, 비료, 농약 및 시설비의 증가로 인한 농가 부채의 증가 등의 문제가 있음을 파악하였다. 하지만 토양 검정 및 맞춤 비료 사업, 국내 육성 품종으로 승부한 용담 원예 작목반의 성공 사례처럼 실현 가능한 혁신 활동도 있음을 보았으며 이는 곧 고령군의 특화 작물, 벼, 돼지, 그 외 채소와 과일, 향부자의 사례에서 보듯이 농가 소득이 1억원이 넘는 고소득 농가의 출현도 가능함을 살펴보았다. 그리하여 고령군의 정책 과제로서는 친환경 고품질 농산물을 생산하여 인접 대구시와의 도농 교류를 통한 고가격 시장 공략, 더 나아가 수출 상품화를 추진할 필요성이 있음을 제안하였고, 퓨전 산업화, 농업 경영의 규모화 및 산지 조직화를 통한 규모 확대, 작목반과 영농 법인을 통한 유통 활성화를 제안하였으며 마지막으로 농업 환경이 시장 경제라는 큰 틀속에서 빠르게 변화하고 있음을 농민 스스로가 인식하고 전문성을 확보하려는 노력이 필요함을 강조하였다.

참고문헌

건설교통부, 2005, 한국지리지-경상편.
고령군, 2006, 2020 고령군 기본계획.
고령군, 2007, 2006년 통계연보.
고령군, 2008, 기초연구사업 용역 자료.
김봉구, 김재철, 류정기, 1997, 향부자 주산지의 생산실태와 경제성 분석, 한국약용작물학회지, 5(3), 243-248.
민선규·김진혁, 2005, 희망있는 한국 농업을 위한 제언, CEO Information, 삼성경제연구소.
박용도, 2003, 맞춤비료 공급으로 친환경 농업 실천 및 농가소득 증대, 도시문제, 8월호, 124-129.
(사) 한국딸기 생산자 협의회편, 2007 딸기, 고품질 재배기술 매뉴얼.
우종현, 지역농업의 혁신 환경과 발전방안-대구광역시 달성군 옥포면 신당리 수박재배지역 을 사례로-, 지역지리학회지, 12(1), 94-107.

최외출, 송두범, 1993, 농촌지역종합개발계획 수립을 위한 주민개발수요조사 분석-경상북도 고령군 사례를 중심으로-, 지역사회개발연구, 18(1), 7-37.
http://www.goryeong.go.kr/(고령군청)

제조업의 실태와 정책 과제*

이철우

1. 머리말

　1960년대 이후 급격한 산업화 과정 속에서 우리 국토공간은 급격한 구조적 변화를 경험하여 왔다. 이러한 변화는 '국토의 산업공간화(권태준, 1992)'로 축약될 수 있다. 물론 전국 규모에서는 산업·경제적 동질화 과정과 더불어 소단위 지역에서의 이질화 과정이 동시에 진행되어 왔다. 따라서 최근에는 다양한 스케일의 지역들이 정체성을 강조하게 되고, 이를 중심으로 각 지역은 경쟁력을 제고하기 위하여 나름대로의 발전방안을 모색하고 있다. 그러나 각 지역은 폐쇄적이고 정체적인 존재가 아니라 다양한 스케일의 지역들과 유기적이고 중층으로 연계되어 있는 개방적이고 역동적인 실체이다. 따라서 이러한 다양한 층위의 지역 변화 메커니즘을 구조적·이론적으로 밝히고, 변화된 미래의 모습을 전망하는 것이 새로운 지역지리연구이다(손명철, 1995). 이와 같이 지역을 연구대상으로, 그 특성을 밝히는 것은 지리학의 핵심적 과제이다. 여기서 지역특성이란 고유한 성격일 수도 있고 일반적 성격일 수도 있다. 그런데 고유한 성격이든 일반적 성격이든 간에 특정지역의 특성을 규정하는 것은 지역의 구성요소인 지리적 사상의 총합이다. 그리고 지리적 사상의 핵심적 성격은 정태적인 것이 아니라 지속적이고 역동적으로 변화한다는 것이다. 또한 어떤 지역의 특성을 규명함에 있어서 모든 지리적 사상

---

* 이 글은 한국지역지리학회지 제14권(2008년) 제4호, pp.290-308에 게재된 바 있음.

을 분석대상으로 한다는 것은 현실적으로 불가능하다. 이러한 전제에서 본다면, 특정지역의 특성을 고찰함에 있어서 어떤 지리적 사상을 분석대상으로 할 것인가 하는 것은 매우 어려운 문제이다. 바꾸어 말한다면 이것을 찾아낸다는 것 자체가 지역연구의 출발점인 동시에 핵심적인 문제이기도 하다.

현재 우리는 자본주의 체제하에 살고 있다. 따라서 어떤 지역도 자본주의 체제를 전제로 하지 않고는 그 특성을 운운할 수가 없다. 즉 지역의 특성을 분석함에 있어서 그 지역의 산업은 빼놓을 수 없는 분석대상이다. 여기서 산업이란 인간이 생계를 유지하기 위하여 일상적으로 종사하는 생산적 활동(productive activities)을 의미한다. 생산에는 일반적으로 물적 재화의 생산과 더불어 서비스의 생산이 포함된다. 그런데 산업은 생산의 유형별, 업종별, 기술별 및 조직별로 그 성격이 대단히 다양하다. 더군다나 최근에는 과학기술의 급속한 발전에 따른 기술혁신의 가속화, 정보화의 진전에 따른 지식기반경제가 자본주의의 새로운 패러다임으로 대두됨에 따라 모든 산업기술이 획기적으로 전환되면서 기존의 산업분류체계를 벗어난 새로운 의미의 산업군이 등장하고 있다(최병두 외, 2008). 그러나 서두에서 언급한 1960년대 이후의 '국토의 산업공간화'의 동력으로서 제조업이 차지하는 비중은 절대적이라고 할 수 있다. 물론 1970년대 말 이후 서구의 선진자본주의 국가에서 포드주의 생산양식이 위기를 맞이하게 되면서 이를 보완하는 포스트포드주의적인 유연적 생산체계를 수용하는 산업이 증가하고, 서비스경제화의 경향이 한층 가속화되기 시작하였다. 이에 각 지역은 산업 환경의 변화에 적극적으로 대처하기 위하여 지방정부를 중심으로 지역산업의 자생력을 확보하기 위하여 경쟁적으로 지역산업정책을 수립·추진하고 있다. 과거와는 달리 각 지역의 특성에 기반한 산업정책을 중심으로 지역의 혁신역량을 제고하려는 의식이 강화되고 있다(이철우, 2008)는 점에 주목할 필요가 있다. 이와 같은 시대적 흐름 속에서 지역연구에 대한 수요가 늘어나고 있다. 이러한 문제의식에서 한국지역지리학회는 본격적인 생활권 중심의 지역연구를 기획하게 되었고, 첫 사업으로 경상북도 고령군을 사례로 "고령군지역 기초연구"를 수행하게 되었다. 본 연구도 그 연구의 일환으로 고령군의 제조업의 실태와 문제점을 분석하고, 이를 기초로 정책과제를 제시하고자 한다.

본 연구에 이용된 주된 자료는 제조업관련 통계자료와 기업체를 대상으로 한 설문 조사의 결과이다. 설문 조사는 2007년 10월 13일에서 26일에 걸쳐 실시하였다. 조사대상업체는 고령군 농공단지와 지방산업단지에 입주하고 있는 전체 149개 업체이다. 그 중에서 실제 분석대상 업체는 113개 업체로 전체의 75.8%에 해당한다

2. 우리나라 농촌공업화와 고령군 제조업의 제도적 기반

본 연구의 대상지역인 고령군은 대구광역시, 경상북도의 성주군, 경상남도 합천군과 경계를 이루고 있다. 고령군은 여타 농촌지역에 비해 광역교통망이 비교적 발달되어 있는 편이다. 88 올림픽 고속도로와 중부내륙고속도로의 김천~현풍 구간을 관통하는 고속도로망을 갖추고 있으며, 경부고속도로와도 접근성 및 연결성이 뛰어나다. 또한 대구-거창을 연결하는 국도 26호선이 동서축을, 그리고 국도 33호선이 남북축을 이루고 있다. 이러한 양호한 접근성으로 대구시와 접하고 있는 7개 시·군 중에서 대구광역시에 대한 의존성이 가장 높아, 고령군에서 타 지역으로의 유출여객 통행량의 약 87%가 대구시로 유입되어 대구광역시의 세력권이 가장 지배적인 지역이다(김주석, 2007). 이와 같은 대구광역시라는 대도시와의 지리적 접근성은 지역발전의 기회요소가 될 수도 있는 동시에 위협요소로 작용할 수도 있다(이종호, 2008). 그러나 지금까지의 산업화·도시화 과정에서는 이를 기회요소로 활용하지 못하였다. 즉 산업화 초기의 1964년 73,095명의 인구가 2006년 현재 36,047명으로 절반 정도로 감소하였다. 뿐만 아니라 대구광역시와 접하고 있는 시·군 가운데 1차 산업의 입지계수가 13.84인 반면에 제조업의 입지계수는 1.70에 지나지 않아 1차산업의 특화도가 가장 높은 전형적인 농촌지역이라고 할 수 있다. 이와 같이 제조업의 입지계수는 농림업에 비해 매우 낮지만, 여타 지역과 비교할 때 칠곡군과 더불어 상대적으로 높은 편이다(이종호, 2008). 이러한 사실로 미루어 볼 때 고령군은 우리나라의 산업화 과정에서 대도시로의 역류효과에 의한 낙후된 농촌지역이면서도 타 농촌지역에 비해서 제조업의 비중은 상대적으로 큰 대도시 인접 낙후지역의 특성을 가지고 있다.

이상의 고령군의 관계적 위치를 고려할 때 고령군의 제조업의 실태를 분석함에 있어서는 우선적으로 우리나라 농촌공업화 과정, 구체적으로는 농촌공업정책의 맥락 속에서 고령군의 공업화를 검토할 필요가 있다.

1) 우리나라 농촌공업화 정책과 농촌공업의 개념

우리나라에 있어서 농촌공업화는 산업화·도시화 과정에서의 도농 간 경제적 격차를 완화하기 위한 정책의 일환으로 추진되어 왔다. 근대화 과정에서의 최초의 농촌공업화 정책은 제2차 경제개발계획 기간인 1968년의 '농가부업단지육성정책'으로 볼 수 있다. 그 후 새마을운동의 일환으로 1973년부터 '새마을공장육성정책'을 실시하였다. 이들 정책은 농촌지역에서 생산되는 원료와 농촌노동력의 이용을 원칙으로, 농외소득을 높이는 것을 목표로 하였다. 그러나 당시 농촌지역의 불리한 입지조건, 기업가의 경영능력 부족 그리고 생산 및 판매시장의 협소 등으로 정책목표를 달성하였다고 보기 어렵다(李哲雨, 1991, 山田三郎, 1986). 따라서 1977년에는 '공업배치법'을 제정하고, 기존 농촌지역의 원료와 노동력을 이용하는 농촌공업에서 농촌에 입지하는 공업을 대상으로 한 농업정책의 성격이 전환되었다. 이에 따라 새마을공장육성정책도 1981년부터 농촌입지 공업육성으로 개정되었다. 이러한 전환된 농촌공업정책의 성격에 기초한 농촌공업화 정책은 1983년에 제정된 「농어촌소득원개발촉진법」에 기초한 「농공단지개발사업」으로 본격화 되었다(김희승, 1993). 이 정책은 현재까지 우리나라 농촌공업화 정책의 중심이 되고 있다. 이와 같이 농촌공업개발정책은 성격이 전환되었음에도 불구하고 농촌지역의 농외소득증대를 위한 기본적인 정책수단이라는 관점에서 농촌공업 개발정책 추진의 필요성이 강조되어 왔다(최양부, 1978). 뿐만 아니라 앞으로도 지방화 시대가 진전됨에 따라 농외소득 증대에 초점을 둔 기존의 소극적인 농공단지육성정책에서 벗어나서 지방산업단지를 포함한 중소규모 산업단지를 조성하여 외부로부터 기업을 유치하고, 나아가서는 산·학·연 연계를 강화함으로써 지역혁신 역량을 강화하여 창업이나 기업유치의 한계를 극복하려는 방향으로 농촌공업화 정책은 더욱 적극적으로 추진될 것으로 예상된다. 이러한 맥락에서 앞으로 농촌공업개발정책을 추진해 나간다고 할 때 구체적으로 어떠한 공업이 농촌지역에 육성되어야 하고, 어떠한 정책수단이 추진되어야 하는가라는 문제의 핵심은 "농촌공업"의 개념과 성격 규정이다. 왜냐하면 그동안의 우리나라 농촌공업개발의 성격변화도 근본적으로는 농촌공업의 개념과 성격에 기초한 것이기 때문이다. 그럼에도 불구하고 "농촌공업"이 구체적으로 무엇을 의미하는가에 관해서는 명확하지 못하다(최양부·김형모, 1980). 그러나 농촌공업의 개념과 성격에 대한 논의가 본 연구의 핵심과제는 아니다. 따라서 이에 관한 기존의 연구결과를 중심으로 농촌공업의 개념과 성격을 간략하게 정리하고, 이를 고령군 제조업의 실태분석과 정책과제를 제시함에 있어서 이론적 논거로 삼고자 한다.

우선 농촌공업의 개념은 기본적으로 농촌공업이란 어떠한 성격(또는 특징, 요건)을 가지고 있어야만 한다는 관점에서의 규범적 개념과, 현실적으로 특히 정책대상으로써의 농촌공업은 어떠한 성격을 가지는가에 초점을 두는 사실적 개념으로 구분될 수 있다(최양부·김형모, 1980). 먼저 규범적 개념 정의의 대표적인 학자인 Jon Sigurdson(1977)은 농촌공업은 기본적으로 농업발전과 농촌주민들에게 기여할 수 있어야만 한다는 전제에서 농촌공업이란 농업생산을 위한 각종의 생산요소들을 생산 공급하거나, 농촌지역에서 생산되는 각종 생산물(임산물과 광산물까지도 포함하여)을 가공하거나, 농촌주민들이 필요로 하는 생활용품을 생산·공급하는 제조업이 되어야 한다고 하였다(최양부·김형모, 1980 재인용).

보다 학술적 성격이 강한 협의의 규범적 개념의 문제점은 그것이 농촌지역에서 생산 활동이 이루어지고 있는 모든 제조업을 포괄하지 못하고 극히 제한된 범위의 제조업만을 포함할 수밖에 없다는 것이다. 뿐만 아니라 농촌지역에 입지하는 제조업들이 반드시 농촌이나 농업경제와 연관성을 갖고 있어야만 한다는 것이 과연 바람직 한 것이냐 하는 것도 문제이다. 따라서 농촌공업의 규범적 정의는 농업 경제적 측면을 지나치게 강조함으로써 이러한 개념에 입각하여 농촌공업정책을 추진할 경우 과연 현실적으로 농촌공업개발정책의 실효성에 의문이 제기될 수밖에 없다. 반면에 보다 실용적 성격이 강한 광의의 사실적 개념의 농촌공업은 "농촌소도읍과 그 배후지역을 포함하는 농촌지역(농촌생활권)에서 규모와 업종에 관계없이 제조활동을 하는 가내형 및 공장형의 제조업"(최양부·김형모, 1980)으로 정의된다. 그러므로 농촌공업화 정책과 관련지어 논의할 경우에는 일반적으로 농촌에 입지하는 모든 공업을 포괄하는 광의의 농촌공업, 즉 사실적 개념의 농촌공업을 대상으로 한다. 왜냐하면 농촌지역 공업개발 정책은 농촌의 유휴노동력을 이용하여 농외소득을 향상시켜 도시·농촌간의 소득격차를 해소하려고 하는 것에 주된 목표를 두고, 현재 농촌지역에 입지하고 있는 모든 유형이나 규모 및 형태의 제조업체들을 육성·발전시키는 동시에 도시지역에 입지하고 있는 제조업체들을 농촌지역으로의 이전과 창업 지원을 포함하기 때문이다. 따라서 본 연구에서는 광의의 사실적 개념의 농촌공업을 대상으로 한다.

2) 고령군 산업단지의 실태

우리나라 공업화 정책의 가장 큰 특징 중 하나는 산업화 이후 일관되게 산업단지의 조성과

표 1. 전국 산업단지의 현황(2006)

구분	단지수(개)	면적(천m²)	분양률(%)	사업체(개)	종사자(명)	생산액(억 원)
국가	30	409,201	98.2	23,699	682,151	3,108,624
지방	211	239,757	93.8	13,852	419,184	1,163,430
농공	337	47,421	98.0	4,842	115,120	258,632
계	578	696,379	96.6	42,393	1,216,455	4,530,686

자료 : 한국산업단지공단, 전국산업단지현황통계(2006), 산학연통합정보(http://www.e-cluster.net/)

그 육성을 중시한 것이다(山田三郎, 1986). 농촌공업화 정책도 같은 맥락에서 추진되어 왔다. 공업단지란 1975년에 제정된 「공업단지관리법 제2조」에 의거하여, 재화를 제조 또는 가공하는 기업체를 집단적으로 설치·육성하기 위해 포괄적인 계획에 의해 구획·개발하는 일련의 단지로 규정하고 있다. 즉 기업의 계획적 입지를 도모하고, 기반시설이 잘 구비된 일단의 입지를 제공함으로서 기업 활동을 지원하는 중요한 산업 인프라로, 지역의 성장 잠재력을 지속적으로 유지시킬 수 있는 중요한 공간이다(건설교통부·국토지리정보원, 2007). 이러한 산업단지의 조성을 통하여 기반시설이 구비된 산업 용지를 제공하고 각종 세제와 금융 지원을 함으로써 기업의 초기 투자비용을 경감시킬 수 있으며, 업종별 집적을 통해서 시너지 효과를 창출하는 등 기업의 생산 활동을 지원하기도 한다. 뿐만 아니라 국가 전체적인 측면에서 보면 공장의 집단적 배치를 통하여 토지 이용의 효율화를 꾀함으로써 사회적, 환경적 비용을 줄일 수 있다는 장점이 있다. 우리나라의 산업단지는 국가산업단지, 지방산업단지 그리고 농공단지로 구분된다.

그러나 고령군 지역도 우리나라 타농촌지역과 마찬가지로 공업화의 핵심적 기반은 농공단지와 지방산업단지 등 산업단지가 공업화의 핵심적 기반이 되어 왔다. 따라서 고령군 제조업의 실태 분석의 일환으로 우선 제조업의 제도적 기반인 지역 내 산업단지 실태를 살펴보고자 한다.

2006년 현재 고령군에는 다산, 개진, 다산2, 성산의 4개 지방산업단지와 쌍림, 개진의 2개 농공단지 등 6개의 산업단지가 있다. 산업단지 총 면적은 2,013km²이고 입주업체는 총 149개이다. 4개 지방산업단지 중에서 아직 업체가 입주하지 않은 다산2지방산업단지와 성산지방산업단지를 제외한 다산, 개진 2개 지방산업단지에 총 81개의 업체가 입주하고 있으며 이들 업체의 종사자는 3,211명이다. 그리고 2개 농공단지에 입주하고 있는 업체는 68개이고 종사자는 783명으로 업체수나 종사자수에 있어서는 지방산업단지의 비중이 높고 업체당 종사자와 생산액 그리고 수출액은 각각 39.6명, 52억 원, 314천 달러인 반면에 농공단지는 11.5명, 18.9억 원, 168.9억 달러이다. 이러한 결과를 보면 지방산업단지가 농공단지에 비하여 업체의 규모가 클 뿐만 아니라 생산액 그리고 수출액 모든 면에서 수월성을 가지고 있음을 알 수 있다. 그러나 분양율과 가동률에 있어서는 농공단지가 지방산업단지에 비해 높은 것으로 나타났다.

산업단지 중 가장 규모가 큰 것은 다산지방산업단지로 총면적은 646천m²이고 61개 업체에 2,895명이 종사하고 있으며, 생산액이 4,088억 원, 수출액이 20,840천불이다. 이는 업체수를 제외하고는 나머지 3개 공업단지의 합 보다 많아 고령군의 대표적인 공업단지이다. 특히 다산

표 2. 고령군 산업단지 현황(2006)

단지명	총면적 (1000m²)	준공 연도	입주 업체수	가동률 (%)	종사자 (명)	생산액 (억 원)	수출액 (천불)
합계	2,013 (100.0)	-	149 (100.0)	-	3,994 (100.0)	5,503 (100.0)	36,828 (100.0)
지방산업단지	1,617 (80.3)	-	81 (54.2)	-	3,211 (80.4)	4,215 (76.6)	25,340 (68.8)
다산지방산업단지	646 (32.1)	1995	61 (41.1)	87	2,895 (72.5)	4,088 (74.3)	20,840 (56.6)
개진지방산업단지	148 (7.4)	1997	20 (13.1)	85	316 (7.9)	127 (2.3)	4,500 (12.2)
다산2지방산업단지	710 (35.3)	조성중	-	-	-	-	-
성산지방산업단지	113 (5.6)	조성중	-	-	-	-	-
농공단지	396 (19.7)	- (45.8)	68	-	783 (19.6)	1,288 (23.4)	11,488 (31.2)
쌍림농공단지	258 (12.8)	1989 (24.2)	36	95	478 (12.0)	585 (10.6)	2,388 (6.5)
개진농공단지	138 (6.9)	1993	32 (21.5)	94	305 (7.6)	703 (12.8)	9,100 (24.7)

주 : 다산2지방산업단지와 성산지방산업단지는 조성중임.
자료 : 고령군(2007), 2006년 통계연보

지방산업단지는 제1차 금속산업, 조립금속제품, 비금속광물제품 등 금속기계관련 산업으로 특화되어 있으며, 그 외 산업단지는 주로 섬유제품 산업으로 특화되어 있어 여러 가지 면에서 대조적이다.

3. 고령군 제조업의 성장추이와 업종별 구조

1) 고령군 제조업의 성장추이

2006년 현재 고령군 제조업은 총 292개 업체에 4,998명이 종사하고 있으며, 각각 경북 대비 4.6%와 2.1%를 차지하고 있으며, 생산액은 약 8,211억 원, 부가가치는 약 303억 원으로 각각

표 3. 고령군의 제조업 현황(2006)

(단위 : 개, 명, 백만 원)

구분	사업체수(A)	종사자수(B)	B/A	생산액(C)	C/A	부가가치(D)	D/A
고령	292 (4.6)	4,998 (2.1)	17.1	821,114 (0.8)	2,812.0	303,347 (0.7)	1,038.9
경북	6,330 (100.0)	239,321 (100.0)	37.8	103,676,871 (100.0)	16,378.7	40,639,849 (100.0)	6,420.2

자료 : 경상북도, 2006년 광업제조업통계조사 보고서

경북 대비 0.8%, 0.7%를 차지하고 있다. 업체당 종사자와 생산액 그리고 부가가치에 있어서는 경상북도의 경우 각각 37.8명, 164억 원, 그리고 64억 원인 반면에 고령군의 경우는 각각 17.1명, 28억 원과, 10억 원에 지나지 않는다. 즉 업체당 종사자는 경북 평균의 약 절반 정도이나 생산액과 부가가치는 약 1/6정도에 지나지 않아 고령군 제조업은 극단적인 영세소기업의 저부가가치 산업구조로 특징지울 수 있다.

먼저 고령군 제조업의 성장추이를 현존하는 제조업체의 설립연도를 지표로 살펴보고자 한다. 1960년대 이후 우리나라의 본격적인 공업화 정책의 추진에도 불구하고 농어촌지역은 공업화의 사각지역이었다. 이에 농어촌의 소득증대와 지역경제의 활성화를 도모하기 위하여 1983년부터 농공단지 조성이 시작되었고 고령군에서도 1989년에 쌍림농공단지가 완공되었고, 이를 계기로 고령군의 공업화도 본격화되기 시작하였다고 볼 수 있다. 이를 반영하듯 현존하는 제조업체 중에서 1989년 이전에 설립된 업체는 7개 업체(1.4%)에 지나지 않는다. 설립연도별로는 개진농공단지가 준공되어 입주가 본격적으로 시작된 1994년에 설립된 업체가 51개 업체(10.7%)로 가장 높은 비중을 차지하고 있으며, 그 다음으로 2002년 45개 업체(9.5%), 1995년 43개 업체(9.1%), 1999년과 2001년이 각각 41개 업체(8.6 %)의 순이다.

전체적으로는 〈그림 1〉에서 보는 바와 같이 쌍림농공단지의 완공 이후 점진적으로 늘어나다가 개진농공단지의 입주가 완료된 1994년을 정점으로 점차 감소하였고 1995년 고령군의 최대 산업단지인 다산지방산업단지가 준공되었음에도 불구하고 경기불황과 IMF사태로 1997년에는 1991년 수준으로 떨어졌다. 그러나 같은 해에 개진지방산업단지가 준공됨에 따라 1998년에는 1996년 수준으로 회복되면서 2002년까지 일정수준을 유지하였다. 그러나 2003년에 다시 감소하였고, 2006년과 2007년에 설립된 업체는 각각 6개와 4개 업체에 지나지 않는다. 이와 같이 특히 최근에 업체설립이 극히 저조한 것은 기존 공업단지의 추가적인 공장입주가

불가능한 것이 가장 큰 이유라고 하겠다. 그러나 현재 조성 중인 다산2차지방산업단지와 성산지방산업단지가 완공되면 업체수는 크게 늘어날 것으로 기대된다. 그러나 이들 공업단지의 입주업체를 선정함에 있어서 공장부지의 매각 그 자체보다는 인접한 대구 달성 및 성서첨단산업단지와 네트워크를 통하여 시너지효과를 극대화할 수 있는 고부가가치의 첨단산업을 집중적으로 유치함으로써 장래 지식기반경제사회에서 고령군 제조업의 재구조화를 선도하도록 해야 할 것이다.

그리고 IMF사태 이후의 고령군의 제조업 추이(2001, 2006)를 살펴보면, 〈그림 2〉에서 제시한 바와 같이 사업체수는 2001년 대비 29.2%, 종사자수는 15.9%, 매출액은 61.3%, 부가가치는 39.6% 증가하여 업체수, 종사자수, 출하액, 부가가치 모두 증가 추세를 보이고 있어 고령군의 제조업의 비중이 점차 늘어나고 있음을 알 수 있다. 그러나 사업체수에 비해 상대적으로 종사자수는 그 증가 비중이 낮은 반면에 생산액은 급격하게 늘어났다. 그럼에도 불구하고 매출액에 비해 부가가치의 증가 비중은 매우 낮다. 이러한 결과를 놓고 보면 고령군의 제조업도 과거 노동집약적 산업구조에서 점차 생산성을 제고하는 방향으로 전환되고 있음을 알 수 있다. 그러나 부가가치의 증가율은 생산액의 증가율에 비해 훨씬 낮다는 점에서 여전히 저부가가치 산업이 중심이 되고 있음을 알 수 있다.

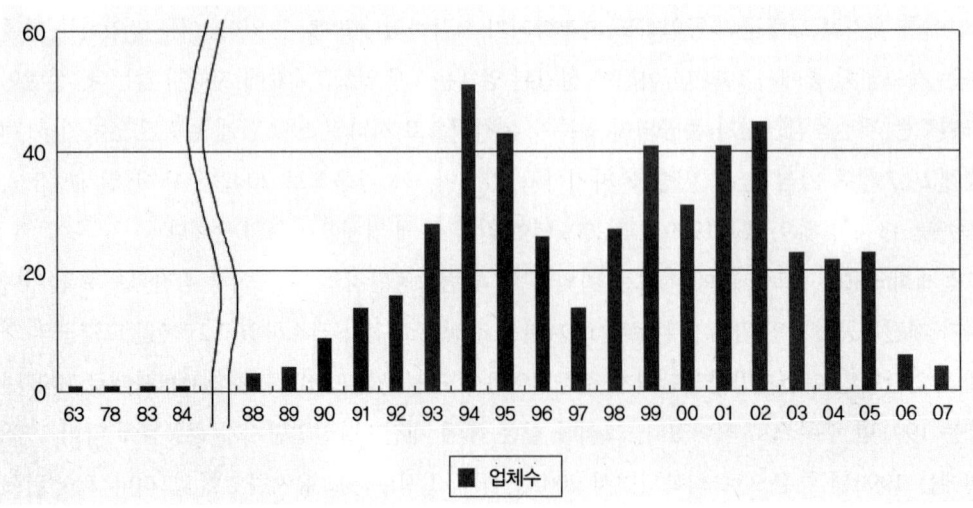

그림 1. 기존 제조업체의 설립연도별 추이

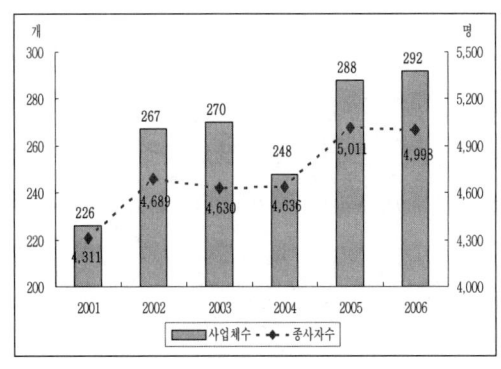 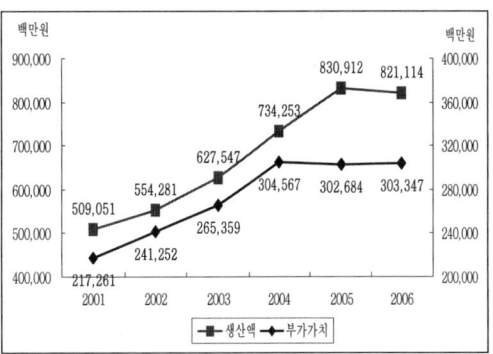

그림 2. 고령군 제조업의 성장추이(2001~2006)
자료 : 경상북도, 각 년도 광업제조업통계조사

2) 고령군 제조업의 업종별 구조

2006년 현재 사업체수에 있어서는 섬유 제품(29.1%)과 제1차 금속산업(13.4%), 기타 기계 및 장비(각각 8.9%), 비금속 광물제품과 조립금속제품(8.2%), 음식료품(5.8%)의 순으로 비중이 높고, 종사자수에 있어서는 제1차 금속산업(29.4%), 섬유 제품(18.3%), 조립금속제품(8.1%), 기타 기계 및 장비(7.2%), 음식료품(6.2%), 비금속 광물제품(6.0%)의 순으로 비중이 높게 나타나고 있어, 고령군 제조업은 금속기계, 섬유 및 음식료품 관련 제조업이 중심이 되고 있다. 이 중에서 제1차 금속산업, 조립금속제품, 기타 기계 및 장비는 종사자수가 증가 경향을 보이는 반면, 섬유 제품은 상대적으로 감소 및 정체 경향을 보이고 있다. 그 외 자동차 및 트레일러의 사업체수 및 종사자수가 2배 이상 증가하고 있다. 그리고 출하액과 부가가치에 있어서도 제1차 금속산업과 섬유제품의 비중이 절반가량을 차지하고 있으나, 섬유제품은 감소경향을 보이는 반면, 제1차 금속산업은 출하액과 부가가치 모두 증가경향을 보이고 있다(표 4).

고령군 제조업은 과거 섬유 및 음식료품 중심에서 금속기계 및 자동차 관련 제조업 중심으로 점차 재편되고 있으며, 앞으로도 대구시 제조업의 구조개편 방향과의 관련성을 감안할 때 이러한 경향은 지속될 것으로 판단된다. 그러나 문제는 단순한 업종전환 중심의 구조개편보다는 이와 동시에 이들 업종의 부가가치를 제고하는 방향에서의 질적 개선을 전제로 한 산업재구조화가 이루어져야 하고, 이를 위한 정책적 대안도 마련되어야 할 것이다.

표 4. 고령군 제조업의 업종구조

(단위: 개, 명, 백만 원)

연도	2001				2003				2006			
업종	사업체수	종사자수	생산액	부가가치	사업체수	종사자수	생산액	부가가치	사업체수	종사자수	생산액	부가가치
제조업 전체	226 (100.0)	4,311 (100.0)	509,051 (100.0)	217,261 (100.0)	270 (100.0)	4,630 (100.0)	627,547 (100.0)	265,359 (100.0)	292 (100.0)	4,998 (100.0)	821,114 (100.0)	303,347 (100.0)
음·식료품	11 (4.9)	193 (4.5)	22,254 (4.4)	9,527 (4.4)	18 (6.7)	320 (6.9)	62,042 (9.9)	29,749 (11.2)	17 (5.8)	309 (6.2)	51,015 (6.2)	15,661 (5.2)
섬유 제품	87 (38.5)	1,252 (29.0)	150,348 (29.5)	53,816 (24.8)	91 (33.7)	1,187 (25.6)	141,593 (22.6)	54,825 (20.7)	82 (28.1)	916 (18.3)	145,293 (17.7)	42,714 (14.1)
봉제의복 및 모피	-	-	-	-	1 (0.4)	X	X	X	-	-	-	-
목재 및 나무	5 (2.2)	53 (1.2)	8,609 (1.7)	2,483 (1.1)	8 (3.0)	88 (1.9)	10,875 (1.7)	3,743 (1.4)	8 (2.7)	91 (1.8)	10,275 (1.3)	3,775 (1.2)
펄프종이 및 종이제품	9 (4.0)	103 (2.4)	17,588 (3.5)	6,511 (3.0)	7 (2.6)	95 (2.1)	14,112 (2.2)	4,874 (1.8)	12 (4.1)	202 (4.0)	23,790 (2.9)	7,841 (2.6)
출판, 인쇄 및 기록매체 복제업	-	-	-	-	-	-	-	-	1 (0.3)	X	X	X
코크스, 석유정제품 및 핵연료	-	-	-	-	1 (0.4)	X	X	X	-	-	-	-
화학물 및 화학	8 (3.5)	109 (2.5)	15,253 (3.0)	5,900 (2.7)	10 (3.7)	101 (2.2)	13,945 (2.2)	5,238 (2.0)	8 (2.7)	73 (1.5)	9,419 (1.1)	3,268 (1.1)
고무 및 플라스틱	13 (5.8)	142 (3.3)	26,216 (5.1)	13,185 (6.1)	20 (7.4)	215 (4.6)	37,285 (5.9)	18,358 (6.9)	21 (7.2)	220 (4.4)	47,162 (5.7)	13,962 (4.6)
비금속 광물제품	20 (8.8)	334 (7.7)	42,159 (8.3)	17,631 (8.1)	15 (5.6)	182 (3.9)	29,816 (4.8)	12,251 (4.6)	24 (8.2)	302 (6.0)	42,867 (5.2)	19,851 (6.5)
제1차 금속산업	26 (11.5)	1,156 (26.8)	139,473 (27.4)	72,116 (33.2)	33 (12.2)	1,148 (24.8)	161,913 (25.8)	76,051 (28.7)	39 (13.4)	1,467 (29.4)	281,479 (34.3)	116,807 (38.5)
조립금속제품	14 (6.2)	252 (5.8)	28,339 (5.6)	10,610 (4.9)	23 (8.5)	438 (9.5)	68,977 (11.0)	26,824 (10.1)	24 (8.2)	406 (8.1)	62,760 (7.6)	24,042 (7.9)
기타 기계 및 장비	14 (6.2)	196 (4.5)	12,990 (2.6)	5,838 (2.7)	18 (6.7)	219 (4.7)	20,144 (3.2)	7,149 (2.7)	26 (8.9)	358 (7.2)	62,038 (7.6)	21,866 (7.2)
컴퓨터 및 사무기기	-	-	-	-	-	-	-	-	1 (0.3)	X	X	X
기타전기기계 및 전기변환장치	3 (1.3)	62 (1.4)	11,381 (2.2)	3,060 (1.4)	2 (0.7)	X	X	X	4 (1.4)	87 (1.7)	9,472 (1.2)	4,481 (1.5)
전자부품, 영상, 음향 및 통신장비	1 (0.4)	X	X	X	1 (0.4)	X	X	X	4 (1.4)	64 (1.3)	8,705 (1.1)	4,428 (1.5)
의료, 정밀, 광학기기 및 시계	-	-	-	-	1 (0.4)	X	X	X	-	-	-	-
자동차 및 트레일러	5 (2.2)	110 (2.6)	8,846 (1.7)	3,561 (1.6)	11 (4.1)	202 (4.4)	29,504 (4.7)	9,131 (3.4)	13 (4.5)	251 (5.0)	27,268 (3.3)	10,837 (3.6)
기타 운송장비	1 (0.4)	X	X	X	-	-	-	-	1 (0.3)	X	X	X
가구 및 기타 제품	8 (3.5)	291 (6.8)	21,396 (4.2)	10,312 (4.7)	10 (3.7)	353 (7.6)	29,553 (4.7)	13,890 (5.2)	7 (2.4)	215 (4.3)	34,638 (4.2)	10,479 (3.5)
재생용 가공원료	1 (0.4)	X	X	X	-	-	-	-	-	-	-	-

주 : 사업체가 2개 이하인 경우 사업체의 비밀보호를 위해 'X'로 표시하였음.
자료 : 경상북도(2001~2006), 각 년도 광업제조업통계조사

4. 고령군 제조업의 지역분포와 입지 특성

1) 고령군 제조업의 지역분포

고령군 제조업의 지역분포는 고령군청의 기초연구사업 용역 자료(2008)에 의하여 살펴보기로 한다. 분석대상은 475개 업체이고 종사자수는 6,262명이다.

이들 제조업체 중에서 공업단지에 입지하고 있는 업체수는 160개(33.7%)로 비공단 315개(66.4%)보다 적다. 그러나 종사자수는 공단 3,571명(57.0%)으로 비공단 2,691명(43.0%)보다 많아, 업체당 종사자수는 공업단지에 입지하고 있는 업체가 비공업단지에 입지하고 있는 기업보다 상대적으로 많다. 이는 고령군의 제조업체는 비공단지역에 입지하고 있는 소위 개별입지의 업체규모가 계획입지 업체보다 상대적으로 작아 비공단지역에 입지하고 있는 업체는 대부분 매우 영세업체임을 알 수 있다.

다음은 업체수와 종사자수로 구분하여 읍면별로 살펴보면, 업체수에 있어서는 개진면이 126개(26.5%) 업체로 비중이 가장 크고, 그 다음이 다산면 119개(25.1%), 성산면 81개(10.9%) 그리고 쌍림면 78개(16.4%), 고령읍 59개(12.4%), 운수면, 덕곡면, 우곡면의 순이다. 반면에 종사자수는 다산면의 비율이 36.5%로 그 비율이 가장 높고, 그 다음이 쌍림면(21.7%), 개진면(12.6%), 성산면, 고령읍, 운수면, 덕곡면, 우곡면의 순이다. 즉 사업체수는 개진면이 다산면보다 7개(1.4%)가 많으나, 오히려 종사자수는 다산면이 개진면보다 931명(14.9%)이 많다. 또한 쌍림면의 경우 업체 수에 있어서는 전체의 16.4%에 지나지 않으나 종사자수는 전체의 21.7%를 차지하여 업체수가 가장 많은 개진면보다 오히려 그 비중이 크다(그림 3).

즉 고령군의 대표적인 제조업 집적지인 개진, 다산 그리고 쌍림면의 3개면 지역에는 지방산업단지 및 농공단지가 입지하고 있으며, 특히 개진면에는 지방산업단지와 농공단지가 모두 입지하고 있는 유일한 읍면지역이다. 다산면에는 고령군에서 산업단지의 규모가 가장 클 뿐만 아니라 지역 내에서는 상대적으로 기업의 규모나 업종 그리고 생산액면에 있어서도 비교우위성을 가지는 다산지방산업단지가 입지하고 있다. 그리고 쌍림면에는 고령군에서 가장 먼저 조성된 농공단지가 있는 지역으로, 쌍림농공단지는 지방산업단지인 개진산업단지보다 수출액을 제외한 단지규모, 입주업체수 업체당 종사자 및 생산액 그리고 가동률에 있어서 우위를 점하고 있다. 그 외 고령읍과 성산면의 경우에는 공업단지는 입지하고 있지 않으나 고령읍의 경우는 군청소재지가 가지는 다양한 입지 이점을, 성산면의 경우에는 고령군을 통과하는 2개 고속

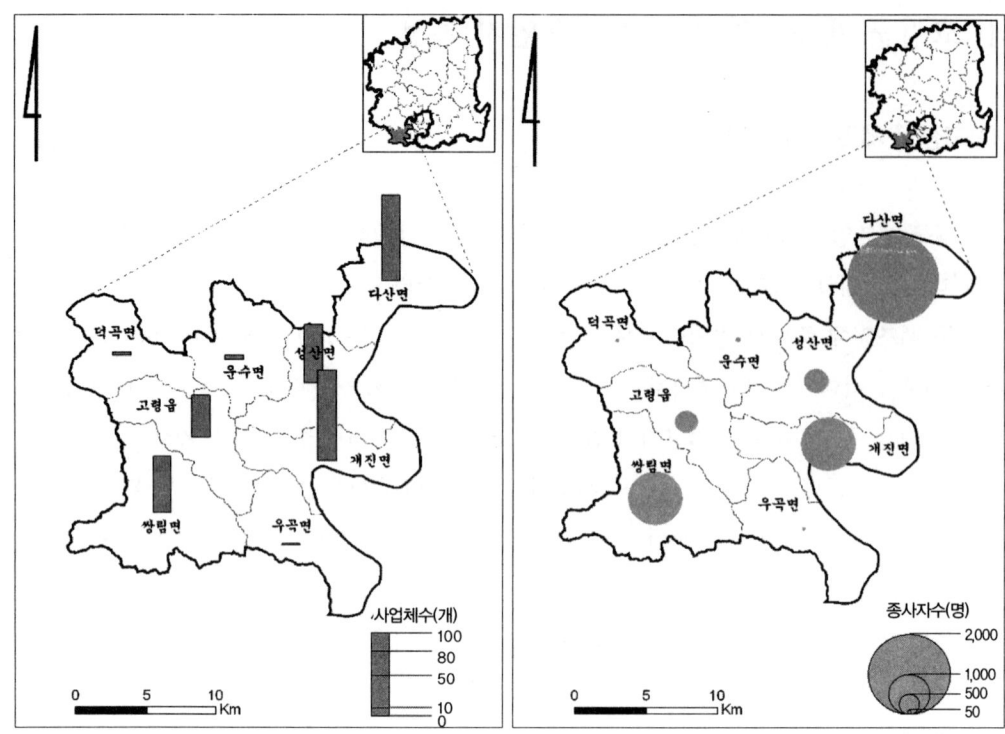

그림 3. 고령군 제조업의 지역분포
자료 : 고령군청 기초연구사업 용역 자료

도로의 인터체인지가 입지하고 대구와 연결되는 국도(26번)가 지나가는 교통결절지로서의 이점이 있기 때문에 그렇지 못한 지역에 비해서 제조업의 입지 비율이 상대적으로 높다고 볼 수 있다.

2) 고령군 제조업체의 입지특성

이상에서 살펴본 바와 같이 고령군 전체 제조업 종사자의 약 67%가 지방산업단지와 농공단지에 입주하고 있는 업체에 종사하고 있다. 뿐만 아니라 제조업의 업종별 구조와 지역별 분포도 산업단지와 밀접한 관계를 가지고 있다. 즉 우리나라의 대부분 지역에서 산업단지의 성격이 그 지역 제조업의 구조적 특성을 좌우하는 일반적 특성이 고령군에서도 그대로 적용되고 있음을 알 수 있다.

이에 입지특성과 다음 장에서 분석할 경영특성은 산업단지에 입지하고 있는 업체를 대상으로 한 설문조사 결과를 중심으로 고찰하고자 한다.

먼저 입지형태에 있어서는 현재의 입지지역이 아닌 타 지역으로부터 이전해온 기업이 52개 업체(59.6%)를 차지하고, 창업이 30.8%를, 그리고 분리·신설이 9.6%를 차지하였다. 이를 농공단지와 지방산업단지를 비교해 보면, 농공단지와 지방산업단지 모두 3가지 형태별 순위는 차이가 없으나 그 비율에 있어서는 차이가 있다. 구체적으로 이전해온 경우에 있어서는 농공단지가 지방산업단지보다 약 10%이상 높지만, 창업의 경우에는 오히려 지방산업단지의 비율이 10%이상 높다. 그리고 분리·신설의 경우는 큰 차이가 없다(표 5).

이 중에서 타 지역으로부터의 이전 및 분리·신설기업의 이전 및 분리·신설 시기에 있어서는 2001~2005년에 이전 및 분리·신설된 업체의 비율이 37.0%로 가장 높고, 1996 2000년과 2006년 이후의 경우가 각각 22.2%를 차지하고 있다. 그리고 과거의 입지 지역은 대구광역시가 57.1%로 가장 높고, 그 다음이 고령군을 포함한 경상북도가 25.7%를 차지하여 전체의 82.8%가 인접한 대구·경북으로부터 이전 혹은 분리·신설된 기업임을 알 수 있다. 특히 대구광역시 내에서의 과거 입지 지역은 달서구 성서공단과 북구의 제3공단, 서구 중리동, 수성구 범어동, 수성구 황금동, 달성군 구지면, 논공읍, 달성군 다사읍, 옥포면, 현풍면, 화원읍 등 인접한 공업지역 혹은 1980년대 후반이후 대단위 주택단지의 개발이 활발하게 이루어진 지역으로부터 이전해 온 업체가 주류이다(표 6).

이러한 결과를 통하여 고령군의 농공단지와 지방산업단지에 입주하고 있는 기업체는 값싼 노동력을 구하거나 대구시의 각종 환경규제 등의 대도시 지역에서의 입지적 불이익을 극복하기 위하여 타 지역으로부터 이주한 기업이 중심이 되고 있음을 알 수 있다. 물론 농공단지와 비교해 볼 때 지방산업단지에 입주하고 있는 기업의 경우에는 지방산업단지의 창업자들이 각종 정책적 지원을 받기 위해서 입주한 비율이 농공단지에 비해서 상대적으로 높음을 알 수 있

표 5. 고령군 제조업체의 입지 방법

(단위 : 개, %)

입지 방법	농공단지	지방산업단지	계
창업	12(28.6)	4(40.0)	16(30.8)
이전	26(62.0)	5(50.0)	31(59.6)
분리 신설	4(9.5)	1(10.0)	5(9.6)
합계	42(100)	10(100)	52(100)

자료 : 설문조사에 의함

표 6. 고령군 제조업체의 이전 및 분리·신설의 시기 및 과거 입지 지역

(단위 : 개, %)

구분		이전	분리 신설	계
시기	1990년 이전	1(4.3)	1(25.0)	2(7.4)
	1990~1995년	2(8.7)	1(25.0)	3(11.1)
	1996~2000년	5(21.7)	1(25.0)	6(22.2)
	2001~2005년	9(39.1)	1(25.0)	10(37.0)
	2006년 이후	6(26.1)	-	6(22.2)
	합계	23(100)	4(100)	27(100)
과거 입지 지역	대구광역시	18(60.0)	2(40.0)	20(57.1)
	경상북도	8(26.7)	1(20.0)	9(25.7)
	경상남도	1(3.3)	1(20.0)	2(5.7)
	경기도	2(6.7)	1(20.0)	3(8.6)
	충청도	1(3.3)	-	1(2.9)
	합계	30(100)	5(100)	35(100)

자료 : 설문조사에 의함(무응답 제외)

다. 이러한 특성은 업종별 구성에도 반영되고 있다. 지방산업단지에는 상대적으로 섬유산업의 비율이 낮은 반면, 조립금속제품, 비금속광물제품 등 금속기계관련 산업의 비율이 높다.

그리고 고령군 제조업체의 가장 핵심적 입지요인은 저렴한 용지 이용으로 전체의 23.9%를 차지하며, 동종업종의 집적, 교통 및 통신이용 용이성이 각각 17.7%, 13.3%를 차지하였다. 농공단지와 지방산업단지 모두 저렴한 용지 이용, 동종업종 집적의 비중이 1위와 2위를 차지하고 있다는 점에서는 차이가 없다. 그러나 농공단지는 기타요인인 공공기관과 대도시와의 접근성(17.2%)과 주요 거래처·고객 접근성(13.4%)이 상대적으로 비중이 크고 노동력 확보용이성(7.5%)의 비중이 낮은 반면에 지방산업단지는 기타요인과 주요 거래처·고객 접근성이 각각 5.0%로 그 비중이 낮다. 노동력 확보용이성(15%)은 상대적으로 비중이 높다(표 7).

다음은 고령군 제조업체의 입지상의 애로사항과 이에 따른 입지 이전의사를 살펴보고자 한다. 입지상의 애로사항에 대해서는 〈표 8〉에 제시한 바와 같이 5대 애로사항을 5단계 척도로 검토하였다. 첫째, 산·학 연계의 미약에 대해서는 '확실히 그러하다' 고 응답이 전체의 32.7%로 가장 높고, '대체로 그렇다' 는 비율도 20.4%를 차지하여 과반수이상의 기업이 애로를 겪고 있는 반면에 '전혀 그렇지 않다' 는 기업의 비율도 약 10%를 차지하고 있다. 둘째, 제도적 지원 미비와 협력문화 미비에 대해서는 '대체로 그렇다' 고 응답한 업체가 각각 29.4%, 26.5%의 비중을 차지하였다. 마지막으로 자금 지원 취약과 지방 정부 관심 부족에 대해서는 '보통' 이라

표 7. 고령군 제조업체의 입지 요인

(단위 : 개, %)

요인	농공단지	지방 산업단지	계
주요 거래처·고객 접근성	13(13.4)	1(5.0)	14(12.4)
동종업종 집적	17(18.3)	3(15.0)	20(17.7)
전문 서비스 이용편리성		1(5.0)	1(0.9)
노동력 확보 용이성	7(7.5)	3(15.0)	10(8.8)
교통 및 통신이용 용이성	13(14.0)	2(10.0)	15(13.3)
정보획득 용이성	-	1(5.0)	3(2.7)
쾌적한 환경	4(4.3)	2(10.0)	6(5.3)
저렴한 용지 이용	21(22.6)	6(30.0)	27(23.9)
기타	16(17.2)	1(5.0)	17(15.0)
합계	93(100)	20(100)	113(100)

자료 : 설문조사에 의함(무응답 제외, 중복 응답 포함)

표 8. 고령군 제조업체 입지의 애로사항

(단위 : 개, %)

애로사항	전혀 그렇지 않음	그렇지 않음	보통	대체로 그러함	확실히 그러함
산·학 연계 미약	5(10.2)	4(8.2)	14(28.6)	10(20.4)	16(32.7)
협력 문화 미비	3(6.1)	8(16.3)	13(26.5)	13(26.5)	12(24.5)
자금 지원 취약	4(7.8)	8(15.7)	21(41.2)	7(13.7)	11(21.6)
지방 정부 관심 부족	4(7.8)	5(9.8)	21(41.2)	10(19.6)	11(21.6)
제도적 지원 미비	4(7.8)	7(13.7)	14(27.5)	15(29.4)	11(21.6)

자료 : 설문조사에 의함(무응답 제외)

고 응답한 업체가 각각 41.2%로 가장 높다. 즉 5대 애로사항에 대해서 대체로 공감하고 있으나 고령군에서 제조업체를 경영하면서 가장 절실하게 느끼고 있는 애로사항은 산·학 연계의 미약과 협력문화 미비라고 판단된다. 이러한 결과는 우리나라 영세소기업의 가장 중요한 애로사항으로 지적되고 있는 자금 지원 및 정부 관심 부족이라는 일반적인 경향과는 차별성을 보여 주고 있다.

이러한 결과를 통하여 당초에는 농공단지 및 지방산업단지의 입주기업은 각종 지원정책에 의하여 주로 이전 내지 유치되었으나, 현재에는 정책적 지원의 미비보다는 '산·학 연계' 및 '협력문화' 등 불리한 기술혁신환경에 애로를 겪고 있음을 알 수 있다. 이상과 같은 애로사항에도 불구하고 총 52개 응답 업체 중에서 37개(71.2%)업체는 '이전을 고려해 본 적이 없다'라고 응답하였다. 나머지 이전할 의사가 있는 14개 업체의 대표적인 이전 희망 지역은 대구광역시(71.4%)와 경상북도(14.3%)이다. 특히 대구광역시 내에서의 이전 희망 지역은 성서공단을

표 9. 고령군 제조업체의 단지별 이전 희망 지역과 이전 희망 이유

(단위 : 개, %)

구분		농공단지	지방산업단지	계
이전 희망 지역	대구광역시	9(62.5)	1(50.0)	10(71.4)
	경상북도	2(25.0)	-	2(14.3)
	해외	1(12.5)	-	1(7.1)
	경기도	-	1(50.0)	1(7.1)
	합계	12(100)	2(100)	14(100)
이전 희망 이유	임대료 인상	-	1(33.3)	1(7.1)
	우수 인력 부족	6(71.4)	1(33.3)	7(50.0)
	시장 규모 축소	1(9.0)	-	1(7.1)
	사업 규모 확장	3(14.3)	1(33.3)	4(28.6)
	지원 서비스 부족	1(14.3)	-	1(7.1)
	합계	11(100)	3(100)	14(100)

자료 : 설문조사에 의함(무응답 제외)

중심으로 한 달서구와 달성군, 경상북도 내에서는 구미시와 청도군이다. 그리고 이전을 고려하는 이유로는 우수 인력 부족이 50.0%로 가장 높은 비중을 차지했으며, 다음으로 사업 규모 확장이 28.6%를 차지하였다. 이외에도 임대료 인상, 시장 규모 축소, 지원 서비스 부족으로 이전을 고려하고 있었다(표 9).

5. 고령군 제조업체의 경영특성

고령군 제조업체의 경영특성은 고용, 거래네트워크, 협력문화를 중심으로 살펴보고자 한다. 먼저 고용특성을 살펴보기 위해 직종별 종사자의 구성비와 이들의 거주지 분포를 살펴보면, 분석대상 861명 가운데 단순 생산직이 43.9%(378명)로 가장 높은 비중을 차지하고 있으며 전문 기술직과 사무직이 각각 35.5%(306명), 20.6%(177명)를 차지하고 있다. 이들의 거주지 분포를 보면 전문 기술직과 단순 생산직의 경우 고령군에 거주하는 비율이 각각 65.4%와 66.1%로 가장 높고 그 다음이 대구에 거주하는 비율이 높다. 그러나 사무직은 대구에 거주하고 있는 비율은 59.9%로 가장 높고, 고령군에 거주하는 비율이 33.3%이다. 모든 직종에서 기타 경북지역에 거주하는 비율이 가장 낮으나 단순생산직(14.8%)을 비롯하여 전문기술직 종사자들은 사무직 종사자들에 비해 고령과 대구를 제외한 경북지역에 상당수 거주하고 있는 것으로 나타

났다. 이를 농공단지와 지방산업단지로 살펴보면, 농공단지의 경우 사무직에 종사하는 사람은 76명(42.9%)이 대구에 45명(25.4%)이 고령군에 거주하며 지방산업단지의 경우에도 30명(16.9%)이 대구에 거주하여 고령군거주자보다 비중이 높은 것으로 나타났다. 전문기술직에서는 농공단지의 경우 57.8%로 고령군거주자가 대구거주자 21.6%보다 높으며, 지방산업단지의 경우에도 고령군거주자가 7.5%로 대구거주자에 비해 높게 나타났다. 단순생산직에 있어서는 고령군거주자(50.3%)가 대구거주자(17.5%)나 기타경북거주자(14.6%)보다 높게 나타나 사무직과 전문기술직에 비해 기타경북거주자가 차지하는 비중이 상대적으로 높다. 또한 설문조사에서는 나타나지 않았지만 조사 대상 업체 중 상당수가 외국인 노동자를 고용하고 있다.

이러한 결과를 보면 지역 주민의 고용창출을 통하여 주민소득 증대와 지역경제를 활성화하기 위하여 조성된 농공단지 및 지방산업단지는 당초 목표를 달성하기에는 한계가 있을 수밖에 없다. 물론 현재 농어촌지역의 인구감소와 고령화로 지역의 노동력을 활용함에 있어서는 제약이 있다는 점을 반영하고 있다(표 10).

다음 제조업체의 구인 방법의 경우, 인맥을 이용하는 경우(37.2%)의 비율이 가장 높고 다음으로 동종사업 종사자를 통하거나, 공개채용을 하는 경우가 각각 30.2%, 25.6%를 차지하였다. 그리고 구인 시 애로사항으로는 인력 부족(43.4%)의 비율이 가장 높고, 다음으로 저임금 회피와 높은 이직률이 각각 24.1%, 13.3%를 차지하였다. 그리고 농공단지는 높은 이직률이 16.4%, 정보부족이 4.5%를 차지하는 반면, 지방산업단지는 높은 이직률에 대해서는 애로사항이 없으며 정보부족이 25%를 차지하였다(표 11).

전통적으로 기업은 폐쇄된 기능적 조직으로 인식되어 왔으나 현실적으로 기업 간 관계는 시

표 10. 직종별 종사자의 거주지 분포

구분	고령거주			대구거주			기타경북거주			계
	농공단지	지방산업단지	소계	농공단지	지방산업단지	소계	농공단지	지방산업단지	소계	
사무직	45 (25.4)	14 (7.9)	59 (33.3)	76 (42.9)	30 (16.9)	106 (59.9)	11 (6.2)	1 (0.6)	12 (6.8)	177 (100.0)
전문기술직	177 (57.8)	23 (7.5)	200 (65.4)	66 (21.6)	14 (4.6)	80 (26.1)	24 (7.8)	2 (0.7)	26 (8.5)	306 (100.0)
단순생산직	190 (50.3)	60 (15.9)	250 (66.1)	66 (17.5)	6 (1.6)	72 (19.0)	55 (14.6)	1 (0.3)	56 (14.8)	378 (100.0)
계	412 (47.9)	97 (11.3)	509 (59.1)	208 (24.2)	50 (5.8)	258 (30.0)	90 (10.5)	4 (0.5)	94 (10.9)	861 (100.0)

자료 : 설문조사에 의함(무응답 제외)

표 11. 고령군 제조업체 단지별 구인 방법 및 구인 시 애로사항

(단위 : 개, %)

구분		농공단지	지방산업단지	계
구인 방법	학원	3(4.3)	-	3(3.5)
	기관	2(2.9)	-	2(2.3)
	공개 채용	18(25.7)	4(25.0)	22(25.6)
	인맥	25(35.7)	7(43.8)	32(37.2)
	동호회	1(1.4)	-	1(1.2)
	동종 사업 종사자	21(30.0)	5(31.2)	26(30.2)
	합계	70(100)	16(100)	86(100)
구인 시 애로사항	인력 부족	30(44.8)	6(37.5)	36(43.4)
	수준 미흡	7(10.4)	2(12.5)	9(10.8)
	정보 부족	3(4.5)	4(25.0)	7(8.4)
	저임금 회피	16(23.9)	4(25.0)	20(24.1)
	높은 이직률	11(16.4)	-	11(13.3)
	합계	67(100)	16(100)	83(100)

자료 : 설문조사에 의함(무응답 제외, 중복 응답 포함)

장에서의 경쟁자로써 뿐만 아니라 동반자적인 입장에서 상호 협력하는 네트워크 관계를 맺고 있다(이철우·이종호, 2000). 네트워크(network)란 시장과 계층사이의 연속체에서 존재하는 기업 간 관계로, 완전히 시장에 의존하는 거래관계를 의미하는 것이 아니며 조직적이고 체계적으로 이루어진 완벽한 계층관계도 아닌 그 중간 형태라고 볼 수 있다(Cooke and Morgan, 1993). 개별 기업에 있어 네트워크는 기업의 내적 능력을 대체하거나 보완하는 투입에 대한 외부원천(external sources)을 제공한다. 이러한 네트워크의 이점은 비용절감과 급변하는 시장에 대처할 수 있는 유연성의 확보이다.

고령군 제조업체 외주관계를 살펴보면, 1개 이상의 업체에 외주를 주고 있는 업체는 13개(25.0%)로, 외주 업체의 입지지역을 살펴보면, 대구광역시(46.2%)와 경상북도(30.8%)가 77.0%로 대부분을 차지하고 있다. 그 외에 경상남도, 충청도, 경기도가 각각 7.7%를 차지하였다. 그리고 외주비중에 있어서는 외주비중이 11~40%인 기업체가 53.8%, 10% 미만인 경우가 30.8%를 차지하여 원청기업으로서의 역할이 큰 기업은 단 2개 업체에 지나지 않는다. 특히 외주를 주는 이유도 '설비 투자비용 절감'이 30.8%를, 그리고 '특정 기술 부재'와 '경기변동에 대처하기 위함'이 각각 23.1%를 차지하고 있다. 즉 특화된 기술을 활용하기 위한 전문하청보다는 설비투자비용을 절감하거나 경기변동에 따른 설비투자에 대한 위험부담을 줄이기 위한 설비하청이 중심이 되고 있다(표 12).

표 12. 고령군 제조업체의 외주 실태

(단위 : 개, %)

구분		업체수
외주 지역	대구광역시	6(46.2)
	경상북도	4(30.8)
	경상남도	1(7.7)
	충청도	1(7.7)
	경기도	1(7.7)
	합계	13(100)
외주 비중	10% 이하	4(30.8)
	11%~40%	7(53.8)
	41%~70%	1(7.7)
	71% 이상	1(7.7)
	합계	13(100)
외주 이유	설비 투자비용 절감	4(30.8)
	임금 비용 절감	1(7.7)
	특정 기술 부재	3(23.1)
	낮은 품목 비중	2(15.4)
	경기 변동 대처	3(23.1)
	합계	13(100)

자료 : 설문조사에 의함

마지막으로 고령군 제조업체간의 협력 문화는 〈표 13〉에 제시한 바와 같이 7개 항목별로 5단계 척도로 검토하였다. 첫째, 정보 교류에 대해서는 '보통'이라고 응답한 업체가 전체의 36.2%로 비율이 가장 높은 반면, '매우 배타적'이라고 응답한 비율도 25.5%를 차지하여 기업 간 정보교류가 활발한 편은 아니었다. 둘째, 공동연구에 대해서는 '매우 배타적'이라고 응답한 업체의 비율이 53.3%로 가장 높고 '다소 배타적'이라고 응답한 업체의 비율은 20.0%를 차지하였다. 셋째, 공동 구입 및 공동계약에 대해서는 '매우 배타적'이라고 응답한 업체가 각각 48.9%, 50.0%로 가장 큰 비중을 차지하였고 '다소 배타적'이라고 응답한 업체는 각각 22.2%, 25.0%를 차지하였다. 넷째, 마케팅 협력에 대해서는 '매우 배타적'이라고 응답한 업체가 43.2%, '다소 배타적'이라고 응답한 업체가 31.8%를 차지하였다. 다섯째, 노하우 습득에 대해서는 '매우 배타적'이라고 응답한 업체가 각각 44.4%, '다소 배타적'이라고 응답한 업체가 22.2%를 차지하고 있었다. 마지막으로 인력 교류에 대해서는 '매우 배타적'이라고 응답한 업체가 32.6%, '다소 배타적', '보통'이라고 응답한 업체가 각각 26.1%를 차지하였다. 이상의 결과로 미루어 보아 아직 고령군 제조업체 간에서의 협력 문화는 거의 미미한 수준인 것으로

표 13. 고령군 제조업체의 협력 문화

(단위 : 개, %)

협력문화	매우 배타적	다소 배타적	보통	다소 협력적	매우 협력적
정보 교류	12(25.5)	8(17.0)	17(36.2)	6(12.8)	4(8.5)
공동 연구	24(53.3)	9(20.0)	9(20.0)	2(4.4)	1(2.2)
공동 구입	22(48.9)	10(22.2)	11(24.4)	2(4.4)	-
공동 계약	22(50.0)	11(25.0)	9(20.5)	2(4.5)	-
마케팅 협력	19(43.2)	14(31.8)	8(18.2)	3(6.8)	-
노하우 습득	20(44.4)	10(22.2)	10(22.2)	4(8.9)	1(2.2)
인력 교류	15(32.6)	12(26.1)	12(26.1)	5(10.9)	2(4.3)

자료 : 설문조사에 의함(무응답 제외)

판단된다.

6. 고령군 제조업의 정책 과제

우리나라는 1960년대 이후 산업화 과정에서 농촌공업화 정책은 지속적으로 추진하여 왔다. 그럼에도 불구하고 불리한 입지여건 및 농촌공업의 주력업종의 불황과 해외 이전 등에 따른 농공단지를 포함한 농촌산업단지의 가동률 및 분양률 저하뿐만 아니라 지역 부존자원 개발 및 이용 등과의 연계, 그리고 산·학·연 연계를 통한 기술혁신역량 강화 등의 문제점을 극복하지 못함으로써 당초 기대했던 만큼의 효과를 거두지 못하였다. 더군다나 최근 FTA 체결과 농산물 수입 개방으로 농업부문이 피해가 클 것으로 예상된다. 더욱이 앞으로 세계화와 지식기반경제사회에 있어서의 지역산업정책은 저마다 개성적 성격을 가지고 있는 지역들이 지역 스스로 지역특성에 맞는 사업을, 중장기적 관점에서 일관되게, 산·학·연 연계를 포함한 다양한 지역의 혁신 주체들의 참여를 통해, 최대한 자율적으로 추진할 때 비로소 내발적 지역발전역량을 갖출 수 있을 것이다(이철우, 2007). 따라서 기존의 지역산업의 재구조화를 포함한 내생적 발전역량을 제고할 수 있는 대안적 발전방안이 보다 적극적으로 모색되어야 할 것이다.

이에 고령군도 2006년에 수립한 『2020 고령군 기본계획』에서 첨단지식산업 중심의 산업구조 개편, 업종별 특화산업단지 조성과 친환경적 산업 환경 조성을 목표로, 첨단·친환경적 산업의 유치 및 육성과 지역전략업종 육성전략과 연계한 계획적 산업단지 조성을 기본방향으로 정하였다. 즉 21세기의 새로운 산업조류에 맞게 지식과 첨단기술이 접목된 소기업 중심의 소규모 산업단지를 조성하여 지역경제가 튼튼하게 뿌리내릴 수 있는 환경을 조성하고자 하였다. 물론 현재 고령군 지역은 농촌지역이다. 그러나 대도시인 대구광역시의 인접지역이라는 제조업 입지의 상대적 우위성으로 앞으로 제조업이 지역경제에서 차지하는 비중은 확대될 것으로 예상된다.

본 연구에서는 『2020 고령군 기본계획』에 기초하여 ① 특성화된 산업단지의 육성, ② 지식기반산업과 첨단산업의 육성을 통한 지역산업구조의 고도화, ③ 지역산업 간 연계강화 그리고 ④ 친환경 산업육성이라는 실천방안에 초점을 맞추어 고령군의 제조업의 정책방향과 과제를 제시하고자 한다.

먼저 특성화된 산업단지의 조성 및 기존 산업단지의 특성화에 있어서는, 고령군 제조업체의 핵심적 입지기반은 대구광역시의 인접지역이라는 양호한 접근성에 기반을 두고 정책을 수립하고 추진하여야 할 것이다. 기존 제조업체의 경우도 대구시의 지가상승과 각종 환경규제 등 영세중소제조업체의 입지적 불이익을 극복하기 위하여 이주한 기업이 중심이며, 핵심적 입지요인은 '노동력 확보 용이성' 보다는 '저렴한 용지 이용'과 더불어 '동종업종의 집적'과 '교통 및 통신이용 용이성' 그리고 '주요 거래처·고객 접근성'이다. 따라서 지금까지의 입주기업에 대한 국세 및 지방세 등의 조세감면과 시설자금 및 운전자금에 대한 금융지원 그리고 인력확보를 위한 병역특례업체 지정 등에서 탈피하여, 현재 대구광역시의 현풍과 구지 지역을 중심으로 추진되고 있는 테크노폴리스 및 국가산업단지 조성과 연계하여 지식기반혁신클러스터의 기능을 담당할 수 있는 방향으로 공업정책을 획기적으로 전환할 필요가 있다. 이를 통해 현재 조성 중인 성산지방산업단지 및 다산2지방산업단지에 지식기반혁신클러스터의 새로운 기술력을 가지는 대기업과의 네트워킹을 가지는 제조업체를 유치함으로써 보다 특성화된 산업단지를 육성할 수 있을 것이다.

둘째, 지식기반산업과 첨단산업의 육성을 통한 지역산업구조의 고도화는 현재 고령군 제조업이 전형적인 농촌형 노동집약적인 영세소기업 중심의 저부가가치 산업이라는 점에서 매우 중요한 과제라고 하겠다. 물론 과거 섬유 및 음식료품 중심에서 금속기계 및 자동차 관련 제조업 중심으로 점차 재편되고 있다. 그러나 여전히 안정적 시장 확보와 기술개발에 대한 투자역량에 있어서는 대부분의 업체들이 한계성을 가진다. 뿐만 아니라 입주업체의 성장 단계에 있어서도 '시장 확대·후속상품개발단계'에 속하는 기업의 비중이 점차 확대되고 있다. 이 점을 감안할 때 앞에서 언급한 대구시의 지식기반혁신클러스터와 연계한 첨단기업의 유치와 이를 기반으로 기존 산업을 첨단화하는 보다 장기적인 지역산업구조의 고도화 정책이 수립되어야 한다. 이는 첨단산업의 유치뿐만 아니라 기존 전통적인 생산기술에 IT 및 NT 등 신기술의 도입, 즉 기술융합을 통한 기술혁신도 동시에 추진되어야 한다. 이를 위해서는 종래의 물리적·사회적 하부구조의 구축 혹은 정비, 개별 기업을 대상으로 한 금융지원 혹은 세제 혜택 등에 초점을 맞춘 지원정책에서 과감히 탈피하여, 대구시와 연계한 산·관·학 연계를 통한 보다 적극적인 기술혁신 지원이 이루어져야 할 것이다. 이러한 지원정책이 전제되지 않고는 초기 생산·시장 진출 단계의 새로운 기술력을 가지는 분리·신설기업을 유치할 수 없으며, 결과적으로는 지역산업구조의 고도화는 불가능할 것으로 생각된다.

셋째, 고령군 제조업의 구조적 특성은 대구시 제조업의 구조 변화와 깊은 관련성을 가지고 있다. 따라서 고령군 산업 간의 연계보다는 인접한 대구 달성 및 성서첨단산업단지와의 연계가 상대적으로 강하다. 이는 기존의 제조업체가 대구광역시 성서공단을 비롯한 내부도시(inner city) 공단지역으로부터 이전해 온 업체가 중심이 되고 있기 때문이다. 물론 앞에서 지적한 바와 같이 현재 추진되고 있는 테크노폴리스 및 국가산업단지 조성과 연계하여 지식기반 혁신클러스터의 새로운 기술력을 가지는 대기업과의 네트워킹을 강화하는 것도 중요하다. 그러나 이러한 지역 간 연계뿐만 아니라 다양한 지역 내 산업 주체 간의 전·후방연계를 통한 지역 내 연계도 매우 중요하다. 특히 기존 농공단지에 입주하고 있는 기업뿐만 아니라 개별입지형 기업들도 지역 내 산업연계는 매우 미약하다. 따라서 앞으로 지역 내 산업연계를 강화하는 방안으로 식품산업의 육성정책도 의의가 크다고 판단된다. 그 근거로는 생활수준의 향상에 따른 식생활 소비패턴의 고급화와 외식산업의 수요확대로 친환경 로컬식품산업의 성장 가능성이 매우 크기 때문이다. 특히 고령군은 양질의 농특산물이 다양하게 생산될 뿐만 아니라 식품산업 입지의 선결 조건인 대시장과의 접근성이 매우 양호하다. 현실적으로 최근 5년 동안 고령군 음식료 제조업의 고용이 크게 성장하였다(이종호, 2008). 따라서 식품산업 관련 기반시설과 지원서비스 체계만 잘 갖추어진다면, 농특산물 가공산업의 육성을 통한 지역 내 산업연계를 강화할 수 있는 대안적 발전방안이 될 수 있을 것이다. 이는 즉 협의의 규범적 개념의 농촌공업의 발전방안이기도 하다. 따라서 식품산업은 지역 농업의 생산 기반 강화 및 유통 판로 확충을 통하여 농업과 서비스 부문의 고용 창출에도 기여할 수 있을 것이다.

넷째, 친환경 산업육성은 기존의 대부분의 제조업체들은 값싼 노동력을 구하거나 대구시의 각종 환경규제 등의 대도시 지역에서의 입지적 불이익을 극복하기 위하여 이주한 기업이라는 점에서 앞으로는 이러한 입지요인을 극복하기 위해서도 중요하다. 왜냐하면 친환경 산업육성이라는 대안이 마련되지 않고는 고령군 제조업의 획기적인 구조고도화와 첨단화는 불가능하기 때문이다. 더욱이 대구시와 연계한 지식기반 첨단산업의 육성과 농특산물 가공산업을 육성하기 위해서는 공해유발업체에 대한 규제를 포함한 환경규제 및 친환경적 정주여건의 강화하여야 할 것이다. 나아가서 환경수요에 부응하는 환경친화적산업(BT, CT산업)을 유치하기 위한 구체적인 정책도 마련되어야 할 것이다.

7. 맺음말

고령군의 공업화는 우리나라 일반적인 농촌지역과 마찬가지로 1980년대 농공단지개발사업으로 본격화 되었다. 고령군의 공업화의 핵심적 기반은 농공단지를 포함한 산업단지의 조성이며, 2006년 현재 고령군에는 쌍림, 개진의 2개 농공단지와 다산, 개진의 2개 지방산업단지가 완공되어 기업체의 입주가 완료되었고, 다산2지방산업단지와 성산지방산업단지는 조성중이다. 이들 농공단지와 지방산업단지의 총 면적은 2,013km^{2}이고, 입주업체는 149개 업체로 총 종사자는 3,994명으로, 생산액과 수출액은 각각 5,503억 원과 36,828천 달러이다. 이는 고령군 전체 제조업 종사자의 약 80%, 그리고 생산액의 약 67%에 해당한다.

고령군 제조업은 1989년 쌍림농공단지의 완공을 계기로 본격화되기 시작하여 점진적으로 늘어나다가 IMF사태로 1997년에는 1991년 수준으로 떨어졌다. 그러나 개진지방산업단지의 준공으로 1998년에는 1996년 수준으로 회복되었고 2000년대에 들어와서는 지속적으로 성장하고 있다. 물론 사업체수에 비해 상대적으로 종사자수는 그 증가 비중이 낮다. 반면에 생산액은 급격하게 늘어났으나 부가가치의 증가 비중은 매우 낮다. 현재 주력 업종은 금속기계, 섬유 및 음식료품 관련 제조업이다. 이 중 제1차 금속산업, 조립금속제품, 기타 기계 및 장비는 늘어나는 반면, 섬유 제품은 상대적으로 감소하여 과거 섬유 및 음식료품 중심에서 점차 금속기계 및 자동차 관련 제조업 중심으로 점차 재편되고 있으나 여전히 저부가가치 산업구조를 탈피하고 못하고 있다.

이들 제조업의 상대적으로 입지 비중이 큰 개진, 다산 그리고 쌍림면의 3개 지역에는 지방산업단지 및 농공단지가 입지하고 있어서 우리나라의 대부분 지역에서 산업단지의 성격이 지역 제조업의 특성을 좌우하는 일반성이 고령군에서도 그대로 반영되고 있다. 전체 제조업체의 과반수이상의 기업이 타 지역으로부터 이전하였다. 특히 대구광역시의 경우 고령군과 인접한 공업지역 혹은 대단위 주택단지 개발지역의 업체들이 주로 고령군으로 이전하였다. 그리고 핵심적 입지요인은 저렴한 용지 이용과 동종업종의 집적, 교통 및 통신이용 용이성이며, 입지 상의 애로사항으로는 산·학 연계의 미약과 협력문화 미비로 우리나라 영세소기업의 주된 애로사항으로 지적되고 있는 자금 지원 취약과 정부 관심 부족과는 상이한 점이 주목된다. 이러한 입지 상의 애로점에도 불구하고 타 지역으로 이전을 원하는 기업의 비중은 낮았다. 이전 의사가 있는 기업의 대표적인 이전대상지역은 성서공단이며 그 이유로는 우수 인력의 확보와 사업 규모 확장이었다.

제조업 종사자 중에서는 단순 생산직이 약 44%, 전문 기술직과 사무직이 약 36%와 21%를 차지한다. 전문 기술직과 단순 생산직은 고령군에 거주하는 비율이 대체로 65%로 가장 비율이 높은 반면에 사무직은 약 60%가 대구에 거주하고 있다. 종사자는 주로 인맥을 이용하여 채용하며, 지원채용 상의 주된 애로사항은 인력 부족, 저임금 회피와 높은 이직률이었다. 마지막으로 외주를 하고 있는 업체는 전체의 약 25.0%이고 이들 외주 업체는 주로 대구광역시와 경상북도에 입지하고 있다. 가장 중요한 외주이유는 설비 투자비용 절감과 경기변동에 대처로 전문화된 기술을 활용하기 위한 전문하청보다는 설비투자에 대한 위험부담을 줄이기 위한 설비하청이 중심이었다.

정책 과제로는 우선 대구광역시의 테크노폴리스 및 국가산업단지 조성과 연계하여 지식기반혁신클러스터의 기능을 담당할 수 있는 방향으로 공업정책을 획기적으로 전환하여야 한다. 그리고 산업구조의 고도화를 위한 첨단산업의 유치와 전통적인 생산기술에 IT 및 NT 등의 신기술의 도입과 기술융합정책을 적극적으로 추진하여야 한다. 이를 위해서는 개별 기업을 대상으로 한 금융지원 혹은 세제 혜택 등에 초점을 맞춘 지원정책에서 과감히 탈피하여, 산·관·학 연계를 통한 보다 적극적인 기술혁신 지원이 이루어져야 할 것이다. 나아가서 지역 내 산업연계를 강화하는 대안적 방안으로 식품산업의 육성정책을 적극적으로 추진되어야 할 것이다. 왜냐하면 식품산업의 육성은 지역 농업의 생산 기반 강화 및 유통 판로 확충을 통하여 농업과 서비스 부문의 고용 창출에도 기여할 수 있기 때문이다. 마지막으로 대구시와 연계한 지식기반 첨단산업의 육성과 식품산업을 육성하기 위해서는 공해유발업체에 대한 규제를 포함한 환경규제 및 친환경적 정주여건을 강화하여야 한다.

이상의 정책 과제를 실천하기 위해서는 대도시에 인접한 고령군 지역에서는 다양화·개성화·전문화 되어가는 현대사회의 소비패턴 변화에 신속히 대응할 수 있는 중소기업 경쟁력 제고가 지역산업정책이 중심이 되어야 할 것이다. 왜냐하면 중소기업은 대기업과의 역할 분담을 통해 국가 경제의 경쟁력을 향상시키는 토대를 제공할 뿐만 아니라 지역사회와 불가분의 관계를 가고 있기 때문이다. 또한 경쟁의 패러다임이 '개별 기업 간 경쟁'에서 '기업 네트워크 간 경쟁'으로 전환되고 있으므로 기업 간 협력을 통해 상호 시너지 효과를 제고할 수 있는 가치창출 구조를 마련해야 할 것이다. 이를 위해서는 종래 한 기업에서 모든 문제를 해결하려던 폐쇄적인 사고에서 탈피하여 자사의 핵심영역 이외의 분야에서는 효율성과 생산성이 더 높은 주체와 제휴 또는 아웃소싱하는 '개방형 전략' 수립이 필요하다. 이로써 '경쟁(competition)'과 '협력(cooperation)'을 동시에 추구해 나가야 한다. 즉 장기적으로는 대구지역에 입지하고 있는 기업과의 상생 협력 및 여건 변화에 맞는 적절한 역할 분담 방안을 모색하여 상호 신뢰를 바탕으로 기업 간 인적·물적 네트워크를 형성하는 방향에서 제조업의 활성화 방안이 모색되어야 한다.

지원정책에 있어서도 기존의 중소기업에 대한 보호·육성 위주의 지원방식에서 벗어나 경쟁력을 제고하는 방향으로 전환해야 한다. 아울러 대학 및 연구기관과의 적극적인 산·학·연 협력을 통해 연구개발 성과를 신속하게 사업화 해 나가야 할 것이다. 구체적으로는 첫째, 경쟁력 및 생산성 향상을 선도할 수 있는 산업부문의 '혁신형 중소기업'을 전략적으로 선정하여 유치·육성하여야 한다. 둘째, 기존의 행정구역 단위의 제조업 육성정책에서 과감하게 탈피하여 생산과정상의 가치사슬에 기초하여 지역 및 산업 간 연계를 강화함으로써 시너지효과를 제고함으로써 부가가치의 지역 내 순환을 강화하여야 한다. 셋째, 종래의 일률적이고 보편적인 지원방식을 탈피하여 중소기업의 유형별·성장단계별 '맞춤형 정책(Tailored Policy)' 체제를 도입할 필요가 있다.

참고문헌

건설교통부 국토지리정보원, 2007, 대한민국국가지도집.
경상북도, 2001~2006(각 년도), 『광업·제조업통계조사』
고령군, 2006, 2020 고령군 기본계획.
고령군, 2007, 2006년 통계연보.
고령군, 2008, 기초연구사업 용역 자료.
권대준, 1992, 국토의 산업공간화와 '삶이 세계'의 변질, 사상, 12(봄), 206-221.
김주석, 2007, 대구경북지역 시·군간 연계 및 분업구조 분석을 통한 지역통합성 제고방안 연구, 대구경북연구원.
김희승, 1993, 농촌공업화의 재인식과 개선방안, 농촌사회, 3, 75-102.
손명철, 1995, 산업화의 진전에 따른 지역변화에 관한 연구 -경기도 이천 지방노동시장의 공간성을 중심으로-, 서울대학교 대학원 박사학위논문.
이종호, 2008, 고령군의 지역경제 실태와 정책 과제, 고령군 기초연구보고서.
이철우, 2007, 참여정부 지역혁신 및 혁신클러스터 정책 추진의 평가와 과제, 한국경제지리학회지, 10(4), 377-393.
이철우, 2008, 대도시 주변 농공단지의 존립기반과 정책적 함의 : 고령군 농공단지를 사례로, 한국지역지리학회지, 14(3), 239-253.
이철우·이종호, 2000, 창원 산업지구의 비즈니스 네트워크와 뿌리내림, 지리학논구, 20, 84-112.
최병두 외, 2008, 인문지리학개론, 한울, 서울.
최양부, 1978, 농가소득 증대방향에 관한 이론적 검토 -특히 영세소농(零細小農)의 농외소득증대 문제와 관련하여-, 농촌경제, 1(2), 109-120.
최양부·김형모, 1980, 농촌공업의 개념과 농촌공업개발의 의미 -농촌공업개발정책의 이론적 기초-, 농촌경제, 3(1), 33-47.
한국산업단지공단, 2006, 전국산업단지현황통계.
山田三郎, 1986, アジアの農村工業, アジア經濟研究所, 東京.
李哲雨, 1991, 農村地場産業に關する經濟地理學的研究, 名古屋大學文學博士學位論文.
Cooke, P. and Morgan, K., 1993, The network paradigm: new departures in corporate and regional develoment, Enviroment and Planning D: Society and Space, Vol.11, pp.543-564.
Jon Sigurdson, 1977, Rural ondustrialization in China, Cambridge; Harnard University Press.
http://www.e-cluster.net/(산학연통합정보망)

관광 자원의 이용과 개발 전략*

최정수

1. 머리말

최근 문화소비계층의 증가와 여가시간의 증대에 따라 일반인들의 문화의식 및 문화욕구가 높아지고 있으며, 이에 경북도는 4대 전략산업의 하나로 문화·관광산업을 선정하여 적극 육성하고 있다. 특히 2007년에는 '2007 경북방문의 해'를 맞아 자연, 문화유산, 이벤트 등 우수한 지역관광자원을 리모델링하고 축제 및 상설공연의 관광상품화, 관광진흥을 위한 공모전 개최 등 다양한 사업을 추진해왔다.

그러나 문화관광수요는 보다 다양화·파편화되어 가고 있을 뿐만 아니라 비용이 저렴한 산악, 자연경관 등과 같은 매력물을 비롯하여 게임, 영화 등과 같은 대체물이 부상함에 따라 관광산업은 기타 여가산업과의 경쟁이 심화되고 있다. 따라서 관광수요에의 즉각적이고 유연한 대응을 통해 경쟁력을 제고해야 할 필요성이 높아지고 있다.

이러한 가운데, 고령군은 대구와 인접한 대도시주변 농촌지역으로써 대구시민의 주말관광지로서 역할이 기대될 뿐만 아니라 현재 88고속도로 확장, 구미-현풍간 고속도로 신설, 국도 26호선 신설 등으로 관광시장권의 확대가 기대되고 있다. 또한 고령군은 가야문화권의 핵심거점으로써 인근의 성주, 상주, 칠곡, 김천 등과 함께 가야문화권 개발사업을 추진하고 있을 뿐

---
* 이 글은 한국지역지리학회지 제14권(2008년) 제6호, pp.680-697에 게재된 바 있음.

만 아니라 대구 달성, 경북 성주, 경남 합천·창녕·거창·의령과 함께 가야문화권 특정지역 지정을 추진중에 있다. 이처럼 고령군의 관광정책은 대가야 역사문화자원을 토대로 한 관광지 개발에 중점을 두고 있으며, 그 결과 고령군 관광활동의 약 90%가 대가야박물관(대가야왕릉전시관 포함)[1]에 집중되고 있다.

반면, 고령군의 문화(관광)자원의 유형별 특성을 살펴보면, 스토리/이벤트/프로그램 등의 소프트자원과 국가지정문화재/경북지정문화재/문화재자료 등의 지정문화재가 70% 이상을 차지하고 있다. 그러나, 스토리자원의 활용이 매우 미비할 뿐만 아니라 관광자원의 이용이 대가야시대의 문화유산에 치중되게 이루어지고 있어 다양화·파편화된 관광수요에의 즉각적 대응을 어렵게 하고 있다. 또한 대도시 주변 농촌지역임에도 대도시 관광시장을 유인할 수 있는 공동체적 농촌지역의 특성을 살리지 못하고 있다. 따라서, 고령군 관광자원의 개발방향을 대가야 문화권의 중심지적 위상을 보지(保持)하되, 농촌지역의 특성을 살리면서 다양한 관광수요에 대응할 수 있는 방향에서 설정할 필요가 있다.

이를 위해 먼저 관광수요 측면에서는 문화관광부, 한국관광공사 등 관광관련 주요기관의 통계자료 및 고령군의 조사연구보고서를 참고하여 관광활동의 변화 및 관광객 특성을 분석하고, 공급 측면에서는 고령군의 관광정책 및 관광자원 현황을 살펴본다. 이를 토대로 수요와 공급 측면에서 문제점을 도출하고, 대도시주변 농촌지역이라는 고령군의 특색에 맞는 관광정책 개선방안 및 관광자원 개발방안을 제시하도록 한다.

2. 농촌지역에 있어 관광이 지니는 함의

지역개발에 있어서 여가공간이나 관광지 개발의 과제 중의 하나는 국민복지 차원에서 관광수요 증대 및 관광행태의 변화에 대응하는 시설과 프로그램을 공급하는 것이라 할 수 있다.[2] 따라서 관광정책은 관광주체의 관광행태에 따른 차별화된 관광시설 및 프로그램을 제공하는 방향으로 수립되어야 한다. 최근 여가시간의 증가에 따라 가족을 동반한 농어촌체험, 레저·

---

[1] 대가야박물관은 2000년 9월 개관한 대가야왕릉전시관과 2005년 4월 개관한 대가야박물관으로 구성되어 있다.
[2] 지역개발에 있어서 여가공간이나 관광지 개발의 과제는 첫째, 국민복지 차원에서 여가행태 변화 수용에 필요한 시설과 프로그램을 공급하는 공급자로서의 역할 강화, 둘째, 증가가 예상되는 관광활동의 변화를 최대한 활용하여 지역의 관광산업을 활성화시킴으로써 지역발전을 위한 계기를 만드는 것, 셋째, 여가수요와 관광활동의 증가에 따른 지역의 물리적·환경적 변화, 즉 교통수요의 증가, 도시의 역할과 구조변화 등에 따른 지역개발 측면에서의 수용이라 할 수 있다(윤양수, 2002, 38).

스포츠관광, 문화유적·사적지 방문, 위락·휴양관광 형태의 비중이 높아질 것으로 예상되므로, 가족 구성원 모두의 참가가 가능한 방향으로의 시설 및 프로그램 제공이 전제된다. 가족 전체가 참여할 수 있는 여가활동으로는 스포츠활동, 취미·교양활동, 관람·감상활동, 사교활동, 관광·행락활동, 놀이·오락활동의 6개 활동이 있으며, 이중 여가시간의 증대로 큰 변화가 예상되는 관광·행락활동 중 농촌관광이 크게 공감대를 얻어 확산될 것으로 보인다(최길례, 2002, 92-93). 왜냐하면, 농촌은 가족 중심의 자기계발을 위한 체험형·레포츠형·위락휴양형 관광행태를 충족시킬 수 있는 조건을 갖추고 있기 때문이다.

또한, 농촌은 '농촌'이라는 장소에 대한 보편적 특성, 즉 '농촌성(rurality)'을 보유하고 있다. 바꾸어 말하면, 농촌은 일반적으로 농촌하면 떠오르는 농업생산이 이루어지는 공간, 도시와는 구별되는 독특한 자연, 생태, 경관을 보유한 공간, 오랜 기간 전해져 온 전통과 역사가 있는 공간, 농촌주민의 생활문화가 배어있는 공간이다. 따라서 농촌은 일반적으로 농가나 농장을 방문하는 방문객을 대상으로 농산물을 판매하거나 농사체험활동을 가능하게 하는 등 일련의 농업과 관련되는 활동을 상품으로 제공할 수 있을 뿐만 아니라 도시에서는 경험할 수 없는 자연, 생태, 전통, 역사 등의 다양한 문화를 체험할 수 있는 기회를 제공할 수 있다.[3]

이와 같이 농촌이라는 공간적 한계의 의미와 체험이라는 관광의 형태를 취하여 관광객을 유인함으로써 소득증대 및 생활여건의 개선 등 다양한 지역개발효과를 거둘 수 있기 때문에 농촌지역에 있어 관광이 지니는 중요성은 매우 크다. 이는 관광의 다양한 유형 중에서 '농촌관광'이라는 유형이 하나의 독립된 관광유형으로 자리를 잡은 점에서도 잘 알 수 있다. 농촌관광은 경제적 측면에서는 차별화된 관광시장 형성과 농촌의 소득향상을, 사회적 측면에서는 주민의 자발적인 참여를 통한 지속적인 농촌지역 활성화를 유도하고, 환경적 측면에서는 농촌다움을 보전하고 차별화된 쾌적하고 아름다운 환경을 조성하고, 제도적 측면에서는 일회적인 자금지원보다 필요한 제도와 기반을 갖추는데 중점을 두고 있다(강신겸, 2002, 6).

다시 말하면, 농촌은 도시민에게 자연경관, 휴식·휴양 및 색다른 체험을 할 수 있는 공간을 제공하고, 도시민은 민박, 농산물 구입 등을 통해 농가소득 증대에 기여하여 농촌지역의 활성화를 가져온다. 따라서 농촌관광전략은 도시와 농촌 모두에게 이익이 되는 윈윈전략이며, 농

---

[3] 농촌관광의 등장은 사회구조의 변화와도 관련되는데, 환경에 대한 자각과 함께 야생지역과 국립공원 이용에 대한 저항이 반복되는 가운데 서비스 직종에 종사하는 도시의 중류계층들은 농촌방문을 즐기고 있다. 1986년 영국의 서비스 직종과 중간 관리자 계층집단은 연 5회 농촌을 방문하였는데, 이는 숙련노동자들보다는 50%, 반숙련/비숙련노동자들보다도 2배 높은 회수였다. 이처럼 도시인들은 농촌여가에 대한 집착을 보이고 있다(김양자, 2001, 126-127).

촌과 도시에 주는 부정적 영향을 최소화하면서 긍정적 편익을 극대화할 수 있는 지속가능한 개발 전략(강신겸, 2002, 6)이라 할 수 있다.

3. 관광활동의 변화 및 관광객 특성

1) 경북의 관광활동 변화 및 관광객 특성

2006여가백서에 의하면, 국민들이 지난 1년간 참여한 여가활동에 있어서 휴식활동의 참여도가 68.7%로 가장 높았으며, 이어 취미·오락활동(25.4%), 기타 사회활동(25.1%), 관광활동(16.1%)[4], 문화예술관람활동(12.3%), 스포츠참여활동(6.8%), 문화예술참여활동(5.8%), 스포츠관람활동(4.6%)의 순으로 높게 나타났다. 이중 향후 가장 많이 증가하기를 희망하는 활동은 관광활동(60.2%)으로 나타나 관광활동에의 참여도는 이후 지속적으로 증가할 것으로 기대된다.

2007년 상반기 현재 여행경험률은 81.6%이며, 여행참가횟수는 3.97회, 여행일수는 5.93일로 나타나 2005년에 비해 여행경험률은 감소추세를 보이나, 참가회수 및 여행일수는 지속적

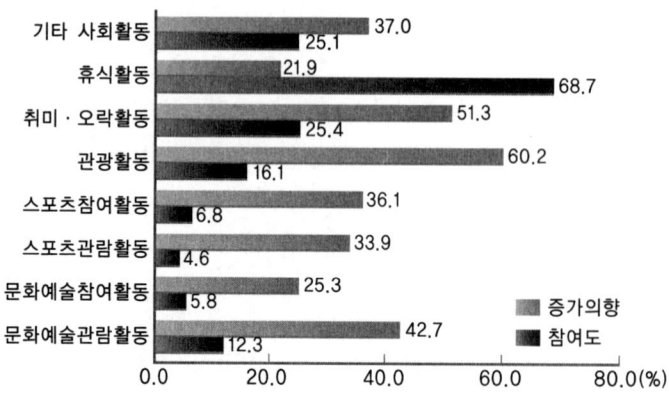

그림 1. 여가활동별 참여도와 증가의향
자료 : 문화관광부·한국문화관광정책연구원, 2006, 45-48

---

[4] 관광활동 중 가장 높은 참여율을 보이는 활동은 드라이브(41.9%), 소풍/야유회(36.9%), 국내숙박여행(29.6%), 해수욕/바다감상(27.0%), 온천(23.3%), 맛집기행(22.0%) 등의 순으로 참여하는 것으로 나타났다(문화관광부·한국문화관광정책연구원, 2006).

표 1. 관광활동 참여추이

구분	2005년 상반기	2006년 상반기	2007년 상반기
여행경험률(%)	84.1	82.5	81.6
여행참가횟수(회)	3.16	3.55	3.97
여행일수(일)	4.68	4.97	5.93
1인당 여행비용(원)	175,030	182,688	189,962

자료 : 문화관광부, 2007, 관광동향에 관한 연차보고서

표 2. 관광활동목적지

구분	숙박여행	당일여행	기억에 남는 방문지	향후 방문희망지역
1위	강원(13.5%)	경기(20.6%)	경기(11.9%)	제주(32.1%)
2위	경기(13.2%)	서울(11.4%)	강원(11.5%)	북한(20.3%)
3위	경남(10.1%)	경남(9.6%)	경남(8.2%)	강원(14.6%)
경북	6위(8.4%)	6위(7.1%)	4위(7.3%)	4위(6.5%)

자료 : 한국관광공사, 2007, 2007 상반기 국민여행실태조사 보고서

표 3. 경북 관광객의 거주지

구분	숙박	당일
1위	대구 (20.0%)	대구 (38.8%)
2위	경북 (17.5%)	경북 (26.3%)
3위	부산 (13.4%)	부산 (11.4%)
4위	서울 (12.7%)	울산 (11.0%)
5위	경기 (11.1%)	경남 (4.6%)
6위	경남 (7.7%)	경기 (1.5%)

자료 : 한국관광공사, 2007, 2007 상반기 국민여행실태조사 보고서

으로 증가하고 있는 것으로 나타났다. 또한 1인당 여행비용은 증가추세를 보이고 있어 관광활동은 계속 증가할 것으로 전망된다.

그리고 관광활동 목적지로서의 경북의 위상을 살펴보면, 숙박여행이나 당일여행의 목적지로서의 비중은 7~8% 내외로 전국 6위를 차지하고 있다. 그러나 기억에 남는 방문지로는 경북이 7.3%를 차지하여 경기(11.9%), 강원(11.5%), 경남(8.2%)에 이어 4위를 차지하고 있으며, 향후 방문희망지역으로는 경북이 6.5%를 차지하여 제주(32.1%), 북한(20.3%), 강원(14.6%)에 이어 4위를 차지하고 있다. 따라서 향후 경북에서의 관광활동이 증가할 것으로 전망되며, 이에 대응하여 경북에서의 관광만족도를 증대시킬 수 있는 대책 마련이 필요할 것으로 보인다.

한편, 경북을 순수관광 목적으로 1회 이상 방문한 경험이 있는 관광객의 특성을 살펴보면, 대구/경북지역 거주자(숙박 37.5%, 당일 65.1%), 대도시 거주자(숙박 55.2%, 당일 64.6%), 기혼(숙박 63.9%, 당일 71.7%)이 많은 것으로 나타났다. 특히 숙박여행의 경우 대구/경북지역을 제외하면 서울 및 경기(23.8%)와 부산(13.4%) 거주자가 많았으며, 당일여행의 경우 부산 및 울산(22.4%) 거주자가 많은 것으로 나타났다. 따라서 부산, 울산, 경남의 근거리지역을 대상으로 한 당일관광상품과 서울, 경기의 원거리지역을 대상으로 한 숙박관광상품으로 구별하여 개발할 필요가 있다.

이들 경북 관광객의 관광행태 특성을 살펴보면, 동반자수에 있어서는 숙박여행시 2~3명(28.4%)과 4~5명(28.3%)의 비중이 가장 크며, 당일여행시 4~5명(35.9%)와 2~3명(32.4%)의 비중이 가장 큰 것으로 나타났다. 이는 교통수단에 있어서 자가용의 비중이 월등히 높기 때문으로 추측된다(숙박 71.6%, 당일 83.3%). 이들은 주로 가족/친지와 친구/연인과 동반하는 경향이 매우 강하며, 2005년에 비해 숙박여행의 경우 동호회의 비중이, 당일여행의 경우 친구/연인의 비중이 지속적으로 증가하고 있는 것으로 나타났다(한국관광공사, 2007). 따라서 방문/재방문이 지속적으로 이루어질 수 있도록 가족/친지형 관광상품 및 친구/연인형 관광상품에 대한 지속적인 혁신과 함께 동호회를 대상으로 한 홍보전략이 필요하다.

2) 고령군의 관광현황 및 관광객 특성

2007년 1~6월 동안 숙박관광 혹은 당일관광을 한 관광객 중 기억에 남는 방문지로 경북지역을 택한 경우, 경북지역내에서 기억에 남는 방문지로는 경주(22.7%), 포항(12.1%), 안동(4.8%) 등을 들고 있으며, 향후 방문희망지역으로는 울릉도(59.5%), 경주(14.5%), 독도(6.8%) 등을 들고 있다(한국관광공사, 2007). 따라서 고령군에 대한 관광객 인지도는 매우 낮다고 할 수 있다.

2004년 7월부터 2007년 12월까지 고령군 총관광객수는 총 7,037,186명으로 경북에서 차지하는 비중은 3.1%로 나타나 경북의 23개 시군 중 경주시(23.7%), 포항시(12.0%), 문경시(6.5%), 경산시(6.2%), 영주시(5.7%), 울진군과 안동시(각각 5.4%), 영양군(5.0%), 봉화군과 구미시(각각 4.0%), 청도군(3.8%), 청송군(3.1%)에 이어 13번째에 불과한 것으로 나타났다. 그리고 고령군의 관광객수는 매년 지속적으로 증가하고 있으나, 경북 관광객수의 증가추세에 비해 상대적으로 떨어져 고령군의 관광활성화 대책이 매우 필요하다.

한편, 고령군의 주요 관광지별 관광객수를 살펴보면, 2007년 현재 대가야박물관(대가야왕릉전시관)의 비중이 43.0%로 가장 높으며, 이어 지산동고분군(42.2%), 상비리계곡(3.5%), 양전동암각화(3.4%) 등의 순으로 높게 나타났다. 대가야박물관(대가야왕릉전시관)과 지산동고분군의 관광객 비중이 90% 가까이 차지하고 있어 이들 2개 관광지의 쇠퇴는 고령군 관광쇠퇴로 직결되므로, 이들 2개 관광지에 대한 지속적 상품혁신과 기타 관광지의 상품화 촉진은 필수적으로 이루어져야 할 것이다. 또한 유료관광객은 대가야박물관(대가야왕릉전시관)의 유료입장객으로 한정되어 있으므로, 음식, 특산품, 체험관련 상품을 개발하여 관광객의 관광지출을 증대시킬 필요가 있다.

표 4. 경북 시군별 관광객수 추이(2004. 7~2007. 12)

구분	2004* 관광객수	비중	2005 관광객수	비중	2006 관광객수	비중	2007 관광객수	비중	합계 관광객수	비중
포항시	3,450,128	12.3%	6,305,212	10.8%	7,851,198	12.6%	9,683,816	12.2%	27,290,354	12.0%
경주시	6,320,765	22.4%	13,701,838	23.6%	15,440,248	24.7%	18,559,697	23.4%	54,022,548	23.7%
김천시	153,422	0.5%	307,749	0.5%	286,332	0.5%	2,097,135	2.6%	2,844,638	1.2%
안동시	1,905,989	6.8%	3,002,476	5.2%	3,282,346	5.3%	4,024,469	5.1%	12,215,280	5.4%
구미시	1,608,249	5.7%	2,224,316	3.8%	2,157,683	3.5%	3,034,157	3.8%	9,024,405	4.0%
영주시	951,708	3.4%	4,543,016	7.8%	3,503,553	5.6%	3,975,412	5.0%	12,973,689	5.7%
영천시	300,081	1.1%	1,069,550	1.8%	1,036,416	1.7%	1,258,782	1.6%	3,664,829	1.6%
상주시	319,409	1.1%	893,031	1.5%	990,562	1.6%	1,101,021	1.4%	3,304,023	1.4%
문경시	1,932,820	6.9%	4,191,105	7.2%	4,227,809	6.8%	4,389,108	5.5%	14,740,842	6.5%
경산시	1,251,857	4.4%	2,864,335	4.9%	4,671,507	7.5%	5,316,582	6.7%	14,104,281	6.2%
군위군	176,845	0.6%	1,208,335	2.1%	1,185,634	1.9%	1,216,020	1.5%	3,786,834	1.7%
의성군	69,000	0.2%	198,045	0.3%	236,653	0.4%	646,151	0.8%	1,149,849	0.5%
청송군	819,289	2.9%	1,660,909	2.9%	2,169,216	3.5%	2,525,303	3.2%	7,174,717	3.1%
영양군	187,294	0.7%	509,430	0.9%	503,723	0.8%	715,750	0.9%	1,916,197	0.8%
영덕군	1,424,335	5.1%	2,974,287	5.1%	2,970,766	4.8%	4,133,921	5.2%	11,503,309	5.0%
청도군	753,689	2.7%	2,590,626	4.5%	2,381,228	3.8%	2,940,619	3.7%	8,666,162	3.8%
고령군	1,197,742	4.3%	1,759,154	3.0%	1,764,288	2.8%	2,316,002	2.9%	7,037,186	3.1%
성주군	77,584	0.3%	928,427	1.6%	525,223	0.8%	889,990	1.1%	2,421,224	1.1%
칠곡군	500,113	1.8%	1,096,095	1.9%	1,233,970	2.0%	1,189,310	1.5%	4,019,488	1.8%
예천군	322,813	1.1%	731,319	1.3%	882,525	1.4%	2,028,474	2.6%	3,965,131	1.7%
봉화군	2,145,166	7.6%	1,588,703	2.7%	1,722,874	2.8%	3,618,187	4.6%	9,074,930	4.0%
울진군	2,169,068	7.7%	3,598,439	6.2%	3,144,569	5.0%	3,354,906	4.2%	12,266,982	5.4%
울릉군	117,984	0.4%	191,196	0.3%	216,740	0.3%	276,883	0.3%	802,803	0.4%
합계	28,155,350	100%	58,137,593	100%	62,385,063	100%	79,291,695	100%	227,969,701	100%

* 2004년 수치는 7월부터 12월까지의 수치임.
자료 : www.tour.go.kr

한편, 고령군 관광객의 특성5을 살펴보면, 거주지별로는 대구지역 거주자의 비중이 70.3%로 가장 높으며, 그외 서울/대전/경북(각각 3%), 충남(2%), 경기(1%) 등의 지역에 거주하고 있는 것으로 나타났다. 고령군의 최대관광시장이라 할 수 있는 대구지역 거주자의 31.4%가 재방문객으로 나타나 고령군의 관광목적지로서의 매력도는 그리 높지 않은 것으로 판단된다. 또한 고령군에 대한 정보는 구전(44.0%), 안내서/홍보물(24.4%) 및 인터넷 홈페이지(18.4%) 등을 통해 획득하는 것으로 나타났다. 동반자 형태를 보면, 가족동반이 38.9%로 가장 높게 나타났으며, 이어 회사/학교/동아리 동료(32.3%), 친구/연인(21.8%), 혼자(5.1%) 등의 순으로 높게 나타났다. 그리고 대부분(84.2%)의 관광객이 당일관광이었으며, 교통수단으로는 자가용(64.9%)과 관광버스(29.1%)를 이용하고 있는 것으로 나타났다. 또한, 관광객이 고령군 지역에서 지출한 평균지출액은 124,792원이며, 관광객의 76.6%가 고령군 지역에서 10만원 이하를 지출한 것으로 나타났고, 주로 식비와 교통비에 지출하고 있다. 이처럼 식비 지출 비중이 가장 높을 뿐만 아니라 경북 관광객의 목적지 활동에 의하면 식도락 활동6의 비중이 커지고 있으므로, 음

표 5. 고령군 주요 관광지별 관광객수 추이

구분	2004*		2005		2006		2007		합계	
	관광객수	비중	관광객수	비중	관광객수	비중	관광객수	비중	관광객수	비중
양전동암각화	18,991	1.6%	58,893	3.3%	62,534	3.5%	78,838	3.4%	219,256	3.1%
지산동고분군	510,643	42.6%	734,157	41.7%	744,605	42.2%	976,519	42.2%	2,965,924	42.1%
반룡사	13,606	1.1%	29,261	1.7%	27,934	1.6%	42,429	1.8%	113,230	1.6%
개실마을	3,329	0.3%	26,248	1.5%	25,174	1.4%	47,204	2.0%	101,955	1.4%
상비리계곡	63,781	5.3%	67,220	3.8%	54,661	3.1%	80,066	3.5%	265,728	3.8%
신촌숲	22,453	1.9%	32,726	1.9%	33,197	1.9%	46,514	2.0%	134,890	1.9%
대가야문화학교	9,450	0.8%	31,059	1.8%	29,797	1.7%	29,832	1.3%	100,138	1.4%
대가야왕릉전시관 (대가야박물관)	544,548	45.5%	767,789	43.6%	774,371	43.9%	996,771	43.0%	3,083,479	43.8%
옥계야영장	10,941	0.9%	11,801	0.7%	12,015	0.7%	17,829	0.8%	52,586	0.7%
합계	1,197,742	100%	1,759,154	100%	1,764,288	100%	2,316,002	100%	7,037,186	100%
유료	544,548	45.5%	767,789	43.6%	774,371	43.9%	996,771	43.0%	3,083,479	43.8%
무료	653,194	54.5%	991,365	56.4%	989,917	56.1%	1,319,231	57.0%	3,953,707	56.2%

* 2004년 수치는 7월부터 12월까지의 수치임.
자료 : www.tour.go.kr

---

5 고령군 관광객 특성 및 만족도는 '고령군 관광자원 발굴(2006)' 보고서의 고령군 관광객 의견조사 결과를 참고하였다.
6 순수관광 목적으로 경북을 방문한 관광객의 목적지에서의 주된 활동 중 식도락 여행의 비중은 숙박여행의 경우 2006년 16.8%에서 2007년 32.1%로 2배 가까이 높아졌고 당일여행의 경우 2006년 23.4%에서 2007년 30.7%로 높아졌다(한국관광공사, 2007).

식관광상품 개발에도 관심을 둘 필요가 있다.

그리고 고령군 관광객의 만족도를 살펴보면, '만족한다'는 비중이 46.1%, '보통'이라는 비중이 43.0%를 차지하여 만족도는 매우 높게 나타났다. 재방문의사는 '재방문의사가 있다'는 비중이 52.0%, '보통'이라는 36.5%로 나타나 만족도에 비해 재방문의사는 강한 것으로 나타났다. 따라서 재방문객을 대상으로 한 관광상품의 지속적 혁신이 향후 고령군 관광활성화에 중요한 요인으로 작용할 것으로 보인다. 그리고 관광목적지로써의 고령군 추천의사에 있어서는 '추천의사가 있다'는 비중이 42.4%, '보통'이라는 비중이 26.9%로 만족도나 재방문의사에 비해 낮은 것으로 나타나 중요한 홍보수단 중의 하나인 '구전'에 의한 홍보효과는 기대하기 어려우므로, 보다 전문적·적극적인 홍보를 수행할 필요가 절실하다.

또한 고령군의 관광산업체는 총 3개사로, 모두 국내여행업체이며 고령읍에 소재하고 있다(고령군, 2006b, 고령군 통계연보). 그 외 관광산업체는 전무하여 관광산업기반은 매우 미약하다.

4. 관광정책 및 관광자원 현황

1) 관광정책 현황

고령군은 관광개발부문의 기본방향을 역사문화자원의 발굴·보존, 역사·문화적 상징지역 정비, 특색있는 향토문화·관광지 개발, 관광정보 및 자원·인력관리로 잡고 그에 따른 활용

표 6. 고령군 관광객의 만족도와 재방문의사 및 추천의사

(단위: 점, %)

구분	전혀 그렇지 않음	그렇지 않음	보통	약간 그러함	매우 그러함	총점
만족도	6 (1.9%)	28 (8.9%)	135 (43.0%)	116 (36.9%)	29 (9.2%)	314 (100.0%)
재방문의사	7 (2.2%)	29 (9.3%)	114 (36.5%)	130 (41.7%)	32 (10.3%)	312 (100.0%)
추천의사	89 (22.6%)	32 (8.1%)	106 (26.9%)	115 (29.2%)	52 (13.2%)	394 (100.0%)

주: 총점은 리커르트척도에 의거 합산한 값임.
자료: 고령군, 2006a, 고령군 관광자원 발굴

방안을 제시하였다. 이들 활용방안은 고분과 토기를 중심으로 한 대가야역사문화자원의 발굴조사 및 복원에 치중되고 있으며, 그 외 관광자원에 대해서는 관광단지 및 레저단지 등의 하드웨어적 사업이 중심을 이루고 있다. 이처럼 '가야역사문화'에 편중되면서 '하드웨어' 지향적인 관광정책은 관광욕구의 다양화 및 사회문화환경의 급속한 변화에 신속하게 대응하기 어렵다. 따라서 고령군의 다양한 문화관광자원에 대한 정밀조사를 통해 보다 소프트한 관광자원을 개발해야 하며, 이를 통해 역사문화관광에서 생태관광, 음식관광, 농촌체험관광, 건강테마관광 등 다양한 관광형태가 함께 어우러진 복합관광도시로 발돋움해야할 것이다.

표 7. 2020 고령군 기본계획 관광개발부문의 기본방향 및 활용방안

기본방향	활용방안
역사문화자원의 발굴과 보존	• 문화자원의 체계적 조사와 발굴 　- 가야문화권 국책사업화 추진, 대가야 도읍지 및 대규모 고분군에 대한 집중 조사, 무형문화자원의 총체적 조사 • 상징적 문화자원의 거점화 　- 대가야 도읍지 문화유산과 가야토기 및 도요지의 지속적 발굴 및 세계문화유산 지정 추진 • 문화자원의 보존과 활용 　- 역사문화자료 보존실, 사이버문화자료관 구축, 비지정문화재 보존
역사·문화적 상징지역 정비	• 대가야문화 거점지역 정비 　- 광역의 역사테마공원화사업, 암각화 및 문화유적 복원 • 토기문화 상징지역 정비 　- 내곡리 가야토기 요지 복원, 도요지 테마공원 조성 • 불교 및 유교문화 상징지역 정비 　- 반룡사 및 팔만대장경 관련 유적 정비, 점필재종가 및 고령향교 복원
특색있는 향토문화 ·관광지 개발	• 경쟁력 있는 향토 축제 및 이벤트 개발 　- 대가야축제 및 특산물 판촉축제 개선, 상설이벤트 개발 • 종합관광지 개발 　- 지산관광지(역사자원), 덕곡·다산관광지(자연자원), 복합레저단지(골프장 등) • 관광산업의 육성과 마케팅 활성화 　- 인근 지자체와의 연계 마케팅, 체류형 관광상품 개발, 모형·캐릭터 제작, 특산품 브랜드화 및 홍보 • 관광코스 개발 : 대가야문화유적지 투어코스 개발
관광정보 및 자원·인력관리	• 통합적인 관광정보화 구축 • 효율적인 관광자원의 관리 • 관광전문인력의 양성 • 안내체계 개선 및 관광객 유치·홍보

자료 : 고령군, 2006c, 2020 고령군 기본계획

2) 관광자원 현황

경북문화자원총람(2006)에 의하면, 고령군은 총 135개의 문화관광자원을 보유하고 있다. 이를 유형별로 살펴보면, 스토리/이벤트/프로그램 등의 소프트자원 49개(36.3%), 국가지정문화재/경북지정문화재/문화재자료 등의 지정문화재 46개(34.1%), 문화자원/문화예술시설 등의 인문자원 23개(17.0%), 휴양오락/레저스포츠/특수목적/테마마을 등의 복합자원 10개(7.4%), 산악 및 수변의 자연자원 7개(5.2%)의 순으로 많다. 이중 가장 비중이 큰 소프트자원의 경우, 대부분이 전설, 민담, 설화 등의 스토리자원으로 나타났으며, 그 외 축제 및 이벤트로는 대가야체험축제가 있다. 이어 비중이 높은 지정문화재의 경우, 양전동암각화, 주산성, 도요지, 만남재, 개포동관음보살좌상, 김면장군유적지, 점필재종택 등 선사 및 대가야 문화유적과 불교/유교 문화유적이 있다. 그리고 인문자원의 경우, 고천원공원, 대가야궁궐지 및 조선소지, 산성 등의 문화자원과 대가야국악당, 고령문화원, 대가야박물관(대가야왕릉전시관), 우륵박물관 등의 문화예술시설이 있다. 특히 문화예술시설의 경우, 대가야시대과 밀접한 관련을 지니고 있다. 그 외 대가야문화학교, 고령 가야요, 백산초등학교 가야문화체험학습장 등의 체험학습장과 개실마을, 산주마을 등의 농촌체험마을이 있다.

한편, 문화관광자원의 관광상품화 정도를 살펴보기 위해 고령군의 홈페이지 및 관광안내도와 가이드북에 제시된 관광지를 살펴보면, 고령군의 주요 관광지로는 대가야박물관(대가야왕릉전시관) 및 우륵박물관을 비롯하여 선사문화유적(양전동암각화), 대가야문화유적(지산동고분군, 고아동벽화고분, 주산성, 어정), 불교문화유적(반룡사, 개포동석조관음보살좌상, 대평리석조여래입상, 지산동당간지주), 유교문화유적(점필재종택, 고령향교, 김면장군유적지, 벽송정, 만남재, 죽유오운종손가소장문적, 도연재)을 들 수 있으며, 그 외 성산기산동도요지, 보부상유품, 성풍세효자비 등의 문화유적 및 유물, 주산, 신촌숲, 상비리계곡, 개포나루터 및 개경포기념공원 등의 자연휴양자원, 그리고 고천원공원 및 우륵기념탑 등의 명소가 있다. 그리고 이들 관광지의 대부분은 지리적으로 고령읍과 쌍림면에 집중하고 있다. 이처럼 다양한 성격의 관광지가 존재함에도 불구하고 전 관광객의 90% 가량이 대가야박물관(왕릉전시관)과 지산동고분군에 치중되어 있어 기타 관광지에 대한 인지도 제고가 절실하다.

또한, 고령군의 관광코스로는 대가야문화유적답사코스, 대가야고분관광로등산코스, 자연휴양체험코스, 문화체험코스의 4개 관광코스가 있다. 그러나 관광코스가 '대가야'라는 주제에 한정되어 있고 자연휴양체험코스 및 문화체험코스는 체험가능한 사이트를 소개하는 것에 그

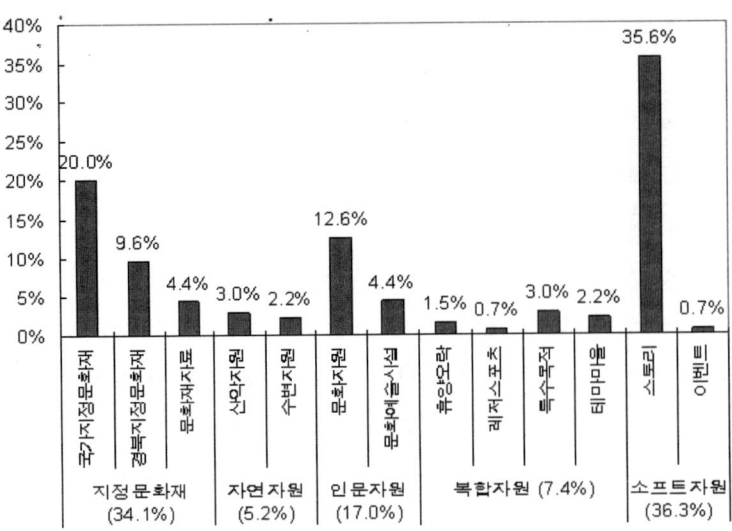

그림 2. 고령군의 문화관광자원 현황

자료 : 경북전략산업기획단, 2006, 경북문화자원총람

그림 3. 관광자원 및 관광코스

자료 : 경북전략산업기획단, 2006, 경북문화자원총람

표 8. 고령군 관광코스

기본방향	활용방안
대가야문화유적 답사코스	양전동암각화 → 벽화고분(대가야조선소지) → 우륵기념탑 · 박물관 → 대가야박물관 → 지산동 고분군 → 개실마을(농촌체험, 식사/숙박가능) → 대가야문화학교(문화체험 : 고인쇄 · 판각 · 목판화엽서) → 백산초등학교(가야금 · 토기제작체험)
대가야고분관광로 등산코스	양전동암각화 → 주산산림욕장 → 주산성 → 지산동고분군 → 대가야박물관 → 중식 → 우륵기념탑 · 박물관 → 대가야문화학교 → 개실마을
자연휴양체험코스	상비리계곡 · 신촌숲 · 주산 · 개포나루터 · 중화저수지 등
문화체험코스	판각 · 고인쇄체험 : 대가야문화학교, 도자기체험 : 가야요, 백산초등학교, 가야금체험 : 백산초등학교, 농촌체험코스 : 개실마을

자료 : 고령군 홈페이지

치고 있다. 또한 고령군 관광객 중 코스 이용객은 그리 많지 않은 것으로 나타나 관광코스에 대한 재검토가 필요하다.

이상에서 살펴본 바와 같이 고령군의 문화관광자원은 지리적으로는 고령읍과 쌍림면에, 내용면에서는 대가야라는 역사문화에 치중되어 있다. 따라서 단일주제만으로 관광객 흡인에 한계가 있을 뿐만 아니라 다양화 · 파편화된 관광수요에의 즉각적 대응이 어려워 향후 지속적인 관광객 증대를 위해서는 대가야라는 핵심주제 하에 다양한 관광문화자원을 활용한 다양한 세부 주제 및 관광프로그램을 마련하여 다양한 수요에 대응해야 할 것이다.

3) 관광자원에 대한 인지도

고령군의 주요 관광자원에 대한 인지도를 살펴보면, '알고 있다'는 응답이 31.2%에 불과한 반면, '전혀 모른다'는 응답은 65%를 차지하고 있어 고령군의 관광자원에 대한 인지도가 전반적으로 매우 낮다. 이들 30개 관광자원 중 가장 인지도가 높은 것은 대가야박물관(1.00)으로 나타났으며, 이어 지산동 고분군(0.78), 우륵기념탑(0.45), 주산성(0.41), 양전동 암각화(0.38), 반룡사(0.33), 고아동 벽화고분(0.32), 대가야체험축제(0.31) 등의 순으로 높게 나타났다. 대가야박물관 및 지산동 고분군과 기타 관광자원과의 인지도 격차가 매우 크게 나타나고 있어 고령군의 다양한 관광자원에 대한 인지도를 제고시키기 위한 방안 마련이 시급하다.

그리고 고령군 관광객은 고령군의 대표적 관광지로 대가야박물관, 고분군, 대가야체험축제, 주산성, 우륵기념탑 등을 들고 있다. 여기서 고령군에 대한 이미지는 '대가야', '고분', '우륵'

표 9. 고령군 주요 관광자원에 대한 인지도

구분	모름	잘 모름	알고 있음	잘 알고 있음	매우 잘 알고 있음	총점	상대적 거리
대가야박물관	8	0	18	44	243	1,453	1.00
양전동 암각화	134	18	30	54	15	551	0.38
지산동 고분군	38	8	33	107	110	1,131	0.78
고아동 벽화고분	143	14	37	35	9	467	0.32
주산성	124	20	32	56	23	599	0.41
어정	163	5	13	12	3	275	0.19
반룡사	127	16	26	26	29	486	0.33
개포동석조관음보살좌상	149	11	19	14	3	299	0.21
대평리석조여래입상	149	11	13	16	3	289	0.20
지산동 당간지주	140	5	14	11	3	251	0.17
개실마을/점필재선생종택	163	18	22	26	5	394	0.27
고령향교	137	8	16	20	8	321	0.22
김면장군유적지	139	6	12	13	3	254	0.17
벽송정	146	4	17	11	5	274	0.19
만남재	139	7	12	12	3	252	0.17
죽유 오운종손가	145	4	12	8	2	231	0.16
도연재	143	3	11	11	4	246	0.17
성산 기산동 도요지	132	3	15	9	6	249	0.17
성풍세효자비	131	4	12	8	4	227	0.16
고천원공원(고천원고지)	134	4	13	7	8	249	0.17
우륵기념탑	112	12	47	72	19	660	0.45
주산성	155	7	24	31	10	415	0.29
신촌숲	162	6	13	21	4	317	0.22
상비리계곡	150	8	13	17	7	308	0.21
개포나루터	139	4	14	20	5	294	0.20
덕곡저수지	126	8	24	23	13	371	0.26
옥계청소년야영장	133	7	9	9	4	230	0.16
중화저수지	127	6	15	12	3	247	0.17
대가야체험축제	134	3	17	42	17	444	0.31
가야요	148	6	15	11	7	284	0.20
합계	3,970	236	568	758	578	-	-

주 : 모름×1점, 잘 모름×2점, 알고 있음×3점, 잘 알고 있음×4점, 매우 잘 알고 있음×5점으로 계산
자료 : 고령군, 2006a, 고령군 관광자원 발굴, 47을 재구성

임을 알 수 있다(고령군, 2006a). 한편, 고령군내 청소년을 대상으로 한 조사에 의하면, 고령군 하면 떠오르는 것으로는 대가야(25%), 고분(20%), 딸기(15%), 가야금(13%), 박물관(11%) 등의 순으로 나타났다(고령군, 2005, 11). 따라서 고령군에 대한 이미지는 지역내외를 불문하고 대가야 고분군과 우륵의 가야금으로 대표된다. 그러나, 지역청소년의 경우 '딸기'에 대한 이미

지가 강한 것으로 나타나 지역외부를 대상으로 '딸기'에 대한 인지도 제고가 필요하며, 이는 고령군에게 고대문화지역의 이미지에서 보다 현대적인 농촌지역으로서의 이미지를 부여할 수 있다.

5. 관광정책 개선방안 및 관광자원 개발방안

1) 관광정책 개선방안

고령군의 관광정책은 주로 대가야와 하드웨어 중심의 관광개발에 머무르고 있으며, 지자체가 관광상품 개발 및 홍보를 전담하고 있다. 그러나 오늘날과 같이 수요가 급속하게 변하고 있는 정보화시대에 지자체가 관광상품 개발 및 홍보를 전담하는 것은 한계가 있으며, 관광사업체나 관련 기관 등에서 지속적인 상품혁신을 도모하면서 통합적인 관광정보를 발신할 수 있는 시스템을 구축할 필요가 있다. 따라서 관광정책은 관광산업기반 구축, 관광상품화시스템 구축, 지역간 연계협력체제 구축의 측면에서 개선되어야 한다.

첫째, 고령군의 관광사업체는 3개소에 불과하며, 주로 아웃바운드에 치중되어 있다. 따라서 관광수요 조사 및 인바운드 활성화를 위한 제도적 환경을 구축함으로써 관광산업기반을 만들어가야 한다. 우선, 수요에 대한 조사 및 분석을 위해 관광객 및 숙박객을 대상으로 한 조사를 실시해야 한다. 또한 관광사업체 및 관련 단체를 대상으로 지역의 관광 촉진에 중요한 서비스와 프로그램을 만들어 지역경제발전에 기여하는 경우에 자금을 지원하거나 고령군의 잘 알려지거나 잘 알려지지 않은 관광지에 대해 블로그를 운영하는 블로거 및 여행동호회에 대한 자금 지원 등을 함으로써 관광산업기반을 구축해야 한다.

둘째, 수요에의 즉각적 대응을 위해서는 소프트 관광상품의 지속적 혁신이 필수적이므로, 관광상품의 기획-개발-홍보-유통의 전 단계가 원활히 이루어질 수 있는 시스템을 구축해야 한다. 이를 위해 관광사업체, 관련 단체, 향토사학자, 지역주민, 공무원 등으로 구성된 관광상품화협의회를 구성하여 관광상품의 기획아디이어를 수집하고 뛰어난 아이디어의 상품화를 위해 상호협력하는 체제를 만들어야 한다. 특히, 지역주민이 참여하여 개발한 관광상품의 경우 지역주민의 자발적 참여를 유도할 수 있으므로, 관광객의 만족도를 제고시킬 수 있다.

셋째, 고령군은 대가야의 도읍지로 대가야 중심의 관광개발정책을 추진하고 있을 뿐만 아니라 가야문화권 지역발전 혁신협의회를 운영하여 가야문화권의 공동발전을 추진하고 있다. 그러나 대가야라는 단일이미지만으로는 관광수요 창출에 한계가 있다. 따라서 대도시 주변 농촌지역의 특성을 최대한 살려 도시와 대비되는 농촌지역만의 매력을 살린 관광개발이 필요하다. 또한, 대가야문화에 비해 상대적으로 인지도나 경쟁력이 떨어지므로, 인근 지역간 연계협력체제를 구축하여 상호원원할 수 있는 관광상품을 개발하여야 한다. 예를 들어, 다산면과 대구 달성군, 우곡면과 경남 합천군, 덕곡면과 성주군과의 연계상품을 개발하여 경쟁력을 제고해야 할 것이다.

2) 관광자원 개발방안

고령군의 이미지를 살리면서 관광자원의 다양성·차별성에 대한 인지도를 제고하여 파편화되고 다양한 관광수요를 만족시킬 수 있는 방안을 마련할 필요가 있으며, 관광자원 개발방안은 기존 자원의 재활성화와 새로운 관광자원의 개발로 구분하여 살펴본다.

(1) 기존 관광자원의 재활성화

첫째, 고령군의 대표적 관광지인 대가야박물관의 재방문율을 제고한다. 대가야박물관은 관광객의 인지도가 월등히 높고 고령군 관광객의 90% 가량이 찾는 대표적 관광지이다. 대가야박물관의 관람객수 추이를 보면, 대가야왕릉전시관의 개관이래 2002년까지 증가경향을 보였으나 2002년 이후 감소경향을 보이고, 이후 2005년 4월 대가야박물관 개관 및 대가야체험축제(제1회) 개최로 관람객수가 급격히 증가하였으나 이후 약소하나마 감소경향을 보이고 있다. 월별 관람객수를 살펴보면, 대가야체험축제가 개최되는 4월(19.9%)의 비중이 가장 높고, 이어 5월(11.0%), 10월(10.7%), 8월(10.0%), 11월(7.3%), 3월(7.0%) 등의 순으로 높다. 계절별로는 봄(37.9%), 가을(24.1%), 여름(22.9%), 겨울(17.7%)의 순으로 높으며, 계절적 편차는 그다지 크지 않은 편이다.

대가야박물관의 관람료는 왕릉전시관 개관이래 매년 감소경향을 보이다가 2005년 4월 대가야박물관 개관과 대가야체험축제 개최에 힘입어 관람료는 전년도에 비해 4배가량 급증하였고 이후 약간 증가하고 있다. 그러나 2007년에는 다소 감소할 것으로 예측된다. 월별 관람료를 살펴보면, 대가야체험축제가 개최되는 4월(18.7%)의 비중이 가장 높고, 이어 8월(12.5%), 5월(11.8%), 10월(10.8%), 7월(7.9%), 9월(6.8%) 등의 순으로 높다. 계절별로는 봄(37.2%), 여름

표 10. 대가야박물관의 관람객수 추이

연도	1월	2월	3월	4월	5월	6월	7월	8월	9월	10월	11월	12월	합계
2000	-	-	-	-	-	-	-	-	-	-	16,990	8,418	25,408
2001	8,410	6,754	9,511	13,267	18,181	11,154	12,325	19,163	9,087	26,816	21,480	16,391	172,539
2002	14,810	13,887	20,165	25,428	23,509	18,342	20,818	23,841	13,330	22,737	17,352	8,160	222,379
2003	9,300	8,730	16,383	17,760	18,675	12,043	14,940	22,799	11,720	14,627	13,580	7,547	168,104
2004	13,262	9,698	13,180	26,400	16,079	8,360	9,157	15,688	9,926	20,510	10,187	6,284	158,731
2005	9,464	9,351	14,918	101,770	24,809	13,965	19,358	23,717	14,312	19,146	13,579	14,009	278,398
2006	15,933	8,418	15,893	44,863	23,096	10,382	12,616	19,766	15,508	23,670	13,539	9,364	213,048
2007	10,770	9,566	11,888	59,065	34,941	13,082	11,387	20,930	15,008	27,183	-	-	213,820
합계	81,949 (5.6%)	66,404 (4.6%)	101,938 (7.0%)	288,553 (19.9%)	159,290 (11.0%)	87,328 (6.0%)	100,601 (6.9%)	145,904 (10.0%)	88,891 (6.1%)	154,689 (10.7%)	106,707 (7.3%)	70,173 (4.8%)	1,452,427 (100.0%)

자료 : 고령군 내부자료(2007.11.30 현재)

(26.9%), 가을(22.8%), 겨울(13.2%)의 순으로 높으며, 계절적 편차는 그다지 크지 않은 편이다.
　이상에서 살펴본 바와 같이 대가야박물관은 새로운 볼거리 건립과 대가야체험축제 및 대가야 이미지마케팅에 의한 혁신으로 관람객을 유인하고 있다. 한편, 대가야박물관에서 개최되는 대가야체험축제의 경우, 체험활동의 대부분이 어린이 대상의 체험활동 중심이므로, 어린이축제로의 성격 전환을 고려해볼 필요가 있으며, 어린이 및 어린이 동반 가족 대상의 먹거리 제공도 이루어져야 한다. 또한 군내에 산재되어 있는 축제장소로의 순환셔틀버스도 준비하여 대가야박물관으로 제한된 축제가 아니라 고령군 전체의 축제임을 알리고 고령군 전체에서 축제분위기가 날 수 있도록 해야 한다. 그리고 축제장소의 특산물판매코너에 딸기판매코너도 있지

표 11. 대가야박물관의 관람료 추이

연도	1월	2월	3월	4월	5월	6월	7월	8월	9월	10월	11월	12월	합계
2000	-	-	-	-	-	-	-	-	-	-	4,246,800	2,783,650	7,030,450
2001	3,912,200	3,220,100	3,829,500	5,170,650	5,884,650	3,462,750	4,238,550	7,009,100	2,378,200	6,846,650	5,069,750	5,618,500	56,640,600
2002	3,282,700	2,745,550	4,090,750	5,156,950	4,488,750	3,530,400	4,906,400	5,212,250	2,804,350	4,156,900	3,077,650	1,700,950	45,153,600
2003	2,305,150	2,285,950	3,703,600	4,185,000	4,348,950	2,918,050	3,373,300	4,993,750	2,726,450	3,280,650	3,179,200	1,761,250	39,061,300
2004	2,680,600	2,412,450	3,045,200	5,077,850	3,887,250	2,248,900	2,425,450	4,417,200	2,820,850	4,464,600	2,331,300	1,647,200	37,458,850
2005	2,702,750	2,437,200	3,891,200	17,073,700	18,086,700	10,428,000	14,803,700	21,728,800	11,514,400	15,486,000	7,612,100	3,841,100	129,605,650
2006	8,735,500	6,358,300	13,031,200	37,805,100	18,285,500	8,445,200	10,754,200	18,176,000	11,349,000	18,038,500	7,652,300	6,523,300	165,154,100
2007	8,856,300	7,770,800	10,462,400	43,679,000	19,408,200	9,736,900	9,522,600	17,234,100	9,131,400	16,139,000	-	-	151,940,500
합계	32,475,200 (5.1%)	27,230,350 (4.3%)	42,053,850 (6.7%)	118,148,250 (18.7%)	74,390,000 (11.8%)	40,770,200 (6.5%)	50,024,000 (7.9%)	78,771,200 (12.5%)	42,724,650 (6.8%)	68,412,300 (10.8%)	33,169,100 (5.2%)	23,875,950 (3.8%)	632,045,050 (100.0%)

자료 : 고령군 내부자료(2007.11.30 현재)

만, 고령IC로 들어서는 국도 연변에 집중된 딸기판매점들도 축제의 장으로 끌어들여 고령군 전체의 축제로 자리매김할 수 있도록 해야 한다. 이를 통해 축제장소에 한하지 말고 지역전체가 축제의 장이 될 수 있도록 해야 한다.

둘째, 고령군의 다양한 관광자원에 대한 인지도를 제고한다. 고령군 관광객의 관광자원에 대한 인지도는 대가야박물관(1.0)과 지산동 고분군(0.78) 이외의 관광자원에 대한 인지도가 매우 낮아 고령군의 다양한 관광자원에 대한 인지도 제고가 시급하다. 이를 위해 대가야 중심의 관광코스가 아닌 보다 다양한 테마코스를 개발하고, 자원 나열식의 관광안내도 및 가이드북을 개편하여 관광객이 보다 흥미를 가질 수 있도록 한다. 또한, 관광자원 홍보를 위해 기방문객의 여행담을 블로그에 게재한 경우 최다방문객 블로거에게 명예홍보대사 위촉 및 명예홍보대사 아이템을 수여하는 등 블로거를 활용하고, 여행동호회를 대상으로 홍보활동을 강화한다.

셋째, 대가야 중심의 관광코스를 재검토하여 관광객 중심의 관광코스를 제공한다. 고령군의 추천관광코스는 대가야라는 단일테마 중심일 뿐만 아니라 반일코스/1일코스, 문화체험/자연휴양체험 등 고령군 주요 관광지를 나열해놓았을 뿐 코스에 대한 설명 및 접근방법에 대한 정보가 매우 부족하다. 고령군의 관광자원 및 관광사이트가 주로 국도 26번과 33번 연변에 위치하고 있으므로 이들 국도 연변을 중심으로 이동수단을 고려하여 코스를 설정하고, 관광객의 편의를 위해 주차장소, 이동거리와 시간, 연변의 관광자원 및 코스특성[7]에 대한 설명을 첨부한 관광코스 안내도를 제작하여 고속도로 톨게이트 및 관광안내소에 배포함으로써 개개인의 여건에 맞게 방문지를 선택할 수 있도록 한다 :

- [자가용] 출발지(고령IC)-국도 26번/국도 33번을 중심으로 코스 설정 : 주차장소 및 이동거리와 시간, 연변의 관광자원에 대한 설명 첨부하여 개개인의 여건에 맞게 관광자원을 선택하여 방문
- [버스] 출발지(버스터미널) : 주요 관광지를 거치는 버스노선을 선정하여 공공교통 이용시 편의를 최대한 제고할 수 있도록 세부적 이동코스 선정
- [관광버스] 출발지(대구 등 인근 대도시) : '대가야고분관광로' 와 '테마체험코스(역사문화/환경생태/문화예술 등)' 의 융합으로 신관광상품 발굴·판매

그 외 낙동강 연변의 생태/환경코스(다산면의 낙동강환경연구소, 흑두리미서식지, 다산향부자, 이태리포플라단지 등), 역사문화코스(개진면의 개포나루터 및 팔만대장경축제, 개경포기

---

[7] 각 관광코스별 안내도에 코스 특성, 예를 들어 계절별 특성(봄꽃놀이, 여름물놀이, 가을단풍놀이, 겨울 눈싸움), 동반자 특성(가족, 연인), 이동수단 특성(자동차, 도보, 등산, 자전거) 등을 기재한다.

념공원, 충효마을 등) 등을 개발한다.

그리고 고령군의 주요 관광지인 대가야박물관 및 지산동 고분군을 중심으로 '고령 주산 등산코스' 및 '대가야고분관광로'가 조성되어 있다. '고령 주산 등산코스'는 총 5개의 등산코스로 구성되어 있으며, '대가야고분관광로'는 26개의 대가야 관련 안내포인트로 구성되어 있다. 등산코스를 산책코스나 뚜벅이코스 등으로 변경하여 탐방의사를 제고하고, 대가야고분관광로를 주코스로 하되, 주코스 주변의 정상코스나 고아동벽화고분코스 등을 옵션코스로 설정하여 탐방객의 여건 및 흥미에 맞춰 코스를 선택하도록 한다. 또한 옵션코스에는 코스의 특성을 살려 건강의 길, 명상의 길, 고분의 길, 체험의 길 등 테마를 부여하고, 산책로 안내도에 길의 특성(오르막, 내리막, 계단, 미끄러움 등), 각 포인트별 설명 및 난이도에 따라 가족동반용/등산용 등을 구분하여 표기함으로써 코스에 대한 흥미 및 참여도를 제고하도록 한다.

넷째, 개실마을, 산주마을, 충효마을 등을 활용하여 농촌관광을 활성화시킨다. 농촌관광은 국민의식과 수요의 변화로 농업 및 농촌체험을 희망하는 도시인과 과소화 및 고령화로 피폐해져가고 있는 농촌지역을 연계시킴으로써 상호원원할 수 있는 유용한 도구이며, 농촌의 지속가능성 및 농촌환경의 유지·보전에 중요한 역할을 수행한다. 최근 일본에서는 농산물직판소에서 지역농산물을 구입하기 위한 당일형에서 농가민박 및 체재형 시민농원[8]에서의 단·장기 체재형까지 다양한 형태의 농촌관광이 이루어지고 있다(佐々木一成, 2008, 114). 이들의 형태는 다양하나, 회원제, 참가등록제, 연간이용등록제 등 정기적·지속적 이용을 유인할 수 있는 형태라는 공통점을 지니고 있다. 이러한 정기적·지속적 이용은 도농교류를 제고하고, 이러한 교류를 통해 도시민들의 농촌에 대한 인식을 전환·제고시키고 상호간의 유대 및 신뢰를 강화한다. 또한 유대 및 신뢰는 농촌의 농산물 판매 루트 확보 및 홍보와 농촌이미지 제고로 이어진다. 더욱이 도시민들을 유인함으로써 정주인구의 증가에 해당되는 효과를 가져올 수 있다.[9] 이처럼 농촌관광은 농촌·농업과 관광을 접목하여 새로운 부가가치를 창출함으로써 농촌지역 활성화로 연계될 수 있으며, 지역활성화에 미치는 파급효과도 크고, 장래 크게 발전할 가능성을 지니고 있다(平野·松村, 1997, 31).

---

[8] 전국 53개 시정촌(市町村)에 65개소가 있으며, 과거 5년간 농원수는 3배, 구획수(4,137구획)는 배 가까이 증가하였으며 태반이 자치체가 개설하였다(佐々木一成, 2008, 120).

[9] 도시와의 교류를 촉진하여 "교류인구의 확보와 정착"을 유도함으로써 지역내 농산물 및 특산품의 선전·판매·소비를 촉진하는 새로운 거점을 형성하고, 그 거점을 중심으로 주변 및 관련 영역과의 연계와 복합화를 촉진하여 신제품을 개발함과 함께 그 파급효과를 지역 전체의 진흥에 연결시키려는 것이다. 교류인구를 기반으로 한 지역활성화 사례로 일본 토야마(富山)현 토가(利賀)촌을 들 수 있다(平野·松村, 1997, 79-85).

표 12. 농촌관광의 다양한 유형

유형		주요 사례지역	특징 및 효과
회원제 농촌민박		大分縣宇佐市 安心院町	• 일반농가에 도시주민을 회원제로 숙박, 농촌생활 및 농촌문화 체험 • 민박의 '간이숙소' 인허가 이후 숙박료 부과 • 숙박료와 체험료로 구분된 요금체계 • 상호교류 제고를 위해 1농가에 1개조만 숙박가능 • 캐치플레이즈(1박하면 먼 친척, 10박하면 진짜 친척) • 중고생 체험학습숙박, 한국 등 해외시찰 등 • 체험자수 : 1996년 80명 → 2004년 4,192명(인구 약 8천 명)
워킹 홀리 데이	飯田형	長野縣飯田市	• 농촌생활/농업에 흥미지닌 도시인이 자원봉사로 농사일을 돕고, 농가는 그 대가로서 숙박 및 식사를 제공(금전거래 없음) • 2007년 1월 현재 참여농가수 91호, 참가등록자수 1,131명 • 참가자수 : 1998년 약 30명 → 2006년 450명
	西米良형	宮崎縣西米良村	• 일주일 체류시 3일은 농가에서 농사일을 돕고, 4일은 마을에서 휴가를 보내는 시스템 • 참가자는 보수를 받는 대신 농가가 아니라 마을의 유료시설에서 숙박(숙박서비스까지 담당할 일손 부족) • 1998년이래 지금까지 300명 이상 참가(반수 이상이 젊은 여성)
체재형 시민농원		長野縣松本市 (구 四賀村)	• 숙박시설을 갖춘 체재형 시민농원으로 도시민의 주말 시골살이 지원 • 坊主山크라인가르텐(53구획), 綠ケ丘크라인가르텐(78구획) 및 숙박시설 (로그하우스) • 연간이용요금 : 숙박시설의 설비등급별로 10-39만엔(초년도 10만엔, 5년까지 갱신가능) • 이용조건 : 유기농법, 겨울제외 1개월에 3-6박 이상, 현지 필요물품은 지구내에서 조달, 아름다운 정원만들기에 적극 동참할 것 등 • 시골친척제도 : 농사 자문 및 도농교류 • 평균체재일수 : 월간 12일, 연간 150일
棚田owner제도[10]		千葉縣鴨川市 大山千枚田	• 카모가와시의 중산간지역에 펼쳐진 3.2ha, 375매의 棚田(계단식논) • 1999년 농림수산성 선정 '일본 棚田 100선'에 지정 • 2000년 棚田owner제도 도입(39조) → 2006년 6월 현재 136조 • 태반이 매년 계속하고 있어 신규모집은 1할 정도

자료 : 佐々木一成, 2008, 115-123 정리

    2008년 4월 현재 고령군에는 개실마을, 산주마을, 충효마을의 3개 농촌체험마을이 있으며, 신리마을이 새롭게 추진 중에 있다. 이중 개실마을이 가장 활발하게 운영되고 있으며, 주로 사

---

[10] 棚田owner제도는 1992년 도시민이 지자체 및 농협 등을 통해 농지를 유상으로 빌려 논농사 및 밭농사 등을 통해 棚田(계단식논)의 보존 도모를 위해 高知縣檮原町神在居地區를 제1호로 지정하였으며, 2006년 6월 현재 전국 75개소가 있다. 작업빈도에 따라 농업체험·교류형, 농업체험 飯米확보형, 작업참가·교류형, 취농·교류형의 4단계로 구분된다(佐々木一成, 2008, 120-121).

표 13. 고령 농촌관광마을의 특징 및 체험프로그램

이름	위치	특징	체험프로그램
개실 마을	쌍림면 합가1리 (www. gaesil.net)	• 영남학파 종조인 문충공 점필재 김종직 선생의 후손들이 350년간 집성촌을 이루고 있는 곳 • 당후 일기, 수필, 점필재 종택과 도연재 등의 지정문화재가 소재 • 아름마을가꾸기사업(2001), 옻마을	• 전통놀이 : 대나무이용만들기, 윷가락만들기, 윷놀이, 연만들기 • 전통음식 : 국수, 엿, 한과 만들기 • 농촌체험 : 천연비누·천연화장품, 도자기 만들기, 압화, 짚공예 • 전통예절 : 예절교육
산주 마을	쌍림면 산주리 (www. sanjuri.co.kr)	• 만대산이 병풍처럼 마을을 감싸고 있고, 자연과 계속이 살아있는 전형적인 산촌마을 • 녹색농촌체험마을(2005)	• 봄 : 대나무공예, 짚공예, 음식체험(고르쇠, 고구물, 엿, 유과, 딸기잼), 딸기따기, 못자리(씨뿌리기), 산나물 채취, 떡메치기 • 여름 : 하계 캠프 설치, 물놀이 및 물고기 잡기 체험, 농사체험(모내기, 고추따기, 매실따기 및 줍기) • 가을 : 메뚜기잡기, 가을추수, 고구마캐기, 공타작, 떡치기 • 겨울 : 썰매타기, 전통놀이(연날리기, 팽이치기, 투호놀이), 대나무조각, 짚공예, 엿/유과, 떡메치기
충효 마을	우곡면 도진리	• 고려말 박경공이 정착한 이래 700여 년 간 후손들이 집성촌 • 경상북도 지정 충효마을 • 경북 최초의 충효관	• 도진충효관 : 1층(회의실과 남녀 노인관), 2층(유적물 보존 전시관과 자료실)로 구성

자료 : 고령군 관광가이드북

전예약한 단체관광객을 중심으로 체험프로그램이 운영되고 있다. 이는 노령화로 인해 개별관광객을 응대할 만한 인력이 없고 생업에 종사하느라 시간이 넉넉하지 않기 때문으로 사료된다. 따라서 체재형 단체관광객이 아닌 당일형 개별관광객은 개실마을에 대한 매력을 느끼기가 어려운 형편이다. 그리고 개실마을뿐만 아니라 그 외 농촌관광마을도 노령화로 인해 관광마을사업을 추진할만한 인력이 없고, 마을을 관리하는 고령군내 담당부서가 서로 상이하여 농촌관광마을사업추진이 효율적·체계적으로 이루어지기 어려운 실정이다. 그러므로 농촌관광마을의 각 현황에 맞게 정기적·지속적 이용을 유도할 수 있는 시스템을 구축하고, 농촌관광마을사업 추진시 사업비 지원부서와 관광진흥 담당부서가 공조하여 마을 관리 및 운영의 효율성을 도모해야 할 것이다. 또한 농촌관광마을사업을 실제 현장에서 추진할 후계지도자를 양성하고 지도자에 대한 현실적 지원을 할 필요가 있다.

(2) 새로운 관광자원의 개발

고령군 관광자원의 개발방안을 대가야 문화권의 중심지적 위상을 보지하면서 관광자원의 산업화를 촉진하는 방향에서 향토문화자원 및 특산물을 이용한 관광상품의 개발, 스토리에 기반한 관광자원 개발, 지역주민 주도적 관광자원의 개발, 차별화된 독특한 관광자원의 개발, 지역간 연계를 통한 관광활성화에 초점을 두고 살펴본다.

첫째, 향토문화자원 및 특산물을 이용한 관광상품을 개발한다. 우선, 고령군의 대표적 특산물인 딸기와 수박을 활용하여 테마파크와 캐릭터산업으로 연계한다. 현재 딸기와 수박 캐릭터 사업을 하고 있는 쌈지와의 협력을 통해 캐릭터관(예를 들어, 파주 헤이리 딸기나라)을 건립하고, 고령도자기로 딸기/수박캐릭터상품을 개발하여 캐릭터관에서 쌈지의 딸기/수박캐릭터상품뿐만 아니라 고령도자기캐릭터상품도 함께 홍보·판매하도록 한다. 그리고, 고령군의 특산물인 다산향부자, 개진감자, 쌍림딸기, 성산메론, 우곡수박의 치료효능을 적극 활용하여 '건강'과 '아름다움'을 테마로 한 다양한 건강/미용/음식 체험프로그램을 마련하여 고령군 관광자원의 범위를 확대시킨다 :

- 건강하고 아름다운 여성을 위한 음식관광(향부자술, 감자전, 메론아이스크림)

표 14. 고령 특산물별 효능 및 활용방법

특산물	효능 및 활용방법
다산향부자	• 홧병, 월경통, 위장병 - 향부자술(향부자+익모초+소주) : 위장병, 불임 - 향부자가루 및 달인 물 : 월경통 제거
개진감자	• 스트레스 해소, 감기 면역성 제고, 철분 흡수 촉진, 콜레스테롤 감소, 바이러스성 간염 억제, 발암물질의 생성 억제, 항암효과, 피부병 예방, 알레르기 개선 등 - 향부자+감자찜질 : 여성 냉증과 자궁병, 방광염 - 감자팩 - 감자다이어트
쌍림딸기	• 기미/주근깨 예방, 잇몸질환 및 치조농루 예방 - 딸기요리 : 딸기프렌치토스트, 딸기케익, 딸기푸딩, 딸기요구르트, 딸기찹쌀떡 등 - 딸기화장품 : 딸기팩(아토피), 딸기스크럽, 딸기비누
성산메론	• 피로회복, 항암, 변비, 고혈압, 저칼로리 - 메론 아이스크림, 메론펀치, 메론빵
우곡수박	• 고혈압, 당뇨 - 수박다이어트방법, 수박껍질세안법 - 수박당 : 신장병, 방광염 - 수박씨 : 방광염 증상완화, 혈압강화, 진정/지혈작용, 통증 억제작용

- 건강하고 아름다운 여성을 위한 미용관광(향부자찜질, 감자찜질, 딸기팩)
- 그 외 '딸기정식'(딸기를 재료로 한 코스요리), '다이어트교육코스'(다이어트관리사 동행하여 교육 및 체험) 등

둘째, 스토리에 기반한 관광상품을 개발하여 이벤트화함으로써 소프트웨어적 관광상품의 지속적 혁신을 촉진한다. 예를 들어, 성산면 어곡2리 당수나무에 얽힌 사랑이야기를 활용하여 젊은 연인의 사랑소원 빌기 등 연인 대상의 이벤트 장소로 개발하고, 내곡2리 구싯골(구싯터) 소이야기를 활용하여 소 관련 동화마을 및 한우고기 브랜드화를 도모하고 나아가 어린이/가족 대상의 테마공원화를 추구한다. 그리고 담밑재(운수면 팔산리-성산면 기족리 연결 고개)의 도깨비 관련 전설을 활용하여 도깨비고개라 명명하고 고개에 도깨비관련 소규모테마파크를 조성하여 어린이/가족 대상의 테마공원화를 추구한다.

셋째, 차별화된 독특한 관광자원을 활용한 특색관광상품을 개발해야 한다. 관광객 및 지역민을 대상으로 한 이미지 조사에서 고령군에 대한 대표 이미지는 '대가야 고분군'와 '우륵의 가야금'으로 나타났으며, 이는 고령군만이 지니고 있는 독특한 이미지이다. 따라서 이를 활용한 차별화된 특색관광상품을 개발해야 한다. 예를 들어, '대가야 고분군'하면 '무덤', '무덤' 하면 '귀신'[11]으로 연상될 수 있으므로, 각 지역의 귀신과 얽힌 스토리에 기반하여 Ghost Tourism상품을 개발한다. 그리고 '우륵의 가야금' 이미지를 살려 지역주민을 대상으로 1인 1국악기 연주하기운동이나 마을/단체 단위 국악밴드 지원활동을 통해 지역민의 국악기 연주능력을 함양하고, 이를 농촌관광마을에서 지역민이 국악공연을 함으로써 고령군의 '악성 우륵' 이미지를 보다 제고한다. 나아가 대가야국악당에서의 연주 활성화 및 연습활동 지원 등을 통해 고령군의 국악마을 인지도를 제고하고 국악연수관광을 활성화시킨다.

넷째, 지역주민 주도적 관광자원의 개발이 이루어져야 한다. 관광산업의 특성상 관광객은 지역주민과 접할 기회가 많으며, 이는 관광객의 만족도로 이어지기 때문에 지역주민의 참여는 지역 관광산업 발전에 있어 매우 중요하다. 일례로, 대가야체험축제의 경우 학생과 주부 자원봉사자들이 체험공방을 운영하고 있고 이들에 대한 사전교육을 행하였다고는 하나 이들의 적극성 및 전문성이 떨어져 체험의 질이 저하되고 있다. 또한 고령군 전체적으로 축제분위기가 나지 않는데 이는 대가야체험축제가 지역주민의 축제의 장이 되고 있지 못하고 있기 때문으로 생각된다. 지역축제는 지역을 방문하는 외부인뿐만 아니라 지역주민의 축제가 되어야 진정한

---

11 2008년 대가야체험축제의 테마 역시 무덤의 전설이었다.

지역축제로 자리매김할 수 있다. 따라서 지역주민의 자발적 참여를 유도할 수 있도록 일상생활과 밀접한 문화활동교육 및 지역주민에 대해 기본적 지식 및 대인서비스능력 함양교육을 실시하여 지역문화관광산업의 기초인력으로 육성하여 지역축제나 문화관광상품에 참여시키도록 한다.

다섯째, 지역간 연계를 통한 관광활성화를 도모해야 한다. 고령군은 대가야의 중심지로써 인근의 가야문화권 도시들(합천 다라국, 창녕 북사국·비사국, 의령 이사국, 거창 거열국, 남원 기문국, 하동 다사국, 사천 사물국)과 가야문화권개발사업을 추진하고 있으며, 이의 원활한 추진을 위해 가야문화권공동발전추진협의회를 구성·운영하고 있다. 그러나 현재 각 시군별로 추진계획을 수립하고 있어 시군간 연계협력사업계획을 수립하기에는 어려움이 있다. 이처럼 시군별로 독자적으로 계획이 수립된다면 사업의 중복성 및 효율성에 있어 문제가 발생할 여지가 있으므로, 시군간 연계협력의 필요성에 대한 인식 제고를 위한 대책이 필요하다. 또한, 지역의 주요간선인 국도 26번과 33번 및 88고속도로로 연결되는 성주군(회연서원-성밖숲-상주향교-성산동고분군), 합천군(함벽루-합천호와 백리벚꽃길-합천영상테마파크-철쭉군락지/함벽루-기양루-삼가향교-남면조식선생생가지), 거창군, 대구시의 인근지역과의 연계관광상품을 개발하고, 일본의 三崎縣 南鄕村(백제마을 만들기)[12]와 같이 일본 황실의 고향인 고천원공원을 활용하여 일본 관광객 유치로 연결시킬 필요가 있다.

6. 맺음말

최근 관광을 둘러싼 환경은 급변하고 있으며, 이러한 환경변화는 지역으로 하여금 관광수요

---

[12] 큐슈의 산간마을 美鄕町南鄕(日南鄕村)는 1300년의 시공을 초월하여 美西의 正倉院·百濟의 里村이라는 하나의 전설이 전해 내려온다. 660년 나당연합군에 의해 멸망한 백제의 왕족들이 일본으로 망명하여 이 지역에 흘러들어가 살게 되었다. 그러나 평온한 날도 잠시, 극심한 전쟁통에 일족은 최후를 맞았다고 한다. 사료는 거의 남아있지 않고, 지금껏 전설로 전해내려올 뿐이지만, 그 사실을 명확하게 말해주는 전통행사 및 다양한 전승이 이 산골마을에 지금까지도 맥을 이어오고 있다. 더욱이 불가사의한 것으로 이 西의 正倉院에는 奈良正倉院에 있는 청동거울과 동일한 것이 수장되어 있고, 현재 일본에 있는 당나라식 거울 300면 중 17면이나 이 지역에 남겨져있다. 이 시간과 공간을 초월한 신비의 힘이 西의 正倉院을 복원하게 한 것일까. 건립에 있어서는 궁태청의 협력하에 奈良국립문화재연구소의 학술지원과 건설부장관의 특별허가를 얻어 충실하게 복원·재현하고 있다. 수령 400년에서 500년된 키소(木曾)의 국유림, 천연노송나무를 사용하였고, 그 규모는 奈良正倉院과 조금도 차이가 없다. 이 신비가 깃든 「西의 正倉院·百濟의 里」에는 백제에서 쫓겨난 왕족들의 향수가 서려있다(www.kankouchidukuri.jp).

에 즉각적이고 유연한 대응을 통해 경쟁력을 제고하도록 내몰고 있다. 이러한 가운데 고령군은 대가야역사문화의 중심지를 화두로 대가야 역사문화자원을 기반으로 한 관광지 개발에 치중하였으며, 이는 고령군 관광활동의 약 90%가 대가야박물관에 집중되는 결과를 낳았다. 또한 고령군에 대한 관광객 인지도는 매우 낮을 뿐만 아니라 고령군의 관광객수는 증가하고 있으나, 경북 관광객수의 증가추세에 비해 상대적으로 떨어지고 있다. 그러나 고령군은 다양한 문화관광자원을 보유하고 있고, 대도시 주변 농촌지역으로 대도시 관광시장을 유인할 잠재력을 보유하고 있다. 따라서 대가야 문화권의 중심지적 위상을 보지(保持)하되, 대도시주변 농촌지역이라는 고령군의 특색에 맞는 관광정책 개선방안 및 관광자원 개발방안을 제시하였다.

우선, 관광정책 개선방안을 살펴보면, 고령군의 관광정책은 주로 대가야와 하드웨어 중심의 관광개발에 머무르고 있으며, 지자체가 관광상품 개발 및 홍보를 전담하고 있다. 그러나 오늘날과 같이 수요가 급속하게 변하고 있는 정보화시대에 지자체가 관광상품 개발 및 홍보를 전담하는 것은 한계가 있으며, 관광사업체나 관련 기관 등에서 지속적인 상품혁신을 도모하면서 통합적인 관광정보를 발신할 수 있는 시스템을 구축할 필요가 있다. 이를 위해 첫째, 관광수요 조사 및 인바운드 활성화를 위한 제도적 환경을 구축함으로써 관광산업기반을 만들어가야 한다. 둘째, 수요의 즉각적 대응을 위해서는 소프트 관광상품의 지속적 혁신이 필수적이므로, 관광상품의 기획-개발-홍보-유통의 전 단계가 원활히 이루어질 수 있는 시스템을 구축해야 한다. 셋째, 대가야라는 단일이미지만으로는 관광수요 창출에 한계가 있으므로, 대도시 주변 농촌지역의 특성을 최대한 살려 도시와 대비되는 농촌지역만의 매력을 살리면서 인근 타지역 간 연계협력체제를 구축하여 상호원원할 수 있는 관광상품을 개발해야 한다.

다음으로, 관광자원 개발방안을 기존 관광자원의 재활성화라는 측면에서 살펴보면, 첫째, 대가야체험축제와의 연계 및 지속적 상품혁신 창출 등으로 대가야박물관의 재방문율을 제고해야 한다. 둘째, 대가야박물관과 지산동고분군 이외의 다양한 관광자원에 대한 인지도를 제고해야 한다. 셋째, 대가야 중심의 관광코스를 관광객 중심의 관광코스로 재편해야 한다. 넷째, 개실마을, 산주마을, 충효마을 등에 회원제 농촌민박이나 체재형 시민농원 등의 다양한 유형을 활용하여 농촌관광을 활성화시켜야 한다.

마지막으로, 새로운 관광자원의 개발이라는 측면에서 살펴보면, 첫째, 고령군의 대표적 특산물인 딸기, 수박, 다산향부자, 개진감자 등을 활용하여 테마관광상품 개발 및 테마파크와 캐릭터산업과 연계시켜야 한다. 둘째, 스토리에 기반한 관광상품을 개발하여 이벤트화함으로써 소프트웨어적 관광상품의 지속적 혁신을 촉진시킨다. 셋째, 고령군만의 이미지를 활용한 차별화된 특색관광상품을 개발해야 한다. 넷째, 관광산업의 특성상 관광객은 지역주민과 접할 기회가 많아 지역주민의 참여는 지역관광산업 발전에 매우 중요하므로, 지역주민이 주도적으로 참여할 수 있는 관광자원개발이 이루어져야 한다. 다섯째, 시군간 연계협력의 필요성에 대한 인식 제고와 함께 지역간 연계를 통한 관광활성화를 도모해야 한다.

참고문헌

(사)대가야향토문화사연구회, 2006, 일본서기에 나오는 고령의 국명과 인물(대가야문화총서 32), 경후사, 고령.
강신겸, 2002, 농촌관광의 가능성과 발전방향, CEO Information, 333.
경북전략산업기획단, 2006, 경북문화자원총람.
경상북도, 2001, 가야문화권 보존 및 관광자원화 계획.
고령군, 1994, 대가야의 얼.
고령군, 2005, 미디어와 관광을 연계한 고령군의 이미지 마케팅 기본 구상.
고령군, 2006a, 고령군 관광자원 발굴.
고령군, 2006b, 고령군통계연보.
고령군, 2006c, 2020 고령군 기본계획.
고령군, 2007, 2008 대가야체험축제 기획에 관한 연구.
김양자, 2001, '농촌관광' 관련 용어에 관한 연구, 녹우연구논집, 119-145.
매일신문 특별취재팀, 2004, 잃어버린 왕국 대가야, 도서출판창해, 서울.
문화관광부, 2007, 관광동향에 관한 연차보고서.
문화관광부・한국문화관광정책연구원, 2006, 2006여가백서.
윤양수, 2002, 주5일 근무제를 대비한 지자체의 관광지 개발방향, 국토, 2002.1., 36-43.
최길례, 2002, 가족여가활동으로서 그린투어리즘의 활성화 방안, 한국여성체육학회지, 16(1), 85-98.
한국관광공사, 2007, 2007 상반기 국민여행실태조사, 한국관광공사, 서울.
佐々木一成, 2008, 觀光振興と魅力あるまちづくり, 學芸出版社, 京都.
平野繁臣・松村廣一, 1997, 分權時代の地域経營戰略 : 地域経營學の進め, 同友, 東京館.

지역경제 여건과 발전 정책*

이종호

1. 들어가며

우리나라는 지난 반세기 동안 강력한 중앙집권체제 하에서 수도권과 성장거점 중심의 '불균형 발전전략'을 추진해 왔다. 도시지역 중심의 압축적 산업화의 과정은 결과적으로 농촌지역의 상대적 박탈로 이어져, 농촌지역에는 사회·경제적 생활 여건의 상대적 낙후성이 심화되고 청장년층의 급격한 인구 감소를 야기하게 되었다. 한국 자본주의 발전 과정에서 나타난 고도성장의 공간적 여파는 수도권과 지방의 양극화 양상과 아울러 도시와 농촌이라는 생활공간의 양극화 심화라는 결과를 초래했다(국가균형발전위원회, 2004). 이러한 공간적 양극화 현상은 정책적 개입 없이 시장 메커니즘에 맡겨둘 경우 경제발전 패러다임이 전통적인 생산요소를 벗어나 지식과 정보의 창출·확산·이용이 경제발전을 좌우하는 소위 지식기반경제로의 전환이 구체화되고, 교통통신 기술의 급속한 진보에 따른 지역 간 경쟁이 가속화될수록 더욱 심화될 가능성이 크다.

이러한 측면에서 경제활동에 필요한 생산요소와 제도적 기반이 도시지역에 비해 상대적으로 미흡한 농촌지역은 국가 경제발전 과정에서 문제 지역(problem regions)으로 전락하게 되고, 지역민들의 생활 여건은 절대적 및 상대적으로 열악한 상황에 직면하게 된다. 이 같은 지

---
* 이 글은 한국지역지리학회지 제14권(2008년) 제6호, pp.664-679에 게재된 논문을 수정한 것임.

역문제를 해소하기 위해서 국가는 지역불균형 완화를 위한 지역정책 수단을 강구하게 되고, 개별 지역들은 지역 특성과 잠재성을 고려한 지역발전정책을 추진하게 된다(김용웅 외, 2003).

본 연구의 사례 지역인 고령군은 국가의 산업화 과정에서 소외된 낙후지역의 범주에 해당하는 지역이다. 그 대표적인 지표가 인구 변화인데, 고령군의 인구는 1967년 75,544명이던 것이 2007년 현재 36,047명으로 줄어들어 1967년 대비 50%가 넘는 대폭적인 감소를 경험하였다. 성장거점과 도시지역 중심의 산업화 과정 속에서 고령군은 지속적인 인구 감소와 교육환경 악화, 그리고 농산물 수입 개방 확대로 인한 여러 가지 악조건을 겪으면서 지역경제는 활력을 찾지 못하였다. 그 뿐 아니라 사회·경제 환경의 변화에 지역 잠재성의 극대화를 통해 적절하게 대응하지 못한 것도 고령군의 낙후성을 심화시킨 또 다른 요인이다. 이러한 지역 낙후성을 극복하고 지역발전을 도모하기 위해서 고령군은 지역 농업의 경쟁력 강화, 제조업 유치, 대가야 문화 자산을 활용한 관광산업 육성 전략을 통해 지역의 새로운 활력을 도모하고 있다.

이러한 맥락에서 본 연구는 고령군의 지역경제발전을 위한 경제적 여건과 지역경제 활성화 관련 계획을 분석하고, 이를 토대로 고령군의 지역경제 활성화를 위한 정책적 과제를 제시하는 것을 목적으로 한다. 이어지는 다음 절에서는 농촌발전정책의 필요성과 방향을 간략히 고찰할 것이다. 3절에서는 고령군의 지역발전 여건을 위치적 여건과 산업적 여건으로 구분하여 분석하고, 4절에서는 『고령군 2020 기본계획(고령군, 2006)』의 내용을 중심으로 고령군의 지역경제 관련 계획을 살펴볼 것이다. 마지막으로 5절에서는 이상의 여건 분석과 계획 검토를 바탕으로 고령군의 지역경제 활성화를 위한 정책 과제를 지역 산업 육성 과제를 중심으로 제안할 것이다.

2. 농촌발전정책의 방향 설정

우리나라의 농촌지역은 산업화, 도시화의 과정에서 급격한 인구유출과 이에 따른 인구 고령화, 주력산업인 농업의 경쟁력 약화, 고용 기반의 붕괴 등 총체적 위기에 직면해 있다. 농촌지역이 직면한 가장 큰 문제점은 농업 이외의 분야에 취업기회가 극히 제한되어 있으며, 농업 또한 농산물 시장개방의 가속화에 따라 존립기반의 위협을 받고 있다는 점이다. 이에 따라 농가 부채가 증가하고 농가 계층 간 소득격차가 확대되었다. 또한 생활기반과 복지기반이 열악해 농촌에서 정주하기를 기피하는 현상이 심화됨에 따라 농촌사회의 활력이 크게 저하되어 있다.

농촌지역에는 취약한 경제 기반과 고용 기회의 제약에 따른 저소득화 문제와 더불어 교육, 의료보건, 문화 분야 등의 복지서비스 공급은 농촌지역 주민들의 복지 수요와 기대 수준에 절대적으로 미치지 못할 정도로 취약하다(최병두, 2008). 도시지역의 상수도 보급률은 96.5%를 육박하는데 비해 농촌지역의 상수도 보급률은 그 1/3 수준(29%)에 불과하며, 도시지역의 인터넷 이용률이 65%인데 반해 농촌지역의 그것은 8.3%에 불과하다는 점이 그 대표적 사례이다(박진도, 2005). 이렇듯이 농촌지역은 삶의 질을 충족시키기 위한 기본적인 정주 인프라와 고용 기반이 도시지역에 비해 매우 취약하다. 그러나 더욱 농촌지역의 현실을 어둡게 하는 것은 이농과 농촌인구의 고령화로 농촌개발을 담당할 인적자원이 고갈되어, 농촌지역의 내생적 발전 역량을 제고함에 있어 커다란 제약으로 작용한다는 점이다.

이러한 농촌지역의 현실을 감안했을 때 농촌지역 발전정책의 기본 방향은 다음의 4가지 기본 관점 하에서 수립되어야 한다(박진도, 2005 : 30-32). 첫째, 생활공간으로서의 농촌이다. 국민 누구나 농촌에 살든 도시에 살든 최소한의 생활여건을 제공받아야 할 권리가 있으므로, 농촌주민의 생활에 필요한 공공서비스(교육·복지·문화·의료 등)와 사회간접자본(주택·도로·교통·상하수도·정보통신 등)이 충분히 공급되어야 한다.

둘째, 경제활동 공간으로서의 농촌이다. 농촌지역의 경제적 근간인 농업의 구조고도화를 통한 경쟁력 강화와 아울러 제조업과 관광업 등 농촌지역 고용 원천의 다각화를 촉진해야 한다. 농업시장 개방에 따라 심화되고 있는 시장 경쟁을 극복하기 위해서 환경친화적 고품질 농산물로의 전환을 통해 생산성을 높여야 할뿐 아니라 산업구조의 다각화를 통해 농업 외 분야에서의 고용 기반을 확대해야 한다. 농촌지역 산업구조의 다각화는 선택의 문제가 아니라 생존을 위한 필수 조건으로 인식되고 있다(OECD, 2003).

셋째, 환경 및 경관 공간으로서의 농촌이다. 농촌은 그동안 그저 농산물 생산을 담당하는 생산 공간으로 인식되어 왔으나, 레저와 휴식을 위한 공간으로서의 역할이 점차 주목받고 있다. 그동안 고도성장 과정에서 개발 논리 하에 파괴된 농촌 환경 및 경관 복원을 통해 농촌지역의 생활환경을 개선하고 나아가 농촌관광을 위한 자원으로 활용해야 한다.

넷째, 주체적 주민생활 공간으로서의 농촌이다. 기존의 농촌정책은 지역의 특성이나 현실을 고려하지 않은 채 일방적이고 하향적인 방식으로 추진되어 왔다. 참여정부 들어서부터 신활력 사업을 비롯한 각종 농촌정책이 지역 주민 스스로 지역의 현안을 발굴하고, 주민 주도 하에 사업을 추진하는, 이른바 주민 주도형의 내발적 혁신 역량을 강화하는데 초점을 두기 시작한 것은 환영할 만한 일이나, 실제 지역 주민의 주체적 역량 기반이 조성된 지역은 여전히 소수에 불과한 실정이다(이종호, 2007).

송미령 외(2005)에 따르면, 우리나라에서 그동안 추진된 농촌 지역개발 사업은 중앙정부의 10개 부처에서 약 40개의 사업에 달했으나, 주로 주택 및 도로 정비나 공공시설 공급 등과 같은 농촌의 부족한 SOC를 보충하는 하드웨어 정비가 중심이었으며, 정부의 여러 부처가 유사한 사업들을 시행함에 따라 사업의 중복성 및 비효율성이 초래되는 문제가 발생했다. 더욱이, 하드웨어 중심의 단기적 및 가시적 성과 달성에 초점을 두다 보니 지역 내 주체의 참여 및 역량 강화를 위한 사업은 도외시 되어 왔다. 따라서 장기적 관점에서 농촌주민의 주체역량을 강화하기 위한 각종 교육·훈련 프로그램을 상시적으로 운영하고, 혁신 시너지 창출을 위해 대내·외적인 네트워크 형성을 강화하는 시책이 추진되어야 한다.

이상의 4가지 차원을 종합해 보면, 농촌의 기능에 대한 이러한 인식의 변화는 농촌발전정책 또한 '농촌=농업지역' 혹은 '농촌=삶의 질이 낮은 지역'이라는 도농분리적 사고 및 생산중심적 사고를 탈피하고, 다원적 가치를 지닌 생활의 공간으로서 새롭게 전환되어야 함을 의미하는 것이다.

3. 고령군의 지역발전 여건

1) 위치 및 교통인프라

고령군은 북쪽으로는 성주군, 서쪽과 남쪽으로는 경상남도 합천군, 동쪽으로는 낙동강을 사이에 두고 대구·경북지역의 중심 도시인 대구광역시와 경계를 접하고 있다. 대도시와 인접한 위치적 특성으로 인해 고령군은 여타 농촌지역에 비해 광역교통망이 비교적 발달되어 있는 편이다(그림 1). 고령군은 대구-거창-광주를 연결하는 88올림픽 고속도로와 여주-상주-김천-구미-대구-창녕-마산을 연결하는 중부내륙고속도로의 김천~현풍 구간을 관통하는 고속도로망을 갖추고 있을 뿐만 아니라 경부고속도로와의 접근성 및 연결성이 뛰어나다. 또한 고령군에는 대구-거창을 연결하는 국도 26호선이 동서축을 연결하고, 성주·김천-합천·진주를 연결하는 국도 33호선이 남북축을 연결하고 있다. 이처럼 고령군이 가진 사통팔달의 교통 결절이라는 위치적 이점과 대구광역시와의 지리적 접근성은 지역발전에 있어 커다란 기회요인이기도 하지만, 그동안 위협요인으로 기능한 측면도 크다.

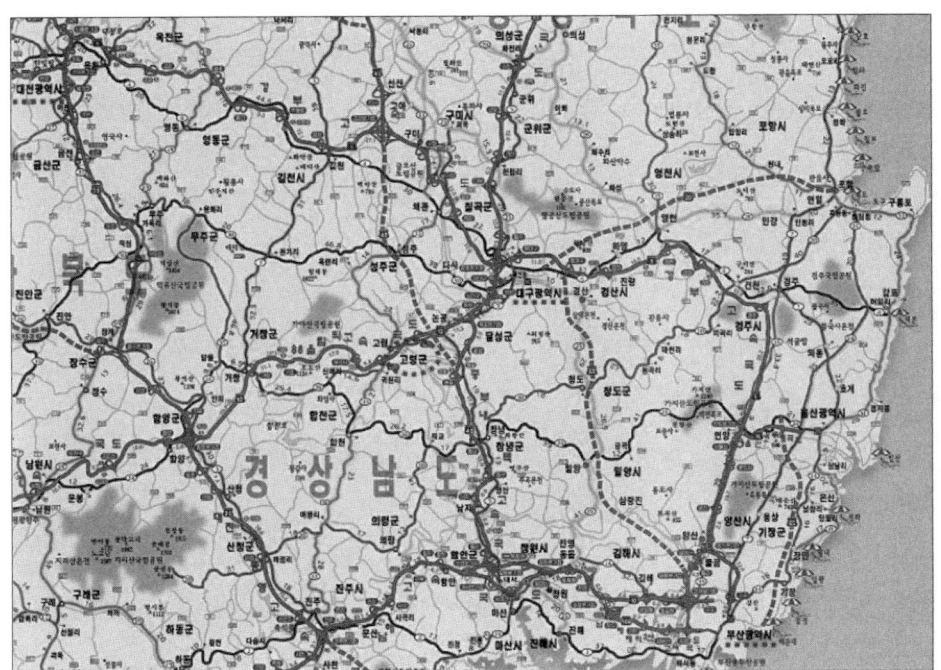

그림 1. 고령군을 연결하는 주요 도로망

　대구광역시와 경계를 마주하고 있는 지역은 경상북도의 경우 고령군, 성주군, 칠곡군, 군위군, 영천군, 청도군, 경산군의 7개 시군이며, 경상남도의 경우 창녕군을 포함해 총 8개 시·군을 포함한다. 이 가운데 고령군은 대구와 접경하고 있는 시·군 가운데 가장 대구의 세력권에 강하게 편입되어 있는 지역이다. 『2020 고령군 기본계획』(고령군, 2006)에 따르면, 행정적 측면에서 고령군은 다사면의 일부 지역이 대구광역시의 도시계획구역에 편입되어 있고, 경제적으로는 출퇴근 고용인구 및 시장이용권 등에서 대구시에 강하게 의존하고 있으며, 고령군의 대부분의 지역이 대구광역시의 교육권에 포섭되어 있는 등 고령군의 대구 의존성은 매우 높다.

　한편 김주석(2007)의 연구에 따르면 고령군은 대구시와 접경하고 있는 경상북도 7개 시·군 가운데 가장 대구 의존성이 높은 지역으로 나타났다. 그는 중심성 지수를 사용하여 대구·경북지역 시·군별 중심성을 파악하였다. 여기에서, 지역의 중심성은 어떤 시·군으로 유입되는 여객수가 그것이 발생한 시·군의 전체 여객유출량에서 차지하는 비중을 종합한 수치를 통해 측정된다. 그의 연구 결과에 따르면, 대구의 중심성 지수(8.98)는 대구·경북 23개 시·군 전

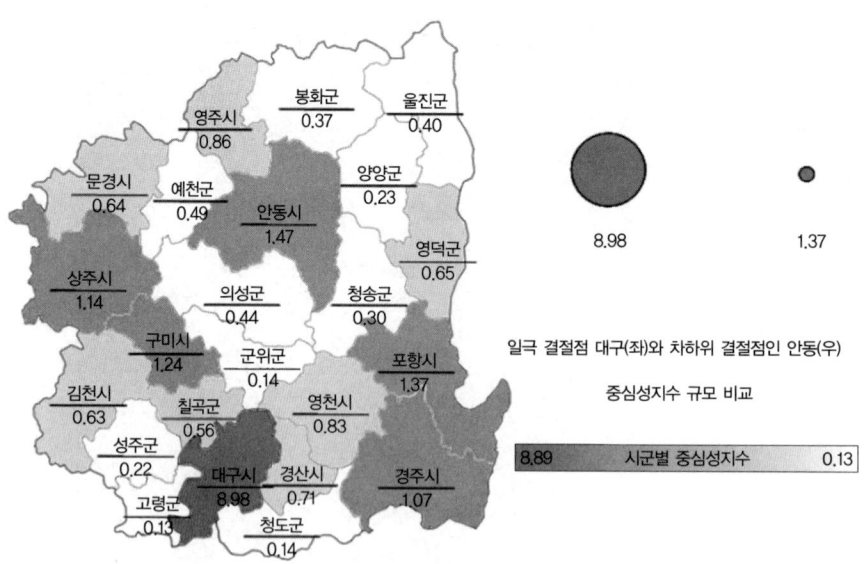

그림 2. 대구·경북, 시·군별 전체 목적 통행량 기준 중심성 지수 분포
자료 : 김주석, 2007

체의 42%를 차지하여, 대구·경북에서 발생하는 사람의 흐름이 대구라는 하나의 대도시에 집중되는 일극화된 형태의 결절을 구성하고 있는 것으로 나타났다. 이 가운데, 고령군은 대구·경북의 23개 시·군 가운데 중심성 지수(0.13)가 가장 낮은 지역으로서, 사람의 흐름이 유출량에 비해 유입량이 매우 미미한 것으로 나타났다(그림 2).

특히, 시군별 여객 통행의 O-D 분석에서 고령군에서 발생하는 타 시·군으로의 유출 여객 통행량의 약 87%가 대구시로 유입되는 것으로 나타났다. 이러한 수치는 고령군과 마찬가지로 대구시와 접경하고 있는 경산시(77.5%), 청도군(73.2%), 성주군(71.7%), 칠곡군(63.7%), 영천시(54%), 군위군(51.7%)에 비해 월등한 것으로써, 고령군은 중심도시인 대구의 세력권이 가장 지배적으로 나타나는 지역이라 할 수 있다.

2) 지역 산업

① 산업 특화도

고령군은 대구시와 인접한 시·군 가운데 1차 산업 특화도가 가장 높은 전형적인 농업지역의 형태를 띠는 지역이다. 〈표 1〉에서 보다시피, 고령군은 농업 및 임업의 입지계수가 13.84,

표 1. 대구시와 대구시 접경 시·군의 산업별 입지계수

	대구시	영천시	경산시	군위군	청도군	고령군	성주군	칠곡군
농업 및 임업	0.32	2.84	0.59	2.32	1.44	13.84	5.26	1.58
광업	0.28	2.24	2.22	5.63	0.82	9.46	8.02	4.86
제조업	0.73	1.20	1.21	0.85	0.57	1.70	1.24	1.94
전기·가스·수도사업	0.97	1.17	1.31	2.47	2.54	1.52	1.10	1.13
건설업	1.07	1.41	1.06	1.54	1.04	0.58	1.35	0.45
도소매업	1.19	0.84	0.70	0.81	1.00	0.60	0.68	0.55
숙박 및 음식업	1.06	0.94	0.92	1.18	1.58	0.65	1.11	0.87
운수업	1.15	0.92	0.99	0.83	0.96	0.68	0.43	0.50
통신업	1.12	0.95	0.68	1.85	1.56	0.90	1.46	0.48
금융 및 보험업	1.17	0.90	0.52	1.03	1.12	0.53	0.92	0.39
부동산 및 임대업	1.22	0.62	1.02	0.21	0.60	0.28	0.33	0.49
사업서비스업	1.20	0.35	0.51	0.10	0.17	0.17	0.17	0.20
공공행정·사회보장행정	0.95	1.24	0.74	3.78	2.60	1.56	2.25	0.77
교육서비스업	1.04	0.86	1.55	0.89	1.07	0.75	0.80	0.64
보건 및 사회복지사업	1.14	1.04	0.97	0.76	1.17	0.86	0.85	0.51
오락·문화·스포츠서비스업	1.15	0.58	1.00	0.52	0.92	0.47	0.55	0.78
기타공공·사회·개인서비스업	1.08	1.11	0.91	1.30	1.54	0.80	1.18	0.71

자료 : 김주석, 2007

광업의 입지계수가 9.46으로써 농림업 부문의 산업 특화도가 대구 인근의 타 시·군에 비해 압도적으로 높으며, 제조업의 입지계수 또한 1.70으로써 칠곡군과 더불어 상대적인 특화도가 높은 업종으로 나타났다. 반면에, 건설업(0.58), 음식 및 숙박업(0.65), 금융 및 보험업(0.53), 교육서비스(0.75), 오락·문화·스포츠서비스업(0.47) 등 주로 서비스업 부문의 입지 특화 정도는 대구 주변의 타 시·군 지역에 비해 상대적으로 낮은 것으로 나타났다.

② 농업

대구시와 인접한 여타 시·군에 비해 고령군은 농업 부문의 특화도가 월등하게 높은 전형적인 농업지역의 특성을 가지고 있다. 하지만 산업화와 도시화의 진전에 따른 농업 비중의 전반적인 감소 추세 속에서 고령군의 농업 또한 급격한 감소세를 보이고 있다. 고령군의 인구는 1964년에 77,502명이던 것이 2006년에는 35,911명으로 줄어들어, 40년 사이에 약 54%가 감소하였다. 특히 〈표 2〉에서와 같이, 1996년부터 2006년까지 10년 동안 군 전체 인구는 5.2% 감소한 반면 동 기간 동안 농업 인구는 13.7%나 감소하여 고령군의 농업 종사 인구의 감소 현상이 두드러지게 나타난다.

표 2. 고령군의 농가 인구 및 경지면적 변화 추이

구분	농가 (가구)	농가 인구수 (A)	전체 인구수 (B)	A/B (%)	경지면적(ha)			가구당 경지면적		
					합계	논	밭	계	논	밭
1996	6,155	17,720	37,898	46.8	7,091	5,111	1,980	118	85	33
2002	4,995	13,128	36,688	35.8	6,767	5,247	1,520	135	105	30
2006	4,861	11,878	35,911	33.1	6,592	5,010	1,582	160.6	110.6	50

자료 : 고령군, 각 년도 고령군 통계연보.

이와 같은 농업 종사 인구 및 가구의 급격한 감소 추세에도 불구하고 고령군의 대표 작목인 수박, 딸기, 감자, 참외 등을 중심으로 영농 조직화를 통한 지역 농업 경쟁력 기반이 강화되고 있는 점은 주목할 만한 성과라 할 수 있다. 〈표 3〉에서 나타난 바와 같이, 고령군에서는 1개 이상의 영농조직이 결성되어 있는 작목은 12개에 달하며, 조직 형태별로는 영농조합법인이 16개, 연합회가 4개, 그리고 작목반이 54개이며, 총 2,128명의 회원들이 각종 형태의 영농조직이 가입되어 있다. 이 가운데 영농조합법인이나 연합회 형태의 비교적 조직 규모가 큰 영농조직들이 결성되어 있는 작목은 수박(5), 딸기(10), 감자(1), 참외(2), 화훼(1)이며, 이들 주요 작목들의 경우 작목 당 지역 전체 재배면적의 90% 이상을 영농조직에서 담당하고 있다(표 4).

작목별로 영농조직 결성 실태를 살펴보면 다음과 같다. 고령군의 대표 작목의 하나인 수박은 영농조직의 결성이 가장 활발한 작목으로서 낙동강 본류를 끼고 있는 우곡면과 다산면에서 주로 재배된다. 특히 우곡면의 '우곡그린수박작목반연합회'는 영농조직의 결성을 통해 차별적인 품질과 브랜드를 구축한 대표적인 성공 사례로 언급된다. '우곡그린수박작목반연합회'는 우곡면의 16개 마을 작목반을 통합하여 결성된 조직으로서 고령군에서 수박을 주 작목으로 하는 영농조직 회원의 약 절반가량을 차지하는 320명의 회원을 가진 최대의 영농조직이다. 우곡면의 농민들은 대규모 영농조직의 결성을 통해 우수한 품질을 바탕으로 독자적인 브랜드를 구축하고 유통 판로를 개척하는데 성공하였다.

딸기는 고령군을 대표하는 작목의 하나로서 낙동강 본류와 지류를 끼고 있는 쌍림면, 고령읍, 덕곡면, 개진면 등에서 주로 재배되는데, 쌍림면이 고령군 딸기 생산의 절반 이상을 차지하는 중심 산지이다. 고령군의 딸기 생산자 조직들은 소규모 및 임의적 형태의 작목반보다는 법인화를 통한 제도화된 조직인 영농조합법인의 결성이 두드러진다. 특히 고령군의 딸기 영농조합법인들은 회원 규모가 6명의 소규모 법인(쌍림면 안림리의 신영농조합법인)에서부터 회

표 3. 고령군의 작목별 영농조직 현황

작목명	영농조직(A)			회원 수	재배면적(ha)
	영농조합법인	연합회	작목반		
수박	3	2	8	694	661.8
딸기	9	1	5	494	209.3
감자	1	-	10	375	496.2
메론	1	-	5	96	79.4
참외	1	1	16	228	113.0
토마토	-	-	2	19	7.2
양파	-	-	2	100	45.0
화훼(장미)	1	-	2	21	10.2
버섯	-	-	1	8	0.8
사과	-	-	1	16	13.3
향부자	-	-	1	68	130.0
콩	-	-	1	9	5.7
합계	16	4	54	2,128	1,771.9

자료 : 고령군청 웹사이트(2008년 5월 30일 접속).

표 4. 고령군의 주요 작물별 생산 추이

(단위 : ha, M/T)

작물 년도	수박		딸기		감자		참외		양파		향부자	
	면적	생산량	면적	생산량	면적	생산량	면적	생산량	면적	생산량	면적	생산량
2001	659	24,578	236	6,232	582	14,246	209	6,355	46	2,655	59	287
2002	697	25,483	237	7,575	754	18,816	176	6,084	62	3,532	106	521
2003	688	25,147	232	7,383	427	9,901	135	4,678	62	3,532	97	486
2004	611	25,812	230	7,345	416	9,643	111	3,953	62	3,292	106	520
2005	561	23,699	239	7,578	416	10,937	113	3,833	78	4,064	-	-
2006	616	28,780	221	7,363	509	12,128	127	4,275	103	6,824	106	520

자료 : 고령군, 각 년도 고령군 통계연보

원 규모가 92명인 대규모 법인(쌍림면 안림리의 안림원예영농조합법인)에 이르기까지 그 규모가 다양하다.

참외는 다산면을 중심으로 운수면, 개진면, 덕곡면에서 재배가 이뤄진다. 주로 영농조합법인 형태의 법인형 영농조직이 발달한 딸기와는 달리, 고령군의 참외 영농조직은 10명 내외의 소규모 작목반을 중심으로 발달해 있는데, 군내 최대 참외 산지인 다산면의 경우 11개의 영농조직체 가운데 10개가 작목반 형태로 조직화되어 있다. 한편 고령군의 대안적인 시설 작목으로서 메론의 생산량이 증가하고 있는데, 특히 '성산 메론'이라는 브랜드로 전국적 인지도를 확보하고 있는 성산면 지역에 메론 생산이 집중되어 있다.

고령군의 감자 재배는 낙동강 연안의 알칼리성 사질 양토를 가지고 있어 감자 재배의 적지인 개진면 일대가 주된 산지로서, 경상북도 감자 생산량의 약 30%를 차지하고 있다. 개진면의 감자 재배는 회원 수 127명을 가진 개진감자영농조합법인과 회원 수 20명 안팎을 가진 10개의 작목반에서 이루어지고 있다.

마지막으로 주로 한방의 원료로 사용되는 특용 작물인 향부자는 고령군이 전국 생산량의 76%를 차지하는 지역 특화 작목의 하나이다. 다산면은 향부자 생산의 주된 산지이며, 향부자 재배에 종사하는 대다수의 농민들이 향부자 작목반을 결성하여 농업 활동을 영위하고 있다.

③ 제조업

고령군의 제조업은 칠곡군과 더불어 대구 주변의 타 시·군에 비해 상대적인 입지 특화도가 높으나, 매출액 대비 부가가치의 비중이 낮은 전형적인 저부가가치형의 제조업 구조 특성을 가지고 있어 성장형 제조업 구조로의 전환에 어려움을 겪고 있다(이철우, 2008).

2001~2005년 동안 고령군의 제조업 발전 추이를 살펴보면, 사업체 수는 27.4%, 종사자 수는 16.2%, 매출액은 63.2%, 부가가치는 39.0% 증가하여 고령군의 제조업은 양적 성장을 거듭하고 있는 것으로 나타난다(그림 3). 이를 분석해 보면, 종사자 수의 증가율이 사업체 수의 증가율에 비해 낮은 것은 지역의 제조업 기반이 영세 중소기업 중심으로 성장하고 있으며, 매출액 증가율에 비해 부가가치의 증가율이 낮은 것은 지역 제조업이 부가가치가 높지 않은 업종

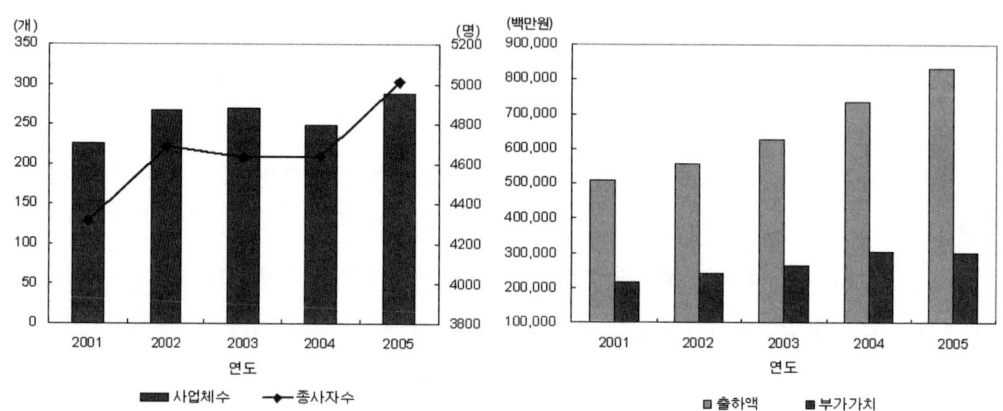

그림 3. 고령군의 제조업 추이

자료 : 통계청, 각 년도 광업제조업통계조사 보고서

을 중심으로 성장하고 있음을 의미한다. 다시 말해서, 고령군의 제조업은 저부가가치의 중소기업 중심의 성장세가 두드러지는 것이 그 특징이라고 할 수 있다.

고령군의 제조업 성장은 대구광역시의 도심 및 기존 시가지 구역에 발달해 있던 제조업의 탈공업화와 직접적인 관련성을 가진다. 타 지역에서 고령군으로 입지 이전을 했던 35개 제조업체를 대상으로 한 이철우(2008)의 조사 결과에 따르면, 고령군으로 이전한 제조업체의 약 57%가 대구광역시에서 이전한 업체들로서, 제3공단 등 기존의 도심형 공단지역이나 도시 외곽에 개별 입지해 있던 업체들이 택지개발로 인해 이전해 온 것으로 나타났다.

고령군의 총 제조업체 수는 2005년 현재 288개인데, 이 가운데 149개 업체는 다산지방산업단지(61개 업체), 개진지방산업단지(20개 업체), 쌍림농공단지(36개 업체), 개진농공단지(32개 업체)에 입주하고 있어 고령군 제조업체의 약 50% 정도는 산업단지 이외의 지역에 개별 입지하고 있는 것으로 나타났다.

고령군의 제조업 현황을 업종별로 살펴보면, 종사자 수를 기준으로 할 경우 1차금속산업의 비중이 28.8%로 가장 높으나, 사업체 수를 기준으로 할 경우에는 섬유산업의 비중이 30.9%로 가장 높다. 하지만 섬유산업은 사업체 수에 비해 출하액과 부가가치의 비중이 크게 낮아 저부가가치형의 섬유제품 생산이 중심임을 알 수 있다(표 5). 섬유산업은 2001년 대비 종사자 수가 24.9% 감소하면서 그 비중이 크게 줄고 있는 반면, 1차금속 및 조립금속 등 금속산업의 비중이 크게 증가하고 있다.

2001년 이후 가장 두드러진 성장세를 보이는 업종은 자동차 및 트레일러 제조업으로써 무

표 5. 고령군 제조업의 종사자 수 기준 상위 8대 업종 현황(2005년 현재)

(단위 : 명, %)

		종사자 수		사업체 수	출하액	부가가치
		2005년	2001년 대비 증감률			
상위 8대 업종	1차금속	1,444(28.8)	288(24.9)	40(13.9)	281,676(33.9)	118,879(39.3)
	섬유	923(18.4)	−329(−24.9)	89(30.9)	128,856(15.5)	40,199(13.3)
	조립금속	412(8.2)	160(63.5)	21(7.3)	82,487(9.9)	26,873(8.9)
	음식료품	381(7.6)	188(97.4)	19(6.6)	67,395(8.1)	17,780(5.9)
	가구 및 기타	350(7.0)	59(20.3)	6(2.1)	40,540(4.9)	16,751(5.5)
	비금속광물	275(5.5)	−59(−17.7)	24(8.3)	40,720(4.9)	18,085(6.0)
	기계 및 장비	268(5.3)	72(36.7)	21(7.3)	56,454(6.8)	18,757(6.2)
	자동차·트레일러	257(5.1)	147(133.6)	16(5.6)	31,298(3.8)	9,938(3.3)
	소계	4,310(86.0)	526(12.2)	220(81.9)	698,128(87.8)	257,324(88.3)
제조업 전체		5,011(100.0)	700(14.0)	288(100.0)	830,912(100.0)	302,684(100.0)

자료 : 경상북도, 통계연보(2002, 2006)

려 133.6%가 증가했으며, 음식료품의 경우에도 97.4%의 증가율을 나타내 고령군의 제조업 구조가 섬유산업 중심에서 기계·금속산업 중심으로 전환되고 있다고 할 수 있다. 그럼에도 불구하고 고령군의 제조업은 업종 측면에서 노동집약형 산업에서 자본집약형 산업으로 구조재편이 이뤄지는 것처럼 보이나 출하액과 부가가치 측면에서 차지하는 비중은 상대적으로 높지 않다는 것이 문제점으로 지적될 수 있다. 따라서 고령군 제조업의 양적 성장뿐만 아니라 질적 성장을 위한 대책이 강구되어야 할 것으로 판단된다.

④ 서비스업

고령군의 서비스업은 〈표 1〉에서 나타난 바와 같이 대구시 인근의 타 시·군에 비해 지역 전체 제조업에서 서비스업이 차지하는 비중이 상대적으로 낮을 뿐만 아니라, 서비스업의 입지특화도 또한 낮게 나타났다. 이는 고령군이 서비스 중심 산업구조를 가진 대도시인 대구시와 접경하고 있음에도 불구하고 대도시 서비스업의 스필오버(spillover)가 일어나기 보다는 고령군에서 발생하는 서비스 수요의 상당 부분이 대구시로 흡수되고 있음을 의미하는 것이다.

〈그림 4〉를 보면, 2006년 현재 고령군의 서비스업체수는 1,772개 업체이고 종사자수는

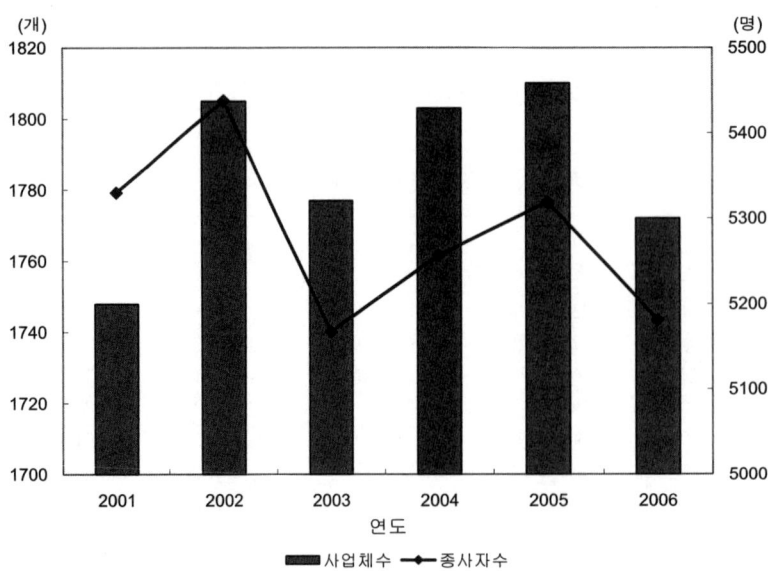

그림 4. 고령군의 서비스업 추이
자료 : 고령군, 각 년도 통계연보

5,181명으로써, 2001년 이후 점진적으로 증가하던 사업체 수가 2005년 이후 감소 추세로 돌아섰으며, 종사자 수는 2001년의 5,330명에 비해 150명가량 감소한 것으로 나타났다. 세부 업종별로는 도소매업, 숙박업 등 대부분의 업종이 성장 없는 정체 상태를 유지하고 있으며, 부가가치 및 지역경제 유발 효과가 여타 서비스 업종에 비해 높은 생산자서비스업 부문의 금융·보험업(2001년 서비스업 총 고용의 5.6% → 2005년 4.2%)과 부동산 및 임대업(2001년 서비스업 총 고용의 2.2% → 2005년 1.4%)은 오히려 큰 폭으로 감소하고 있는 것으로 나타났다.

4. 지역경제 관련 계획 검토 : 고령군 2020 기본계획을 중심으로

1) 농업 부문 계획

우리나라 대다수의 농촌지역과 마찬가지로 고령군의 농업 또한 농업인구의 지속적인 감소와 고령화로 말미암아 그 기반이 약화되고 이에 따른 경쟁력 저하가 예상된다. 그럼에도 불구하고, 고령군의 농업은 수박, 딸기, 참외, 감자 등과 같은 주요 작목의 경우에는 생육에 양호한 지리적 조건과 더불어 생산 기술 및 유통 판로 부문에 있어 경쟁력 기반을 갖추고 있다. 고령군의 농업 조건은 무엇보다도 주요 시장인 대구시 및 국내 주요 대도시들과의 문전 연결성이 뛰어나다는 점이 커다란 잠재력으로 작용한다. 고령군은 88올림픽고속도로를 통해 광주를 포함한 전라권과의 소통성이 뛰어나고, 중앙고속도로를 통한 마산·창원·부산과의 접근성이 뛰어나며, 서울을 비롯한 중부권과도 현풍-김천을 연결하는 중부내륙고속도로의 개통으로 접근성이 크게 향상되었다(그림 1).

고령군이 가진 이러한 잠재력을 바탕으로, 고령군 2020 기본계획에서는 고령군의 농업 육성을 위한 기본 방향과 실천방안을 다음의 5가지로 제시하고 있다. 첫째, 특화작목의 지속적 개발 및 고부가가치 작목 산지를 육성한다. 이를 위해 친환경 농업 기반을 조성하고, 둘째 주변 대도시 시장을 겨냥한 근교농업 생산품의 다양화를 추진한다.

둘째, 농산물 유통근대화를 추진한다. 이를 위해 농축산물 전자상거래 및 직거래 활성화를 위해 소비자 단체와의 네트워크를 강화하고, 사이버 마켓의 구성과 내용을 개선한다. 아울러 생활권별로 농산물 유통시설을 확충하여 산지와 소비자를 직접 연결하는 거점을 육성한다.

셋째, 첨단농업 기반을 조성한다. 이를 위해 새로운 영농 기술 보급을 위한 농업인 교육 프로그램을 운영하고, 대학 및 연구기관과의 연계 체계를 구축하여 지역 농업인 자치조직의 역량을 강화한다.

넷째, 녹색관광 기반을 육성한다. 이를 위해 지역 문화관광 및 농축산업과 연계한 체험관광농원을 조성하고, 레크리에이션 산림을 조성하며, 레포츠기능을 제공하는 산지자원화 사업을 추진한다.

다섯째, 산림자원의 경영 및 관리 체제를 구축한다. 이를 위해 산림휴양시설을 확충하고, 푸른 숲 가꾸기 사업을 통해 지역민의 어메니티(amenity) 및 고령군의 대외 이미지를 제고한다.

2) 제조업 부문 계획

앞에서 논의된 바와 같이, 고령군의 제조업은 저부가가치형의 영세 중소기업들이 중심이며, 섬유산업 중심 구조에서 기계·금속산업 중심으로 재편이 진행 중이다. 하지만 부가가치가 상대적으로 낮은 저위 기술 업종 중심의 산업구조를 고도화하는 것이 핵심 과제로 대두되고 있다.

이에 「고령군 2020 기본계획」에서는 지역 제조업 발전을 위한 기본 목표를 고부가가치 첨단 지식산업 중심의 산업구조 개편 및 업종별로 특화된 산업단지의 조성에 두고, 이를 위한 실천 방안을 다음의 4가지 측면에서 제시하고 있다.

첫째, 특성화된 산업단지의 조성과 지역 산업구조의 고도화를 추진한다. 이를 위해 고령군의 입지 특성 및 지역의 기존 산업과의 연계성을 고려한 산업단지를 개발하고, 향후 발전 전망이 높은 업종 및 지역경제 파급효과가 높은 업종을 중심으로 기업을 유치한다.

둘째, 지식기반산업과 첨단산업의 육성이다. 이를 위해 지역 기업을 위한 정보화 및 기술지원 사업을 강화하고, 지역특화산업 중심의 산업단지를 신규 공급한다.

셋째, 지역 산업간 연계 강화이다. 이를 위해 대구의 현풍·구지지방산업단지와 연계한 부품 전문 산업단지를 개진면 일대에 조성하고, 지역정보시스템 구축을 통해 지역 산업체의 계열화를 유도한다.

넷째, 친환경적 산업 육성이다. 이를 위해 공해유발업체에 대한 규제를 강화하고, BT 및 CT 등의 환경친화적인 산업을 적극적으로 유치한다.

3) 서비스업 부문 계획

고령군의 서비스업 부문이 직면한 가장 큰 어려움은 아이러니하게도 고차서비스 기능이 집중되어 있는 대구광역시와 지리적으로 지나치게 가깝다는 점이다. 〈그림 2〉와 같이, 광역 교통망의 발달로 고령군은 이미 대구광역시 생활권의 일부분으로 편입되어 있는 상태이다. 아울러 TV와 인터넷을 비롯한 대중매체의 발달과 교육 및 소득 수준의 향상 등으로 인해 주민들의 서비스업 기대치는 상대적으로 높아지고 있는 반면에, 수요기반이 취약한 고령군의 지역 여건상 고차서비스 기반 및 서비스의 질적 수준이 대도시에 비해 상대적으로 낙후되어 있어 고령군의 서비스업 기반은 점차 상대적 낙후성을 면치 못하고 있는 실정이다.

이에 고령군 2020 기본계획에서는 지역 서비스업의 발전을 위한 기본 목표 및 방향을 지역 중소 유통업의 경쟁력 강화, 지역 유통업체 정보화 체제 구축, 그리고 재래시장의 서비스 기능 확충으로 설정하고, 이를 위한 실천방안을 다음의 5가지 측면에서 제시하고 있다.

첫째, 유통구조를 개선하고 유통 정보화를 촉진한다. 지역 농축산물의 유통구조 개선을 위해 농축산물 전자상거래 기반을 강화하고, 생산자와 협동조합 간 연계 강화를 통해 농축산물 직거래 기반을 강화한다. 또한 지역 유통업의 정보화를 선도할 유통 전문 인력을 양성한다.

둘째, 생활권 및 산지유통시설의 확충을 통한 상품 경쟁력을 제고시킨다. 전자경매를 위한 디지털 네트워크 구축 및 가공유통시설 확충 등 생활권별 농산물 유통시설 확충을 통해 산지와 소비자 간의 직접 연계망을 구축한다.

셋째, 지역유통산업의 장기 비전을 설정한다. 유통시장의 개방과 대형할인점 등의 등장으로 위축된 지역 중소유통업의 구조개선 및 경쟁력 강화를 위한 장기적 비전을 설정한다.

넷째, 소품목·전문화로 지역유통산업의 특화를 추진한다. 대형 할인점의 서비스 기능을 보완할 수 있는 소규모 전문서비스업의 특화로 지역 중소유통업의 구조개선 및 경쟁력을 강화한다.

다섯째, 소비자 선호를 고려한 유통기반시설을 확충한다. 농산물 도매시장 및 산지유통센터의 시설 개·보수를 통한 현대화 및 지역 생산물에 대한 공동물류지원사업을 추진한다.

4) 전략 사업 계획

고령군 2020 기본계획에서는 이상에서 제시된 바와 같은 산업 부문별 사업 방향을 토대로

표 6. 고령군 2020 기본계획에 제시된 5대 전략사업

구분	전략사업	위치 및 면적	목적 및 필요성
제조업	지방산업단지 조성	〈인안첨단산업단지〉 개진면 인안리 일원 약 15만 평	대구광역시의 공업 기능과 연계를 위한 첨단산업단지 조성
		〈다산지방산업단지 확대〉 다산면 송곡리 일원 약 40만 평	산업단지 입지 적정 지역에 대한 계획적 개발로 지역경제 활성화 도모
농업 및 유통	유통단지 조성	성산면 성산IC 일원 약 10만 평	산지유통물류시설, 창고시설 등의 집단화를 통한 물류 및 유통기능 지원
	고령 나들목센터	강정리 성산IC 일원 약 10만 평	고령지역의 농촌경제 활성화를 위한 전초기지 역할과 도시와 농촌을 연결시켜주는 도농교류의 거점화 도모
문화·관광	대가야 역사관광 특구개발	고령읍 일원	대가야 문화유산 정비, 문화관광 자원 개발, 문화자원의 산업화
	복합레저단지 조성	다산면 나정 벌지리 일원 약 150만 평	대도시 배후도시로서의 주거기능을 부담하여 대도시의 인구 집중을 해결하기 위한 주거단지의 기능에 레포츠, 생태체험 공간 등의 대도시 근교형 휴양시설 단지 개발

자료 : 고령군, 고령군 2020 기본계획, 2006

한 5대 전략사업을 제시하고 있다(표 6). 먼저 제조업 분야에서는 대구광역시의 공업 기능 분산화 경향에 대응하고 산업입지 수요 증가에 탄력적으로 대처하기 위해, 대구광역시의 달성군과 접하고 있는 개진면과 다산면에 신규 지방산업단지를 추가로 조성하는 것을 전략 사업으로 선정하였다.

다음으로 농업 및 유통 분야에서는 지역 농업 기반 강화를 농촌경제 활성화를 도모하기 위해 농산물 산지유통단지와 고령 나들목 센터를 설립하는 것을 핵심 사업으로 선정하였다. 농산물 산지유통단지는 고령군 지역의 서비스업 공급 기반의 대형화 및 복합화를 통해 고령군 지역민들의 자족적인 쇼핑 및 레저 공간을 제공할 뿐만 아니라 고령군 지역에서 생산되는 농특산물의 지산지소(地産地消) 기반을 강화하기 위해 농산물 도매·물류센터를 건립하는 것을 그 골자로 하는 사업이다. 또한 고령 나들목센터는 고령군에 농촌관광을 즐기러 오는 도시민들을 위한 농촌체험관광 거점 센터를 설립하는 것이다. 고령 나들목센터에는 농촌관광종합안내소, 농특산물 판매장, 농촌문화정원, 농촌체험센터 등을 조성하여 도시민과 지역민들의 교류 공간으로 활용한다는 계획이다.

마지막으로 문화·관광 분야에서는 2005년부터 추진 중인 신활력사업과 연계하여 고령군

의 역사 · 유적지구를 정비하고 이의 관광자원화 기반을 구축하고, 주거와 레저관광 기능을 결합한 주거 · 레저복합단지를 조성하는 것을 주요 전략 사업으로 선정하였다. 주거 · 레저복합단지는 대도시의 배후도시로서 주거기능을 분담하는 주거단지를 기본으로 하되 주거단지와 더불어 스포츠 시설 및 생태체험 공간 등 휴양시설이 포함된 복합지구의 개념이다.

5) 관련 계획의 평가

이상에서는 『고령군 2020 기본계획』에서 제시된 사업을 바탕으로 고령군의 지역경제 활성화 계획을 살펴본 바, 이를 통해 고령군 지역경제 발전 계획을 평가하면 다음과 같다.

첫째, 고령군의 장기 비전이 뚜렷하게 드러나지 않고, 보편적인 지역 산업 육성 계획을 열거하는 수준에 그치고 있다. 다시 말해서, 고령군 2020 기본계획은 고령군이 대도시의 연접지역으로서 여건 변화에 발맞추어 어떠한 미래상을 가져야 할 것인지에 대한 충분한 검토를 바탕으로 유망 전략산업에 선택과 집중 전략을 취할 필요가 있음에도 불구하고, 농업, 제조업, 서비스업 등 지역 내 모든 산업에 대한 보편적인 육성 계획에 머무르고 있다. 따라서 앞으로의 고령군 지역경제 활성화 계획은 고령군이 중점을 두고 특화해야할 산업이 무엇인지를 진지하게 검토하고, 개별 산업 부문 내에서도 어떠한 부분에 초점을 두어야 할 것인지를 구체적으로 선별할 필요성이 있다고 여겨진다.

둘째, 농업 부문 계획에 있어서는 특화 작목이나, 전략적 중점 사업에 대한 구체적인 제시가 없이 보편적인 사업 계획에 그치고 있다. 하지만 장기 비전은 고령군의 농업 생산에서 중장기적으로 전략적 특화 작목과 한계 작목을 구분하여 제시하고, 이를 토대로 농업 생산 구조 및 기반 개선을 어떻게 달성해야 할 것인지를 제시할 필요가 있다고 판단된다. 그리고 농업인 역량 강화 사업에 해당하는 첨단농업 기반 강화는 개별 작목별로 생산 기술 고도화를 위한 생산자 학습 역량 및 네트워크 강화에 초점을 두어야 할 것이다. 아울러 지역 농산물 유통 개선 사업 또한 작목별 유통 구조 실태를 분석하고, 이를 토대로 작목별 유통 구조 개선 방안을 도출해야만 사업의 효과를 거둘 수 있을 것으로 판단된다. 종합적으로, 지역 농업 기반 강화 사업은 농업 클러스터의 관점에서, 작목별로 '생산-가공-유통'으로 연결되는 가치사슬과 관련된 산 · 학 · 연 · 관 주체들 간의 네트워크를 강화하는 전략으로 접근되어야 할 것이다.

셋째, 제조업 부문 계획 또한 농업 부문 계획과 마찬가지로 특화 업종의 전략적 선택 없이 물리적 인프라 조성에만 초점을 두는데 그치고 있다. 고령군은 대구광역시라는 대도시에 가장 인접해 있으며 대구광역시의 탈공업화 및 교외화 추세에 따라 대구시 제조업체들의 입지 이전에 따른 제조업 유치 혜택을 받고 있다. 하지만, 다른 한편으로는 고령군에 입지하고 있는 업체들이 주로 생산성이나 혁신성이 높지 않은 업종의 영세 중소기업들이 다수를 차지하고 있어 실질적인 지역경제 파급효과를 거두지 못하고 있는 실정이다. 이러한 상황에서 고령군이 첨단산업단지 조성을 통해 첨단산업을 육성하겠다는 것은 현실을 외면한 구호에 그칠 가능성만 높일 따름이다. 따라서 고령군의 제조업 부문 계획은 고령군의 산업 여건과 기존의 산업화 과정을 고려하여 중저위 기술에 초점을 두되, 기계금속산업 및 음식료품산업과 같이 인근의 대구, 구미, 창원 등의 산업 연계와 유리한 교통망을 활용하여 특화 산업 집적지 육성 전략을 취하는 것이 효과적일 것으로 판단된다.

넷째, 고령군의 서비스산업은 생산자서비스와 같은 고차서비스의 육성보다는 생활 서비스 중심의 소비자서비스 기반의 유출을 막고 지역 주민들의 삶의 질을 확충한다는 차원에서 접근해야 할 것으로 판단된다. 이를 위해 지역 재래시장을 농산물 산지 유통의 거점일 뿐만 아니라 도농 교류의 거점으로 설정하여 재래시장이 실질적인 지역 유통 구조의 공간적 및 기능적 핵으로 활성화되도록 육성할 필요가 있다. 즉, 지역 서비스산업 활성화의 초점을 대도시 지향성을 가진 생산자서비스에 둔다면 실효성을 거두기는 어렵다고 판단되며, 국지성이 강한 소비자서비스의 기능을 유지·강화하는데 초점을 두어야 실효성을 가질 것이다. 재래시장은 농촌지역에서 소비의 공간적 거점 구실을 하는 곳으로서 재래시장 활성화를 단순히 환경정비 사업에만 그칠 것이 아니라 지역 유통기능의 핵으로서 기능 강화에 초점을 두는 것이 필요하다.

다음 절에서는 지금까지의 평가 내용을 바탕으로 고령군의 지역경제 활성화를 위한 2가지 전략 사업을 제안하고자 한다.

5. 지역경제 활성화 정책 대안

1) 농업 및 관광 부문 : 산업 융합형 친환경 특화농업 클러스터 육성

고령군은 농업의 비중이 높을 뿐만 아니라, 여타 산업에 비해 농업 부문의 경쟁력 또한 높다. 아울러 대구를 비롯한 대규모 시장과의 접근성이 높기 때문에, 자생적으로 경쟁력을 확보한 대표 작물을 선택하고 이에 대한 육성 정책을 체계적으로 시행한다면 지역경제 활성화에 크게 기여할 수 있을 것으로 판단된다.

이를 위한 키워드는 지역 특화 농산업의 구조 고도화와 융·복합화이다. 우리나라 대다수의 농촌지역과 마찬가지로 고령군 또한 농업 종사자의 비중이 감소하고 있는 추세이나, 수박·딸기 등 전국적인 브랜드 인지도를 확보하고 있는 농특산물의 생산·가공·유통 기반을 강화하고, 친환경 농업기반을 확충하여 농업구조를 고도화하는데 역점을 둘 필요가 있다. 우리나라 지역농업의 구조 변화 특징은 지역별 및 품목별로 농업생산의 분화가 심화되어 주산지가 뚜렷해지고, 농업경영체의 규모화와 조직화 활동이 활발히 진행되고 있는데(김정호·이병훈, 2005), 고령군의 경우에도 특화 작물 중심으로의 재편과 영농조직의 활성화가 나타나고 있다는 것이 그 근거라 할 수 있다.

이러한 측면에서 산지유통센터 및 나들목센터 조성 계획은 지역 농산물의 판로 개척과 브랜드 구축이라는 차원에서 농업 경쟁력 강화사업으로서 필요하다고 판단된다. 하지만 이 사업들은 고령군 농업 발전에 필요한 부분 요소에 불과하며, 이 보다 큰 차원에서 지역 농업의 혁신을 위한 비전 제시가 필요하다고 여겨진다. 따라서 고령군의 지역농업 기반을 강화하기 위해서는 선택과 집중을 통해 전략적 특화 작목을 선택하고 이에 대한 집중적이고 체계적인 육성 전략의 수립이 요구된다고 할 수 있다.

고령군의 2008년 군정계획에서 제시된 농업·농촌 부문의 주요 사업으로는 1읍면 1특화작목 브랜드화, 친환경 재배단지 조성, 농업인 교육, 축산농가 지원 사업 등이 있다(고령군, 2008). 하지만 이 사업들은 2가지 측면에서 한계를 내포하고 있다. 첫째, 1읍면 1특화작목 브랜드화 사업은 우리나라 농업 재편의 주요한 추세인 지역별 주산지화, 즉 선택과 집중을 통한 지역 농업의 특화라기보다는 오히려 다각화 사업에 가까운 것으로 정책의 변화와 시대적 추세를 적절히 반영하는 사업이라고 보기는 어렵다. 둘째, 농업은 점차 1차 산업이라는 협의의 산업 범주에서 벗어나 생산-가공-유통-관광이 일체화된 1차·2차·3차 산업이 결합된 융합산업으로 진화하고 있다(이종호, 2005). 하지만 고령군의 농업 진흥 정책은 각 작물별 특화 정도나 발전 수준을 고려한 종합적인 정책이라기보다는 단위 작물별 생산 기반 조성 사업에만 초점을 두고 있어 지역 농업의 경쟁력을 근본적으로 강화하는데 한계가 존재한다. 따라서 고령군의 지역 농업은 전국적 및 글로벌 브랜드로서 경쟁력을 확보할 수 있는 잠재력을 가진 소수의 작목을 선택하여 가치사슬 전반을 포괄하는 패키지형 정책으로의 전환이 필요하다.

이와 관련된 대표적인 사업으로는 신활력사업과 농업 클러스터 사업이 있다. 고령군은 신활력사업에서는 농업 부문보다는 문화관광 부문을 핵심 사업으로 추진했으며, 농업 클러스터 시범 사업에는 포함되지 않았다. 신활력사업의 경우, 1단계(2005~2007) 신활력사업 대상 지역 70개 시·군 가운데 핵심 사업으로서 농축산자원, 한방자원, 수산자원 및 기타자원 등 지역의 향토자원 개발에 초점을 둔 지역이 전체의 66%를 차지하고 있으나, 고령군을 포함한 나머지 지역들은 문화관광 및 교육 부문을 통해 지역혁신 사업을 추진하였다(이종호, 2007).

한편 농림부는 지난 2006년부터 지역 특화 농업의 혁신역량 강화를 위한 지역 농업 클러스터 사업을 추진하고 있는데 하동 녹차, 영동 포도, 경남 양돈 등이 대표적이다. 산업 클러스터의 협의 개념인 농업 클러스터는 조작적으로 정의하면, 일정 지역에 특화된 농산물의 생산·유통·가공 등과 관련된 농업경영체와 농산업체, 대학 및 연구소, 행정기관·단체 등이 산학연관 네트워크를 형성하고 경쟁과 협력을 통하여 지역농업 혁신이 이루어지는 집합체이다(이종호, 2005).

고령군의 경우 수박, 딸기, 감자 등의 작물이 지역을 대표하는 특화 작물로서 전국적인 인지도를 확보하고 있다. 특히 우곡 수박, 고령 딸기, 개진 감자 등은 품질 면에서 그 우수성을 이미 널리 인정받고 있어 농업 클러스터화 대상으로 손색이 없다. 따라서 고령 지역 특화 농업 클러스터화를 위해서는 민간 주도형으로 정착된 생산 기반에 비해 2차 가공 부문이나 유통 부문이 취약해 이 부분을 집중적으로 보완하여 생산-가공-유통이 선순환 구조를 형성하고, 산·학·연·관 협력 네트워크를 강화해 혁신 시너지를 제고할 수 있도록 만드는 것이 중요한 정책적 과제라 할 수 있다.

또한 도농교류를 통한 농촌관광 활성화를 위해서는 나들목센터와 같은 하드웨어 구축도 필요하지만 이와 더불어 지역 농업인들의 농촌관광 기획 및 서비스 마인드 제고를 위한 교육 프로그램의 상시적 운영 체제 확립이 무엇보다 요구된다. 차제에 신활력사업의 주요 목표인 소프트웨어 및 브레인웨어 사업의 일환으로 고령군 특화 작물 영농인 단체를 대상으로 한 실질적인 교육 사업의 운영을 제안한다. 또한 도농교류 및 지산지소 기반 강화 사업의 일환으로 대구광역시와의 협약을 통해 대구시-고령군을 연결하는 시티투어 프로그램을 기획하여 고령군의 명소 및 농특산물의 판촉을 활성화하는 것도 하나의 방법이 될 것이다.

2) 제조업 부문 : 산업특성화 전문산업단지 조성

고령군의 제조업은 최근 들어 섬유산업의 전반적인 침체 속에 섬유산업의 비중이 줄어드는 대신 조립 금속, 자동차 부품 및 음식료 제조업의 성장세가 두드러지게 나타나고 있다. 하지만 고령군의 제조업은 여전히 영세 중소기업 중심의 저부가가치 업종이 주종을 이루고 있어 산업구조고도화가 고령군 제조업 발전을 위한 시급한 과제라 할 수 있다. 고령군에는 다산지방산업단지 및 개진지방산업단지 등 2개의 지방산업단지와 쌍림농공단지 및 개진농공단지 등 2개의 농공단지가 조성되어 있다. 초기에 조성된 산업단지인 쌍림농공단지와 개진농공단지에는 섬유산업의 비중이 높으나, 후에 조성된 다산지방산업단지에는 조립·금속산업의 비중이 높다. 하지만 최근 5년 동안의 제조업 업종 구성 변화 추이를 살펴보면 섬유산업의 퇴조가 뚜렷하게 나타나는 반면, 비록 부가가치가 높지 않은 영세 중소기업들이 중심이긴 하나 조립·금속, 자동차 부품, 음식료 제조업의 성장세가 두드러져 지역 제조업 업종 구성의 재편이 진행 중이다.

이러한 가운데 고령군에서는 대구시의 산업용지 공급 부족 및 지가 상승 등의 요인으로 인해 교외화 되고 있는 제조업 입지 수요를 흡수하기 위해 신규 산업단지를 조성하고 있거나, 추가 조성 계획을 가지고 있다. 현재 및 향후 고령군에 유치될 가능성이 높은 업종은 고령군과 인접해 있는 대구시의 성서산업단지와 달성산업단지의 업종 구조를 파악해 봄으로써 유추가 가능할 것이다. 성서산업단지는 전체 2,425개 입주 업체 가운데 조립금속 업체가 34%, 운송장비 제조업체가 15%로써 이 두 업종이 전체의 약 절반가량을 차지하고 있는 것으로 나타났다. 반면에 달성산업단지는 전체 290개 입주 업체 가운데 조립금속 업체가 39%이고, 섬유업체가 23%를 차지하고 있다(그림 5). 이를 통해 산업구조 고도화가 진행 중인 성서산업단지에는 대구의 전통적인 특화 산업인 섬유산업의 비중이 줄어드는 대신 조립금속, 운송장비, 전기전자 등 IT와 MT 업종이 중심적 지위를 확보해 가고 있는 반면, 낙동강을 사이에 두고 고령군과 접경하고 있는 달성산업단지에는 여전히 섬유산업이 높은 비중을 차지하고 있는 가운데 점차 조립금속 등 대구시의 신흥 특화 산업의 성장세가 나타나고 있다는 점을 파악할 수 있다. 이는 즉 고령군의 제조업 업종 구조는 섬유산업의 비중은 줄어드는 대신 조립금속 및 운송장비 제조업의 성장이 두드러질 것임을 내포한다. 따라서 고령군에 신규 조성 중인 산업단지는 조립금속 및 운송장비 제조업에 특화된 전문산업단지를 조성하고, 관련 인프라 구축 및 지원서비스 체제를 확립하는 등 고령군 제조업의 전문화와 질적 고도화를 도모해야 할 것이다.

이와 함께 식품산업 전문산업단지 조성을 적극적으로 검토할 필요가 있다. 그 근거로는 첫째, 고령군에는 식품가공산업의 원료가 되는 양질의 농특산물들이 다양하게 생산된다는 점, 둘째, 식품산업 입지의 선결 조건인 대시장과의 접근성 및 광역교통망이 잘 구축되어 있다는 점을 들 수 있다. 식품산업은 광의에서는 식품 제조업뿐만 아니라 관련된 유통 및 접객업까지

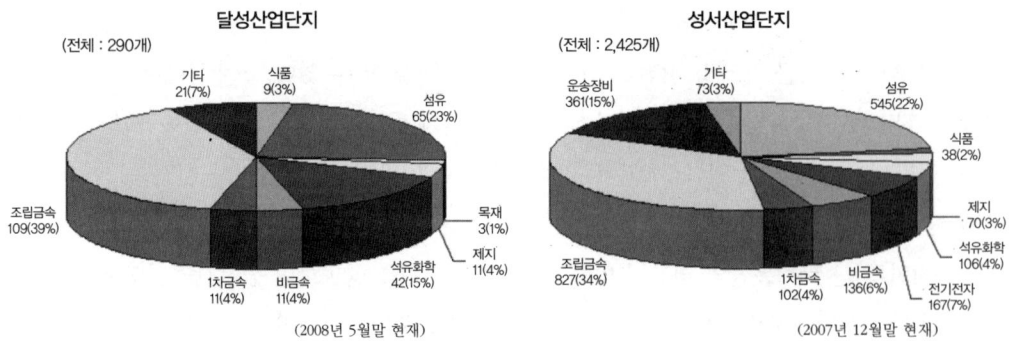

그림 5. 달성산업단지 및 성서산업단지의 업종구조
자료 : 달성산업단지관리공단 및 성서산업단지관리공단 홈페이지

포함하는 개념이나, 협의에서는 음식료품 제조업을 의미한다. 우리나라의 식품산업은 규모의 영세성 및 낮은 기술력으로 인해 국제 경쟁력이 선진국에 비해 크게 취약하며, 소수 대기업 외에는 대부분이 영세한 사업체로 자체적인 R&D 투자 여력이 부족하고, 마케팅 능력도 미흡한 것이 현실이다(이중근 외, 2005). 하지만 경제 성장에 따라 식생활 소비 패턴이 외식 중심으로 변화하면서 식품산업의 규모가 크게 성장하고 있어, 식품산업 성장의 전망은 매우 밝은 편이다. 고령군의 경우에도 비록 부가가치 최근 5년 동안 음식료품 제조업의 고용 성장세가 두드러지게 나타나고 있는데, 관련 기반시설과 지원 서비스 체계만 잘 갖추어진다면 고령군은 지역 농특산물 가공산업과 일반 식료품 제조업이 결합된 식품산업 제조업 집적지로 성장할 수 있는 잠재적 여건이 충분하다고 판단된다(표 5). 고령군의 음식료품 제조업의 성장이 가시화될 경우, 지역 농업의 생산 기반 강화 및 유통 판로 확충뿐만 아니라 농촌지역의 고용 창출에도 기여할 수 있을 것으로 전망된다.

6. 결론

본 연구에서는 고령군의 지역경제 실태 및 관련 계획 검토를 바탕으로 지역경제 활성화를 위한 정책 과제를 제시하였다. 고령군은 대도시 접경지역이며, 광역 교통망에 효과적으로 연계되어 있는 위치적 이점을 가지고 있으나, 제조업이나 서비스업보다는 농업의 비중이 여전히 높은 산업구조 특성을 보유하고 있는 지역이다. 따라서 고령군의 지역경제를 활성화하기 위해서는 다음의 몇 가지 사항을 잘 고려하여 정책을 수립해야 할 것이다.

첫째, 대구광역시라는 대도시의 근교에 위치한 입지 조건을 효과적으로 활용해야 한다. 이를 위해서는 대구광역시의 산업구조, 사회경제 변동 및 공간구조 변화가 어떠한 방향으로 전개되는지에 대한 주도면밀한 분석이 요구된다. 고령군은 대구광역시와 행정 경계를 마주하고 있음에도 불구하고 대구시 성장에 따른 파급효과를 효과적으로 흡수하지 못하였다.

둘째, 여타 농업 중심의 시·군과 달리 고령군은 대도시 시장에서 근접해 있을 뿐만 아니라 전국으로 연결된 광역교통망과의 연계성이 뛰어나다는 입지적 이점을 충분히 활용할 필요가 있다. 물론 산업화 과정에서 지역 성장거점인 대구시와의 근접성은 고령군의 중심지 기능을 오히려 위축시키는 역할을 해 온 것이 사실이나, 이제는 오히려 이러한 위협요소를 기회요소로 활용하는 전략이 필요하다.

셋째, 지역경제 활성화 사업 대상은 백화점식 사업 추진을 지양하고, 지역 특수성, 산업 역량 및 잠재성을 고려하여 사업 대상에 대한 선택과 집중을 통해 중장기적 관점에서 전략적이고, 체계적으로 추진할 필요가 있다. 우리나라의 지역 산업 정책은 그간 지역 특수성을 외면하고 모든 지역이 첨단산업과 고차서비스산업 일변도의 현실성과 동떨어진 정책을 추진해 왔다. 고령군의 경우에도 첨단 제조업이나 고차서비스산업의 육성이라는 환상을 깨고 경쟁력 기반을 갖춘 산업 부문 및 품목을 전략적으로 설정하여 가치사슬 측면에서 핵심 산업과 연관 산업을 연결하는 부문을 통합적으로 육성해야 할 것이다.

참고문헌

경상북도, 2005, 신활력사업 합동보고회 발표자료(2005. 11. 22).
고령군, 2006, 2020 고령군 기본계획.
고령군, 2008, 2008 군정계획.
국가균형발전위원회, 2004, 국가균형발전의 비전과 전략, 동도원, 서울.
김용웅·차미숙·강현수, 2003, 지역발전론, 도서출판 한울, 서울.
김정호·이병훈, 2005, 지역농업의 현실과 비전, 농업전망 2005 발표대회 자료집.
김주석, 2007, 대구경북지역 시·군간 연계 및 분업구조 분석을 통한 지역통합성 제고방안 연구, 대구경북연구원.
박진도, 2005, 농촌의 전망과 현실, 박진도 외, 농촌개발정책의 재구성, 도서출판 한울.
서울신문, 멜론 재배로 1년 열두달이 농번기, 2007년 3월 14일자.
송미령 외, 2005, 농산촌 지역혁신체계 기반 구축(1/2차년도), 한국농촌경제연구원.

영남일보, 대구·경북 지역발전 전략을 찾자 4. 고령군, 2008년 1월 9일자.
이종호, 2005, 지역 농산업산지의 혁신환경과 클러스터 육성전략 : 봉화군 고추농산업 사례, 한국지역지리학회지, 11(2), 233-246.
이종호, 2007, 신활력사업계획 수립 및 추진과정에 대한 평가와 개선 방안, 한국경제지리학회지, 10(2), 211-222.
이중근 외, 2005, 식품산업 실태조사 및 분석, 한국보건산업진흥원.
이철우, 2008, 고령군 제조업의 실태와 정책과제, 한국지역지리학회지, 14(4), 290-308.
지근화, 2005, 대가야 르네상스 프로젝트 고령, 향토와 문화.
최병두, 2008, 고령군 지역사회 복지의 실태와 정책 과제, 한국지역지리학회지, 14(6), 643-663.
OECD, 2003, *The Future of Rural Policy : From Sectoral to Place-based Policies in Rural Areas*, OECD, Paris.
http://www.goryeong.go.kr(고령군청 홈페이지)
http://www.dalin.or.kr(달성산업단지관리공단 홈페이지)
http://www.seongseo.or.kr(성서산업단지관리공단 홈페이지)

제4부

고령군의 사회복지와 삶의 질

12. 지역사회복지 실태와 정책 과제 / 최병두(대구대 교수)

13. 교육환경과 삶의 질 / 조철기(경북대 교수)

14. 다문화가정 지원 현황과 과제 / 조현미(경북대 교수)

지역사회복지 실태와 정책 과제*

최병두

1. 서론

최근 우리 사회의 급격한 경제·정치적 전환 속에서 지역사회, 특히 농촌사회의 복지 실태와 정책도 크게 변화하고 있다. 한편으로 지역사회의 주민 역량이 강화되고 지방정부의 자율성이 증대함에 따라 지역주민들의 삶의 질을 향상시키기 위한 복지 요구는 크게 확대되고, 다양화되었다. 그러나 다른 한편으로 경제발전에 대한 강조와 이로 인한 지역 간 경쟁의 심화는 지방정부로 하여금 경제개발에 우선 투자를 하도록 하는 반면, 사회복지에 대한 관심을 축소시키고 이와 관련된 예산을 삭감하도록 하고 있다. 이러한 상황 속에서 신자유주의적 정부 정책들은 주민들의 삶의 질 향상을 위한 복지영역까지도 시장메커니즘에 의존하는 경향을 만들어 내고 있다.

사실 최근의 신자유주의적 세계화/지방화 과정을 배경으로 한 이러한 변화 이전부터, 우리나라는 경제성장에 최우선 관심을 두었으며, 이로 인해 우리 사회 전반에서 복지 수준은 절대적으로 낮았고, 복지정책에 관한 관심과 제도화도 미흡했다. 특히 농촌지역은 경제성장 중심의 산업화와 도시화 과정 속에서 낮은 소득수준, 급속한 인구 유출, 사회서비스 제공의 부족, 문화적 관심으로부터의 소외 등으로 어려움을 겪어 왔다. 이와 같이 기존의 저급한 복지수준

---

* 이 글은 한국지역지리학회지 제14권(2008년) 제6호, pp.643-663에 게재된 바 있음.

을 벗어나지 못한 상태에서 사회의 전반적 변화에 직면하여, 농촌사회의 복지 실태는 더욱 악화되고 농촌지역의 지방정부는 체계적이고 실효성 있는 복지정책을 수립, 시행하기 더욱 어렵게 되었다고 할 수 있다.

대구시에 인접한 경상북도 고령군 역시 이러한 문제에 봉착해 있다고 하겠다. 물론 고령군은 2007년 군정방향 6대 과제들 가운데 하나로, '사랑과 정이 넘치는 복지사회 및 맑고 깨끗한 그린 고령 조성'을 제시하고 있는 것처럼, 지역사회복지에 많은 관심을 가져왔다. 특히 지역사회복지에 대한 고령군의 관심은 단지 구호에 끝나는 것이 아니라 실제 복지행정에 적극 반영되었다는 점이 확인되었다[1]. 그러나 이러한 고령군이라고 할지라도, 우리나라 농촌사회의 일반적 특성으로서 절대적으로 낮은 복지수준을 벗어나는 한편 최근 변화하고 있는 지방정부의 역할과 이로 인한 복지정책의 변화에 보다 적극적으로 대처할 필요가 있다고 하겠다.

이 장은 경북 고령군의 지역사회복지 실태와 복지정책에 관한 고찰을 사례로 최근 변화하고 있는 지역사회복지 패러다임의 변화를 배경으로 오늘날 농촌사회가 안고 있는 지역사회복지의 실태와 복지정책의 현황을 파악하는 한편, 이러한 변화에 대처하면서 지역 복지 실태와 지역주민들의 의견을 반영하여 기존의 복지정책을 강화할 수 있는 방안을 강구하기 위한 기본 연구로 진행되었다. 이를 위해 우선 고령군의 지역복지 정책의 배경으로서 최근 지역사회복지 패러다임의 변화와 그 맥락을 고찰하고, 다음으로 고령군의 지역복지 실태와 지역정책의 현황을 살펴본 후, 고령군의 지역주민들을 대상으로 한 복지 관련 여론조사 분석결과를 제시하고, 끝으로 이러한 고찰의 결과들을 반영하여 고령군의 복지정책이 나아가야 할 방향과 구체적 과제들을 제시하고자 한다.

2. 지역사회복지의 개념과 그 배경

1) 지역사회복지의 개념과 의의

오늘날 농촌사회는 거시적 차원에서는 세계화/지방화 과정 하에서 급속히 변화하고 있지만, 그 특성은 도시사회의 변화와는 구분되는 독특한 양상을 보이고 있다. 따라서 농촌사회의 복

---

[1] 예로 고령군은 보건복지부가 2007년 12월 전국 232개 지방자치단체를 대상으로 실시한 복지행정 종합평가에서 우수기관으로 뽑힌 39개 지자체들 가운데 하나로 선정될 정도로 복지행정 분야에서는 앞서가는 지자체라고 할 수 있다(매일신문, 2007.12.6).

지문제는 특정한 상황을 반영하는 '지역사회(중심)복지' 차원에서 접근되어야 할 것이다[2]. 원론적 의미에서 지역사회복지란 "복지관련(전문 또는 비전문) 인력이 지역사회 수준에 개입하여 지역사회에 존재하는 각종 제도에 영향을 주고, 지역사회의 문제를 예방하고 해결하고자 하는 일련의 사회적 노력"을 뜻한다(전성남, 2004; 김흥주, 2005). 여기서 지역사회는 "일정한 지리적인 공간인 생활권 안에서 사회적 상호작용을 통하여 공통된 이해관계, 문화 등을 형성하여 공통의 경험과 공동생활을 향유하는 일정 지역의 범위"라고 할 수 있다(채수훈, 2004). 이와 같이 지역사회복지는 어떤 공통성을 가지는 일정 지역을 단위로 거주하는 주민들의 사회복지를 증진시키기 위하여 목표를 설정하고 이를 달성하기 위한 과제를 모색하기 위한 것으로 정의될 수 있다.

지역사회복지는 기존의 여러 유형의 복지 개념과는 구분되지만, 이들과 대립되기 보다는 지리적으로 종합하고 체계화한 것으로 이해된다. 우선 지역사회복지는 개인이나 가족 단위의 복지보다도 넓은 차원의 개념이며 또한 노인복지, 여성복지, 청소년복지, 장애인복지 등 대상층을 중심으로 한 복지 개념보다도 지역성에 더 많은 관심을 둔다. 그러나 지역사회복지는 개인이나 집단별로 상이한 복지 욕구를 무시하고 총체화된 복지를 추구하는 것은 아니다. 오히려 지역사회에 거주하는 다양한 유형의 주민들이 가지는 욕구를 지역사회와 관련시키고 이를 위한 복지 서비스 공급 실태 및 관련 자원의 활용가능성을 점검하며, 주민들의 개인적, 집단적 복지 발전을 위한 각종 방안들을 모색하고 자원 배분의 우선 순위 등을 종합적 관점에서 제시하기 위한 것이다(김흥주, 2005).

또한 지역사회복지 개념은 복지의 구체적 부문들, 즉 소득, 주거, 교육, 의료, 문화, 교통 등으로 구분된 분야별 복지의 개념을 능가하여 이들을 종합적으로 다루고자 한다. 그러나 지역사회복지는 이들을 무시하는 것이 아니라 지역 주민들의 소득, 주거, 보건의료, 교육, 문화, 교통, 환경 등을 체계적으로 분류하여 각기 상이한 수요 집단과 공급 방식들을 종합적으로 분석하고 적실한 정책을 입안, 시행하고자 한다. 다른 한편 지역사회복지는 "시설복지에 대한 비판으로부터 출발하며" 그 대안으로 복지 수요자에 대한 개별적 서비스의 제공을 위한 '재가복지'를 강조하지만, "지역사회복지가 개인가정, 집단을 대상으로 하는 보다 하위수준의 사회복지와 대립적인 위치에 있는 것이 아니고, 연속선상의 다른 한편에 위치하여 상호보완적인 관계를 유지하는 것"으로 이해된다(전성남, 2004).

---

[2] 그 외 농촌사회의 새로운 정책들에 관한 접근법으로 OECD(2005) 참조.

이러한 지역사회복지 개념의 유의성 또는 이에 근거한 복지 계획의 기대효과(강혜규, 2003; 김홍주, 2005 등)로는 첫째, 지역사회복지에 대한 종합적 전망에 기반하여 전반적인 로드맵을 설정하고 세부지표를 마련할 수 있도록 한다(김승권, 2008; 김유경 등, 2008; Spellerberg, et al., 2007). 둘째, 현재 노인, 여성, 장애인 등 복지대상 집단별로 분산되어 있는 법, 행정체계를 종합적으로 검토하여 서비스 수요 및 공급 계획을 과학적이고 효율적으로 구축할 수 있도록 한다. 셋째, 지역사회복지체제의 구축을 위해 필요한 지역 현황 정보 및 자료를 체계적으로 수집하고 정리하여, 정보축적 및 자료교환을 촉진하여 지역 실정에 가장 적합한 계획을 수립할 수 있도록 한다. 넷째, 지역사회복지 계획의 종합적 수립과정에서 다양한 집단과 계층의 참여와 의견 수렴을 통해 참여주체들의 복지의식을 높이고 이들 간 의사소통을 통해 상호이해를 증진시킬 수 있다. 끝으로, 지역사회복지 개념은 특히 지역 주민들의 주체적 참여와 더불어 지원사회 자원의 내발적 동원을 전제로 한다는 점에서 그 유용성이 있으며, 이에 따라 최근 새로운 복지모형으로 부각되고 있다(이인희, 2006).

　이러한 지역사회복지 차원의 접근은 농촌사회의 종합적 복지체제를 구축하고 지역의 전반적 복지 증진을 위해서 매우 유용하다고 할 수 있다. 즉 농촌 지역사회복지도 지역사회복지 일반처럼 한편으로 복지의 대상이며 또한 주체라고 할 수 있는 각 집단들, 대표적으로 생활보호대상자, 노인, 여성, 청소년, 장애인들과 다른 한편으로 복지의 주요 부문들, 예로 소득, 주거, 보육, 교육, 문화, 의료, 교통, 이웃, 개인, 가정 등 간 상호연계 또는 행렬 형태로 나타낼 수 있을 것이다(그림 1). 농촌의 지역사회복지는 이러한 집단별, 부문별 복지들을 상호 연계시켜 종합적으로 검토하고 정책을 추진해 나가야 할 것이다.

　그러나 또한 '농촌'의 특성을 명확히 반영한 지역사회복지의 틀을 마련하는 것이 중요하다. 〈그림 2〉의 개념도는 농촌의 지역사회복지를 이해하기 위한 요소로서 3농(農), 즉 농민, 농업, 농촌을 중심으로 하고, 이 요소들과 관련된 실천의 주요 주체로서 개인 및 가족, 지역사회, 그리고 공공기관이 추구하여야 할 지향점을 나타낸 것이다(배충진, 2004). 농촌 지역사회복지의 3요소라고 할 수 있는 농업, 농민, 농촌이 처해 있는 상황에 대해서는 아래에서 보다 거시적으로 고찰하기로 하고, 3주체라고 할 수 있는 개인 및 가족, 지역사회 그리고 공공기관의 입장에서 먼저 살펴볼 수 있다.

　우선 개인 및 가족의 입장에서 농촌 지역사회복지는 복지정책의 미흡으로 절대적으로 낮을 뿐만 아니라 지역불균등으로 인해 도시지역에 비해 상대적으로 낮은 수준에 머물러 있는 농촌 지역 주민들의 욕구를 충족시킬 수 있어야 한다. 농촌지역에서 교육, 의료보건, 문화 분야 등

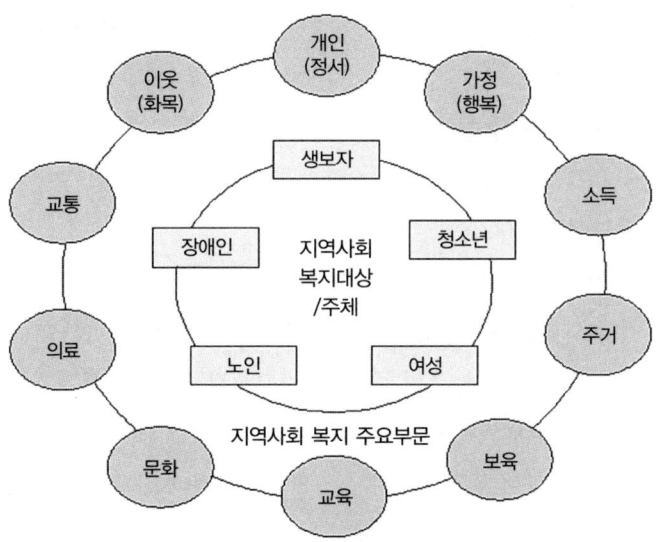

그림 1. 농촌 지역사회 복지의 주요 대상/주체 및 부문

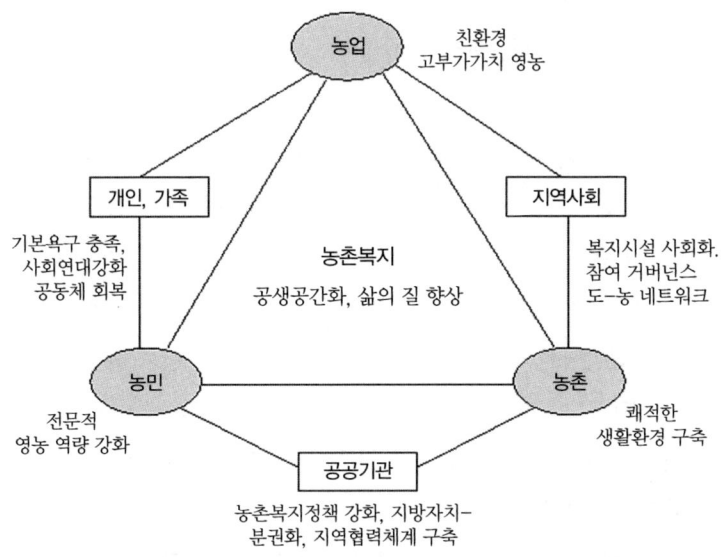

그림 2. 농촌 지역사회복지의 기본 틀
자료 : 배충진, 2004, 수정 인용

에서 제공되는 복지 서비스의 현재 수준은 농촌지역 주민들의 복지 수요를 거의 충족시키지 못하고 있다. 뿐만 아니라 농촌의 지역사회복지는 이러한 복지서비스의 공적 제공에서 소외된

농촌 주민들에게 필요한 사회적 안전망의 확보를 전제로 한다. 농촌 지역의 사회안전망 구축은 물론 공적 지역사회복지체제에 기초해야 하지만, 주민들 간 사회적 연대의 강화와 협력, 그리고 이를 통한 사회적 자본의 축적을 동반해야 한다. 이러한 점에서 농촌의 지역사회복지는 주민들의 기본 필요의 충족에서 궁극적으로 상호 호혜적이고 협력과 신뢰를 전제로 한 공동체의 복원으로 나아가야 한다(성희자·전보경, 2006).

지역사회(즉 지역의 시민사회)의 입장에서 보면, 농촌 지역사회복지는 지역사회에 필요한 복지시설과 복지서비스의 확충과 이를 사회화하여 공동으로 이용, 관리하도록 하기 위한 복지 관련 규정의 제도화를 전제로 한다. 이를 위하여 농촌의 주민들은 보다 적극적으로 복지관련 사회적 의사결정과정에 참여하여, 참여 거버넌스를 구축할 필요가 있다. 주민 참여의 핵심은 복지관련 문제 진단 및 욕구조사 과정에서부터 복지정책의 계획 수립, 집행과 평가에 이르기까지 자발적으로 참여하여 지역사회복지를 개선해 나가는 것이라고 할 수 있다. 또한 한 농촌 지역사회는 다른 농촌 지역사회나 도시사회와의 적극적인 교류(즉 도-농 네트워크의 구축)를 통해 복지정책과 관련된 정보와 아이디어를 교류해 나가야 한다.

지역 공공기관의 입장에서 보면, 경제성장과 지역간 경쟁력 강화를 위한 정책뿐 아니라 복지 증진과 지역간 협력체계의 구축을 위한 지역사회 복지정책을 강화해 나갈 필요가 있다. 지역 공공기관의 이러한 복지체제의 강화는 중앙정부 권한의 지방분권화 추세 및 지역복지협력체제의 구축과 맞물려 있다. 지역사회복지는 지역사회 내 동원 가능한 공·사의 모든 자원을 이용하는 가운데 지역사회주민들의 주도적인 역할에 의해 추진되는 것이 바람직하다. 물론 지역사회의 특성에 따라 주도적 역할을 담당하는 주체가 달라질 수 있다. 예를 들면 지역사회 주민들이 그들 스스로 지역복지를 추진할만한 능력이 결여되어 있는 경우나 자원이 현격히 부족한 경우에는 공적 부문의 역할이 더 강조될 수도 있다(전성남, 2004). 이러한 점에서 중앙정부-지방정부, 지방정부-비영리조직, 지방정부-시민사회 등 복지의 주체와 대상들 사이에 유연한 상호작용이 필요하다고 하겠다(김흥주, 2005).

이와 같이 농촌 지역사회복지의 3대 주체인 개인 및 가족, 지역사회 그리고 공공기관들에 의한 복지증진 활동들은 물론 농촌사회를 구성하는 3요인인 농업, 농민, 그리고 농촌 지역의 복지지향적 발전, 즉 친환경적 고부가가치 농업, 전문적 역량을 강화한 농민, 그리고 쾌적한 생활환경을 구축한 농촌지역을 지향한다. 그러나 실제 우리나라의 농업, 농민, 농촌사회가 처해 있는 상황은 이러한 복지지향과는 멀리 떨어져 있지만, 바로 이러한 점에서 농촌 지역사회복지체제의 구축은 더욱 중요한 의미를 가지게 된다고 하겠다.

2) 농촌 지역사회복지 접근의 배경

　지역사회복지의 관점에서 농촌복지에의 접근은 오늘날 커다란 변화를 겪고 있는 농업과 농촌사회 그리고 농민들의 생활양식을 전제로 한다. 즉 농촌사회는 단순히 산업화 및 도시화라는 외적 충격에 의해 일시에 해체된 것이 아니라 이 과정에 의해 농업적 생산체계의 붕괴, 농가소득의 저하, 농민생활의 궁핍, 이로 인한 인구유출과 가족 재생산구조의 약화, 그리고 기존의 사회서비스 수준조차 유지하기 어려운 농촌사회의 퇴락 등으로 이어지면서 농촌사회는 해체되어 왔다(김흥주, 2007). 이러한 상황에서 농촌지역의 복지문제는 특정 인구집단에 한정되기 보다는 거의 모든 농촌 주민들에게 확대되게 되었다(이용교, 2004). 물론 과거 농업적 생산양식 하에서 어느 정도 동질성을 유지해 오던 기존의 농촌사회와는 달리, 오늘날 농촌에는 다양한 계층과 집단들(예로, 생활보호대상자들뿐만 아니라 노인, 여성, 청소년, 장애인 등)이 상존해 있으며, 이들이 안고 있는 복지 결핍도 각기 상이하다.

　이와 같이 각 집단별로 상이하지만 지역사회 전체 차원에서 안고 있는 농촌사회의 복지관련 문제는 도시사회가 봉착해 있는 복지문제와는 구분된다. 즉 그 동안 급속하게 촉진된 산업화와 도시화 과정 속에서 희생된 농촌 사회는 도시 사회와는 다른 양상을 보이고 있으며, 따라서 도시를 기준으로 한 사회복지는 농촌지역에는 잘 맞지 않거나 오히려 문제를 확대시킬 수도 있다. 예로 최근 한국 사회는 전반적으로 급속한 고령화와 저출산으로 인해 심각한 위기상황을 맞고 있으며, 따라서 이에 대한 복지 대책이 필요하다고 강조되고 있다. 농촌사회 역시 도시사회보다도 더 심각한 고령화와 저출산 문제를 안고 있지만, 도시사회와는 그 양상이 다르다고 할 수 있다. 즉,

"도시와 농촌의 상황은 크게 다르다. 도시의 노동자는 노후에 일자리를 잃으면 가난하게 되고, 질병에 시달리며, 할 일이 없어서 공공부조를 받기도 한다. 그러나 농촌의 노인은 소득이 별로 없고 만성 질병이 있어도 논과 밭(재산)이 있기 때문에 기초생활보장 수급자가 되기 어렵다. 농촌 노인은 고혈압이나 당뇨병과 같은 성인병이 아닌 농부병으로 고생하고, 농사철이 되면 할 일이 너무 많아서 고독감을 느낄 겨를도 없다."(한국사회복지교육원, 2004)

　이와 같이 오늘날 농촌사회가 안고 있는 복지관련 문제는 도시사회와 비교하여 특이한 양상들을 드러내고 있다. 즉 오늘날 농촌은 초고령화와 함께 농산물 가격의 불안정, 자녀 교육의

위기, 문화적 박탈, 불편한 대중교통 등을 동시에 경험하고 있다는 점에서 도시와는 다른 복지 문제를 안고 있으며, 따라서 복지정책도 달리 구상되어야 한다. 이러한 점에서 농촌복지는 각 집단들에게 필요한 맞춤형 사회복지서비스들이어야 하며 동시에 소득, 건강, 교육, 교통, 문화 등을 포괄한 지역사회복지로서 총체적 접근을 요청하고 있다.

농촌사회의 복지 문제와 관련된 정책은 그러나 보다 포괄적으로 보면 도시사회를 포함한 우리나라 전체 차원의 복지관련 문제와 정책을 배경으로 하고 있다. 따라서 복지문제와 관련하여 우리 사회가 전체적으로 안고 있는 문제들은 중요하게 살펴볼 필요가 있다.

첫째, 절대적으로 낮은 복지수준 : 우리나라는 지난 반세기 정도 급속한 경제성장을 추진해 왔으며, 그 결과 2005년에는 세계10위에 달할 정도로 상당한 경제적 부를 축적시킬 수 있었다. 그러나 이러한 경제성장에 따른 혜택은 전체 국민들과 국토에 골고루 주어지기 보다는 특정 계층에 편중되는 현상을 보였다. 뿐만 아니라 그 동안 정부는 이러한 혜택으로부터 소외되어 온 집단들에 대한 복지정책에 대해 큰 관심을 가지지 않았고, 서구 선진국들이 이미 1970년대 제도화를 완료했던 재분배 정책을 소홀히 했다. 이로 인해 우리 사회는 사회적 안전망이 제도화되지 않은 상태에서 전반적으로 낮은 복지수준에 머물러 있고, 전통적 의미에서 사회보장을 필요로 하는 인구는 복지의 사각지대에서 계속 잔존해 왔다.

둘째, 복지의 지역 간 불균형 : 우리나라의 경제성장은 기본적으로 농촌/도시 간, 그리고 중앙/지방 간 지역불균형을 전제로 한 것이었다. 도시지역을 중심으로 한정된 재원의 선별적 투자는 농촌지역에 대한 상대적 궁핍을 확대시켰고, 저소득과 고용기회의 부족으로 인한 인구유출을 촉진시켰다. 이에 따라 농촌지역의 경제침체와 더불어 고령화, 여성화가 촉진되어 복지대상인구가 상대적으로 증가함에도 불구하고, 농촌인구의 과소화는 사회서비스들의 추가 투입은 물론 기존 상태의 유지조차 어렵게 했다. 특히 1990년대 이후 수도권 지역으로의 인구 및 산업의 재집중화는 비수도권 지역의 도시경제 침체와 더불어 농촌경제의 악화를 초래하면서, 농촌지역 복지대상 인구들을 완전히 고립시키는 경향을 보이고 있다.

셋째, 사회적 양극화의 심화 : 이러한 복지대상 인구의 잔존과 계층적 및 지역적 편중현상은 1997년 경제위기 이후 경제적 양극화와 더불어 더욱 확대되게 되었다. 경제위기 이후 정부의 적극적인 정책에 따라 국가 경제는 어느 정도 회복되었지만, 대기업/중소기업, 첨단산업/전통산업, 정규직/비정규직 노동 등 산업 및 고용의 양극화가 심화되었다. 이로 인해 실업자의 증가와 더불어 '일을 하면서도 빈곤을 벗어나지 못하는 계층' 즉 근로빈곤층이 증가했다. 또한 부동산 가격 폭등에 따라 자산격차가 확대되면서 사교육비의 증대 등으로 인적 자원의 재생산에 있어 격차로 이어지면서 빈부격차의 세습화 경향을 보이고 있다. 이러한 점은 농촌사회에서 더욱 심각한 양상으로 나타나서, 노인 및 여성 노동의 강도 심화에도 불구하고 빈곤을 벗어나지 못하는 '근로빈곤화'의 전형을 보이고 있으며, 농촌의 청소년들은 공적/사적으로 제공되는 교육 및 문화서비스로부터 배제되어 있다.

넷째, 가속화되는 고령화 : 우리 사회는 전반적인 소득 증대와 의료서비스의 개선 등으로 빠르게 고령화사회로 진입하고 있다. 이러한 고령화 경향은 고용 및 소득의 불안정과 보육·교육비용의 급증에 따른 저출산 경향을 동반하면서 사회적 부양과 복지 전체에 심각한 문제를 야기하고 있다. 노인들은 일반적으로 노동능력이 소진되어 고정된 소득원이 없고 만성질환 유병율이 높으며, 가족이나 사회로부터 소외되어 있기 때문에, 경제적, 신체적 및 정서적 부양과 관련하여 일상생활에 많은 어려움을 가지고 있다. 특히 농촌지역에는 노인독신이나 노인부부만으로 구성된 노인단독 가구가 급증하면서, 노인들의 부양을 책임질 가족이 없거나 같이 살지 않는다는 점에서 사회적 부담이 증가되고 있다[3].

이와 같이 절대적으로 낮은 복지수준과 농촌지역에 특정한 복지 불균형의 심화, 그리고 사회공간적 양극화 및 가속적인 고령화 경향으로 인해, 농촌지역의 복지에 대한 관심은 매우 긴요하다. 특히 지역사회복지를 위해 동원가능한 자원과 재원이 부족한 상황에서 정부의 농촌복지정책은 무엇보다도 중요하다고 할 수 있다. 그러나 이러한 상황에서 지방정부에 의한 복지서비스의 공적 제공 확충을 어렵게 하는 정치·정책적 여건이 거시적으로 조성되고 있다.

우선 지역사회 특히 농촌사회의 발전과 복지 향상을 가로막는 주요한 배경으로 자유시장과 자유무역을 강조하고 이를 실현시키고자 하는 신자유주의적 세계화 과정을 들 수 있다. 이러한 세계화 과정은 우리 사회 전체에 심각한 영향을 미치고 있지만, 특히 농촌지역에 심각한 충격을 주고 있다. 이미 1990년대부터 시작된 우루과이라운드, WTO체제의 출범과 같이 타의에 의한 농산물 시장개방은 취약한 한국 농업의 구조에 중대한 변화를 강제하면서, 농촌, 농업의 존립을 위협해 왔다. 최근 어느 정도 합의된 한미 FTA와 같은 자유무역협정은 농촌사회에 치명적인 결과를 초래할 것으로 우려되고 있다.

또한 이러한 세계화 과정과 더불어 진행되는 지방화 과정의 일환으로 추동되고 있는 지방분권화의 문제를 지적할 수 있다. 1990년대 본격화된 지방자치제의 시행 이후 강조되어 온 분권화 주장은 중앙정부로부터 지방정부로의 권한 이전을 요구하지만, 실효성 있는 결과를 만들

---

[3] 서구 사회에서도 농촌지역의 고령인구 문제는 주요한 사회적 이슈가 되고 있다(이에 대해 Lowe and Speakman, 2006; Giarchi, 2006 등 참조).

표 1. 지역복지에 대한 접근법

접근법	기능		
	제공(provision)	재정(finance)	규제(regulation)
복지국가주의	정부 (행정 급여체계)	정부	정부
복지다원주의	시민사회 (자원봉사)	정부	정부와 시민사회
복지시장주의	시장 (이윤창출과정)	민간 자원	시장

자료 : Taylor, 1992, 151; 진재문, 2004, 142에서 수정 재인용

어내지 못하고 있다. 뿐만 아니라 이러한 주장을 통해 지방정부에 실제 권한이 주어진다고 하더라도, 지방분권화는 동원가능한 자원과 재원의 부족으로 지역사회 특히 농촌사회의 복지행정에 부정적 영향을 미칠 수 있다. 이와 같이 권한이 제대로 이전되지 않고 또한 동원가능한 자원이 부족한 상황에서, 지방정부는 점차 심화되고 있는 지역 간 경쟁체제 속에서 오히려 지역경제 개발에 더 많은 관심을 두게 되었다.

끝으로 이러한 세계화/지방화 속에서 더욱 중요하게 지적되어야 할 점은 복지서비스의 제공이 점차 시장화되고 있다는 점이다. 〈표 1〉에서 제시된 바와 같이, 지역사회복지는 정부, 시민사회 그리고 시장에 의해 제공될 수 있으며, 이들은 각각 복지국가주의, 복지다원주의, 복지시장주의 등으로 뒷받침되고 있다. 특히 민관파트너십, 제 3섹터의 사회복지, 민자유치에 의한 복지시설의 제공 등은 지방정부와 민간부분의 협력을 통한 복지의 확충을 전제로 한다는 점에서 최근 강조되고 있다. 그러나 정부에 의한 복지서비스의 공적 제공 수준이 절대적으로 낮은 상황에서, 시장 메커니즘에 바탕을 두고 민간영역에 의해 지역사회복지가 주도될 경우, 실질적으로 복지대상이 되어야 할 저소득 소외계층의 복지문제는 해결되기 어렵고, 오히려 악화될 수 있다. 특히 지역사회에서 동원가능한 자원이 부족한 농촌지역은 이윤추구를 전제로 한 민간부문의 복지제공에서 근본적으로 배제될 수 있다.

3. 고령군의 지역사회복지 현황

1) 지역사회복지 실태

경상북도 남서쪽에 대구광역시와 인접하여 위치해 있는 고령군은 전형적인 대도시 근교 농

촌지역으로, 1965년 78,288명을 정점으로 계속 감소하여 2005년 35,143명, 2007년 34,777명의 인구를 가지고 있는 작은 군이다. 2007년 기초생활보장 수급자는 2174명으로 군 전체 인구에서 6.3%를 차지하고 있다(표 2). 또한 2007년 경로연금 지급대상자는 1,534명으로 전체 인구의 4.4%, 장애수당 지급대상자는 632명으로 전체 인구의 1.8%로 나타나고 있다. 고령군에서 주요 유형별 사회복지 대상자들은 2006년에 비해 2007년 '모부자가정'을 제외하고 모두 증가했다.

이와 같이 주요 사회복지대상자로 본 고령군의 지역사회복지 실태는 경북도 전체 및 인접한 군과 비교해 보면 더욱 심각한 상황임을 알 수 있다. 예로 2001년 이후 기초생활보장 수급자 증감 추이를 보면, 고령군의 기초생활보장 수급자 수는 2001년 2,048명에서 2007년 2,507명으로 22.4% 증가했다. 그러나 이 기간 경북도 전체 기초생활보장 수급자수는 미미하게 (즉 0.8%) 증가하였고, 인접한 성주군과 청도군은 오히려 감소(각각 7.6%, 9.8%)하였다. 또한 2007년 전체 인구수에 비해 기초생활보장 수급자의 비율은 고령군이 6.96%인데, 이는 경북도 전체(5.93%)나 성주군과 청도군(각각 4.82%, 5.78%)에 비하여 상대적으로 높은 것이다[4].

유형별 복지대상자로 살펴본 고령군의 지역사회복지 실태는 지역 내에서도 불균등하게 나타나고 있다(표 3). 고령군의 전체 인구 34,777명 가운데 군청 소재지인 고령읍에 30.9%, 그리고 대구시와 접하고 있는 다산면에 22.8% 분포해 있으며, 또한 이 읍과 면에서는 65세 이상 노인 인구가 차지하는 비율은 각각 15.1% 및 13.0%로 상대적으로 낮고, 14세 이하의 유년 아동

표 2. 고령군의 주요 사회복지대상자 현황

연도	전체 인구	기초생활 수급자 일반	조건부	경로연금 지급대상	장애수당 지급대상	소년소녀 가정	모부자 가정	보육료 지원대상	차상위 계층
2006	34,271 (14,103)	1,878 (1,126)	140 (55)	1,518 (1,336)	441 (380)	31 (20)	222 (79)	469 (420)	255 (156)
2007	34,777 (14,520)	1,982 (1,211)	192 (68)	1,534 (1,457)	632 (568)	40 (30)	214 (78)	516 (480)	329 (132)

자료 : 2006년 자료, 고령군·대구가톨릭대학교(2006); 2007년 자료, 고령군(2007a)
주 : ( ) 안은 가구수

[4] 2005년 말 기준으로 농촌지역 기초생활보장 수급자는 284,560가구로 전국 수급자의 20%를 차지했다. 이는 광역시(38.0%)나 중소도시(42.0%)보다는 적지만, 농가인구(343만 명) 대비 수급비율은 8.3%로 상대적으로 높은 편이다. 그러나 현실의 농가 빈곤 상황을 감안한다면 보장 수준은 높지 않다. 왜냐하면 농가가 소유하는 소규모 농지를 소유재산으로 평가하고, 여기서 발생하는 소득을 모두 가구소득으로 산정하여 수급자 대상에서 제외하기 때문이다. 또한 이미 독립한 도시자녀까지 법적 부양자로 평가하기 때문에 수급자로 선정되기는 더욱 어렵다(김홍주, 2007).

표 3. 고령군 주요 복지대상자의 읍면별 분포

읍면별	전체인구	노인(65세이상) 인구	유년(14세 이하) 인구[1]	여성인구[2] (남/여 비)	기초생활보장 수급자	장애인인구
합계	34,777	7,210 (20.7)	4,579 (13.1)	17,127 (1.03)	2,174 (6.2)	2,393 (6.9)
고령	10,738	1,632 (15.1)	1,865 (17.3)	5,337 (1.01)	773 (7.1)	583 (5.4)
덕곡	1,595	559 (35.0)	126 (7.8)	827 (0.93)	188 (11.7)	142 (8.9)
운수	2,318	672 (28.9)	186 (8.0)	1,145 (1.03)	157 (6.7)	176 (7.6)
성산	3,176	721 (22.7)	334 (10.5)	1,537 (0.94)	137 (4.3)	325 (10.2)
다산	7,925	1,038 (13.0)	1,270 (16.0)	3,812 (1.08)	370 (4.6)	415 (5.2)
개진	2,426	650 (26.7)	203 (8.3)	1,168 (1.08)	116 (4.7)	167 (6.9)
우곡	2,123	708 (33.3)	156 (7.3)	1,033 (1.06)	118 (5.5)	241 (11.4)
쌍림	4,477	1,230 (27.4)	439 (9.8)	2,268 (0.97)	315 (7.0)	344 (7.7)

자료 : 고령군(2007a)
주 : 1) 자료연도는 2007년 1월 기준이며, 유년인구는 2006년 고령군 통계연보
2) 여성인구 합계는 잘못된 것으로 추정되어, 수정

인구는 각각 17.3%, 16.0%로 높게 나타나고 있다. 반면 덕곡면과 우곡면의 경우 인구수는 전체 군 인구에서 4.6% 및 6.1%로 가장 낮은 구성비를 나타내는 한편, 노인인구 비율은 각각 35.0%, 33.3%로 30%이상의 초고령사회를 나타내고 유년 아동인구는 7.8%, 7.3%로 매우 낮은 구성비를 보이고 있다. 그 외 다른 면들도 약간의 차이는 있지만 노인인구 구성비가 20~30%, 유년 아동인구 구성비가 8~13% 정도를 기록하고 있다. 이와 같이 노인인구 구성비는 매우 높은 반면 유년 아동인구 구성비는 매우 낮은 것은 우리 사회 전반에서 나타나고 있는 저출산 경향 때문만이 아니라 전체 인구구조가 초고령화되면서 가임기 여성이 줄어들었기 때문이라고 할 수 있다.

고령군의 여성(복지)문제로, 우선 성비의 구성을 보면 군 전체에서는 잘 나타나지 않지만, 순수 농업지역인 덕곡, 성산, 쌍림면의 경우는 여성의 비율이 높아지고 있다. 이는 남성의 역외 유출 및 상대적으로 긴 여성 평균수명에 기인한다고 하겠다. 농촌 여성은 80년대 이후 농가경제가 어려워지고 미작중심 농업에서 축산과 채소 중심의 복합영농으로 전환하면서, 대거 생산노동에 참여하게 되었다. 이로 인해 여성들은 과중한 노동 부담과 이로 인한 신체적 고통과 더불어 인구 고령화에 따른 노인부양 부담까지 안게 되었다.

절대적 빈곤선 이하의 기초생활보장 수급자 구성비는 덕곡면에서 높게 나타나고 있으며, 장애인 인구의 구성비는 성산면 및 우곡면에서 높게 나타나고 있다. 기초생활보장 수급자에 관해서는 이미 언급한 바 있지만, 장애인 인구의 구성비가 순수 농업지역에 더 많은 것은 노동집

약적인 농업노동과 더불어 이 지역인구의 고령화로 인해 장애인의 수는 더욱 증가한 것으로 추정된다. 이러한 장애는 지역사회 구성원 전체의 삶의 방식에 영향을 미치며, 나아가 지역사회 결속력과 통합에 상당한 영향을 준다(양점도 등, 2006).

다른 한편, 지역사회복지의 실태를 나타내는 전통적 지표들 가운데 하나인 복지시설들의 현황이다. 정책의 실질적인 효과는 복지서비스를 제공하는 시설 및 프로그램이 지역 주민들에 어떻게 전달 및 활용되는가에 달려있다. 지역주민들 가운데 보호를 요하는 주민들의 경우, 사회적 보호는 시설보호와 재가보호 또는 지역사회 보호로 이루어지며, 시설보호는 이 가운데 가장 전통적 보호형태이다. 고령군에는 2006년 말 노인복지시설 2개소, 장애인복지시설 2개소, 부랑인시설 1개소 등이 입지해 있으며, 그 외 지역사회에 산재해 있는 경로당이 164개소, 보육시설 13개소가 입지해 있다. 이러한 복지시설 수는 상대적으로 적은 수라고 할 수 있으며, 특히 아동복지시설과 여성복지시설이 전혀 없다는 점이 지적될 수 있다.

물론 특정 집단을 대상으로 한 보호시설이 있다고 할지라도, 일반적으로 보호시설에서의 생활은 일반 주민들의 생활과는 격리된 폐쇄적, 집단적 양식을 취하며, 때로 강제력이 수반되기도 한다. 뿐만 아니라 우리나라의 경우 일반적으로 시설 보호는 최소한의 의식주를 제공하는 정도이고, 정부의 낮은 지원과 재정의 취약성, 그리고 사회복지시설의 지역사회 자원 활용의 미흡 등으로 매우 열악한 상황에 있다고 할 수 있다. 이러한 점에서 최근 시설복지에서 재가복지로 점차 전환하는 과정에 있지만, 시설보호를 필요로 하는 주민들에게는 이러한 방식의 복지서비스가 제공되어야 하며, 이를 위해 사회복지시설 운영 수준의 제고와 재정 투입의 확대가 필요하다고 할 수 있다.

2) 지역사회 복지정책

복지정책에 대한 고령군의 관심은 상당히 높다고 할 수 있다. 2007년 군정방향에서 제시된 6대 지침들 가운데 하나로 '사랑과 정이 넘치는 복지사회'가 환경분야의 '맑고 깨끗한 그린 고령 조성'과 함께 묶여 포함되어 있다. 이러한 복지관련 지침은 2007년 수립된 '대가야 르네상스 지역사회복지계획'에서 구체적으로 확인된다. 그 동안 고령군은 '인간 존중과 지속가능한 발전을 추구하는 고령'과 '삶의 질과 지역경쟁력이 높은 고령'을 기본이념으로 '더불어 잘 사는 복지공동체 고령'을 건설하고자 노력해 왔다. 이러한 기존 정책을 반영하고 "주민의 근본적 태도의 변화를 가져올 문화적 차원을 추가하여 '더불어 잘 사는 고령 – 참여와 나눔의 복지

문화 공동체'"(고령군, 2007, 35)로 비전을 제시하고 있다. 이러한 비전은 자립자활, 생산지향, 평등지향, 공유지향의 4대 복지관련 정책목표와 이들 각각에 대한 구체적인 추진과제들, 그리고 이와 연계된 기초생활보장, 가족양성평등, 아동청소년, 노인, 장애인 관련 추진과제들이 제시되고 있다.

'대가야 르네상스 지역사회복지계획'은 나름대로 체계화된 틀 속에서 지역사회복지를 개선하기 위한 구체적 정책과제들을 제시하였다고 할 수 있다. 그러나 이와 관련하여 다음과 같은 몇 가지 점들이 지적될 수 있다. 첫째, 이 계획의 수립배경으로 저출산·초고령화, 사회양극화, 자립생활 패러다임의 참여 지향적 복지, 복지서비스의 시장화와 군민 중심의 복지, 그리고 지방분권의 강화와 연계 복지시스템 구축 등을 제시하고 있지만, 이들 가운데 '자립생활 패러다임의 참여지향적 복지'는 실제 계획에 많이 반영되었다고 할지라도, 저출산·초고령화, 사회양극화, 복지서비스의 시장화 등 최근 급변하는 사회적 배경에 대해서는 거의 고려하지 않았다. 둘째, 비전 설정의 배경으로 '사회복지 실천은 문화 활동이 되어야' 하며 특히 "복지계획의 기술적, 제도적 차원의 혁신도 필요하지만, 이에 더하여 이념적-정신적 차원의 개혁이 선행되어야 그 효과가 있을 것"이라고 강조하지만 실제 계획은 복지 '문화'의 구체적 내용을 담지 못하고 있다. 셋째, 이 계획의 정책목표로 제시된 자립자활, 생산지향, 평등지향, 공유지향 등은 이념적, 정신적 지향으로는 매우 유의한 이상적 목표라고 할 수 있지만, 다른 한편으로 지역사회가 당면한 문제를 구체적/종합적으로 분석하지 못하고 이로 인해 실제 지역사회-특정적 복지정책 과제들의 제시가 미흡하다.

지역사회복지 관련 정책이나 이를 위한 계획은 물론 그 자체의 체계성이나 현실 유관성 등을 담고 있어야 하며, 또한 이를 수행할 수 있는 조직과 인력, 그리고 예산이 뒷받침되어야 한다. 우선 고령군의 복지관련 조직은 2006년 군청 내에 1과 5담당체계, 담당 인력 19명(보건소

표 4. 경북 남·서부지역 시군별 사회복지전담공무원 인력 현황(2006)

구분	경북계	경산시	영천시	청도군	구미시	김천시	고령군	군위군	성주군	칠곡군
공무원 계(A)	906	60	42	26	58	45	20	19	24	33
본청	282	20	13	7	19	9	8	5	10	12
읍면동	624	40	29	19	39	36	12	14	14	21
인구(천명)(B)	2,718.3	240.0	106.8	46.6	391.4	140.9	35.9	27.0	47.2	114.6
공무원 1인당 인구수(B/A)	3,000	3,999	2,543	1,791	6,748	3,132	1,796	1,421	1,968	3,473

자료 : 공무원 자료, 경상북도, 2007; 인구자료, 경상북도, 주민등록인구현황(홈페이지)

제외), 그리고 읍면복지상담 창구에 12명이 배치되어 있었다. 2006년 당시 복지담당 전문인력만으로 보면 고령군 본청 8명, 읍면동 12명으로 모두 20명이 군내 주민 3만 6천여 명의 복지를 담당(1인당 1,796명)하고 있었다(표 4)[5]. 이러한 전문인력의 수는 경북도 내에서 군위군과 울릉군을 제외하고는 제일 적은 편이지만, 이들이 담당하는 1인당 주민의 수는 그렇게 많은 편은 아니다.

고령군은 그 이후 이러한 복지관련 조직을 대폭 확충하여, 현재 2008년 2과 8담당 체계로 전환하고 담당인력도 늘이게 되었다. 조직체계의 변화에서, 양적 확대뿐만 아니라 질적 측면, 특히 복지조사담당이 별도로 설정되고, 생활보장담당, 노인복지담당 등이 분화되었다는 점에서 의의가 있다고 할 수 있다. 그러나 이러한 2과 체제는 과 간에 긴밀한 협조체제를 필요로 하며(예로, 주민생활지원과 소속 복지조사담당의 역할은 사회복지과 소속의 여성복지 및 노인복지 담당에게 필요한 조사도 포괄한다고 할 수 있다), 또한 읍면복지 상담창구의 인력 배치가 변화하지 않은 상황에서 군청의 업무는 지역사회 주민들과의 대면적 관계를 강화시켜 나가야 할 것이다.

고령군의 사회복지 예산은 2007년 188억 원이었고, 2008년에는 213억 원으로 일반회계 세출예산 전체에서 12.9%를 차지하고 있으며, 그 외 특별회계에서 의료보호기금 5.1억 원, 영세

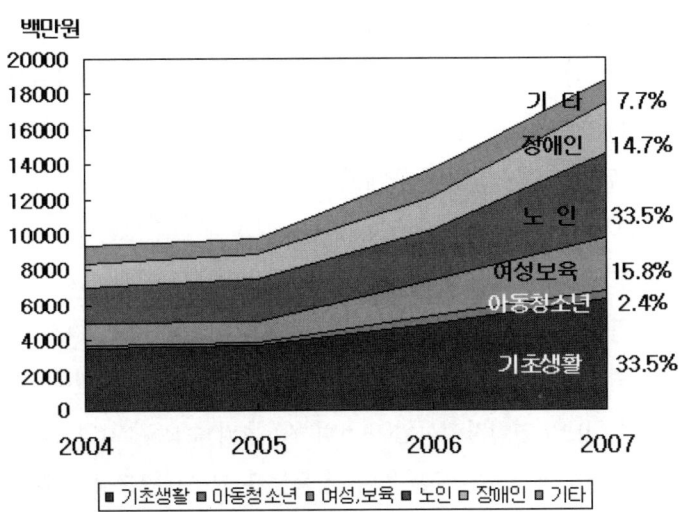

그림 3. 사회복지 부문별 예산 추이

---

[5] 2007년 1월 고령군 복지대상자수는 5,452명으로, 사회복지전담공무원 1인당 대상자수는 272.6명임(고령군, 2007, 139 참조)

민생활안정 0.7억 원 등이 복지관련 예산으로 책정되어 있다. 이러한 사회복지예산은 고령군의 예산에서 농림해양수산부문 예산 다음으로 많은 것이며, 2007년 복지예산은 2004년 복지예산에 비해 2배 이상 증액된 것이다(그림 3). 이렇게 일반회계에 반영되어 있는 사회복지 예산은 기초생활수급자, 아동청소년, 여성보육, 노인, 장애인 등을 위한 복지예산으로 세분된다. 사회복지예산에서 가장 큰 비중을 차지하는 부문은 기초생활보장 부문으로 2007년의 경우 전체의 33.5%를 차지했으며, 다음으로 노인복지, 여성보육복지, 장애인복지 순으로 각각 25.9%, 15.8 %, 14.7%이며, 아동청소년부문은 가장 적은 2.4%를 차지하였다.

3) 세부 복지과제 및 프로그램과 주민 참여

앞서 언급한 복지관련 정책목표별 및 분야별 추진과제들은 지역사회복지의 개념을 상당히 유의하게 반영한 것들이라고 할 수 있지만, 실제 과제의 추진은 담당부서의 조직 및 인력 그리고 예산편성에서의 구체적 내용들과 조응하여야 한다. 이러한 점에서 지역사회복지관련 계획에서 제시된 세부추진과제를 군청의 복지관련 담당부서들이 제시한 주요 정책 과제들과 대조해 볼 수 있다(표 5).

우선 지적될 수 있는 점은 계획에서 강조하고 있는 문화(여가문화 개선, 대가야문화유산계승 등)와 교육(양성평등 교육, 인권의식 및 복지의식 교육 등) 관련 정책들이 담당부서별 주요 정책과제에서는 거의 빠져 있다는 점이다. 이는 〈계획〉에 수립된 내용들이 실제 담당부서에서는 제대로 인식되고 있지 않음을 의미한다. 또한 청소년들의 복지를 지원하기 위한 세부정책 과제들이 극히 미흡하다. 반면, 위생담당과 새마을담당 등에서 제시된 정책과제들과는 지역사회복지와 직접적 관계를 가진다고 보기 어렵다.

다른 한편, 주요 세부 복지정책 과제들의 수행을 복지 분야별로 편성된 예산 편성과 관련시켜 고찰하기 위해, 〈표 6〉에서 제시된 내용을 살펴볼 수 있다. 세부 복지정책들 가운데 가장 많은 예산이 지출되는 부분이 기초생활보장을 위한 생계비 지원으로 44.9억 원이 소요된다. 그 다음 장애인복지시설 운영비(14.6억 원), 노인일자리사업(14.5억 원) 등의 순으로 10억 원 이상 투입되고 있다. 1억 원 이상의 예산이 할당되는 주요 세부 항목들은 기초생활보장을 위한 생계비, 주거급여, 교육급여, 저소득층 보육료 지원, 노인교통비, 경로연금, 장애수당, 무상보육료 지원 등 개인이나 가정에 직접 지원되는 항목들, 그리고 어린이집이나 경로당 등 복지관련 시설의 건설 및 운영과 관련된 항목들, 그리고 간병도우미, 노인도우미 등 복지서비스 도우

표 5. 복지관련 담당부서의 주요 정책 과제

과	담당	주요 과제	과	담당	주요 과제
사회복지과	사회복지담당	- 장애인 복지 일자리 사업 추진 - 장애인 활동보조지원 사업 - 우리고장 국가유공자 보살피기 - 충혼탑 정비사업	주민생활지원과	주민생활지원담당	- 주민서비스포탈 운영 - 주민생활지원서비스 종합안내서 발간 - 지역복지서비스 혁신사업 추진 - 지자체 복지종합평가 특별지원금 지원사업 - 의료급여 업무 추진 - 부랑인 시설 지원 - 이웃돕기 성금 모금 - 사랑의 한가족 결연사업 추진
	노인복지담당	- 노후소득 보장 지원 - 재가노인 여가활동 지원 - 노인일자리 사업 - 시범 납골묘 설치 사업		복지조사담당	- 복지통합조사 업무 추진 - 긴급지원제도 운영 - 사회복지공동모금회 배분 사업 추진
	여성가족담당	- 보육사업 - 보육시설 기능보강 사업 - 아동 복지 - 희망과 꿈을 찾는 여성 교육 - 여성단체 특화사업 - 여성 권익 증진사업 - 저소득 모,부자 가정지원 사업		생활보장담당	- 국민기초수급자 체계적 관리 및 지원 - 자활근로사업 추진 - 지역자활센터 운영 - 실업 종합대책 추진
	위생담당	- 식중독 없는 고령군 만들기 - 건전한 영업 분위기 조성 - 식품안전성 관리		새마을담당	- 마을회관 건립 추진 - 주민편의 시설(버스승강장) 확충 - 국민운동단체 지원 - 종합자원봉사센터 운영

자료 : 고령군, 홈페이지

표 6. 주요 세부 복지정책 과제와 예산

(단위 : 억 원)

예산명	예산	예산명	예산	예산명	예산
기초생활보장 계	63.0	여성가족 복지 계	28.3	경로당운영지원(170개소)	2.2
생계비지원(2,453명)	44.9	만5세아 무상보육료지원(119명)	2.2	경로당특별연료비(170개소)	1.2
주거급여지원(2,145명)	3.5	저소득층보육료지원(511명)	9.1	경로당 신축(2개소)	1.2
교육급여지원(234명)	1.5	민간영아반기본보조금(76명)	1.2	노인일자리사업	14.5
자활근로사업	1.7	보육시설종사자인건(46명)	5.7	노인무료및실비시설운(2개소)	7.0
집수리사업(77가구)	1.2	성산어린이집신축부지매입	6.6	장애인 복지 계	27.6
자활근로사업(100명)	5.0	및 보육시설 확충(1개소)		장애수당(575명)	5.3
자활후견기관운영(1개소)	1.4	노인복지 계	48.6	직업재활시설운영(1개소)	1.2
가사간병방문도우미사(22명)	1.2	노인교통비(7,500명)	9.7	생활시설기능보강(1개소)	1.2
아동청소년 복지 계	4.6	경로연금(1,529명)	7.4	생활시설 운영(2개소)	14.6
아동급식사업(570명)	3.2	(독거)노인 도우미(17명 등)	1.5	고령군 복지정책 총계	187.8

자료 : 고령군(2007a)

주 : 2007년 복지 부문별 예산에서 1억 원 이상 할당된 항목들

미 지원 항목들이 포함되어 있다. 그러나 예산편성에서 고려된 이러한 복지정책 과제들은 담당 부서별 복지정책 과제들과는 조응하지 않는 것처럼 보인다.

이러한 세부 정책과제들을 적극적으로 수행하여 해당 주민들에게 전달되거나 또는 참여 및 이용하도록 하기 위해서는 보다 구체적인 프로그램들이 필요하다. 매우 다양한 세부 과제들의 실행 프로그램들을 모두 고찰하기는 어렵지만, 대표적 사례로 고령군 종합자원봉사센터를 검토해 볼 수 있다. '고령군 종합자원봉사 센터 운영 조례'에 따라 운영되고 있는 이 센터는 기본적으로 "군민들이 자율성과 자발성을 바탕으로 한 자원봉사활동을 통하여 지역사회 문제를 해결하고 더불어 사는 공동체를 건설하며 나아가 지방자치의 정착, 발전에 기여함을 목적"으로 하고 있다(조례 제1조). 그러나 이 단체의 실제 활동 내용은 행사진행 도우미나 미용, 김장, 재해복구 등 지역사회복지 개선과는 직접 관련이 없는 활동들(단, 무료급식 활동은 제외)이 주로 이루어지고 있다.

이와 같이 조례로 운영되고 있는 고령군 종합자원봉사센터가 실제 복지사업과는 직접 관계가 없는 활동을 주로 하고 있는 것은 그 자체로서도 문제이지만, 또한 그 이유가 군청의 지나친 개입에 기인한 것은 아닌가라는 의문이 제기된다. 일반적으로 농촌지역에서 복지관련 봉사활동이 제대로 이루어지기 어려운 것은 농촌 지역사회에서 전반적으로 복지에 관한 관심이 부족하다는 점과 더불어 군내에 자원봉사 활동을 할 수 있는 전문성과 시간적 여유를 가진 단체나 개인들이 많지 않기 때문이다. 그러나 고령군에는 27개의 사회단체들이 등록되어 있고, 이 가운데 자원봉사로 복지활동을 하고 있는 여성단체가 13개나 있다. 이 단체들의 실제 활동을 확인해 보아야 하겠지만, 분명한 사실은 고령군 종합자원봉사센터에 대한 지원보다는 개별 여성단체들의 실질적인 활동을 지원하여 활성화하는 것이 지역사회복지의 개선에 보다 기여할 수 있다는 점이다.

조례로 규정되어 있는 또 다른 복지관련 단체로, 고령군립 농촌보육정보센터가 있다. 이 센터는 영유아보육 업무와 여성 농업인의 정보화교육 및 고충상담, 그리고 청소년의 방과 후 학습지도 등을 담당하기 위해 설립되었다. 이 센터는 교육환경이 열악한 군내 학생 및 주민들을 대상으로 다양한 교육프로그램을 운영하면서 좋은 성과를 거두었다는 평을 얻고 있다. 다른 한편, 사회복지사업법에 따라 기초지자체 단위로 구성된 고령군 지역사회복지협의체가 있다. 2005년 7월 조례가 제정된 후 2006년 3월 위원들이 구성된 이 단체는 지역사회복지계획의 수립·시행·평가, 사회복지서비스 및 보건의료서비스의 연계·협력, 지역주민 복지욕구조사, 기타 지역사회복지사업 전반에 대한 협의 및 건의 등을 담당하고 있다.

4. 고령군 지역주민들의 복지 만족도와 정책 인지

1) 고령군 지역주민들의 복지 만족도

고령군의 지역사회복지 현황과 관련 정책들의 입안, 시행 및 효과는 기본적으로 지역주민들이 지역사회복지에 대해 어느 정도 만족하고 있는가, 그리고 지역사회복지 정책에 대해 어떻게 생각하고 있는가에 따라 평가되어야 할 것이다. 이러한 점에서 고령군 지역주민 200여명을 대상으로 2008년 2월 26일 설문조사를 실시하고, 유의한 응답자 177명을 대상으로 한 설문 분석 결과를 제시하면 다음과 같다.

우선 일반 사항으로, 일상생활에 대한 만족도에서 응답자들의 41.2%가 아주 좋음 또는 좋은 편이라고 응답했으며, 별로 또는 전혀 좋지 않다고 응답한 비율 16.4%였다. 이러한 만족도는 연령층이 높을수록 높게 나타났고, 또한 농업 종사 및 공무원 응답자들이 자영업이나 회사원 및 기타 응답자들 보다 높은 만족도를 보였다[6](표 7). 그리고 현재의 일상생활이 과거 10년 전에 비해 좋아졌다고 느끼는 응답자들은 50% 정도였지만, 별로 또는 전혀 좋아지지 않다고 느

표 7. 고령군에서의 일상생활에 대한 만족도

설문사항			합계	아주 좋음	좋은 편임	그저 그러함	별로 좋지 않음	전혀 좋지 않음
이 곳(고령군)에서의 일상생활			177(100)	3(1.7)	70(39.5)	75(42.4)	26(14.7)	3(1.7)
응답자 특성별	연령*	10대-30대	57(100)	0	11(19.3)	30(52.6)	16(28.1)	0
		40대 및 50대	71(100)	1(1.4)	29(40.8)	32(45.1)	8(11.3)	1(1.4)
		60대 이상	48(100)	2(4.2)	29(60.4)	13(27.0)	2(4.2)	2(4.2)
	직업	농업	50(100)	1(2.0)	27(54.0)	18(36.0)	2(4.0)	2(4.0)
		자영업	36(100)	1(2.8)	12(33.3)	19(52.8)	3(8.3)	1(2.8)
		공무원	40(100)	0	19(47.5)	16(40.0)	5(12.5)	0
		회사원 및 기타	51(100)	1(2.0)	12(23.5)	22(43.1)	16(31.4)	0
과거 10년 전에 비해 현재 생활			176(100)	17(9.7)	72(40.9)	53(30.0)	28(15.9)	8(3.5)
5년 후 이 곳(고령군)에서 생활			175(100)	15(8.7)	91(51.7)	44(25.1)	19(10.9)	6(3.5)

주 : 연령별 응답자에서 무응답 1명

---

[6] 1990년대 초반 지역주민들에 대한 설문조사에 의하면, 지역주민의 정주의사와 지역만족도가 낮았고(각각, 43.3%와 12.2%), 거주지역에서 자녀교육이 어렵고 지역발전 전망이 어둡기 때문에 대도시로의 이주를 희망하는 주민이 83.7%에 달하는 것으로 조사되었다(최외출·송두범, 1993).

끼는 응답자들도 19.4%였다. 또한 앞으로 5년 후 일상생활이 좋아질 것이라고 생각하는 응답자들은 60.4%였고 별로 또는 전혀 좋지 않을 것이라는 응답자는 14.4%로 나타나 과거의 변화에 비해 미래의 변화에 대해 더 긍정적인 입장에 있음을 알 수 있다.

복지와 관련된 구체적 사항들에 대한 주민들의 만족도를 살펴보면, 가정분야에서 '가족들 간에 화목하고 행복하다'에 대해 5점 척도점수가 가장 높았고, 다음으로 이웃분야, 개인분야의 순으로 나타났다(표 8). 가장 낮은 분야는 교육 분야였고, 다음으로 문화, 보육, 의료분야 순이었다. 이러한 응답 내용에서 유추하면, 고령군 주민들은 가정이나 이웃에서의 사회적 관계는 상대적으로 만족도가 높은 반면, 교육, 보육, 문화, 의료 분야 등 사회적으로 주어져야 할

표 8. 복지의 구체적 사항들에 대한 주민들의 만족도

분야	설문사항	합계	아주 그렇다	그런 편이다	그저 그렇다	별로 그렇지 않다	전혀 그렇지 않다	척도 점수
소득	필요한 소비를 할 정도로 수입이 있다	177	6	57	63	39	12	3.03
가정	가족들 간에 화목하고 행복하다	177	46	100	23	6	2	4.03
보육	어린이(취학전) 키우기에 큰 문제가 없다	175	9	40	34	54	38	2.59
교육	자녀(손자) 교육시키기에 큰 문제가 없다	174	8	24	39	62	41	2.40
문화	여가생활을 즐기기에 별 불편이 없다	177	6	29	52	57	33	2.53
의료	건강 진단과 치료받기에 어려움이 없다	176	8	40	40	53	35	2.62
교통	지역 내외로 이동하기가 어렵지 않다	175	12	77	42	27	17	3.23
주거	주거환경과 집안생활에 큰 불편이 없다	175	15	64	62	26	8	3.29
이웃	이웃사람들과 문제없이 잘 지낸다	177	31	99	34	9	4	3.81
개인	혼자라는 생각(소외감)을 느끼지 않는다	177	22	90	39	16	10	3.55

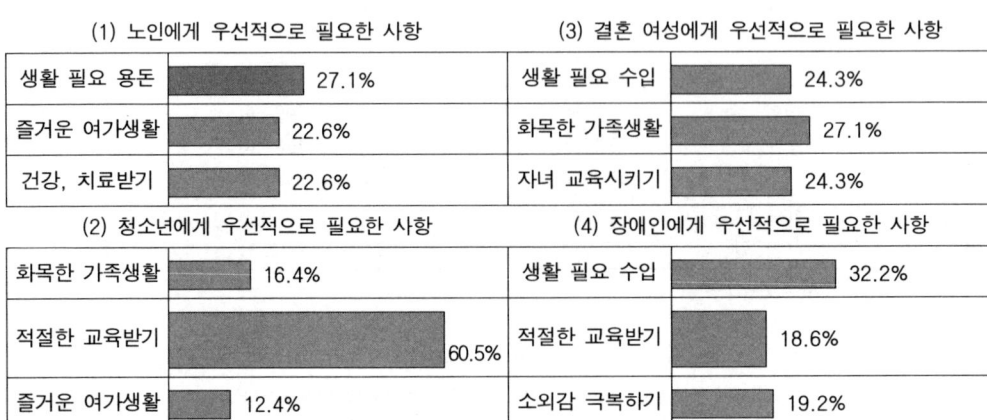

그림 4. 특정 집단에게 필요한 복지의 주요 항목(상위 3개)

사회적 복지서비스들에 대해서는 만족도가 낮음을 알 수 있다.

복지와 관련된 이러한 분야별 만족도(또는 역으로 필요의 정도)는 복지를 요하는 대상자들에 따라 다를 것이라고 추정된다. 이에 따라 복지관련 대상 집단별로 각 분야의 필요 정도를 설문한 내용을 살펴보면(그림 4), 노인의 경우 우선적으로 필요한 사항은 생활필요 용돈(27.1%), 즐거운 여가생활 및 건강, 치료받기(22.6%)의 순이었고, 결혼여성에게 우선 필요한 사항으로는 화목한 가족생활(27.1%), 생활필요 수입 및 자녀교육(24.3%)의 순이었다. 청소년의 경우는 '적절한 교육받기'의 필요가 월등히 높은 60.5%를 나타내었고, 장애인의 경우는 '생활 필요 수입'이 32.2%로 높게 나타나고 있다. 요컨대 보면, 복지를 요하는 집단별로 구체적 사항들에 대한 필요가 다르게 나타남을 이해할 수 있다.

2) 고령군 지역주민들의 복지정책 인지

고령군의 군정 전반에서 12분야에 대한 군민들의 평가에 의하면, 문화(관광)체육분야가 가장 잘하고 있는 것으로 나타났으며, 주민생활지원분야는 3위, 사회복지분야는 6위이며, 4가장 낮은 분야는 경제통상분야이고 다음으로 농정,산림분야로 나타나고 있다(표 9).

고령군이 시행하고 있는 복지정책에 대한 지역주민들의 인지에 관한 설문을 분석해 보면, 우선 군청이 생활에 많은 도움을 주는가에 대하여 응답자의 약 절반(49.7%)이 아주 또는 다소 그렇다고 긍정적 반응을 보였으며, 22.6%는 별로 또는 전혀 그렇지 않다고 답하였다. 긍정적 응답률은 연령층이 높을수록 높지만, 또한 별로 또는 전혀 그렇지 않다는 부정적 응답율도 상대적으로 높게 나타난다. 직업군별로 보면, 긍정적 응답률은 공무원 응답자들에서 가장 높고, 다음으로 농업 종사자들이다. 군의 복지정책에 대한 인지도는 아주 또는 다소 잘 알고 있다는 응답자의 비율이 42.4%를 차지했고, 별로 또는 전혀 잘 알지 못한다는 비율도 32.8%에 달하

표 9. 정책 추진 12개 분야에 대한 평가

구분	기획감사	총무	민원	주민생활지원	문화(관광)체육	사회복지	환경(위생)보호	경제통상	농정,산림	건설재난	도시계획/개발	보건
잘함	78.0 (5)	84.5 (2)	70.7 (7)	83.3 (3)	86.1 (1)	71.5 (6)	63.9 (9)	40.9 (12)	59.7 (11)	63.4 (10)	66.4 8	82.9 (4)
못함	15.6	11.9	22.2	14.4	12.0	23.1	30.3	51.2	29.3	30.5	27.7	15.3

자료 : 고령군, 2007b

여, 복지정책에 대한 구체적 홍보가 필요하다고 하겠다. 다른 한편 이러한 복지정책은 과거 10년 전에 비해 좋아진 것이라고 응답한 비율이 52.6%로 나타나고 있다.

군청의 복지정책 수행과 관련하여 세부 항목별로 5점 척도점수를 살펴보면, 평균점 또는 그 이하였다. 복지정책에 대하여 전반적으로 낮게 평가한 가운데, 인력분야 및 주민적합도 분야는 상대적으로 높았고, 주민참여분야는 가장 낮은 것으로 나타나고 있다(표 10). 그러나 지역사회복지와 관련된 이러한 세부항목별 주민들의 평가는 6개 항목들에 대한 우선 개선사항들에 대한 인지와는 다소 다르다. 〈그림 5〉에서 제시된 바와 같이, 응답자들은 이러한 6개 복지정책 수행관련 세부항목들 가운데 주민적합도에 대한 개선의 필요성을 가장 많이 지적하고 있다. 반면 주민참여분야는 5점 척도 인지도에서 가장 낮은 점수를 받았지만, 우선 개선사항에서는 필요성이 낮은 것으로 나타났다.

이러한 점에서 복지정책의 수립 및 시행과정에의 주민 참여에 대해 별도로 설문한 결과, '정

표 10. 복지정책의 세부 항목별 주민 의식

분야	설문사항	합계	아주 그렇다	그런 편이다	그저 그렇다	별로 그렇지 않다	전혀 그렇지 않다	척도 점수
소득	필요한 소비를 할 정도로 수입이 있다	177	6	57	63	39	12	3.03
예산	정책 수행을 예산은 충분하다	177	3	33	76	50	15	2.77
인력	담당 인력은 전문성을 갖추고 친절하다	177	7	59	68	32	11	3.11
시설	시설들은 충분하고, 많이 이용한다	177	6	48	60	46	17	2.89
주민적합	필요한 주민에게 적합하도록 다양하다	177	5	57	69	33	13	3.05
주민인지	주민들은 직·간접으로 잘 인지하고 있다	177	7	55	58	38	19	2.96
주민참여	정책 결정과정에 주민들이 참여한다	176	3	27	69	48	29	2.59

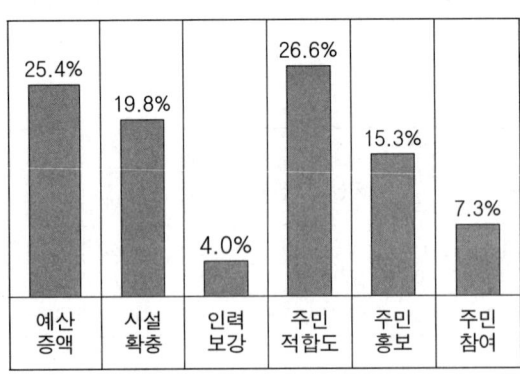

그림 5. 복지정책에서 우선 개선할 사항

책의 수립, 시행과정에서 주민참여의 필요성'을 인지하고 있는 응답자들이 75.7%에 달할 정도로 많지만, 자발적으로 이 과정에 참여할 의사가 있는 사람의 비율은 다소 떨어진다. 이러한 설문조사의 결과로 보면, 고령군 지역주민들은 복지정책의 수립 및 시행과정에 필요성을 인지하고 자발적으로 참여할 의사는 있지만, 복지정책의 수립 및 시행과정에서 다른 분야들, 특히 주민들에게 보다 적합한 복지정책, 그리고 복지정책을 위한 예산 증액 및 시설 확충이 더욱 시급한 문제로 인지하고 있음을 알 수 있다.

5. 고령군 지역사회 복지정책의 전망과 대책

1) 고령군 지역사회 복지정책의 문제와 전망

그 동안 고령군은 지역사회복지에 지대한 관심을 가지고 이를 개선하기 위하여 많은 노력을 강구해 왔으며, 이에 따라 지역사회복지 전달을 위한 조직체계가 확충되고, 지역사회복지의 전반적 수준도 상당히 개선된 것으로 평가된다. 그러나 앞서 논의한 내용을 요약해 보면, 고령군 지역사회 복지정책과 관련하여 다음과 같은 문제점들이 지적될 수 있다.

첫째, 고령군의 복지정책은 최근 크게 확충되었지만, 복지수준은 여전히 낮은 편이다. 즉 고령군의 복지정책 담당 조직은 2006년 1과 5담당 체계에서 최근 2과 8담당 체계로 확충되었으며, 사회복지 부문별 예산은 2005년 97.3억 원에서 2007년 187.8억 원으로 2배 가까이 증액되었다. 그러나 기초생활보장 수급자수는 2005년 2,338명에서 2007년 2,507명으로 늘어났고, 보육, 교육, 문화, 의료 등 사회적으로 제공되어야 할 복지서비스에 대한 만족도는 상당히 낮은 편으로 조사되었다.

둘째, 지역사회복지계획은 과거에 비해 체계화되었음에도 불구하고, 급격하게 변화하고 있는 현실 여건을 제대로 반영하지 못하고 있다. 기초 지자체 단위의 지역사회복지계획이 정책적으로 요구됨에 따라, 고령군도 '대가야 르네상스 지역사회복지시행계획'을 수립하여, 복지정책에 대한 관심을 고양시키고 다양한 복지정책을 시행하고 있다. 그러나 지역사회복지를 위한 계획은 급변하는 현실 여건, 즉 저출산과 초고령화와 사회 양극화 현상을 제대로 반영하지 못하고 있다. 또한 복지전달체계와 관련하여 자립형 참여지향적 복지, 복지서비스의 시장화, 지방분권과의 연계에 대해 피상적으로 언급만하고 있을 뿐 실제 내용은 거의 갖추어져 있지 않다고 할 수 있다.

　셋째 지역사회복지사업은 지역사회의 인적, 물적 자원들을 동원할 수 있는 방안을 제대로 모색하지 못하고 있다. 지역사회복지사업은 지역사회에서 동원가능한 자원들을 파악하고 이를 네트워크화하여 활성화시킬 수 있는 조직과 제도, 즉 지역사회복지 거버넌스를 구축해 나가야 한다. 예로, '고령군 종합자원봉사센터' 나 '고령군 사회복지협의체' 등을 위한 조례가 제정되고, 이에 따라 조직이 구성되어 어느 정도 활동을 하고 있다. 그러나 이들의 실제 활동은 지역사회복지의 개선과는 직접 관계가 없는 활동을 하거나 또는 정책적 요구에 의해 명목상 구성되어 실질적인 효과를 제대로 발휘하지 못하고 있는 것으로 평가된다.

　넷째, 지역사회 복지정책은 고령군의 전반적 여건을 고려하지 못할 뿐만 아니라 지역주민들에게 적실한 복지서비스를 제공하지 못하고 있다. 지역사회복지는 한편으로 농민-농업-농촌의 연계성을 고려하여 지역사회 발전과 전반적으로 관련되어야 하며, 다른 한편으로 지역주민(개인 및 가정)에 적실한 서비스를 제공할 수 있어야 한다. 그러나 농민으로서 지역주민들의 복지는 농업의 위축과 농촌의 쇠퇴로 인해 개선되기 어려운 상황에 놓여 있다. 따라서 농업의 위축과 농촌의 쇠퇴에 따른 농민들의 복지 퇴락을 직시하고, 산업적, 지역적 불균등발전을 개선하기 위한 정책들을 적극적으로 추진할 필요가 있다.

　고령군은 지역사회복지 정책이 안고 있는 이러한 문제점들을 해결하기 위하여, 앞으로 관련 정책들에 대해 보다 적극적인 관심과 적실한 정책 개발이 필요하다고 하겠다. 뿐만 아니라 지역주민들과 관련 단체들은 참여와 네트워크 구축을 통하여 지역 내 자원동원 역량을 극대화하여 지역사회복지를 향상시킬 수 있도록 해야 할 것이다. 그러나 지역사회복지 정책은 보다 거시적인 국가적 차원 및 세계적 차원의 경제적, 정치적 변화에 지대한 영향을 받는다는 점에서, 이들에 대한 검토가 요구된다.

　우선 국가적 차원에서 보면, 앞으로 지역사회복지에 대한 관심은 현저히 줄어들고 복지전달체계도 시장의존적이게 될 것으로 추정된다. 그 동안 우리나라의 복지수준은 선진국들에 비해 전반적으로 낮았을 뿐만 아니라 경제발전이나 소득수준으로 보아 복지정책을 대폭 확충해야 할 시점(대체로 1인당 소득 1만 달러 수준)에서 경제위기를 겪게 됨에 따라 복지정책이 아니라 경제회복에 대한 관심이 폭증되었다. 물론 1997년 경제위기 이후, 정부는 복지정책에 관심을 가지고 기초생활보장제도의 확충과 사회안전망의 구축 등을 위해 노력했다. 이에 따라 복지관련 예산이 늘어나고 다양한 복지관련정책들이 제도화된 것은 사실이지만, '생산적 복지'의 강조에서 알 수 있는 바와 같이 복지정책은 일상생활에서의 복지 그 자체라기보다 생산영역과의 연계를 전제로 한 것이라는 점에서 한계를 가지고 있었다.

지난 몇 년 사이 지역사회복지 개념에 근거한 지역단위 사회복지체제가 강화된 것도 이러한 상황을 배경으로 하고 있었다. 특히 2003년 7월 개정된 사회복지사업법은 "지역사회중심의 사회복지사업을 효율적으로 추진하기 위한 기반을 조성"하기 위한 것이었고, 이에 따라 지역사회복지계획 수립, 지역사회복지협의체 구성, 그리고 재가복지서비스 전달체계 구축, 지역사회복지사무소 시범 운영, 복지실천에 있어서 지역사회 관련 기관들 간 연계와 파트너십 형성, 가치지향으로서 주민 참여 등이 강조되었다(김흥주, 2005; 강창현, 2005; 김영종, 2006; 이인희, 2006 등 참조). 특히 이러한 지역사회복지를 농촌지역에도 적극 확충하기 위하여, '농산어촌 복지'에 특화된 복지모형을 개발하고자 했다(한국농촌경제연구원, 2004). 이와 같이 지난 정부들에 의해 추진되었던 지역사회복지의 제도화와 농촌지역에 특화된 지역사회복지모형의 개발 등은 농촌지역의 복지 개선을 위한 기본 토대를 마련했다고 할 수 있지만, 개별 농민이나 유형별 복지 접근을 크게 벗어나지 못함으로써 지역사회복지의 실질적 향상을 위해서는 지속적이고 보다 강화된 보완이 필요했다(김흥주, 2007).

현재 우리나라에서 법적으로 규정된 사회복지서비스 프로그램은 약 50개정도이며, 이에 대한 관리는 중앙부서의 경우 보건복지부와 농림부로 이원화되어 있다. 즉 농민과 관련된 사회복지제도 일반, 즉 사회보험, 공공부조(국민기초생활보장제도, 의료급여제도 등) 및 사회복지서비스 등은 보건복지부에서 관장하고 있다. 이 제도들은 전체 국민들을 대상으로 하기 때문에 농촌복지를 구체적으로 반영하기 어렵다. 한편 순수 농민을 위한 농촌복지제도로는 2004년 상반기에 제정된 '농어촌 주민의 보건복지 증진을 위한 특별법'과 '농림어업인 삶의 질 향상 및 농산어촌지역 개발촉진에 관한 특별법'이 실시되고 있다. 농림부가 관장하고 있는 이 두 법에 따른 복지서비스는 '농산물의 완전 수입개방'과 '한국-칠레간 자유무역협정' 체결에 따른 농촌경제의 쇠퇴 과정에서 궁여지책으로 나온 것이라고 할 수 있다. 이와 같이 이원화된 농촌 사회복지서비스는 공적 사회복지서비스의 담당 부서들이 각각 분리·설치되어 있기 때문에 통합성이 낮고, 이로 인한 서비스의 단편성은 농민들의 복지문제를 통합적으로 해결하지 못하므로 서비스의 효과성과 효율성을 약화시키고 있다(채수훈, 2004). 따라서 농민들의 삶의 질 향상과 농촌사회의 복지를 개선하기 위하여 이원적 전달체계를 통합된 지역사회복지체계로 전환시키고, 더욱 강화시켜 나갈 필요가 있다.

그러나 2008년 현 정부체제 하에서 지역사회복지는 더 이상 강화되기 어려운 상황에 처하게 되었다. 현정부는 경제발전에 거의 전적으로 관심을 두고 있기 때문에 복지에 대한 관심은 전반적으로 퇴조하였고, 이는 국가예산에서 복지부문이 차지하는 비중의 상대적 감소에서도 확인된다. 뿐만 아니라 시장메커니즘과 경쟁에 의존한 경제발전의 강조로 인해, 경제발전과정에서 소외되었던 계층이나 지역은 관심 밖으로 더욱 밀려나게 되었다. 물론 현 정부의 복지정책으로 42개 추진과제에는 농촌지역의 복지 향상을 위하여, '농어촌재가노인복지시설 설치', '농어업인 소득 안정', 그리고 '농어촌 생활여건 개선' 등을 포함하고 있지만, 개인적 또는 유형별 복지정책을 전제로 하고 있기 때문에 지역사회의 통합적 접근과 이를 위한 복지거버넌스의 구축에는 한계를 안고 있다. 특히 현정부는 복지의 전달체계를 민간주도로 편성할 것으로 예상된다. 우리나라의 경우 이미 의료부문의 민간부문 비중이 95%, 보육부문 역시 90%이상을 차지하고 있는 상황에서, 민간중심의 전달체계 확충은 복지제도의 공적 성격을 탈각시키고, 특히 농촌지역에서 복지서비스의 완전한 퇴락을 가져올 것으로 추정된다(이태수, 2008).

뿐만 아니라 현정부의 복지정책은 양극화와 저출산, 고령화 문제, 그리고 지역불균등에 대해서는 거의 해결의지를 보이지 않고 있다. 현정부의 복지정책이 안고 있는 이러한 한계는 아직도 지속되고 있는 신자유주의적 세계화 과정과 이에 따른 경쟁의 심화에 대해 어떻게 대처할 것인가에 대한 적극적인 대책의 마련을 불가능하게 하고 있다. 앞으로 당분간은 자유시장과 자유무역을 강조하는 세계화 과정이 진행될 것이고, 이에 따른 예로 농산물 시장의 완전 개방이 촉진될 것이다. 앞으로 고령군 지역사회복지의 개선 대책은 이러한 상황 악화, 즉 세계적 차원에서 자유 시장 및 자유무역과 지역 간 경쟁 심화를 촉진하는 세계화 과정, 그리고 현정부의 국가적 차원에서 경제발전 전략에 대한 최우선 관심, 그리고 시장의존적 복지 지향과 지역불균등발전에 대한 관심 부재 등에 대한 적극적 대응을 전제로 지역사회와 지방정부의 역할 강화를 필수적으로 요청하고 있다.

2) 고령군 지역사회복지 대책

농촌의 지역사회복지에 관한 많은 연구들이 문제의 심각성을 제기해 왔지만, 이에 대한 해결 방안이나 대책을 제대로 제시하기란 매우 어렵다(김대원, 2002 등 참조). 왜냐하면 복지 문제는 사회의 다른 영역들, 즉 경제, 정치, 문화 그리고 여타 사회문제들과 밀접하게 연관되어 있기 때문이다. 특히 농촌의 지역사회복지는 도시를 중심으로 한 산업화과정에서 간과되어 왔으며, 오히려 도시에서 필요한 인적, 물적 자원을 공급하기 위해 희생되어 왔다. 그러나 앞으로 농촌의 지역사회복지를 위한 지속적 개선 없이는 농업과 농촌사회의 발전을 기대할 수 없다. 앞선 논의들에 바탕을 두고, 고령군의 지역사회복지 개선을 위한 기본 방안과 주요 대책들을 제시하면 다음과 같다.

첫째, 전반적으로 낮은 지역사회복지를 향상시킬 수 있는 종합적 대책이 필요하다. 우리나라의 복지 수준은 선진국들에 비해 전반적으로 취약하며, 특히 농촌사회에서는 급격한 인구유출과 고령화, 생산소득의 지속적인 감소 등으로 인해 복지 수요가 더욱 증가하고 있다. 이에 따라 지난 몇 년 사이 지역사회복지의 개념과 더불어 농촌지역의 생활여건 개선과 주민의 삶의 질 향상을 위한 국가 균형발전 정책이 강구되었지만, 실질적인 효과는 의문스러우며, 그나마 앞으로 계속 지속될 것인지 불확실하다. 따라서 농업 및 농촌의 산업적, 지역적 불균등발전으로 인해 지역사회의 거의 모든 부문들, 즉 좁은 의미의 사회복지뿐만 아니라 소득 및 소비, 노동, 교육, 보건, 주거, 문화 및 여가, 환경, 교통, 정보통신, 재해 및 안전 부문 등에서 발생하고 있는 문제들에 대처하기 위한 종합적 방안들이 모색되어야 한다. 지역사회복지의 수요 집단별로 보더라도 거의 모든 집단의 복지수준은 낮기 때문에, 노인복지를 중심으로 농촌복지가 이루어지고 있다고 할지라도, 다양한 문제들을 노정시키고 있는 아동, 청소년, 여성, 장애인의 복지에 대해서도 더 많은 배려가 있어야 할 것이다.

둘째, 변화하고 있는 현실에 보다 적극적으로 대처하는 복지정책이 필요하다. 전반적으로 낮은 지역사회복지 수준을 끌어올려야 할 뿐만 아니라 새롭게 발생하고 있는 문제들, 대표적으로 초고령화와 양극화, 그리고 복지의 민영화 등에 대처할 수 있는 방안들이 모색되어야 한다. 고령군을 포함하여 농촌사회는 이미 초고령사회로 접어들었고, 우리 사회 전반도 급속하게 고령화되면서, 사회적 부양력이 약화되고 있다. 한 때 농촌사회는 도시로 유출된 인구가 도시사회에 적응하기 위해 일정한 기여를 했다면, 이제 경제적으로 발전한 도시의 인구가 농촌 인구를 부양할 수 있어야 하지만, 도시에 의한 농촌의 부양능력은 사회 전반의 고령화로 인해 크게 위축되고 있다. 이러한 문제를 해소하기 위해, 지방정부와 지역 주민들은 중앙정부가 지역균형발전에 보다 민감하고 나아가 지방 농촌지역에 대한 우선적 투자를 통해 지역균형발전을 촉진하도록 요구해야 할 것이다. 또한 다른 한편으로 지역사회복지 대책은 지역 내에서 가용 재원과 자원의 동원에 기반을 두어야 한다. 즉 지방정부는 지역사회에 할당되는 복지관련 재원을 확충하기 위하여 더 많은 노력을 기울여야 하며, 지역 주민들은 지역사회 내에 주어진 복지관련 자원들을 최대한 이용할 수 있는 구체적 방안들을 모색해 나가야 할 것이다.

셋째, 지역사회복지를 위한 통합적 접근과 복지거버넌스의 구축이 중요하며, 궁극적으로 새로운 지역공동체의 복원을 추구해야 한다. 농촌의 지역사회복지를 개선하기 위하여 복지의 제반 부문들과 대상 집단들에 통합적으로 접근할 수 있는 방안이 모색되어야 한다. 예로, 기존에 부족한 복지관련 시설들의 확충을 위한 투자도 필요하지만, 마을 단위로 설치된 경로당이나 마을회관의 단순 기능을 벗어나서 복지정보의 제공, 평생교육 및 문화 복원의 장소 그리고 보건소와 연계된 의료보건의 전달 등으로 복합적 기능을 담당하도록 해야 한다. 전반적으로 지역사회복지를 위하여 동원가능한 인구와 자원이 부족한 상황에서 지역사회의 모든 구성원들이 실제 복지관련 정책들에 참여할 수 있는 기회를 최대로 부여하고, 또한 인구와 자원을 보다 효율적으로 연계시킬 수 있는 방안이 필요하다. 나아가 지역사회복지 개선을 위한 효율적 전달체계의 구축은 궁극적으로 농촌사회에서 상실된 공동체 정신(예로 상부상조 등)을 함양하고 이를 공간적으로 실현시킬 수 있는 방안을 강구해 나가야 한다. 비록 과거와 동일한 조건 속에서 공동체가 완전히 복원되기 어렵다고 할지라도, "지리적, 공간적 연관성이 깊은 서너 개의 리(里) 자연마을을 단위로 하는 복지 셀(cell)을 구성하여 주민자치조직을 활성화시키고 지역의 특성과 요구에 부응하는 복지서비스를 개발하고 제공해야 한다"(배충진, 2004).

넷째, 이와 같이 절대적으로 미비한 지역사회복지를 개선하고 새롭게 유발되고 있는 복지 여건들을 극복하여 삶의 질을 고양시키기 위한 지역공동체를 복원하기 위하여, 우선 지역사회 내에 산재해 있는 자원들의 동원 체계를 구축해야 한다. 지역사회 자원이란 "지역사회 목표를 달성하기 위해 구체적인 방법을 실행할 수 있는 제 능력"을 일컬으며, '지역사회의 사회적 능력(community social capacity)'으로 간주되기도 한다[7](전성남, 2004). 지역사회복지의 목표는 지역사회가 요구하는 기본 욕구를 충족시키고 나아가 보다 이상적인 지역공동체를 만드는 것이다. 이를 위하여 다양한 유형과 수준의 인적, 물적 자원이 필요하다. 지역사회복지를 개선하기 위한 자원들은 외부에서 주어지기 보다는 지역사회 내에 잠재적으로 산재해 있으며, 개인이나 단체, 공공 및 민간 기관들에 의해 자발적 및 제도적으로 동원될 수 있다. 이를 위해 자원들을 보다 효율적으로 연계시키고 동원할 수 있는 체계를 마련하는 것이 중요하다. 지역사회 내에 이들이 어느 정도 분포해 있는가를 파악하고, 이들을 개발, 관리하고 최대한 활용하기 위하여 데이터베이스를 구축하고 이들을 지역사회 내에서 요구되는 각종 복지 수요에 적절하

---

[7] 이러한 자원에는, 공식적 및 비공식적으로 활동하는 개인이나 집단들(공식적 인적 자원으로 사회복지사, 의사, 변호사, 간호사, 종교인 등, 비공식적 인적 자원으로 가족, 친구, 직장 동료, 이웃, 자원봉사자, 후원자 등)로 구성된 인적 자원, 지역사회복지와 직간접적으로 관련된 각종 시설들(예로, 직접 관련된 각종 복지시설, 의료보건시설 등과 간접적으로 관련된 교육시설, 문화오락시설 등, 그리고 지역사회복지를 지원할 수 있는 상공인 단체나 개별 기업들)로 구성되는 물적 자원, 그리고 지방정부(기초지자체와 동사무소 등)와 경찰서 등의 공적 기관들과 사회복지에 관한 법률과 조례, 정관 등의 사회제도, 그 외 지역사회복지와 관련된 각종 정보의 소통을 위한 정보적 자원 등

게 연계될 수 있도록 동원 체계를 구축해야 한다.

다섯째, 지역사회복지를 필요로 하는 수요자들과 이들에게 각종 서비스를 제공하는 기관 및 시설들 간 연계뿐만 아니라 지역 내에서 동원가능한 모든 복지관련 자원들 나아가 역외에 잠재된 자원들 간 연계를 위한 네트워크 체계를 구축하여야 한다. 연계란 각종 지역사회복지 서비스를 제공하는 관련기관 및 시설에 대상자를 의뢰하거나 협조를 요청하여 서비스를 받을 수 있도록 연결하는 개념에서 나아가 네트워크체계의 구축으로 나아가고 있다. 즉 "연계는 서로 다른 분야가 하나의 목적을 달성하기 위해서 공동으로 일하는 것"으로(이정우 외, 1998; 전성남, 2004), 개별 조직들 간 수시 정보교환(연락단계)에서 나아가 다른 조직들 간 정기적인 업무제휴(연계단계), 그리고 하나의 조직 내에 항시적인 연계체계의 구축(통합단계)로 발전하게 된다. 이와 같이 지역사회복지를 위한 연계의 형태는 다양하지만 복지서비스의 제공기관 및 시설 간 개별적 또는 상황에 따라 수시/또는 정기적으로 협력하는 관계에서 나아가 한 기관이나 시설에서 통합적으로 복합적인 서비스를 제공하는 방식으로 발전할 필요가 있다.

끝으로 지역사회복지 개선을 위해 가장 큰 문제 중의 하나는 이를 위해 소요되는 재정문제이다. 그 동안 지방정부의 재정자립도가 낮은 상태에서 사회복지 예산의 대부분은 중앙정부에 의해 조달되었으나, 앞으로 중앙정부의 재정지원이 대폭 삭감될 예정이며, 따라서 지방정부 자체의 사회복지 재원 마련이 중요하게 되었다(채수훈, 2004). 물론 지방정부, 특히 농촌지역의 지자체들의 입장에서는 중앙정부가 특정 용도로 보조하는 국고보조금이나 국세 중 특정 세목의 수입 일부를 지자체에 양여하는 지방양여세를 증액시킬 수 있도록, 지역사회복지계획을 수립하여 중앙정부에 지속적으로 요구할 필요가 있다. 다른 한편, 지방정부가 자체적으로 재원 마련 방안을 강구해야 한다. 그 가운데 하나는 현재 지방교부세에서 사회복지지출을 확대하는 것이지만, 아직 기초설비가 미비한 상태에서 지방정부의 재원을 사회복지비로 더 많이 할애하기는 어려운 실정이다. 이러한 점에서 지방세 내에 목적세로 사회복지세를 신설하는 방안을 고려해 볼 수 있다. 그러나 농촌지역의 지방세 자체가 적은 상황에서 새로운 목적세를 신설하는 것은 효과가 크지 않고, 오히려 암묵적 조세 저항에 따른 주민들의 역외 유출을 가져올 수도 있다. 또 다른 방안으로 지방정부의 세외 수입, 예를 들면 수수료, 사용료, 기부금 등을 확대하는 방안을 모색할 수 있다. 물론 수수료나 사용료의 확대 방안도 사회복지세와 마찬가지로 부작용을 유발할 수 있지만, 기부금은 지역사회복지를 위한 이타주의적 정신에 기초한다는 점에서 의미 있는 재원확보 방안이 될 수 있다.

6. 맺음말

　우리나라에서 농촌지역은 급속한 산업화,도시화과정 속에서 소외되어 왔을 뿐만 아니라 최근 세계화/지방화 과정에서 초래되고 있는 경제, 정치적 변화 속에서 더욱 심각한 위기 상황을 맞게 되었다. 이로 인해 농업의 쇠퇴와 농촌의 황폐화와 더불어 농민들의 삶의 질 퇴락은 우리 사회의 보다 적극적인 관심을 요청하고 있다. 왜냐하면 농촌지역은 인간 생존에 필수적인 농산물의 생산과 자연과의 유기적 삶을 유지할 수 있는 공간을 제공한다는 점에서 우리 사회 전체의 유지·발전을 위해 필수적 조건이기 때문이다. 이러한 농촌사회의 위기와 그 중요성에 관한 재인식을 전제로 할 때만, 농촌 지역사회복지가 향상될 수 있는 공감대가 형성될 수 있을 것이다.

　다른 한편 이러한 거시적 변화 과정과 더불어 농촌지역의 복지는 개인이나 가정단위로 이루어지기 보다는 지역사회에 뿌리를 두면서, 통합적으로 지역사회복지에 접근할 수 있는 방식으로 전개되어야 할 것이다. 왜냐하면 농촌지역은 한 개인이나 가정 단위 또는 대상자 유형별로 특정한 복지 수요를 가지고 있다고 할지라도, 농촌사회 전반이 거의 모든 부문들에서 복지 수요를 가지고 있으며, 따라서 이에 대한 서비스의 복지전달체계도 통합적이고 복합적으로 이루어져야 하기 때문이다. 물론 이러한 지역사회복지의 통합적 접근은 단순히 그 지역에서 살아가는 주민(즉 농민)의 삶의 질 개선만이 아니라 지역농업과 농촌사회의 전반적 발전과의 연계를 전제로 한다.

　대구시에 인접한 경북 고령군 역시 이러한 문제 상황에서 지역사회복지에 관한 전반적 검토와 대책이 강구되어야 한다고 할 수 있다. 고령군의 현 복지상태를 요약하면, 첫째 고령군의 복지정책은 최근 크게 확충되었지만 여전히 그 수준은 낮은 편이고, 둘째 지역사회복지계획은 과거에 비해 체계화되었지만 급변하는 현실 여건을 제대로 반영하지 못하고 있다. 또한 셋째 지역사회복지사업은 지역사회에 산재한 인적, 물적 자원들을 동원할 수 있는 방안들을 제대로 제시하지 못하고 있으며, 넷째 지역주민들은 자신들에게 적실한 복지서비스가 제대로 전달되지 못하고 있다고 인식하고 있다.

　그 동안 지난 정부 하에서 추진되었던 고령군 복지정책의 확충과 체계적 계획의 수립, 그리고 지역사회복지 관련 조례들과 관련 조직들의 구성 등은 현 정부 하에서 어떻게 변화할지는 아직 미지수라고 할 수 있지만, 분명한 사실은 중앙정부가 복지관련 예산을 축소하고 있으며, 복지전달체계도 더욱 민간주도적으로 전환하게 것이라는 점이다. 이러한 전환은 고령군과 같이 경제수준과 재정자립도가 매우 낮은 농촌지역에서는 지역사회복지가 현 수준 조차 유지하기 어려운 상황에 처하도록 할 수 있을 것으로 우려된다.

 이러한 점에서 고령군은 지역사회복지를 개선하기 위하여, 전반적으로 낮은 지역사회복지를 향상시키기 위한 종합적 대책, 변화하는 현실에 보다 적극적으로 대처하는 복지정책, 지역사회복지를 위한 통합적 접근과 궁극적으로 지역공동체의 복원 등을 기본 방침으로 설정하고, 지역사회 내에 산재한 자원들의 동원체계 구축, 지역사회복지 수요자와 제공자간 연계 및 복지관련 기관 및 시설들 간의 네트워크체계의 구축, 그리고 지역사회복지를 개선하기 위한 재정확충 방안의 모색 등을 주요 과제로 설정할 필요가 있다. 물론 이러한 지역사회복지 개선을 위한 기본 방침과 주요과제들을 반영한 지역사회복지 정책들은 농업 및 농촌사회 전반에 관한 적극적 정책을 항상 전제로 한다.

참고문헌

강창현, 2005, 지역복지공동체 형성에 있어 다자간 협력이용의 적용 : 지역사회복지협의체의 가능성, 한국정책과학학회보, 9(3), 73-94.
경상북도, 2007, 2007년도 경상북도 지역사회복지 시행계획.
고령군, 2007a, 2007년 대가야 르네상스 : 지역사회 복지시행계획.
고령군, 2007b, 군민 삶의 질에 대한 지표조사 및 군정주요 시책에 대한 여론조사 결과.
고령군·대구가톨릭대학교, 2006, 대가야 르네상스 지역사회복지계획.
김승권, 2008, 2007년 지방자치단체 복지종합평가 연구, 한국보건사회연구원 연구보고서(정책 2008-07).
김영종, 2006, 사회복지 전달체계의 현황과 개선 과제, 한국사회복지정책학회 춘추계학술대회 자료집, 1-24.
김유경 등, 2008, 2007년 지방자치단체 복지종합평가 결과와 발전방향, 한국보건사회연구원 편, 보건복지포럼, 137(3월호).
김흥주, 2005, 지역중심 사회복지체제의 비판적 검토, 농촌사회, 15(1), 257-286.
김흥주, 2007, 사회양극화 시대, 농촌의 가족문제와 정책방향, 가족과 문화, 19(1), 117-146.
농촌복지아카데미 편, 2004, 농촌복지론, 광주대학교 출판부.
배충진, 2004, 농촌문제해결을 위한 농촌복지적 접근 - 복지 community cell의 형성을 통한 농촌복지, 한국복지교육원 편, 농촌복지론, 광주대학교.
성희자·전보경, 2006, 농촌지역 주민의 공동체 의식에 관한 연구, 사회복지정책, 27, 149-170.
양점도·김춘택·김현수, 2006, 농촌 장애인의 지역결속력에 대한 탐색적 연구, 복지행정논총, 16(1), 21-39.

이용교, 2004, 초고령사회에서 농촌복지의 체계화를 위한 시론, 사회복지, 164, 16-31.
이인희, 2006, 지역복지정책의 가치 정향에 관한 연구, 한국공공관리학보, 20(1), 192-206.
이정우 등, 1998, 보건복지서비스 전달체계의 효율적 운영방안에 관한 연구 : 모델 개발을 위한 사례 관리 적용, 한국사회복지학, 35, 107-131.
이태수, 2008, 이명박정부와 복지정책의 미래, (복지국가소사이어티 월례정책세미나 발제문), http://www.we.farestate.net/g4/bbs/board.php?bo_table=debate&wr_id=129.
전성남, 2004, 농촌지역사회복지의 통합적 접근에 따른 실천사례와 발전방안 - 장성군 보건복지 통합사례 관리를 중심으로, 한국복지교육원 편, 농촌복지론, 광주대학교.
진재문, 2004, 지역사회 사회복지 행정의 로컬 거버넌스 : 가능성과 한계, 사회복지정책, 18, 133-156.
채수훈, 2004, 농촌복지 정책과 지방자치단체의 복지 비전, 한국복지교육원 편, 농촌복지론, 광주대학교.
최외출·송두범, 1993, 농촌지역종합개발계획 수립을 위한 주민개발수요조사 분석 - 경상북도 고령군 사례를 중심으로, 지역사회개발연구, 18(1), 7-37.
한국농촌경제연구원, 2004, 농산어촌 복지,교육,지역개발에 관한 기본계획 수립 및 실태조사 방안 연구
Giarchi, G. G., 2006, Older people 'on the edge' in the countrysides of Europe, *Social Policy and Administration*, 40(6), 705-721.
Lowe, P., and L. Speakman (eds.), 2006, *The Ageing Countryside*, London: Age Concern.
OECD, 2005, New Approaches to Rural Policy : Lessions from around the World.
Spellerberg, A., D. Huschka, and R. Habich, 2007, Quality of life in rural areas: processes of divergence and convergence, *Social Indicators Research*, 83, 283-307.
Taylor, M., 1992, The changing role of the nonprofit sector in Britain: moving toward the market, in B. Gidron, R. M. Kramer & L. M. Salamon (eds), *Government and The Third Sector*, Jossy-Bass Publication, San Francisco.

교육환경과 삶의 질*

조철기

1. 들어가며

1960년대 이후 산업화 사회로 이행과 동시에 일어난 급격한 도시화는 농촌인구의 도시로의 이동을 촉진시켰다. 그리하여 도시에서는 인구과밀 현상이, 농촌 지역에서는 인구과소 현상이 나타났다. 농촌 인구의 도시지역으로의 대량 전출은 농촌의 경제, 사회 구조의 변화를 가져왔을 뿐만 아니라, 취학 아동 및 중·고등학생들의 감소를 초래함으로써 농촌지역 학교의 교육환경에도 큰 변화를 가져왔다. 현재 농촌의 교육환경은 학생수와 학교수의 감소에 따른 절대적 악화뿐만 아니라 갈수록 커지는 도시와 농촌간의 교육 격차로 인한 상대적 악화로 더욱 더 열악해지고 있다.

살기 좋은 농촌 정주 공간과 주민들의 삶의 질을 향상시키기 위한 적절한 대책은 과연 무엇일까? 농촌을 떠나 도시로 이주하는 주된 원인이 보다 나은 소득을 위한 직업, 그리고 교육에 있다는 것에 착안한다면, 우리나라 농촌에서의 교육 환경의 질적 개선이 무엇보다 우선적인 과제라고 아니할 수 없다. 보다 나은 교육환경은 현재 거주하고 있는 지역 주민들의 삶의 질 향상에 기여할 뿐만 아니라 도시 인구가 다시 농촌 지역으로 돌아올 수 있도록 하는 중요한 기제로 작용할 수 있기 때문이다.

---

* 이 글은 한국지역지리학회지 제14권(2008년) 제4호, pp.328-346에 게재된 바 있음.

우리나라의 상황에서 교육은 지역의 균형 발전과 소외된 계층의 삶의 질 향상이라는 관점에서 매우 중요한 변인이다. 지역에 우수한 학교가 있는가 하는 여부는 부동산 가격에서부터 전반적인 지역경제 발전에 이르기까지 광범위한 영향을 미친다. 따라서 각 지역이 어떻게 우수한 교육환경을 조성하는가는 지역적으로 사활이 걸린 문제이고, 국가적으로는 균형발전의 성패를 좌우하게 된다. 한국사회에서 가장 소외된 지역이라고 할 수 있는 농촌의 경우, 교육적인 소외 현상도 매우 심각하다. 농촌사회가 활성화되고 도시와 균형을 이루기 위해서는 농촌의 학교교육 환경이 도시에 버금갈 정도로 바뀌어야 한다.

최근 국가적 차원에서는 특별법을 제정하여 농어촌교육의 활성화를 도모하고 있으며, 지자체 차원에서는 지역의 교육 환경의 질적 개선을 위해 다양한 시도를 하고 있다. 하지만 여전히 농어촌 교육의 활성화 정책이 뿌리내릴 수 있는가 하는 실효성의 문제와 지자체가 추진하고 있는 다양한 교육 개선책에 내재된 문제를 둘러싸고 지역 내 구성원들간에 나타나고 있는 의견의 충돌은 여전히 해결되어야 할 과제로 남아있다.

따라서 본 연구는 경상북도 고령군을 사례로 하여 농촌사회가 앉고 있는 교육 환경의 실태와 문제점, 그리고 최근의 국가와 지자체를 중심으로 전개되고 있는 농촌교육 활성화를 위한 다양한 정책들과 이에 내재된 문제점을 분석하여 농촌 교육 환경의 질적 개선을 위한 함의와 방향을 제시하고자 한다. 이를 위해 본 연구에서 다룰 내용을 구체적으로 제시하면 다음과 같다. 첫째, 고령군의 학교별 교육 현황, 학교급별 학생수의 변화와 폐교 현황, 가야대학교의 지역 이탈 등을 통해 고령군 교육의 전반적인 문제점을 검토할 것이다. 둘째, 고령군이 학교 교육의 질적 개선을 위해 설립한 고령군교육발전위원회에서 핵심적 정책으로 실시하고 있는 명문학교 설립 계획, 대가야교육원 설립과 운영 등을 비롯하여 각종 학교 교육에의 지원 정책의 특징과 문제점을 살펴보고 정책적 과제는 무엇인지 진단해 볼 것이다.

본 연구에서는 통계청, 국가통계포털, 한국의 사회 지표, 교육인적자원 통계서비스에서 제공하는 교육통계연보, 교육통계분석자료집, 경상북도 교육연감, 고령군 통계연보, 고령군 및 고령교육청의 내부자료 등의 통계자료를 활용하여 고령군의 교육환경의 현안을 분석하였다. 이를 통해 고령군의 교육환경의 열악성과 문제의 심각성을 파악할 수 있을 것이다. 다음으로 고령군이 학교교육의 문제를 해결하고 주민들의 삶의 질 향상을 위해 실시해 온 교육 정책들은 고령군 및 고령교육청의 내부자료를 수집하여 분석하여 정책적 함의를 도출하였다. 그리고 이러한 정책과 관련한 제반 쟁점들에 대한 심층적인 연구를 위해 이들 지역의 행정 주체(고령군, 고령군교육발전위원회, 교육청, 대가야교육원 관계자), 교사, 학생, 주민들을 대상으로 설문을 실시하고 필요에 따라서는 심층 면접을 실시하였다.

2. 농어촌지역 교육환경의 변화에 영향을 주는 요인

우리나라 농어촌 지역의 교육 환경은 1960년대 이후 급격하게 변화되어 왔다. 농어촌 지역의 교육 환경의 변화에는 다양한 요인들이 작용하였지만 그 중에서도 특히 인구 및 가족구조의 변화, 소득과 농업구조의 변화, 교통발달에 따른 생활권의 광역화 등의 사회·경제적 요인들이 복합적으로 작용하였다.

우리나라의 농어촌 지역은 이촌향도 현상에 의해 1970년 이후 계속하여 인구 감소하여 왔다. 산업화에 따라 우리나라의 산업구조는 농업중심에서 공업중심으로 이행되면서 일자리를 찾아 농촌인구가 도시로 이출하는 현상이 나타났다. 이 결과 농촌 인구가 절대적으로 감소하게 되었으며, 이러한 인구의 감소현상은 농촌의 인구구조에 많은 변화를 가져왔다. 특히 청장년층 인구의 이농으로 성별구조에 있어서는 여성 인구가 증가하고 연령별 구조에 있어서는 유소년층의 비율이 급격히 낮아지고 노년층의 인구가 증가하였다. 이와 같이 농촌인구는 학령인구의 급격한 감소와 함께 고령화와 여성화가 진전되고 있으며 농촌 인구구조의 변화는 농촌의 교육환경을 와해시키고 있다.

이농으로 인한 학령인구가 1970년 이후 계속 감소하여 왔으며, 농촌지역의 학령인구 감소율은 1980년 이후 더욱 높아지는 경향을 나타내고 있다. 이에 따라 1980년대 이후 우리나라

표 1. 농촌학령인구 및 초등학교 수의 변화

학생·학교	연도	1970	1980	1990	2000
농촌 인구 학령	0~4세		645,912	217,581	106,615
	5~9세		1,258,126	452,908	151,790
	10~14세	6,271,261	1,669,109	699,846	200,370
	15~19세	1,496,825	1,340,335	734,191	262,026
	20~24세	744,732	845,489	464,360	219,796
소계		14,421,730	10,826,748	6,661,322	4,031,065
초등학교 수		5,961 (949)	6,487 (831)	6,335(1,296)	5,267 (664)

주: ( ) 안의 숫자는 분교수
자료 : 농림부 농업총조사, 2007년 교육통계분석자료집

초등학교 수는 급격한 감소를 경험하게 된다(표 1). 이러한 학령인구의 감소는 학교교육의 피폐화 현상과 함께 어쩔 수 없이 분교, 폐교로 이어지는 교육의 사각현상으로 이어지고 있다. 열악한 교육환경이 농촌의 공동화를 촉진하고 다시 농촌교육의 질적 저하로 이어지는 악순환이 반복되고 있다.

전통적 자급자족 농업에서 상업적 영농으로 전환되면서 농촌소득은 점차적인 향상을 보이고 있으며 농가소득의 구조면에서 많은 개선이 이루어지고 있다. 농가소득의 향상은 농가의 소비지출을 향상시키고 그 구조적 변화를 가져왔는데, 특히 교육비는 1971년 7.5%에서 2000년 10.2%로 증가하여 매년 고정적으로 높은 비율을 차지하고 있다(통계청, 2004, 한국의 사회지표). 농가에서 교육비가 갈수록 큰 비중을 차지하고 있는 것은 농촌의 열악한 경제적 형편을 감안해 볼 때 특기할 만 하다. 이것은 일반적으로 매우 높은 교육열이 농촌에서도 그대로 반영되고 있다는 것으로 이해될 수 있다. 더불어 이것은 한국의 농민들이 비록 당대에서는 매우 어려운 살림을 꾸려가고 있지만 후세에게 교육을 통한 계층 상향이동의 가능성을 열어주려는 노력으로 보여 지기도 한다.

영농의 기계화에 따라 미숙련 노동력의 감소를 초래하였다. 특히 청소년 노동은 한정된 단순 영농작업을 수행하기 때문에 기계화 영농은 청소년 노동은 감소시키고 학교에 진학하는 학생수를 증가시킨다고 할 수 있다. 영농기계화에 의한 노동생산성의 증가는 농촌 사람들의 학교 교육을 더욱 연장시키는 효과를 가져왔다. 궁극적으로 호당 경지규모의 증대와 기계화 영농의 진전은 청소년 노동을 감소시키거나 또는 교육자원의 증가를 가져오게 함으로써 자녀들

표 2. 학부모의 학생에 대한 기대교육수준 및 기대교육목적

연도	지역	기대교육수준					기대교육목적						
		계	고등학교 이하	전문대학	대학교	대학원 이상	계	좋은 직업을 갖기 위해	소질 개발	주위의 기대	결혼, 승진에 차별이 있어서	인격이나 교양을 쌓으려고	기타
1996	도시(시부)	100	2.4	13.8	56.7	27.1	100	36.7	38.5	3.9	11.2	9.3	0.5
	농촌(군부)	100	5.5	20.3	57.9	16.3	100	44.9	30.8	4.2	12.8	7.1	0.1
2000	도시(동부)	100	3.3	12.0	61.4	23.3	100	40.4	36.2	2.7	15.9	4.4	0.7
	농촌(읍면부)	100	8.3	17.8	60.8	13.1	100	45.2	29.9	3.8	15.7	4.8	0.6
2004	도시(동부)	100	1.1	11.7	65.5	21.8	100	47.3	25.6	2.7	20.0	4.1	0.3
	농촌(읍면부)	100	2.1	19.4	64.3	14.2	100	47.6	25.7	2.2	20.9	3.1	0.3

자료 : 통계청, 한국의 사회지표(1996, 2000, 2004)

을 학교에 진학하게 하는 요인으로 작용하게 된다.

1960년대 이후 산업화와 함께 전통적인 대가족 구조에 큰 변화가 나타났다. 농어촌 지역에서의 핵가족화는 교육수요 및 기대수준에 중요한 요인으로 작용하게 된다. 부양해야 할 자녀가 줄어드는 대신 교육에 대한 수요나 자녀교육에 대한 기대수준은 더욱 높아지게 된다. 실제로, 학생의 기대교육 수준에 의하면 농촌 지역민의 대다수가 자녀들의 대학교육을 희망하고 있으며 도시가구의 그것과 동등하게 높게 나타나고 있다. 농촌학부모의 자녀교육에 대한 기대수준은 도시학부모와 큰 차이를 보이지 않는다. 농촌학부모의 90% 이상이 자녀에게 대학교육 이상을 기대하고 있는데, 좋은 직업을 갖기 위한 조건으로 자녀교육을 기대하는 성향이 도시학부모에 비해 강하게 나타나고 있음을 알 수 있다(표 2).

교통 발달은 농어촌 지역 주민의 생활권을 확대시켜 생활양식과 삶의 질을 보다 도시적으로 변화시키데 일조하고 있다. 주변 도시와의 근접성에 따른 생활권의 확대, 농촌주민의 의식과 생활구조의 도시화는 농촌 시설의 유지를 더욱 어렵게 하고 있다. 그리하여 농촌에서는 인근 도시로 취학 하는 아동의 수가 늘어나고, 이는 교육시설들이 더욱 더 도시 편향적으로 개발되게 하는 요인으로 작용하여 도농간의 교육 격차를 더욱 심화시키고 있다. 특히 본 연구의 대상지역인 고령군은 대구광역시와 바로 인접하고 있어 이와 같은 문제에 직접적으로 노출되어 있다.

3. 고령군의 학교교육의 현황을 통해 본 농촌의 교육현실

1) 학교급별 학교수의 변화

1960년대 이후 우리나라 농촌인구의 지속적인 감소는 과잉인구의 해소 차원을 넘어 농촌 노동력의 부족과 고령화를 가져 왔고, 그 양과 질적 측면에서 청·장년층의 선택적 유출로 인해 농촌의 기능감소와 함께 발전 잠재력을 약화시키는 문제를 야기함에 따라 교육환경에 많은 변화를 초래할 뿐만 아니라, 지방자치단체의 존립을 위협하고 있다.

고령군의 학교현황을 보면, 2006년 현재 가야대학교 1개소를 포함하여 총 39개소가 입지하고 있으며, 17개의 유치원(공립 14, 사립 3)과 12개의 초등학교(분교 4개소 포함, 모두 공립), 중학교 6개소(분교 1개소 포함, 공립 5, 사립 1), 고등학교 3개소(실업계 2, 일반계 1), 대학 1개

표 3. 고령군의 학교급별 현황의 변화 추이

(단위 : 개소)

구분	계	유치원	초등학교	중학교	일반계 고등학교	실업계 고등학교	전문대학	대학
1997년	45	19	16(3)	6(1)	1	2	-	1
1998년	43	18	15(4)	6(1)	1	2	-	1
1999년	41	18	13(6)	6(1)	1	2	-	1
2000년	39	17	12(4)	6(1)	1	2	-	1
2001년	40	18	12(4)	6(1)	1	2	-	1
2002년	39	17	12(4)	6(1)	1	2	-	1
2003년	39	17	12(4)	6(1)	1	2	-	1
2004년	39	17	12(4)	6(1)	1	2	-	1
2005년	39	17	12(4)	6(1)	1	2	-	1
2006년	39	17	12(4)	6(1)	1	2	-	1

주 : ( ) 안의 숫자는 분교수
자료 : 고령군 통계연보 2006

소(사립)로 구성되어 있다. 학교수는 1980년대 이후 초등학교 통폐합으로 인해 초등학교의 감소가 현저하다가, 1990년대 후반이후 부터는 학급당 인원의 감소와 1면의 1 초등학교 유지 정책에 의해 더 이상의 감소는 보이고 있지 않다. 〈표 3〉에서 보여 주는 것처럼, 1997년 이후에도 중학교, 고등학교, 대학교의 수는 변화가 없지만, 유치원과 초등학교의 수는 2000년까지 감소해 왔음을 알 수 있다. 한편, 고령군에서는 중학교와 고등학교에 진학하는 학생수의 감소에 의해 2009년 통합학교 조성을 이루어질 것으로 보여 중학교와 고등학교 수에서도 감소가 있을 것으로 예상된다.

고령군에 소재하고 있는 유치원 및 학교를 읍면별로 살펴보면 다음과 같다. 첫째, 유치원의 경우, 총 17개 중에서 고령읍에 4개소, 덕곡면과 운수면에 각각 1개소, 성산면, 다산면, 개진면, 우곡면에 각각 2개소, 쌍림면에 3개소가 있다. 사립유치원의 경우에는 모두 고령읍에 소재하고 있으며, 각 면에 소재하고 있는 유치원은 병설유치원으로 고령읍과 다산면을 제외하면 원아수가 10명미만의 소규모로 운영되고 있다. 둘째, 초등학교의 경우, 분교를 제외하면 고령읍, 덕곡면, 운수면, 다산면, 우곡면에 각각 1개소, 성산면과 개진면에 각각 2개소, 쌍림면에 3개소가 소재하고 있다. 이들 역시 고령읍과 다산면을 제외하면 학급수는 10학급 미만, 학생수의 100명 이하의 소규모 학교로서 1면에 1개의 초등학교를 유지한다는 법적 근거가 없다면 통폐합의 조건에 해당된다. 셋째, 중학교는 고령읍에 2개소, 성산면, 우곡면, 쌍림면, 다산면에 각각 1개소, 개진면에 1개의 분교장이 있으며, 덕곡면과 운수면에서 소재하고 있는 중학교가

표 4. 읍면별 유치원 및 학교 현황

(단위 : 개소)

읍면별			원수/학교수		학급(과)수	원아/학생 수			교원수		
			본교	분교		계	남	여	계	남	여
유치원		고령읍	4		8	199	116	83	14	–	14
		덕곡면	1		1	4	3	1	1	–	1
		운수면	1		1	4	1	3	1	–	1
		성산면	2		2	7	5	2	2	–	2
		다산면	2		4	72	39	33	5	–	5
		개진면	2		2	4	1	3	1	–	1
		우곡면	2		2	7	2	5	1	–	1
		쌍림면	3		3	10	5	5	2	–	2
초등학교	고령	고령초등학교	1	–	31	952	475	477	37	16	21
	덕곡	덕곡초등학교	1	–	5	42	22	20	7	4	3
	운수	운수초등학교	1	–	6	57	32	25	11	6	5
	성산	성산초, 박곡초	2	–	15	157	85	72	22	9	13
	다산	다산초(벌지분교, 노곡분교)	1	2	23	547	281	266	28	12	16
	개진	개진초(영동분교), 직동초	2	1	9	43	27	16	14	7	7
	우곡	우곡초(도진분교)	1	1	9	61	32	29	12	6	6
	쌍림	쌍림초, 안림초, 백산초	3	–	19	194	97	97	30	17	13
중학교	고령	고령중학교	1	–	9	254	254	–	19	7	12
		고령여자중학교	1	–	9	230	–	230	19	8	11
	성산	성산중학교	1	–	6	89	48	41	16	4	12
	개진	개진분교장	–	1	3	10	4	6	9	4	5
	우곡	우곡중학교	1	–	3	28	17	11	9	3	6
	쌍림	쌍림중학교	1	–	4	102	55	47	12	5	7
	다산	다산중학교(사)	1	–	5	105	59	46	12	6	6
고등학교	고령	대가야고등학교(사)	1	–	15	421	254	167	30	24	6
		고령실업고등학교	1	–	10	112	105	7	23	14	9
		고령여자종합고등학교	1	–	9	110	–	110	20	5	15
대학교	고령	가야대학교	1		19	2,777	1,621	1,156	71	61	10

자료 : 고령군 통계연보, 2006. 4. 1 현재

없다. 중학교 역시 모두 학급수는 모두 10학급 미만이며, 2009년 통합예정인 고령중학교와 고령여자중학교를 제외하면 100명 내외의 소규모 학교라고 할 수 있다. 넷째, 고등학교의 경우 고령읍에만 3개소가 소재하고 있으며, 일반계 사립고등학교인 대가야고등학교, 실업계 공립고등학교인 고령실업고등학교와 고령여자종합고등학교가 있다. 고령실업고등학교와 고령여자종합고등학교는 각각 학급수가 10 내외, 학생수가 100 내외의 소규모 학교로서 2009년에 통합될 예정이다. 마지막으로 대학의 경우 4년제 단과대학인 가야대학이 고령읍에 소재하고 있으며 고령군을 비롯해 인근 지역의 학생들을 수용하고 있다. 하지만 2003년 김해 캠퍼스가 조성되면서, 현재 고령군 캠퍼스는 존폐 위기에 놓여 있다(표 4).

2) 학생수의 감소로 인한 학교 통폐합의 가속화

(1) 학교 통폐합 및 폐교 재산 현황

학생수 감소로 인하여 더욱 열악해진 교육환경은 농촌 주민들의 학교에 대한 불만으로 이어 졌고 결국 이것은 농촌 주민을 떠나도록 하는 또 다른 결과를 낳았다. 따라서 도시의 학교들은 과밀화되는 반면에 농촌의 학생들은 학생수 및 학급수가 급격히 감소하면서 경제적 효율성이 떨어지고 있기 때문에 일정한 기준에 미치지 못하는 학교는 폐교가 불가피한 상황으로 전개되고 있다.

교육인적자원부는 교육의 효율성 제고를 위하여 1981년 소규모 학교 통·폐합 기준을 마련 하여 1982년부터 통폐합을 추진하게 되었다. 이어서 1990년대에 들어 제2차(1993. 6), 제3차 (1994. 3), 제4차(1996. 5) 통폐합 기준 안을 마련하여 시행함으로써 소규모 학교에 대한 통·폐합의 범위와 규모는 점점 확대되었다(전근숙, 2000, 41-43). 정부에서 실시하고 있는 통폐합의 대상 기준은 전체 6학급 이하로 학생수가 100명 이하인 학교를 추천대상으로 선정하고 있으며, 1면에 1개교 보존 원칙을 정해 놓고 있다.[1]

1982년부터 실시해 온 소규모 학교 통폐합은 초반에는 조심스러운 추진을 보이다가 1991년 이후부터는 본격적으로 소규모 학교 통폐합이 추진되어 왔다. 인구가 적은 농촌지역에 소규모 학교가 집중되어 있기 때문에 지금까지의 통폐합이 농촌지역을 중심으로 대대적으로 이루어졌다. 교육과정 운영의 정상화와 효율화, 국가예산 절감 등을 위하여 소규모 학교 통폐합의 기조가 계속 유지된다고 가정하면, 앞으로도 도시지역보다는 농촌지역에서 초등학생 수 감소가 더 빨리 진행되고 있어 농촌지역의 폐교 수는 더욱 더 늘어날 것이다.

2007년 현재 전체 폐교수는 2,418개소로 농어촌 지역에서 주로 이루어지고 있는 것을 알 수 있으며, 시도별로 볼 때 경북이 558개소로 가장 많은 비중을 차지하고 있다. 폐교자산은 매각, 반환·교환, 철거, 자체활용 등으로 처리종결 되거나, 교육시설, 수련시설, 종교시설, 복지시설, 기업시설, 생산시설 복리시설 등으로 대부되어 활용되고 있다(표 5).

경상북도 지역이 1980년대 후반 이후 학생수가 급격히 감소했듯이, 1997년 이후 현재까지 고령군 학생수의 변동을 보면 각급 학교들의 학생수는 계속해서 줄어들고 있는 추세이다. 유

표 5. 전국 폐교자산 활용 현황

(단위 : 개소)

시도	학교폐교수 (A=B+C+D) '82년부터	처리종결					대부(임대)									향후활용계획					
		매각	반환 교환	철거	자체 활용	계 (B)	교육 시설	수련 시설	종교 시설	복지 시설	기업 시설	생산 시설	복리 시설	기타	계 (C)	매각	건물 철거	대부	보존 관리	자체 활용	계 (D)
서울	1	1	–	–	–	1	–	–	–	–	–	–	–	–	–	–	–	–	–	–	–
부산	5	–	–	–	–	–	–	–	–	–	–	–	–	1	1	1	–	1	–	2	4
대구	25	7	1	–	6	14	3	–	–	–	–	–	–	5	8	2	–	1	–	–	3
인천	42	3	–	–	–	3	1	1	3	–	–	–	–	6	11	13	–	6	–	9	28
광주	6	–	–	–	–	–	2	–	–	1	–	–	–	2	5	–	–	1	–	–	1
대전	7	–	–	–	2	2	–	2	–	–	–	–	–	2	4	1	–	–	–	–	1
울산	21	7	–	2	3	12	3	–	–	2	1	–	–	2	8	–	–	–	–	1	1
경기(본청)	55	–	–	–	4	4	17	2	–	3	1	3	2	8	36	7	1	–	–	2	15
경기(2청)	46	5	–	–	4	9	7	8	–	1	–	–	–	6	6	28	3	–	1	–	5	9
강원	388	81	23	–	21	125	41	8	3	5	10	6	90	49	212	–	–	50	–	1	51
충북	214	84	–	–	9	93	37	22	4	6	6	28	–	6	109	4	–	–	–	1	12
충남	235	112	3	4	19	138	14	6	2	3	–	5	1	2	33	44	3	10	–	7	64
전북	57	–	–	–	–	–	6	1	–	4	–	–	–	4	15	25	–	–	–	17	42
전남	247	16	–	–	1	17	6	13	–	5	7	10	2	–	43	180	–	5	–	2	187
경북	558	281	3	–	39	323	36	9	4	17	4	18	1	75	164	49	–	19	–	3	71
경남	490	235	2	–	31	268	34	13	–	11	6	30	20	42	156	19	–	34	10	3	66
제주	21	–	–	–	–	–	8	3	–	3	–	–	1	2	17	–	–	4	–	–	4
합계	2,418	832	32	6	139	1,009	215	88	16	61	35	101	122	212	850	348	4	145	10	52	559

* 자료 : 교육부, 2007. 3. 1 현재

표 6. 고령군의 학교급별 학급 및 학생수 변화추이

구분 년도	유치원			초등학교			중학교			일반계 고등학교			실업계 고등학교		
	원수	학급수	원아수	학교수	학급수	학생수	학교수	학급수	학생수	학교수	학급수	학생수	학교수	학급수	학생수
1997	19	24	513	16(3)	128	2,438	6(1)	37	1,268	1	15	665	2	20	545
1998	18	23	427	15(4)	128	2,455	6(1)	36	1,096	1	15	632	2	20	529
1999	18	23	420	13(6)	129	2,492	6(1)	34	1,020	1	15	427	2	20	534
2000	17	21	355	12(4)	122	2,434	6(1)	34	961	1	15	538	2	18	434
2001	18	22	392	12(4)	122	2,351	6(1)	34	884	1	15	499	2	17	349
2002	17	22	383	12(4)	116	2,266	6(1)	35	848	1	15	446	2	17	288
2003	17	22	398	12(4)	121	2,217	6(1)	40	842	1	15	430	2	18	252
2004	17	22	374	12(4)	119	2,110	6(1)	41	841	1	15	412	2	18	?
2005	17	21	329	12(4)	119	2,076	6(1)	40	839	1	15	409	2	19	230
2006	17	20	307	12(4)	117	2,053	6(1)	39	815	1	15	421	2	19	224

주 : ( ) 안의 숫자는 분교수
자료 : 고령군 통계연보 2006

---

1 2008년 경상북도 교육청에서는 지역의 특수성을 고려하여 50명 이하를 통폐합 기준으로 재조정하였다.

치원 학생수는 1997년 513명이던 것이 2006년에는 307명으로 40.2% 감소하였고, 초등학교 학생수는 1997년에 2,438명이던 것이 2006년에는 2,053명으로 15.8% 감소하였으며, 중학교 학생수는 1997년에 1,268명이던 것이 2006년에는 815명으로 35.8%, 고등학교(실업계 및 일반계 포함) 학생수는 1997년 1,210명이던 것이 2006년에는 645명으로 46.7%로 각각 감소하였다(표 6).

고령군의 학생 수의 감소는 소규모 초등학교의 통폐합으로 이어졌고, 1면 1개 초등학교 유지 정책에 의해 그나마 소규모 초등학교가 명맥을 유지하고 있는 실정이다. 고령군은 1982년부터 초등학교가 폐교되기 시작하여 현재 총 9개 학교가 폐교되었다. 폐교자산은 대부분은 매각되었으며, 내곡폐교, 운수초등 화암폐교, 성산초등 사부분교만이 대부 되어 교육시설이나 생산시설로 활용되고 있다(표 7, 그림 1). 이들 지역은 전형적인 농촌지역으로 주민 대부분이 농업에 종사하고 있으며, 내곡폐교가 있는 지역에는 총 226세대의 가구에 주민수 490명, 화암폐교가 있는 지역에는 총 268세대 주민수 620명, 사부폐교가 있는 지역에는 총 213세대 주민수 517명이 거주하고 있다.

고령군의 교육 환경의 악화는 다른 농어촌 지역과 마찬가지로 1960년대 이후의 급격한 산업화에 따른 이농현상에서 찾을 수 있다. 농촌인구의 감소와 더불어 도시 근접성의 향상에 따른 생활권의 확대, 농촌주민의 의식과 생활구조의 도시화는 농촌 시설의 유지를 어렵게 하고

그림 1. 문화예술센터로 사용되고 있는 내곡폐교

표 7. 고령군 폐교 재산 현황

폐교명	폐교년도	위치	규모		활용현황	대부현황		대부기간
			건물	대지		구분	세부내역	
회천폐교	1982	고령군 우곡면 야정리 900	미상	7,342	매각	-	-	-
벌지분교 송곡분교	1983	고령군 다산면 송곡리 272	미상	1,188	매각	-	-	-
고령초등 일량분교	2000	고령군 고령읍 대곡리 528	976	15,515	매각	-	-	-
월막초등	1994	고령군 쌍림면 월막리 292	1,030	8,083	매각	-	-	-
고령초등 덕곡분교	2000	고령군 덕곡면 가윤리 229-2	1,354	12,443	매각	-	-	-
내곡폐교	1994	고령군 고령읍 저전리 45-1	996	9,666	대부	교육시설	문화예술 순수미술 제작	2006.1.1 ~2008.12.31
운수초등 화암폐교	1994	고령군 운수면 화암리 1163	687	9,849	대부	교육시설	버섯배양 재배연구	2006.9.21 ~2009.9.20
성산초등 사부분교	1999	고령군 성산면 사부리 160-4	677	6,972	대부	생산시설	도자기 생산	2006.12.26 ~2009.12.25

자료 : 교육부, 2007. 3. 1 현재

있다. 고령군의 경우 다른 농어촌 지역과 마찬가지로 특화된 교육시설의 부재와 함께 사교육을 받을 만한 여건 부족으로 인해[2], 특히 대구권과 인접하여 있음으로 인해 학생들의 대구권 학군으로 편입하는 현상이 두드러지고 있다. 농촌에서는 인근 도시로 취학 하는 아동의 수가 늘어나고 있는데, 이는 교육시설들이 도시 편향적으로 개발되는 가운데 기본적인 교육 수요마저도 농촌지역 내에서 충족시키지 못하고 있다는 데서 비롯된 결과라고 할 수 있다. 결국 이것은 농촌학교 교육에 대한 수요를 축소시키는 반면 도시지역 교육에 대한 수요를 증가시키게 하여 도농간 교육발전의 격차가 더욱 심화되는 결과를 초래하고 있다.

(2) 학교 통폐합에 대한 주민들의 인식

농어촌 지역에 있어서 학교는 단지 학생들의 교육적인 면뿐만 아니라 지역의 구심체로서 기능한다는 점에서 소규모 학교의 통폐합은 더욱 문제가 된다. 고령군을 비롯한 경상북도 지역

---

[2] 전체 인구가 3만5천 여 명인 고령군에는 2006년 현재 사설학원 25개 있으며, 중학생을 대상으로 한 학원 14곳, 고교생을 대상으로 하는 종합학원은 한 곳뿐이다(고령군 통계연보 2007).

은 전국에서 가장 많은 학교가 통폐합되어 왔다. 그리하여 고령군 지역 주민 118명을 대상으로 2008년 3월 30일에 학교 통폐합과 관련한 그들의 의식을 조사하였는데 그 결과는 다음과 같다.

첫째, 소규모 학교의 통폐합 정책에 대해 어떻게 생각하느냐에 대해 24%가 반대한 반면 76%가 찬성하였는데 예상과는 다른 결과가 나왔다. 그들은 지역 사회의 구심점이 사라지고, 학생들의 통학에 어려움이 있는 것은 인정하면서도, 학교 운영의 효율화와 질적 교육에 더 가치를 두는 것으로 나타났다. 한편, 만약 본인이 거주하고 있는 지역의 학교가 통폐합가 된다면 자녀들을 어떻게 하겠는가라는 질문에 대해서는 75%가 통합학교에 그대로 다니게 한다고 하였으며, 25%만이 대도시나 인근 읍·면 소재지로 학생만을 전학시킨다고 하였다. 이는 고령군 주민들은 대부분 학교 통폐합에 대해 긍정적인 반응을 보이는 결과라고 할 수 있다. 실제 폐교가 된 지역의 초등학생을 둔 학부모 및 학생의 면담에서 통학에 그렇게 불편함을 느끼지 않는 것으로 나타났다. 이는 고령군이 경상북도 북부 지역과는 달리 이동을 위한 지형과 거리적 제약이 상대적으로 적기 때문인 것으로 해석된다.

둘째, 만약 폐교가 된다면 관리 주체(지역 주민, 종교 단체, 외부 일반인, 외부 일반단체, 교육청, 기타)와 관리 방식(매각, 임대, 관리·보존, 지역주민 자체활용, 교육청 자체 활용, 기타)에 대해서는 교육청보다는 지역 주민이 주체가 되어 자체적으로 활용하는 것이 바람직하다고 보고 있었으며, 매각과 임대에 대해서는 매우 부정적인 반응을 보였다. 만약 매각한다면 매각 대금은 63%가 지역의 문화시설 및 주민 복지시설에 투자해야 한다고 하였으며, 22%는 통폐합 학교에 재투자해야 한다고 하였다. 한편, 폐교시 학교시설을 무엇으로 활용하는 것이 바람직한가에 대해서는 77%가 주민의 복지 및 문화 시설로 활용하기를 희망하였으며, 지역 주민에게 무상으로 임대하여 시설 노후화를 막아야 한다고 하였다. 특히 외부 단체나 개인에 대한 임대나 대부를 통한 교육시설, 수련원, 예술촌 등으로의 활용에 대해서는 부정적이었다.

셋째, 고령군에서 고령읍 쾌빈리 일대에 2009학년도부터 개교 예정인 '통합중학교(고령중학교와 고령여자중학교)'와 '통합고등학교(고령실업고등학교와 고령여자종합고등학교)'에 대해서도 12%만 반대하였으며 대부분 찬성하는 것으로 나타났다. 그 이유에 대해서는 학생수의 감소를 해결하고 재정의 효율성 때문인 것으로 나타났으며, 초등학교와 달리 이들 학교는 고령읍에 모두 소재하고 있기 때문에 통학에 어려움이 없는 것이 큰 차이점이다. 한편, 중등학교 간 통폐합에 대해서는 설문 주민의 90%가 이전 보다 교육의 질적 향상이 가능할 것이라고 하였다.

3) 가야 대학교의 지역 이탈과 주변 지역의 공동화

　가야대학교는 1993년에 군령군 고령읍 지산리 산 120번지에서 가야요업대학으로 개교하였다가 1995년 가야대학교로 교명을 변경하였다. 2003년에는 가야 문화권의 하나인 경상남도 김해시 삼계동 60번지 일대에 또 하나의 캠퍼스를 조성함으로서 고령군 캠퍼스의 존폐 위기가 대두되기 시작했다.

　김해시에 새로운 캠퍼스를 열게 된 배경에는 고령군과 더불어 가야국의 일원이었다는 명분 이외에 고령군이 학생 유치에 별 도움이 되지 않았던 반면에, 김해는 부산과 창원, 마산과 인접해 있어서 부산과 경남 학생들의 유치에 매우 좋은 입지를 갖추고 있기 때문으로 해석된다. 물론 고령군 역시 대구라는 대도시가 인접해 있지만, 대구 주변의 주요 학원 기능은 이 지역과 반대편에 자리잡고 있는 경산과 하양에서 대부분 소화하고 있기 때문에 지리적 위치나 입지의 관점에서 볼 때 큰 장점이 없었던 것도 사실이다.

　더욱이 문제가 되었던 것은 2003년 이후 계속해서 고령군 캠퍼스에 있던 학과들이 김해 캠퍼스로 이전하기 시작하였다는 것이다. 2007년 12말 현재 고령군 캠퍼스의 대다수의 학과는 모두 김해 캠퍼스로 이전하여, 현재 고령군 캠퍼스에는 학사행정업무직원 1명과 160명의 사회복지학과만 남겨둠으로서 건물 9개 동은 대다수가 비어 있어 거의 대학 기능이 상실화 되어가고 있다는 것이다[3].

　가야대학교 고령군 캠퍼스 인근 지역은 슬럼화가 가속화되어 모든 기능이 거의 마비되어 가고 있는 상황이다. 경찰의 치안유지, 행정기관의 가로등 유치 등 다각적인 노력을 기울이고 있지만 주민들의 불안은 높아만 가고 있다. 이 지역 주민들에 의하면 가야대학교가 이와 같은 위기를 맞은 것은 학교 측이 인재배출과 지역사회의 발전에 대한 비전을 지역주민들에게 제대로 알리지 않았기 때문이라고 한다. 그러나 가야대학교가 김해 캠퍼스로 모두 이전해 가는 데에는 지역사회와의 관계보다는 현실적인 학생들의 유치 문제가 더욱 큰 것으로 해석된다. 왜냐하면, 특히 사립대학의 경우 그들의 존립에는 지역사회와의 협력이나 산학 협력 등도 중요하겠지만 무엇보다도 학생들의 원활한 유치가 우선 과제이기 때문이다.

　현재 가야대학교와 고령군에서는 고령군 캠퍼스의 활용 방안을 놓고 정책적 합의를 시도하

---

3 2007년 현재 가야대학교는 교수 75명과 학생수 2천 853명의 면모를 갖춘 후 5개 대학원, 7개 계열, 8개 학부, 19개 학과 및 전공으로 운영되어 오고 있다. 고령군 캠퍼스에는 사회복지학과 160명의 학생만이 있기 때문에 사실상 이 캠퍼스는 모든 기능이 상실되었다고 할 수 있다.

고 있다. 가야대학교에서는 고령군 캠퍼스는 학생 모집이 더 이상 어렵고 남은 땅은 많기 때문에 사업의 다변화 차원에서 골프장 건립을 추진하려고 하고 있다. 이 캠퍼스의 3분의 2를 9홀 규모의 골프장으로 개발한 뒤 골프 관련 학과를 모은 '골프 단과대'를 국내 최초로 신설해 특성화 캠퍼스로 거듭나겠다는 것이다. 즉, 골프 지도학과와 골프장 경영학과 등의 학과를 신설해 스포츠·레져 전문대학이라는 특성화 캠퍼스를 도모하고 있다.

가야대학교는 지난 2006년 6월 골프장 계획안을 고령군에 제출했으나 이 안은 '주변 경관에 미치는 영향과 경제적 타당성을 더 논의해야 한다'는 이유로 그 동안 2차례 재심의 처리되었다. 고령군 관계자에 의하면 "대학 캠퍼스 내에 수익 시설인 골프장을 짓겠다는 구상이라 용도 변경 논의 등이 복잡해 시간이 좀 걸리고 있다"(연합뉴스, 2008)며 이번에 재심의가 통과돼도 골프장 건설까지는 최소 1년 반에서 2년이 더 걸리게 될 것으로 예상된다.

4. 고령군의 교육환경 개선을 위한 정책 현황

1) 고령군교육발전위원회(사단법인)의 설립과 역할

현재 경북도내 지자체에서 장학회를 설립·운영하고 있는 지역은 김천, 경산, 군위, 의성, 울진, 영천 등이며, 대부분 기금 규모는 100억 원 정도를 목표로 하고 있다. 고령군은 "살기좋은 고령건설"이라는 군정목표를 달성하기 위한 일환으로 "고령군에서는 자녀교육이 걱정 없는 살기 좋은 정주여건 조성"을 슬로건으로 내걸고 있다. 열악한 교육환경으로 관내 학생들이 인근 대도시로 유출이 심화되고 있어 지역의 인재 양성과 교육의 질을 개선하여 관내 학교를 명문학교로 육성하여 "수준 높은 교육도시"로 거듭나기 위해 고령군에서는 2003년 10월 21일에 사단법인 고령군교육발전위원회를 발족하여 운영해 오고 있다. 지금까지 40억 원(군출연 36억 원, 모금 4억 원)을 모금하여 26억 원을 각종 사업에 지출하고 14억 원을 보존하고 있다. 기금은 군 출연금(매년 5~10억)을 비롯하여, 군민 및 출향인, 향우회원 모금, 기업체, 기관단체 임원 등을 대상으로 하여 조성한 것으로 장학사업, 교육여건개선사업 등의 정기적 사업뿐만 아니라, 기타 비정기적인 사업 등에 사용되고 있다(표 8).

첫째, 고령군교육발전위원회의 장학사업은 크게 우수대학 진학생 장학금 지급, 고등학생 장학금 지급, 중학생 장학금 지급, 전국 소년체전 입상 학생 장학금 지급 등으로 구분된다. 서울

표 8. 고령군교육발전위원회의 주요 사업

장학사업	• 우수대학교 진학생 장학금 지급 • 고등학생 장학금 지급 • 중학생 장학금 지급
교육여건 개선사업	• 학교급식비 지원(식재료비 일부) • 지도교사 수당 및 급식 제공, 야간 자율학습 학생 간식비 • 방과후 학교 운영
기타	• 대가야교육원 설립과 운영 • 통합학교 조성 • 경북대 향토생활관 건립 공동투자금 출연 • 영남대 향토생활관 건립 공동투자금 출연 • 군립 독서실 운영

자료 : 고령군 내부자료(2007)

대, 고려대, 연세대, 포항공대 입학 학생에게는 4년 간의 장학금, 의대, 약대, 한의대 치대 입학 학생에게는 2년 간의 장학금, 이화여대, 한양대, 성균관대, 한국외대, 서강대, 중앙대, 경희대 입학 학생에게는 1년 간의 장학금, 경북대, 부산대 입학 학생에게는 1학기 등록금을 지급하고 있다. 중학생 및 고등학생 중에서 성적이 5% 이내인 우수 학생에게 각각 1인당 3백만 원과 5백만원의 장학금을 지급하고 있다. 이와 함께, 예체능 우수학생과 전국 소년체전 입상학생에게는 5백만 원 이내의 장학금을 지급하고 있다.

둘째, 교육여건 개선사업으로는 학교급식비 지원, 지도교사 수당 및 급식 제공, 야간 자율학습 학생 간식비, 방과후 학교 운영 등을 지원하고 있다. 2007년 기준으로 볼 때, 고령군 관내 3,400명의 초중고 학생들의 급식비에 2억 6474만 원, 대가야 고등학교, 고령여종고(보통과) 지도교사 수당 및 급식 제공, 야간 자율학습 학생 간식비에 8,625만 원을 지원하였으며, 관내 초중고등학교 방과후 학교를 위하여 9억 원(국비 5억 원, 군비 4억 원)을 지원해 오고 있다.

셋째, 기타 사업으로는 관내 우수학생을 위하여 대가야교육원 설립에서부터 운영에 지속적으로 지원하고 있으며, 2억 4,000만 원을 들여 112석 규모의 군립 독서실을 설치 운영하고 있다. 한편, 2005년과 2007년에는 각각 경북대학교와 영남대학교에 진학한 지역 고등학교 출신 학생들에게 지역의 자긍심을 심어주기 위하여 향토생활관 건립을 위한 공통투자금 중 3억 원을 지원하여, 30명이 입사할 수 있는 혜택을 주고 있다.

2) 학교통합을 통한 명문학교 육성 계획

고령군에서는 학생들의 지역 이탈을 막기 위해서는 거창, 김천, 청도 등과 같이 지역 명문학교의 육성이 절실하다는 인식하에 학교통합을 통한 명문학교 육성을 도모하고 있다. 고령군교육발전위원회가 중심이 되어 지역 교육발전을 위하여 기존 고령여자종합고등학교를 대가야고등학교 인근으로 이전하여 쾌빈리 일대를 학교타운으로 조성함으로서 경쟁력을 높이고, 강원도 횡성의 '민족사관고등학교'를 벤치마킹하여 교육도시로서의 군 이미지를 제고하겠다는 것이다. 특히, 고령군은 대구광역시에 인접하여 있어서 관내 공무원 및 교육공무원, 기관단체 임직원 등이 주로 대구시에 거주하고 있어, 이들을 관내에 거주 할 수 있도록 제도적 여건 조성할 필요가 있는 것은 물론 쾌적한 교육환경개선을 위해 행·재정적 지원을 강화하고 우수교사를 초빙하여 학생들의 학력신장을 도모하겠다는 것이다.

고령군 학교통합추진위는 원래 고령군의 유일한 인문계 사립 고교인 대가야고를 포함하여 공립고교인 고령실고, 고령여종고를 통합하여 고령군 명문고 육성을 추진하였지만, 대가야고등학교와 동창회의 강력한 반대로 무산되었다. 따라서 고령군에서는 중학교와 고등학교 수준에서 고령읍 쾌빈3리에 통합학교를 추진하고 있는 실정이다. 추진 배경으로는 저출산에 따른 중장기 학생수 감소로 적정규모 학교 육성을 위한 통폐합이 대두되고, 이를 통해 교육과정을 정상화하고 인력 및 재정의 효율적인 운영을 모색하는데 있다. 나아가 내고장 학교보내기 운동을 통해 인재 육성을 위한 지역 중심 학교의 토대를 마련하는데 있다.

통합방식은 중·고 분리 통합으로 고령중학교와 고령여자 중학교를 통합하여 기획보된 쾌빈리 일대의 부지에 신축하여 통합중학교를 만들고, 고령실업고등학교와 고령여자종합고등학교를 통합하여 현 고령실업고등학교를 리모델링하여 통합고등학교를 만든다는 계획이다. 2009년 9월 1일 개교 예정으로 통합중학교는 학년당 5학급으로 총 16학급(특수 1포함), 통합

표 9. 통합학교 추진 내용

구분	대상학교	시설추진	학급편재	소요예산
통합중 (남여공학)	고령중학교 고령여자중학교	학교신축 (쾌빈리 일대)	16학급(특수 1포함)	120억 원
통합고 (남여공학)	고령실업고등학교 고령여자종합고등학교	리모델링 (현 고령중·실고부지)	11학급(특수 2포함)	35억 원

자료 : 경상북도 교육청 내부자료(2007)

고등학교는 학년당 3학급으로 총 11학급(특수 2 포함)을 계획하고 있다. 통합고등학교의 경우 전문계 고등학교로 개편하고 이후 특성화 고등학교로 추진할 계획이다. 한편 통합중학교 부지 내에 고령교육청 이전을 추진하여 대가야 고등학교, 통합중학교, 고령교육청을 엮는 학교타운을 조성할 계획이다(그림 2). 중·고 분리 통합에 따른 총 소요예산액 155억 원으로 통합중학교 신축을 위하여 120억 원, 통합고등학교 리모델링을 위하여 35억 원이 소요 될 것으로 예상하고 있다. 소요 예산은 교육청 예산(71억 1,891만 원)과 고령여자중학교와 고령여자종합고등학교 매각대금(96억 3,792만 원)으로 충당할 계획이다(표 9).

2008년 현재 고령중학교는 9학급 246명, 고령여자중학교는 8학급 216명으로 총 17학급(특수 1 포함) 462명이며, 고령실업고등학교는 9학급 117명, 고령여자종합고등학교는 9학급 122명으로 총 18학급(특수 2 포함) 239명이다. 통합중학교는 총 16학급(특수 1포함) 규모에 학생수는 460명을 유지할 계획이며, 통합고등학교는 총 11학급(특수 2포함)에 학생수는 230명 정도를 유지할 계획이다(표 10).

그림 2. 고령군 중·실고(좌) 및 쾌빈리 일대 학교타운 예정지(우)

표 10. 통합학교 학급수와 학생수의 추이

구분	2009		2010		2011		2012		2013		2014	
	학급수	학생수	학급수	학생수	학급수	학생수	학급수	학생수	학급수	학생수	학급수	학생수
통합중	16	449	16	471	16	472	16	491	16	472	16	463
통합고	17	220	15	215	13	230	11	255	11	235	11	229

자료 : 경상북도 교육청 내부자료(2007)

3) 공립학원인 대가야교육원의 설립과 운영

　공립학원의 원조는 2003년 6월에 전북 순창군이 세운 '옥천인재숙'으로서 별도의 시험을 치러 성적 순으로 뽑힌 중3~고3 학생 200명이 매일 학교가 끝난 뒤 와서 밤늦게까지 수업을 듣고 잠까지 자는 기숙형 학원이다. 순창군의 성공 사례가 알려지면서 다른 지자체들도 앞다퉈 공립학원 운영에 나서고 있다. 현재 지자체가 운영하는 공립학원은 기숙형이 두 곳, 비기숙형이 세 곳이다. 별도의 학원 공간을 마련하지는 않았지만, 주말이나 학교 수업이 끝난 뒤 여러 학교에서 선발된 학생들이 학교나 회관 등 공공기관 한 곳에 모여 학원 강사 등에게서 수업을 받는 학원식 '방과후 학교'를 여는 곳도 7곳에 이른다(표 11). 앞으로 이와 같은 여러 유형의 공립학원이 계속해서 늘어날 것으로 예상된다.

　고령군은 열악한 교육환경이 급격한 인구감소로 이어져 자치단체로서의 존립이 우려됨에 따라 학생들에게 보다 나은 기회를 제공하고 학생들 간의 경쟁을 통해 공부할 수 있는 분위기를 조성하고, 지역 교육의 경쟁력을 강화하기 위한 고육책으로 고령군교육발전위원회가 중심이 되어 대가야교육원을 설립하였다. 고령군은 2006년 이전까지 매년 초중고생의 20% 정도가 타지역으로 빠져 나가고 특히 우수한 학생의 경우 초등학교 때부터 인근 대도시로 전학을 하고 있는 상황이었다.

표 11. 전국 지방자치단체 운영 '공립학원' 현황

형태	지방자치단체
기숙형 학원	전북 순창, 경남 합천 (전북 김제·완주 추진 중)
비기숙형 학원	경북 고령, 경남 밀양·산청
방과후 학교	경북 봉화·의성, 전북 군산, 전남 곡성·완도, 서울 금천·구로구[4] (주말 또는 방과후에 학교·공공기관 등에 모여 외부 강사가 수업)

자료 : 한겨레신문, 2008. 4. 3

---

[4] 지금까지 농어촌 지역의 지방자치단체가 공립학원을 운영하였다면, 서울의 구로구와 금천구는 성격이 조금 다르다. 서울 금천구는 올해(2008)부터 3~4억 원을 들여 '금천영재교실'을 운영하고 있다. 금천구의 4개의 인문계 고교에서 뽑은 성적 우수자 120명이 수업을 받는다. 강남지역 고교나 특목고 교사들을 강사로 초빙해 월·수·금 오후 7시부터 10시까지 언어·수리·외국어를 가르친다. 이른바 '스카이'(서울대·고려대·연세대) 진학률을 높이려고 지자체가 직접 나선 것이다. 금천구청 관계자는 "명문대 진학률이 떨어지면서 금천구가 교육 낙후지역이라는 이미지가 굳어졌고 지역사회의 패배감이 컸다"며 "명문대를 보내야 명문고로 인식되는 세태 속에서 학교 네 곳와 '한번 해보자'는 마음으로 시작했다"고 말했다. 구로구도 지난해(2007) 6개 고교에서 성적 우수자 60명을 선발해 1억 원을 들여 '논·구술 영재반'을 운영했다. 구로구는 올해에는 이 사업을 확대해 실시할 계획이다(한겨레, 2008.4.3).

표 12. 대가야교육원의 주요 현황

장소	• 구 농업기술센터 부속건물(고령읍 지산리 40-3)
주요시설	• 14실(강의실 10, 교무실, 원장실, 휴게실, 화장실)
교육인원	• 관내 중고등학생 180명 선발 무상교육 - 중학생 1, 2학년 각각 25명, 중학생 3학년 40명 총 90명 - 고등학생(1, 2, 3) : 학년별 30명씩 총 90명
교육시간	• 방과후 17:00~24:00까지(월요일-토요일까지 수업) - 중학생 : 17:00~21:00(3교시 수업, 1시간 자율학습) - 고등학생 : 19:10~24:00(3교시 수업, 2시간 자율학습)
수업과목	• 국어, 영어, 수학, 논술, 사탐, 과탐
강사	• 과목별 강사 현황 : 11명(원장 포함) - 전임강사 : 국어 2, 수학 3, 영어 2, 사탐 1, 과탐 1 - 시간강사 : 논술 1, 생물 1
차량수송	• 차량 2대 임차로 수업 종료 후 집까지 수송

자료 : 고령군 내부자료(2007)

그림 3. 대가야교육원의 외부 및 내부 모습

고령군은 2003년 10월에 사단법인 고령군교육발전위원회를 설립하여, 12월에는 고령군 교육발전지원 및 운영에 관한 조례를 제정하고, 2004년도에는 전국자치단체를 비교 견학하여 영재교육원 운영계획을 수립하였다. 그리고 다음 해에는 전북 순창군에서 운영하는 공립 사설 학원인 옥천인재숙을 견학하고, 영재교육원 운영을 위한 설문조사(에이스 리서치)를 실시하여 장기교육발전계획을 수립하였다. 이에 따라 2006년 3월부터 옥천인재숙과 달리 기숙형의 건물을 따로 세우지 않고 다른 건물을 임대해 학원과 유사한 체계의 대가야교육원을 운영해 오고 있다.

대가야교육원의 강사료 및 운영비는 고령군 교육발전위원회 기금으로 충당되며 고령군은 교육원의 원활한 운영 등을 위해 매년 5~10억 원을 출연하고 있다. 대가야 교육원은 2006년 3월 2일에 고령읍 연조리 589-2번지에 있는 (구)예일학원을 리모델링하여 개원하였으며, 개원 당시에는 관내 중학교(2, 3학년 학생) 고등학생 110명을 선발하여 무상교육을 하였으며, 2007년 3월부터는 옛 농업기술센터를 리모델링하여 인원도 110명에서 180명으로 확대, 운영하고 있다(표 12, 그림 3).

학생선발은 선발고사 1~2개월 전에 군청 홈페이지나 읍면게시판의 공고문을 통한 게시 및 현수막, 반회보, 학교, 학생, 학부모를 통한 홍보를 통해 매년 2회(6월 및 12월) 가야대학교에서 국어, 영어, 수학, 사회, 과학 등의 시험을 실시하여 성적 우수자 순으로 선발한다. 2007년도의 경우 중학생 799명과 고등학생 628명 총 1,428명이 지원하여 상위 10% 내외의 180명이 선발되었으며, 중학교 4개 반과 고등학교 6개 반 총 10개 반으로 편성 운영되고 있다(표 13). 한편, 관외 고등학교로 진학하는 학생은 입학을 제한하며, 관외 학교에서 전학 온 학생이 교육원에 입사를 원할 경우 이전 학교의 전체석차가 10% 이내인 학생은 심의 후 정원 외 학생으로 입학을 허가하고 있다.

대가야교육원은 지역교육의 경쟁력 제고와 우수인재 유출을 방지하기 위해 자구책으로 마련된 것으로 지역의 교육여건 향상과 학생들의 수준을 높이는데 기여하고 있는 것으로 평가된다. 고령군 내부자료(2008)에 의하면, 2006년부터 대가야교육원이 운영되면서 인근 고등학교

표 13. 대가야교육원 학생 선발인원 및 반 편성

구분		대상 학생수	교육대상 인원			
			계 (학생수/반)	1학년	2학년	3학년
계		1,428	180/10 (12.6%)	55	55	70
중학생	소계	799	90/4 (11.3%)	25	25	40
	A		70/3	25	25	20
	B		20/1	-	-	20
고등학생	소계	628	90/6 (14.3%)	30	30	30
	a		45/3	15	15	15
	b		45/3	15	15	15

자료 : 고령군 내부자료(2007)

(거창, 청도, 김천 등), 대구시 등으로의 진학 및 전학이 감소되었다. 2006년 이전에는 매년 초등학교 6학년 학생과 중학교 3학년 학생 100여 명이 관외로 유출되었지만, 2007년에는 중학생 중 성적우수학생은 6명만이 관외로 진학하였다는 것이다. 그리고 2005년 34,271명이었던 인구가 2006년에는 34,777명으로 증가하였으며, 대가야교육원 학생의 100%가 서울대를 비롯하여 4년제 대학에 진학하는 성과를 거두었다고 한다. 이처럼 고령군의 교육 환경이 나아진 것은 주민·자치단체 등이 앞장서 내 고장의 학교에 보낼 수 있는 토대를 마련한 것이 때문이다.

하지만, 대가야교육원과 공립 사설학원은 '지역의 살길'과 '교육 형평성 침해'라는 양극단 사이에서 첨예한 대립에 직면해 있다. 자치단체가 인구감소 및 지역인재 육성을 위한 '고민 속 결단'이라고 주장하는 반면 전교조와 시민단체들은 상위 5% 이내의 영재만을 지원하는 정책으로 교육의 형평성에 어긋난다며 반발하고 있다. 행정기관의 인재육성 사업에 맞서 시민단체들이 공교육 붕괴 및 지방재정 부담을 가중한다며 추진 중단을 요구하고 있는 실정이다.

특히 대가야교육원과 같은 공립 사설학원은 학생들로 하여금 공교육에 대한 불신을 조장하여 학교 공동체를 붕괴시킬 수 있다는 것이다. 공립 사설 학원이 일부 어려운 가정의 학생을 수용한다고 하지만, 실제 지역 우수학생들은 대부분 공무원, 전문직, 자영업자 등의 자녀들로서 소수의 상위권 학생과 가진 자들을 위한 또 하나의 정책에 지나지 않는다는 것이다. 따라서 1인당 1천만원 이상의 예산을 들여 과외를 시키기보다 방과후 교육을 적극적으로 지원하고 활용하는 편이 더욱 바람직하다고 주장하기도 한다.

4) 방과후 학교의 운영과 교육의 기회 확대

경상북도 고령교육청과 고령군청은 2007년 농산어촌 방과후 학교 지원 사업에 공모하여 선정됨으로써 교육부 지원금 5억 3600만 원과 고령군으로부터 교육보조금 4억 원을 지원 받았다. 이 예산으로 고령군 관내 초·중·고등학교 학생을 대상으로 교육 기회확대 및 맞벌이 부부의 자녀에 대한 보육 기능 강화를 위한 다양한 교육 서비스를 제공하고 있다.

2007년 3월부터 2008년 2월까지 고령교육청 산하 교육기관 및 유관기관·단체를 활용하여 농산어촌에 거주하는 34,777명의 주민과 3,477명의 초·중·고등학생을 대상으로 대가야의 얼을 잇는 대가야문화체험 프로그램, 대가야문화해설사 양성 프로그램, 방과후 보육 프로그램, 특기적성 프로그램, 교과심화보충 프로그램, 평생교육 프로그램, 자율특색 프로그램, 지역

표 14. 방과후 학교 소요예산

(단위 : 천 원)

구분	사업명	소요예산			
		교육부 (국고)	교육부 (특교)	군보조금 (고령군)	총예산
초등 학교	초등보육 프로그램	5,468	0	63,508	68,976
	학교별특성화 프로그램	316,132	0	0	316,132
	거점단위 프로그램	0	0	28,480	28,480
	학부모정보화 프로그램	0	0	2,205	2,205
	학부모, 학생마당 프로그램	0	0	1,372	1,372
	우리문화적응교육 프로그램	0	5,850	7,460	13,310
중학교	수준별교과운영 프로그램	0	29,600	159,610	189,210
	학교별특성화 프로그램	0	95,330	1,390	96,720
	거점단위프로그램	0	5,770	0	5,770
고등학교	수준별교과운영 프로그램	0	21,810	0	21,810
	학교별특성화 프로그램	0	36,390	0	36,390
교육청 주관	원어민영어교실 프로그램	0	0	97,680	97,680
	대가야문화체험 프로그램	0	0	24,384	24,384
	문화해설사양성 프로그램	0	0	13,911	13,911
	방과후학교 운영 경비	0	19,650	0	19,650
계		321,600	214,400	400,000	936,000

자료 : 고령교육청 내부자료(2008)

특성화 프로그램 등을 운영하였다.

    방과후 학교의 운영 목적은 농어촌 지역의 교육 기회를 확대하여 사교육비를 경감하고자 하는데 있다. 방과후 학교의 운영은 대체적으로 사업추진을 위한 준비위원회(2월) → 고령군청 및 유관기관과 협의(2월) → 공모 계획서(3월) → 교육부 컨설팅 및 자문(3월) → 공모선정 → 프로그램운영 워크숍(4월) → 방과후학교 프로그램 운영 → 운영결과 분석 등의 과정을 통해 이루어진다. 주요 프로그램으로는 초등보육 프로그램(초), 특기·적성 프로그램(초, 중), 교과 심화 프로그램(중, 고), 평생교육 프로그램, 학교별 특성화 프로그램(초, 중, 고), 지역 특성화 프로그램(초, 중, 고) 등이 있다.

    2007학년도 고령군의 방과후 학교 시범학교는 군지정으로 백산초등학교, 도지정으로 쌍림초등학교, 고령중학교, 교육부지정으로 우곡초등학교가 다문화학교로 지정되어 운영되고 있다. 고령군의 2007년도 방과후 학교의 사업의 총소요 예산은 9억 3,600만 원으로서 국고 5억 3,600만 원과 고령군에서 4억 원을 분담하고 있다. 군에서 지원되는 프로그램으로는 초등학교의 경우 거점단위 프로그램, 학부모정보화 프로그램, 학부모, 학생 마당 프로그램, 우리문화적응교육 프로그램 등이 있으며, 중학교의 경우 수준별교과 운영프로그램, 학교별 특성화프로그램 등이 있다. 그리고 교육청 주관으로 이루어지는 원어민영어교실 프로그램, 대가야문화체험 프로그램, 문화해설사양성 프로그램 등이 운영되는데 대부분 지역사회의 홍보와 지역주민들의 평생교육과 관련된 것이라고 할 수 있다(표 14).

고령군 지역주민들은 방과후 학교에 대해 어떻게 인식하고 있는지 118명을 대상으로 설문조사를 하였다. 조사 대상 주민의 87%가 방과후 학교의 운영이 공교육 정상화에 기여한다고 하였으며, 방과후학교가 학업 성취에 도움이 되는 이유로는 학교 수업을 보충할 수 있는 계기가 될 뿐만 아니라, 사교육비 절감을 위해서, 그리고 학원에 비해 교과서를 위주로 가르쳐 주기 때문이라고 하였다. 학생들의 학업 성취와 관련하여 가장 도움이 되는 것으로는 학교 수업(50%), 학원 수강(21%), 방과후 학습(16%) 순으로 나타났는데 방과후 학습보다 학원 수강을 선호하는 경향이 약간 높았다. 그리고 가장 필요한 방과후 학습 프로그램으로는 특기적성 프로그램(32%), 인성 프로그램(19%), 교과 심화 프로그램(17%), 교과 기초 프로그램(15%), 체험 프로그램(12%)으로 나타났다. 이러한 결과는 방과후 학교는 학업 성취를 위한 교과 관련 프로그램보다는 특기적성 및 인성, 체험 프로그램이 적합하다고 인식하는 것으로 해석될 수 있다. 한편, 학부모를 대상으로 한 방과후 학교로서 평생 교육프로그램에 참여한 경험이 있는 사람은 23%이었다. 가장 많이 참여한 프로그램으로는 정보화 교육(41%), 취미 계발 교실(41%)인 것으로 나타났다. 그리고 참여한 프로그램의 효과에 대해서는 81%가 효과가 있는 것으로 반응하였다.

방과후 학교 운영과 관련하여 다양한 문제점도 제기되었다(고령교육청 내부자료, 2008). 첫째, 방과후 학교 운영을 각 학교 선생님들이 담당하고 있는 비율이 50% 이상으로 일과 시간만 해도 과중한 수업부담을 안고 있는데 방과후 수업 까지 담당하는 것은 학생들에게 소홀해지게 될 수밖에 없다는 것이다. 따라서 학교선생님의 부담을 줄여주기 위하여 프로그램을 몇 가지 줄이더라도 외부강사를 활용하는 것이 바람직 할 것이다. 둘째, 담당 선생님들이 교육, 출장 등 유고시에는 자습으로 대체하고 보강 수업을 하지 않는다는 것이다. 셋째, 일부 초등학교의 프로그램 중 당초에는 많은 학생이 신청하여 여러 개 반을 운영하였으나 얼마 안가서 학생수가 대폭 줄게 되면서 반을 축소하거나 폐지해야하나 그대로 운영하고 있는 문제점이 지적되고 있다. 넷째, 원어민 영어교실 프로그램의 경우 2주에 한 시간씩 수업을 듣고 있는 실정이며, 학생들의 실력에 관계없이 똑같은 수업이 진행되고 있어 효과에 대해 의문점을 제기하고 있다. 다섯째, 교육청에서 담당 장학사 한분이 방과후 학교 운영을 담당하고 있어 인력 부족으로 수

시 확인, 점검이 어렵다는 것이다. 여섯째, 고령군 총무과 교육지원계 담당자에 의하면 지원 기관인 고령군과 실행 기관인 고령교육청 사이에 유기적인 협조가 잘 이루어지지 않는다는 것이다.

이러한 방과후 학교의 문제점을 개선하기 위해서는 시간과 예산의 확보, 학생의 적절한 관리, 교사의 전문성 제고, 교육 및 프로그램의 질적 제고, 면 단위 학생의 통학 문제, 강제적 분위기의 해소 등 다양한 의견들이 제기되었다.

5. 고령군의 교육환경 개선을 위한 앞으로의 과제

이상과 같이 고령군이 놓여 있는 교육적 환경은 여느 농촌과 비슷하게 매우 열악하다고 할 수 있다. 초중등학교의 경우 학생수의 감소로 인하여 학교가 통폐합되고 있고, 지역의 유일한 대학인 가야대학교는 다른 지역을 선택하여 이전함으로서 고령군의 교육적 환경은 날로 악화되어 가고 있다고 할 수 있다. 하지만 고령군은 무엇보다도 교육의 질적 개선이 지역 발전의 동력으로 인식하여 고령군교육발전위원회를 설립하여 앞에서 살펴 본 것처럼 다양한 교육 정책을 실시해 오고 있으며, 어느 정도 성과를 거두고 있는 것으로 나타나고 있다. 그러나 이러한 일련의 정책의 추진 과정 속에서 지방자치단체와 지역 교육청 및 관내 학교간의 마찰, 교육적 혜택의 차별화로 인하여 새로운 긴장과 갈등이 나타나고 있는 것도 사실이다. 따라서 지역 사회 구성원들간의 합의를 통하여 최대한 교육의 형평성을 확보하는 차원에서 정책들이 추진되어야 하는 새로운 국면을 맞이하고 있다.

먼저 국가 및 지방자치단체 수준에서 학생수 감소에 따른 소규모학교 통폐합에 대한 인식의 전환이 필요하다. 설문조사에서도 나타났듯이, 농촌지역에서 학교는 주민들의 일상생활과 밀접한 관계를 맺고 있기 때문에 학교 통폐합은 학생 수뿐만 아니라 지역의 삶의 질과의 연관성을 정확히 반영해야 한다. 농촌지역의 소규모 학교는 교육적·경제적 측면에서 효율성이 떨어질 수 있지만 지역 주민들의 문화생활과 유대관계 및 공동체 의식 등에 영향을 미쳐 주민들의 삶의 질을 변화시키는데 기여하는 측면이 크다고 할 수 있다. 학교는 학생들을 교육하기 위한 장소라는 고정관념에서 탈피하여 지역주민들의 삶의 질을 향상시킬 수 있는 평생교육의 장으로 인식되어야 한다.

다음으로 실제적으로 가야대학교가 김해 캠퍼스로 거의 이전해 감에 따라 고령군은 가야대학교와 함께 고령군 캠퍼스의 새로운 활용 방안에 대해 긍지를 모아야 한다. 고령군은 대가야의 얼을 잇고 전통문화의 고장으로서의 이미지가 매우 크기 때문에 가야대학교에서 추진하고 있는 골프장 건립을 통한 스포츠·레져 전문대학으로의 전환에 부정적일 수 있다. 하지만 고정관념을 탈피하여 인근 대가야 고분군과 박물관을 비롯한 전통 문화적 요소와 현대식 레져·관광의 개념을 결하하여 새로운 지역발전 정책을 모색할 필요가 있다. 다만 이 과정에서 경제적 타당성은 물론, 주변 전통 문화 경관에 미치는 영향을 최소할 수 있는지를 검토하는 것이 우선 과제일 것이다.

고령군은 고령군교육발전위원회를 설립하여 다양한 사업을 추진해 오고 있는데, 장학사업 및 대가야교육원을 통해 혜택을 받고 있는 학생들이 주로 성적 우수 학생이거나 다소 부유한 가정의 학생으로서 형평성의 문제가 제기될 소지가 많이 있다. 따라서 이것이 효율적인 지역발전을 위해 불가피한 조치일지는 모르겠지만 진정한 교육의 질적 개선을 위해서는 성적이 우수하지 못하더라도 저소득층 자녀에게도 혜택이 돌아 갈 수 있는 개선이 요구된다. 그리고 교육여건 개선사업과 관련하여 고령군에서는 비용을 부담하고 교육청 및 단위 학교에서는 집행함으로서 고령군이 이들에게 그 사용에 대한 책임을 물을 수 없는 구조로 되어 있다. 그리하여 지원 기관인 고령군과 실행 기관인 고령교육청 및 단위 학교에 유기적인 협조가 잘 이루어지지 않는다는 것이다. 따라서 교육청 및 각급 단위 학교에 지원하고 있는 비용이 실효성있게 사용되고 있는지 교육청과의 긴밀한 협의를 통해 주기적으로 점검해야 할 것이다.

마지막으로 고령군에서 학생들의 지역 이탈을 막기 위해서는 핵심적인 정책으로 실시해오고 있는 것이 명문학교 육성과 대가야교육원의 운영이다. 사실 명문학교 육성은 이 지역의 유일한 인문계 사립 고등학교인 대가야고등학교와 동창회의 반대로 무산되었다. 하지만, 최근 새로운 정부에서는 각 지역에 하나의 공립 명문학교 육성을 위한 제도적 장치를 마련하고 있는 것으로 표명하고 있다. 고령군에서 명문 인문계 고등학교 설립을 위해서는 대가야고등학교 중심으로의 통합이 불가피함에도 불구하고 사립학교라는 한계를 노정시키고 있다. 더욱이 공립사설학원인 대가야교육원에 입소하여 혜택을 받고 있는 대부분의 고등학생이 이 학교 학생들로서 상당한 모순점을 내포하고 있다. 따라서 고령군교육발전위원회를 통한 다양한 지원책이 대가야고등학교에 집중되는 것을 막는 것은 물론 대가야교육원의 문제를 해결하기 위해서는 국가 또는 고령군에서 대가야고등학교를 매입하고 동시에 대가야교육원을 제도권 내의 교육기관으로 흡수하는 것을 생각해 볼 수 있다.

6. 맺음말

흔히 국가 및 지역 사회의 발전의 동력은 교육을 통해 경쟁력을 갖춘 인적자원에 있다고 한다. 국가와 지역간의 차이는 결국 교육의 격차를 의미하는 것으로, 국가 및 지역사회가 발전하려면 교육여건을 개선하기 위한 노력이 어느 것보다 우선해야 한다. 한국사회의 심각한 지역간 격차는 교육의 격차로 나타나고 있기 때문에, 각 지역사회가 발전하려면 교육여건을 개선하기 위한 노력이 다른 어느 것보다 우선해야 한다.

고령군의 교육환경은 여느 농촌과 마찬가지로 매우 열악하다고 할 수 있다. 학교 수와 학생 수의 감소로 인한 소규모 학교 통폐합이 가속화되고 있는가 하면, 특히 우수한 학생들이 인근 도시와 지역으로 계속해서 빠져 나감으로써 교육환경은 더욱 열악하게 되고 이는 지역 발전에 큰 걸림돌이 되고 있다. 이러한 상황 하에서 고령군은 무엇보다도 교육이 지역 발전의 동력이 될 수 있다고 보고 지방자치단체와 주민이 중심이 되어 고령군교육발전위원회를 설립하여 학교교육을 지원하는 한편, 명문학교 육성, 대가야교육원 설립을 통하여 경쟁력있는 지역으로 거듭나고 있다. 물론 이러한 일련의 정책의 추진 과정에 또 다른 문제들이 나타나고 있으며 이를 봉합할 수 있는 역량이 지역사회에 요구되고 있다.

고령군은 인근 대구광역시로 부터의 개발압력이 고령군에 직접적인 영향을 미치고 있고, 대구시로 부터의 기업이전 등이 활발하게 진행되고 있고, 전원주택 등 고급 주거수요가 있어서 우수한 교육기반시설을 강화한다면 발전 가능성이 매우 높은 지역으로 평가되고 있으며, 최근 실시된 조사에 의하면 경북에서 가장 살고 싶은 지역 중의 하나로 선정되었다. 따라서 지역사회의 교육여건을 합리적으로 개선하여 경쟁력을 높이기 위해 지역주민과 지방자치단체가 힘을 모아 주도적으로 실천해 나가야 한다. 고령군과 같은 농촌지역은 지방자치단체, 지역주민, 학생과 교사들의 원활한 의사소통과 정보교환이 이루어지기 적합한 교육적 환경을 가지고 있다. 농촌학교의 장점을 살림으로써 농촌학생들의 도시유입을 막고, 오히려 도시학생의 농촌 전학을 유도함으로써, 학교교육을 정상화시키고 지역간의 균형발전을 꾀하는 새로운 교육 정책 패러다임이 필요한 시점이다.

참고문헌

경상북도, 2006, 경상북도 교육연감.
경상북도교육청, 2007, 고령읍지역 중·고등학교 운영체제개선 추진 계획.
고령교육청, 2008, 방과후학교 간담회 서류.
고령군, 2006, 2020 고령군 기본계획.
고령군, 2006, 고령군 통계연보.
고령군, 2007, 2007 고령군군민교양교실 운영계획.
고령군, 2007, 2007 군정설계.
고령군, 2007, 2007년도 여성사회교육 운영계획.
고령군, 2007, 농어촌을 찾아가는 이동여성회관 운영.
고령군, 2007, 제23기 고령군여성대학 운영계획.
고령군, 2008, 2007년도 평생교육관련 현황 : 여성대학 운영현황, 여성사회교육 운영현황, 이동여성회관 운영현황.
고령군, 2008, 2008년도 대가야교육원 운영 및 대학입시 설명회 자료.
교육위원회, 2002, 농어촌 초·중등학교 교육일류화를 위한 정책연구, 교육위원회.
구자억, 2002, 농어촌교육발전을 위한 세미나, 교육개발, 134, 88-91.
김낙원, 1998, 소규모 학교 통·폐합 행정의 효과 및 발전방안에 관한 연구 : 경상북도 초등학교 통·폐합 사례를 중심으로, 동국대학교 지역개발대학원 석사학위논문.
김익현, 1997, 초등학교 통폐합의 지역적 전개와 주민적응 : 경상북도 청송군, 의성군을 사례로, 경북대학교 교육대학원 석사학위논문.
농어촌교육발전위원회, 2002, 농어촌 교육 발전 방안 검토를 위한 공청회, 농어촌교육발전위원회.
오홍석, 1987, 과소지역의 교육환경과 정책적 대응, 지역환경, 5호.
이시원, 2005, 농촌지역 교육실태 분석과 개선방안 –합천군 사례를 중심으로–, 경상대학교 대학원 석사학위논문.
전근숙, 2000, 소규모 초등학교 통·폐합에 관한 연구, 단국대 석사학위논문.
조영옥, 2004, 농어촌교육 활성화를 위한 단기과제 및 특별법 제정 방안 연구, 대통령자문 교육혁신위원회.
최병두, 2000, 삶의 질로서 공간의 유형화와 공동체, 대한지리학회지, 35(2), 321-340.
한겨레신문, 2008, 4.3.
한호옥, 2003, 폐교시설 활용방안을 위한 기초적 연구 : 경상북도 폐교예정지역을 중심으로, 금오공과대학교 산업대학원 석사학위논문.
Bui, G. T., 1993, *Community Participation for Education in a Rural School*, A Paper presented at Seminar on Decentralization and Participation in Education Development(Manila, Aug 24-Sep 1, 1993).
Dunne, F., 1983, Good Government vs. Self-government: Educational Control in Rural America, *Phi Delta Kappa*, 65(4), 252-256.
http://www.kbe.go.kr/(경상북도교육청)
http://www.kbgre.go.kr/(고령교육청)

http://www.goryeong.go.kr/(고령군청)
http://std.kedi.re.kr(교육인적자원 통계서비스) -교육통계연보, 교육통계분석자료집-
통계청, 1996, 2000, 2004, 국가통계포털(http://www. kosis.kr) -한국의 사회지표

다문화가정 지원 현황과 과제*

조현미

1. 서론

　최근 몇 년 사이 우리는 다문화와 관련된 용어를 자주 듣게 된다. 다문화사회, 다문화가정, 다문화교육 등 수많은 수식어를 가지고서 다문화라는 현상이 우리 사회에 급격히 등장하게 된 이유는 무엇인가? 또한 너무나 자주 접하게 되어 이제는 당연하게까지 들리는 다문화라는 개념을 우리는 어떻게 인식하고 있으며, 또한 인식해야 할 것인가?

　인구와 자본, 상품, 문화의 초국가적인 이동은 교통수단 및 정보통신의 발달과 함께 날로 가속화되어 가고 있다. 국경을 초월한 활발한 인적교류는 서로 다른 문화적·사회적 배경을 가진 집단 간의 교류를 가져오게 되었고, 특정지역내의 이민족의 유입은 기존의 지역경관과 지역주민의 정체성의 변화에도 크게 영향을 미치게 되었다. 즉, 전 세계적으로 확대된 상호관계 속에서 복잡하게 연계되어 끊임없이 변화하고 있는 한 국가내의 특정지역은 더 이상 고립된 실체로서가 아니라 초국가적인 차원에서 역동적으로 변화해가는 한 부분으로서 인식되어져야 할 것이다.

　국내에서도 88올림픽을 전후하여 급증하게 된 이주노동자는 한때 사회문제적인 시각에서 중요한 이슈로서 대두되기도 하였으나 최근에 이주노동자문제와 함께 더욱 주목을 받기 시작

---

* 이 글은 한국지역지리학회지 제14권(2008년) 제4호, pp.347-366에 게재된 바 있음.

한 것이 국제결혼 이주여성의 증가이다.

　오랜 역사를 통하여 '단일민족' 이라는 믿음을 유지해 온 한국사회에 산업 현장뿐 아니라 지역공동체의 구성원으로서, 그리고 가족의 일원으로서 자리 잡게 된 다양한 국적을 가진 이주자의 증가는 한편으로는 국제화시대에 발맞춘 결과로서 당연한 사실로서 받아들이면서도 다른 한편으로는 미처 그들을 우리의 일원으로서 받아들일 수 있는 충분한 준비가 되지 못한 까닭에 조급함과 당혹감마저도 느끼게 한다.

　본 장에서는 본격적인 다문화사회로의 진입에 즈음하여 특히 경북도내에서도 가장 다문화가정의 비율이 높은 고령군에 있어서의 다문화가정에 대한 대응현황을 조사·분석하고, 바람직한 다문화사회로의 방향에 대하여 고찰하고자 한다.

　연구방법으로는 2008년 2월 고령군청과 교육청 다문화담당자 및 다문화시범학교의 담당교사들과 전화를 통한 심층면담을 실시하였고, 2월 27일에서 3월 8일까지 국제결혼 이주여성의 가정을 방문하여 심층면담을 실시하였다. 그리고 2월 27일 실시한 고령군 기초연구사업 합동설문조사를 통하여 지역주민을 대상으로 다문화인식정도에 관하여 조사하였고, 그 결과를 SPSS 14.0K windows를 이용하여 분석하였다.

2. 세계화의 진행과 다문화사회의 도래

1) 다문화사회와 다문화주의

　다문화사회란 다양한 문화적 배경을 가진 민족 집단들이 하나의 국가 혹은 지역사회에 함께 거주함으로서 형성되는 사회를 의미하며, 이질적인 문화로서 주변화 되어 있는 여성문화, 소수파문화, 비 서양문화 등과 같은 여러 유형의 소수민족집단을 주류 문화의 제도권 안으로 수용하자는 입장을 다문화주의라고 한다. 영어권에서의 다문화주의라는 말은 캐나다 연방정부가 이민자에 대한 동화정책을 대신하여 소수집단 또는 이민자의 종족적·민족적문화의 유지와 보존을 인정하고 수용하는 정책을 수립한 1971년부터 사용되었으며, 미국의 경우 구체적이고 학제적인 주제로 다문화주의가 본격적으로 등장한 것은 1989년 '미국학회(American Studies Association)'가 "성, 인종, 종족 그리고 계급의 문화"라는 주제를 연례회의에서 채택한 이후부터라고 볼 수 있다(곽준혁, 2007). 즉, 서구의 다민족국가들이 지향하고 있는 다문화주의는 단순히 문화에만 그치지 않고 정치, 경제, 사회의 여러 분야에서 인종, 계급, 성의 차이에 의해 야기되는 문제와 관련이 있다. 또한 다문화주의는 문화다원주의를 표방하는 정치적 이데올로기적 입장을 말할 뿐 아니라, 정부가 시행하는 정책, 국민통합의 이데올로기, 혹은 운동의 목표를 지칭하는 것이기도 하다. 이렇게 다문화주의를 채용하는 집단과 그 집단의 목표가 다양한 만큼 이에 대한 정의 또한 매우 가변적이다(이용승, 2004).

대체로 다문화주의는 다수민족이 갖고 있는 문화를 국가구성의 기본으로 전제하고 추진하는 정책이지만(구견서, 2003), 이는 서로 다른 언어와 문화를 가진 민족들이 자신들의 고유의 언어와 문화에 대한 권리를 지나치게 주장하게 됨으로서 예기되는 마찰과 분쟁을 방지하고, 사회의 안정적인 통합을 위한 것이기도 하다(關根, 2000). 다민족·다문화사회의 통합에 있어서 국민국가는 1언어·1문화·1민족으로 성립되어야한다는 '동화주의'에 근거한 통합정책을 부정한다. 그러므로 다문화사회의 통합정책을 위하여서는 국민전체를 대상으로 우선 사회의 인구구성의 다양화와 소수민족이 안고 있는 사회·경제·정치상의 곤란을 인식시키고, 이문화나 이언어에 대한 관용성을 키울 필요가 있으며, 나아가 사회제도나 조직을 변경해야 할 필요성을 이해시킬 필요가 있다.[1] 이때 이러한 제도적인 변경은 특정 민족 집단만을 위한 정책이 아니라 주류집단을 포함한 모든 국민을 대상으로 하는 정책임을 주지할 필요가 있다(關根, 2000).

하지만 아무리 사회적으로 다문화주의를 채용하고 있다하더라도 주류사회와의 상호작용이 없다면 개개의 소수집단은 어쩔 수 없이 폐쇄주의적으로 되고 배타주의를 채용하며, 결과적으로 분리적이고 분열적인 경향이 촉진될 것이므로 부정적인 다문화주의를 막기 위하여 사회적 레벨이나 커뮤니티 레벨 및 개인 레벨에 있어서의 균형 잡힌 다문화주의의 보급이 이상적일 것이다. 그런데 이민족과 이문화의 다양성을 어디까지 인정할 것인가. 완전히 서로 다르며, 경우에 따라서는 서로 대립하거나 모순된 가치나 규범이 한 사회 내에서 병존할 수 있을 것인가. 더욱이 다양한 문화적배경을 가진 집단들을 존중하면서 사회통합을 이루어나가고자 한다하더라도 모든 민족집단들이 공동의 국민문화로 통합되고, 국민문화에 수용되고자하는 의지를 가지고 있다고 볼 수 있을 것인가. 다양성의 허용정도에 따라서 다문화주의 정책은 다양해 질 수 밖에 없다.

---

[1] 공적기관(행정기관, 사법기관, 병원, 학교 등)에서의 통역설치나 언어직원의 배치를 법적으로 강제시키며, 학교에서의 소수민족언어의 필수화, 2언어·다 언어 교육의 실시, 외국적 시민을 공무원으로 등용하는 등의 사회제도나 조직의 제도적인 변경이 요구된다.

2008년 3월 공포되어 9월부터 시행된 보건복지부 소관의 다문화가족 지원법 제 2조에서는 다문화가족을 다음과 같이 정의하고 있다.[2]

1. '다문화가족' 이란 다음 각 목의 어느 하나에 해당하는 가족을 말한다.
   가. 「재한외국인 처우 기본법」 제2조 제3호의 결혼이민자와 「국적법」 제2조에 따라 출생 시부터 대한민국 국적을 취득한 자로 이루어진 가족
   나. 「국적법」 제4조에 따라 귀화허가를 받은 자와 같은 법 제2조에 따라 출생 시부터 대한민국 국적을 취득한 자로 이루어진 가족
2. '결혼이민자 등' 이란 다문화가족의 구성원으로서 다음 각 목의 어느 하나에 해당하는 자를 말한다.
   가. 「재한외국인 처우 기본법」 제2조제3호의 결혼이민자
   나. 「국적법」 제4조에 따라 귀화허가를 받은 자

결국, 우리나라의 다문화정책의 대상은 어떠한 형태로던 우리국적을 취득한, 혹은 취득할 의사가 있는 자에 한정되어 있음을 의미하고 있으며, 자연히 다문화지원정책은 거의가 한국인과의 결혼을 통하여 입국한 이주여성과 그 가족에게 한정되어 있어, 외국인노동자나 난민은 그 대상에서 배제되고 있는 제한적인 다문화주의이며, 다문화정책이라는 한계점이 있다.[3]

한국은 한반도의 지정학적인 특성상 오래전부터 중국과 일본을 비롯한 주변국가와 다양한 인적교류가 있었고, 취업 혹은 결혼 등을 목적으로 한 해외로의 이주는 물론 국내에서의 이주도 끊임없이 이루어져왔다. 특히 그 중에서도 88올림픽을 전후하여 주로 동남아 여러 국가들로부터 취업을 위하여 입국한 이주노동자의 증가로 인하여 국내의 외국인 거주자는 급증하게 되었다. 하지만 이들은 법적으로 국내에서의 정주가 허용되지 않았기 때문에 이주노동자문제는 인권침해나 차별, 노동시장의 인력수급이라는 한정된 차원에서 주로 다루어졌다. 그러나 국제결혼 이주자의 증대는 이와는 다른 성격을 가지고 있다. 국제결혼이주자는 '한국인의 배우자로써 국적을 획득하고 정주하게 될 것이며 국제결혼 가정에서 태어난 아동은 한국국민으

---

[2] 다문화가족 지원법은 2010. 1. 18 일부 개정되었다. 다문화가족에 대한 개념 정의는 변함이 없으나, 소관부서는 여성가족부로 바뀌었다.
[3] 하지만 본 연구에서는 고령군이라는 특정한 지역에서 나타나고 있는 다민족·다문화의 현황과 과제를 밝히고자함이 그 목적이므로 고령군에서 실시하고 있는 다문화정책의 대상자에 맞추어 본 연구의 대상도 결혼이주여성과 그 가족에 한정하고 있다.

로 살아가야하기 때문에, 이들의 사회통합문제는 일정기간이 지나면 본국으로 귀환해야하는 이주노동자와는 전혀 다른 차원에서 받아들여지기 시작한 것'이다(한국여성정책연구원, 2007). 즉, 정책적인 관점에서의 다문화가정에 대한 관심은 다양한 국가출신의 외국인 이주자가, 그리고 그 가정에서 태어난 자녀들이 한국국민으로서 함께 더불어 살아가야하는 시대가 도래했음에 대한 자각과 그들과의 조화로운 생활을 위한 대응방안의 필요성에서 유래되었다고 볼 수 있다. 농촌지역의 지속적인 인구유출과 노령화 및 저출산 문제를 고민해 온 지방정부가 앞 다투어 국제결혼가정과 그 자녀들을 위한 정책지원사업의 필요성을 주장하고, 중앙정부에서도 최근 들어 여성가족부, 보건복지부, 행정자치부, 교육부, 문화관광부 등 다수의 부처에서 국제결혼 가정을 위한 상담, 한글교육, 자녀교육 등 다양한 사업과 프로그램을 서둘러 도입하고 있다는 점에서도 그러한 사실을 알 수 있으며, 문제의 긴급성과 심각성을 유추할 수 있다. 결국, 한국에서의 다문화주의는 서로 다른 문화와 가치관을 가지고 있는 다양한 민족들이 서로의 차이를 인정하고 존중하면서 더불어 살아가고자하는 이념이라기보다는 조화로운 한국인 사회를 지향하는 동화주의적인 양상을 띠고 있음을 부정할 수 없다.

다문화에 대한 국내의 연구경향을 살펴보면, 아직 도입단계에 있는 다문화관련 정책들은 이주자들을 취약한 정책대상 집단으로 간주하여 인권보호, 한국어교육, 국제결혼 가족의 자녀양육지원 등, 현재 현상적으로 드러나고 있는 문제에 대한 즉각적이고 대중적인 정책에 치중되고 있다는 비판[4]이 많은 가운데(한국여성정책연구원, 2007; 문경희, 2006; 김혜순; 2006 등), 결혼이민자 가족에 대한 실태조사가 여성가족부를 비롯하여 각 지자체에서 이루어지고 있으며, 다문화주의의 개념 및 다문화정책에 대한 이론적인 정립을 위한 연구(구견서, 2003; 김광억, 1998; 김남국, 2005; 문경희, 2006 등)와 함께 일찍부터 다문화사회로 진입한 미국과 캐나다, 호주 및 일본을 사례로 한 다문화정책의 방향에 대한 연구(이용승, 2004; 곽준혁, 2007; 조

---

4 정부는 2006년 4월 26일 대통령 주재로 국무총리와 여성가족부·보건복지부·법무부 등 관계부처 장관, 빈부격차·차별시정위원회 위원 등이 참석한 가운데 제74회 국정과제회의를 개최하여 혼혈인 및 이주자의 사회통합 기본방향과 여성결혼이민자 가족의 사회통합 지원대책을 확정하였다. 정부의 지원 대책에는 대통령 자문회의인 "저출산과 고령화 시대를 위한 미래 위원회"의 시각이 담겨있다. 저출산과 고령화 시대의 대책의 일환으로 국제결혼을 보고, 그 국제결혼에서 나타나는 혼혈인과 이주자들의 차별의 대물림과 인권침해 현상을 보면서 이를 그대로 방치했다가는 국제사회에서 인권후진국이라는 오명을 자초하게 될 것으로 내다보았기 때문에 이 대책을 마련하게 된 것이다. 또 하나 촉발점은 파리와 호주에서 발생한 '인종폭동'에서 나타나는 바와 같이 인권문제를 방치했다가는 '사회불안 요인'으로 작용할 수 있다는 문제의식에서 기초되었다. 결국 여성결혼이민자 개개인의 인권의 존엄성에 대한 존중 보다는 "이들의 문제를 방치할 경우 사회통합에 심각한 장애요인으로 대두됨은 물론, 국가의 대외이미지 실추와 함께 향후 외국여성 출신국자와의 마찰도 유발될 수 있음에 따라"라는 말이 보여주듯이, '저출산과 고령화에 대한 대책과 사회불안 방지'가 정부가 마련한 대책의 출발점이고 이것은 외국인 정책을 확대시킬 수 있는 명분을 가지게 된다(한국염, 2006).

현미, 2004a, 2004b 등)도 활발히 전개되고 있다. 다문화주의 그 자체가 국가와 지역이 처한 상황에 따라 유연적으로 대응할 수밖에 없는 것이긴 하지만, 이들 연구는 외국의 사례를 통하여 바람직한 한국의 다문화사회의 정착을 위한 다문화주의의 방향에 대하여 논하고 있음에도 불구하고 구체적인 대안을 제시하지는 못하고 있다는 한계점이 있다. 이에 본 장에서는 고령군의 다문화현황과 그에 대한 지방정부차원에서의 대응에 관한 조사를 통하여 다문화가 실제로 진행되고 있는 지역사회가 안고 있는 과제에 대하여 고찰하고자 한다.

2) 한국의 다문화현황

(1) 한국의 다문화 현황

2006년 6월에 발표된 행정자치부의 자체 전수조사에 따르면 현재 국내에 체류 중인 외국인은 536,627명으로 전체 주민등록 인구의 1.1%에 해당한다. 총 거주외국인 수가 가장 많은 곳은 경기도와 서울특별시로서 각각 31.5%와 27.8%를 차지하고 있어 이들 양 지역에 전체의 59.3%의 외국인이 거주하고 있다. 이주노동자는 남자가 여자보다 2배 이상 더 많다. 특히 경남과 울산은 남자가 여자보다 6배와 5배가 더 많은 극심한 남초현상을 나타내고 있다. 그에 반하여 서울만은 유일하게 여자가 남자보다 더 많은 여초현상을 나타내고 있다.

국제결혼 이민자는 남녀 공통적으로 수도권, 경상권, 전라권, 충청권, 강원권의 순으로 많이 거주하고 있지만, 이는 남성결혼이민자의 수도권, 경상권, 전라권, 충청권, 강원권의 순과 차

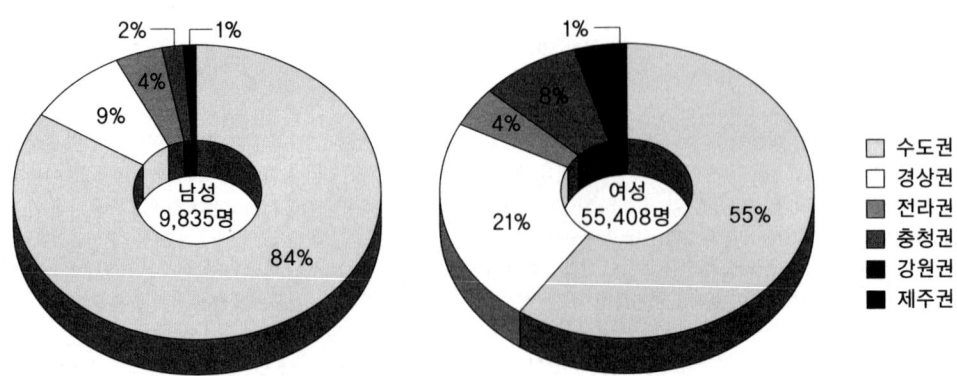

그림 1. 결혼이민자의 성별, 지역별 분포
자료 : 행정자치부 2006 통계자료

이가 나타난다. 즉, 남성 국제결혼 이주자는 주로 수도권과 경상권에 집중되어 있으나, 여성은 상대적으로 수도권 집중의 비중이 낮고, 지방에 분산되어 있는 경향을 보인다는 점에서 차이가 있다. 하지만 성별과 무관하게 수도권 다음으로 경상권에서의 국제결혼 이주자의 비중이 높다는 것은 동일하다. 이를 다시 농촌형과 도시형으로 분리하여 보면, 도시거주 결혼이민자는 전체의 76.5%로서 그 중 45.1%가 대도시에, 31.4%가 중소도시에 거주하고 있으며, 농촌거주 결혼이민자는 전체의 23.5%를 차지하고 있다. 이는 일반적으로 외국인근로자는 중소산업도시에, 국제결혼이주자는 농촌에 많이 거주한다는 관념과는 거리가 있는 결과이다(그림 1).

각 지역인구를 고려한 외국인 인구의 지수를 산출해보면, 서울의 외국인 근로자 지수(0.75)가 전국보다 낮은 점을 제외하면, 서울·인천을 포함한 경인권에서는 외국인근로자와 국제결혼이주자가 전국평균보다 높다. 하지만 그 이외의 대도시는 모두 전국평균보다 낮았다. 부산·대구의 대도시는 이주 노동자보다 국제결혼이주자가 비교적 많으나 전국평균보다는 현저히 낮은 지수를 나타냄으로써 총인구대비 외국인인구가 타 지역보다 작은 특성을 나타내고 있다. 여기서 특기할 점은 서울과 광역시를 제외한 거의 모든 자치단체에서 결혼이주여성과 자녀의 지수가 평균이상이거나 평균에 가까운 가운데 전남, 강원, 경북은 이주여성의 지수(1.61, 1.12, 0.89)보다 자녀의 지수(3.08, 2.01, 1.13)가 월등히 높아 이들 지역은 타 지역보다 먼저 국제결혼을 통한 이주여성의 거주가 시작되었음을 시사한다는 점이다.

한편, 2006년 여성가족부가 실시한 결혼이민자 가족 실태조사에 의하면 출신국에 따른 국제결혼방식과 동기에 있어서 다음과 같은 차이가 나타난다.

우선, 조선족과 한족은 주로 가족이나 친구의 소개가 많으며, 결혼중개업체를 통한 결혼은 10% 정도이다. 일본인은 통일교회를 통하여 결혼한 여성이 전체의 87%를 차지한다. 한편, 필리핀인은 통일교회를 통하여 결혼한 여성이 절반정도이며, 결혼중개업체를 통하여 결혼한 여성이 20% 정도이다. 하지만, 베트남인은 70% 이상이 결혼중개업체를 통하여 결혼하였다.

지역별·시기별로 보면, 국제결혼은 농촌에서 먼저 시작하였고, 규모는 그리 크지 않지만 통일교를 통한 일본여성의 유입이 가장 먼저 시작되었다. 그 다음은 조선족, 한족, 필리핀여성의 순으로 한국으로 들어왔으며, 베트남 여성은 대부분이 2003년 이후에 한국에 들어왔다. 이와 같은 점을 고려해 볼 때, 조선족과 일본인들의 전남, 강원, 경북으로의 결혼을 통한 이주가 먼저 시작되었고, 이들의 자녀들의 수가 자연히 그 이후에 이주한 국가출신의 여성의 자녀보다 많고, 자녀의 연령도 높을 것이라는 점을 알 수 있다.

표 1. 국제결혼이주여성의 출신국별 입국연도
(단위 : %, 년)

시기\국적(N)	조선족 (439)	중국 (160)	일본 (99)	필리핀 (74)	베트남 (62)	태국 (19)	몽골 (14)	구소련 (30)	기타 (25)	전체 (922)
1980년대 이전	0.2	0	13.1	0	0	0	0	0	0	1.6
1990~1994년	2.1	3.1	33.3	1.4	0	0	0	0	0	5.2
1995~1999년	18.7	24.4	38.4	23.0	4.8	21.1	28.5	13.3	28.0	21.4
2000년 이후	79.0	72.5	15.2	75.7	95.2	78.9	71.4	86.7	72.0	71.8
계	100.0	100.0	100.0	100.0	100.0	100.0	100.0	100.0	100.0	100.0
평균체류기간	3.4	3.9	10.2	4.0	1.5	4.4	4.0	2.9	4.8	4.2a
표준편차(년)	3.2	2.8	5.1	3.1	1.7	2.4	4.7	1.9	3.3	3.9

출처; 2005, 보건복지부, 국제결혼이주여성 실태조사, p.62.

(2) 다문화가정에 대한 지원실태와 문제점

최근 정부의 적극적인 지원정책으로 다문화가정을 대상으로 하는 한국어교육이나 한국문화 교육프로그램들이 전국적으로 급속히 확대되고 있는데, 이러한 교육의 내용과 방향은 전면적으로 재검토할 필요가 있다. 〈표 2〉는 외국인을 위한 각종 지원형태를 나타내고 있는데, 지역에 따라, 그리고 시행기관에 따라 유사한 내용의 사업이 조금씩 다른 명칭으로 실시되고 있음을 알 수 있다. 구체적인 지원내용을 보면, 외국인들의 국내정착을 지원하기 위한 가장 기본적인 사항이라 할 수 있는 '한글교실'은 거의 모든 지역에서 공통적으로 실시되고 있으며, 그 다음으로 많은 것이 '전통문화체험'과 '함께 어울리는 축제'이다. 그 이외의 지원 사업은 인권문제 혹은 임금체불 등과 관련된 상담이 많은 비중을 차지하고 있다. 결국 정부의 지원정책에 힘입어 지역의 다문화가정을 위한 대응방안을 강구하고는 있으나 정작 지역의 실정에 맞는 적합한 프로그램을 개발하여 적용하는 단계에까지는 이르지 못하고 있고[5], 또한 중복된 지원으로 인하여 인력과 자원이 낭비되고 있음을 추측하게 한다. 하지만 체계적이고 통합적인 다문화가정 지원이 이루어져야한다는 각계의 의견에도 불구하고 중복적이고 일시적이며, 보이기 위한 실적위주의 다문화지원사업이라는 것을 구체적으로 입증하고 있는 보고는 거의 볼 수 없다. 그러한 점에서 고령군의 조사를 통하여 실제로 지역에서 이루어지고 있는 다문화가정에 대한 지원현황을 파악하고자 하는 본 연구는 그 의의가 크다고 본다.

---

[5] 앞서 언급한 바와 같이 이미 국내에 정착한지가 오래된 이주여성들의 가정에는 학령기의 자녀들도 많이 있다. 이들 가정들이 안고 있는 문제는 이주초기의 다문화가정이 안고 있는 문제와는 그 양상이 다를 수밖에 없다. 하지만 현행 다문화정책과 지원양상은 이러한 가정들의 문제에 대해서는 관심을 기울이지 않고 있어, 이들은 이주단계에서부터 지금까지 정책적 대상에서 배제되어 있는 다문화가정이라 볼 수 있다.

표 2. 지역별 외국인 지원 프로그램 현황

(단위 : 개)

지원내용		서울시	부산시	대구시	인천시	광주시	대전시	울산시	경기도	강원도	충북	충남	전북	전남	경북	경남	제주	합계
교육	외국인 학교	1				1												2
	국내적응교육(통합)	2			1				4	3	7	3	3	2	7	11	1	44
	한글교실	3	1	2	1	4	2	1	18	9	8	5	3		14	13	1	89
	외국인 자녀공부방	1		1						2		1						5
	컴퓨터교실	2	1		1	1		1	2	1	2			1		1		13
	부모역할교육									4		3	1			3		11
상담 사업	사이버민원(사)/민원	2		1	1		1		2	2								11
	인권법률	1	1	1	1		1	2	7	2	2	1	1	1	4	3		26
	체불, 의료, 산재, 생활	1	1	1	1		2	2	7	1	1	1	1		4	3		26
	부부/상담		1						1									2
문화 행사	시티투어	2	1			1		1	2				1			1		9
	체육대회	1				1	1	1	3	1						2		9
	명절/전통문화체험	2	1	1	2	2	2	1	9	5	2		4	2	1	8	1	43
	축제(어울마당)	1	1	2	1		1		7	3	3	1	2	1	3	8	1	35
	외국인의날(행사)	1				1												2
결혼 이주 여성	가족결연				1		1		4									6
	외국인주부 고향방문지원								4									4
	합동 결혼식								1	1								2
의료	의료비지원	1	1						4	1						1		6
	무료진료	1			1		1		5		1				1	5	1	13
	건강검진	3			1				7					1		4		8
	쉼터	2			1				2									16
	외국인지원센터	1	1		1	1	1		2				1		3	1	1	16
	영문홈페이지	2				1												3
	생활안내책자(소식지)	2	1			2	1		3			1			2			12
	헬스실	1							2									3
	알뜰나눔장터	1																1
	일자리나눔 장터	1							1						1			3
	생계비지원								1									1
	급식	1														1		2
	Food Bank	1							1									2
	이/미용			1			1		3									5
	외국인커뮤니티지원	1	1			1			1				1			2		7
	서포터즈/주부봉사단	1	2															3
	자원활동가워크샵	1															1	2
	외국인전용 임대아파트	1																1
	외국인유학생 장학금	1																1
	자치단체담당부서								1	1	1		1			1		5
	단체 지원/보조								1									1
	가정방문								1									1
	기타					2			8	7	2	3	1	1	1	2	3	29
합계(건수)		42	14	10	11	18	20	9	105	51	34	17	17	11	41	70	10	480

자료; 행정자치부, 2006에서 수정 작성

3. 고령군의 다문화 현황

1) 거주 외국인 현황

2006년 말 현재 경상북도에 거주하는 외국인의 수는 29,721명으로, 그 중 경주시에 거주하는 외국인이 5,127명으로 가장 많다. 하지만 인구별 구성비에서 가장 높은 비율을 차지하는 지역은 고령군으로 전 인구(35,911명)의 3.16%에 해당하는 1,134명이 거주하고 있어 경상북도 내에서 가장 외국인 의존도가 높은 지역이다.

표 3. 경상북도 내 외국인 주민등록 인구(2006)

(단위 : 명)

행정구역	총인구(A)	한국인	외국인(B)	외국인 구성비(%) (B/A*100)
* 경상북도	2,718,298	2,688,577	29,721	1.09
고령군	35,911	34,777	1,134	3.16
칠곡군	114,612	111,390	3,222	2.81
경산시	239,966	234,839	5,127	2.14
성주군	47,231	46,358	873	1.85
영천시	106,785	105,029	1,756	1.64
경주시	277,185	273,419	3,766	1.36
구미시	391,368	386,465	4,903	1.25
군위군	26,991	26,687	304	1.13
청도군	46,556	46,144	412	0.88
김천시	140,922	139,682	1,240	0.88
의성군	63,409	62,947	462	0.73
영주시	117,734	116,965	769	0.65
울진군	55,404	55,076	328	0.59
예천군	50,512	50,218	294	0.58
안동시	169,719	168,733	986	0.58
포항시	507,674	505,008	2,666	0.53
상주시	108,839	108,280	559	0.51
봉화군	35,775	35,608	167	0.47
영덕군	46,670	46,460	210	0.45
청송군	28,587	28,465	122	0.43
문경시	76,497	76,177	320	0.42
영양군	19,697	19,615	82	0.42
울릉군	10,254	10,235	19	0.19

주 : 구성비 내림차순
자료 : 통계청

한편 외국인의 성별분포를 보면, 남성이(76.01%) 여성의 비율(38.62%)보다 두 배 가까이 높게 나타나, 고령군내의 산업구조가 외국인력의 유입요인으로서 작용할 수 있는 2차산업의 비중이 높을 것이라는 사실을 유추할 수 있다.

고령군내의 외국인 수는 1990년도 중반부터 계속하여 꾸준히 증가하고 있는데(그림 2), 외국인의 증가 원인에는 노동력으로서의 외국 인력의 유입과 함께 고령군내의 남성들과의 혼인에 의한 결혼이주여성의 증가를 들 수 있다. 특히 1990년대 중반과 후반의 외국인인구의 급증은 1995년 2월 설립된 다산지방산업단지와 1997년 12월 설립된 개진지방산업단지의 영향으로 보인다. 고령군 소재 산업단지와 농공단지는 다산 지방산업단지, 개진 지방산업단지, 쌍림 농공단지, 개진농공단지 이렇게 총 4곳이다. 이 중에서 고용인구 규모가 가장 큰 곳은 다산 지방산업단지이며, 외국인이 가장 많이 거주하고 있다. 그러나 개진면의 경우 개진 지방산업단지와 개진 농공단지에서 일하고 있는 고용인원은 559명으로 쌍림 농공단지(534명)보다 많지만, 개진에 거주하는 외국인 인구는 쌍림보다 적다. 따라서 쌍림농공단지가 개진지방산업단지 및 개진농공단지보다 외국인근로자를 더 많이 고용하는 것인지, 아니면 다른 이유로 외국인들

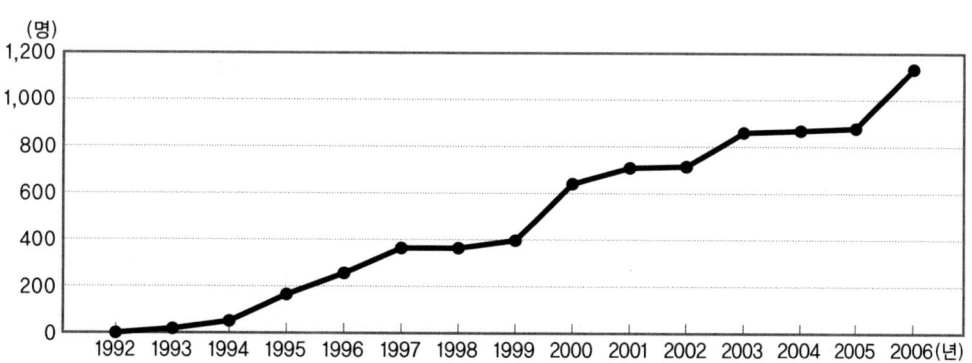

그림 2. 고령군 외국인 주민등록인구 추이

자료 : 통계청

표 4. 고령군 거주 외국인(2005년)

(단위 : 명)

주민등록 인구(A)	거주외국인 총괄(B)			주민등록인구 대비(B/A)	외국인근로자			국적취득자			국제결혼이주자			
	계	남	여		계	남	여	계	남	여	계	남	여	자녀
34271	975	779	196	0.028	508	423	85	73	24	49	139	8	125	6

주 : 숫자가 불일치한 것은 행자부 원 자료에 따른 것임.

자료 : 행정자치부 2005

이 많이 거주하는지 여부에 관해서는 추후의 연구과제로 한다.

한편 거주유형별로 보면 2005년 현재 975명의 외국인 중 외국인 근로자가 508명, 국적취득자가 73명, 국제결혼 이주자가 139명이다. 다시 이들을 국적별로 보면 조선족을 포함한 중국인이 290명, 동남아가 442명이며, 그 이외의 남부아시아와 중앙아시아가 각각 145명과 92명으로 다양한 국적의 외국인이 거주하고 있다. 읍면별 거주상황을 보면 다산면과 개진면에 집중적으로 거주하고 있으나, 개진면은 외국인 남성의 비율이 여성보다 월등히 높고 쌍림면은 외국인 여성의 비율이 8개 읍면 중 가장 높으며 그 비율도 남성과 비슷하다. 이로 보아 쌍림면이 개진면보다 외국인 거주 인구가 많은 원인이 외국인 여성에게 있다는 것을 알 수 있으며, 외국인 여성의 비율이 높다는 것은 결혼이민자가 많다는 것으로 볼 수 있다.

국적별로는 동남아출신이 전 외국인의 45.3%로 가장 많고, 그 다음이 남부아시아(14.9), 중국(조선족 13.3), 중국(11.6)의 순으로 많다. 이를 다시 거주유형별로 살펴보면, 외국인 근로자는 동남아(44.7 %), 남부아(13.4%), 조선족(17.1%), 중국(12.8%)이며, 국제결혼이주자는 동남아(34.5%), 중국(32.4%), 조선족(22.3%)로서 외국인근로자는 동남아시아 출신이 현저히 많은데 비하여 국제결혼이주여성은 이들 나라 중 동남아, 중국, 조선인이 많게 나타나 거주유형에 따라 출신 국에 있어서 차이가 나타난다.

표 5. 국적별, 거주유형별 외국인 수(2005년 말 현재)

(단위 : 명)

구분	국적	계	동북아						동남아	남부아	중앙아	미국	러시아	기타
			소계	중국	조선족	대만	일본	몽골						
총 외국인	계	975	290	113	130	1	13	33	442	145	92	4	0	2
	남	779	216	99	87	0	4	26	338	142	81	2	0	0
	여	196	74	14	43	1	9	7	104	3	11	2	0	2
근로자	계	508	173	65	87	0	0	21	227	68	40	0	0	0
	남	423	134	57	60	0	0	17	185	67	37	0	0	0
	여	85	39	8	27	0	0	4	42	1	3	0	0	0
국제 결혼	계	139	82	45	31	0	6	0	48	1	1	4	1	2
	남	8	5	1	0	0	4	0	0	0	0	2	0	1
	여	125	73	44	27	0	2	0	46	1	1	2	1	1
	자녀	6	4	0	4	0	0	0	2	0	0	0	0	0

자료 : 고령군청

2) 결혼이주여성현황과 다문화가정 지원 사업

(1) 결혼이주여성의 현황

2007년 6월 현재, 고령군내의 결혼이주여성을 국적별로 보면 베트남여성이 가장 많고 그다음이 중국여성의 순으로 나타난다. 그리고 앞서도 언급한 바와 같이 우곡면, 다산면, 성산면의 순으로 결혼이주여성이 많으나, 우곡면은 베트남여성이 약 74%를 차지하는 반면 다산면은 중국여성이 약 62%를 차지하고, 성산면은 베트남, 중국, 태국여성이 같은 숫자를 나타내고 있어, 국제결혼이주여성이 많은 지역 가운데에도 출신국가별로 차이가 나타나고 있다.

고령군은 전형적인 농업지역으로서 정곡뿐만 아니라 수박, 메론, 참외, 딸기, 감자, 향부자 등의 특작물재배가 활발한 곳이다. 그 중에서도 우곡면은 수박, 다산면은 향부자, 그리고 성산면은 멜론의 특산지이다. 이렇게 농촌지역 중에서도 농가소득을 꾸준히 올리고 있는 곳에서는 생산연령인구의 유출현상이 타 지역에 비교하여 적고, 이러한 지역에 국제결혼 이주여성이 증가함을 알 수 있다.

(2) 고령군청의 다문화가정 지원 사업

고령군의 외국인을 위한 지원은 고령군 사회복지과가 담당하고 있는 생활정보제공과 국내적응교육, 결혼이주여성 찾아가는 서비스제도, 고령군 교육청이 실시하고 있는 다문화 가정과 함께하는 우리 문화 적응 교육, 그리고 고령군 여성단체 협의회가 주관하는 결혼이주여성 우리말 공부방 운영 등이 있다.

표 6. 지역별 결혼이주여성의 분포

(단위 : 명)

국적 지역	일본	태국	베트남	중국	필리핀	몽골	캄보디아	계
고령읍			3	5	1	2		11
덕곡면	1		7	1				9
운수면		1	5	1				7
성산면		4	4	4				12
다산면	2		3	8				13
개진면			1				1	2
우곡면			14	5				19
쌍림면	2		1					3
계	5	5	38	24	1	2	1	76

자료 : 고령군 사회복지과 내부문서

① 결혼이주여성 우리말 공부방 운영

고령군청에서 실시하는 결혼이주여성 우리말 공부방운영은 지역 내 농촌지역을 중심으로 점차 증가하고 있는 결혼이주여성 및 그 자녀의 의사소통의 문제와 문화적 차이를 해결하고 체계적인 한국어 및 한국문화교육을 실시하여 결혼이주여성의 조기정착을 도모하고자 하는 것이다. 고령군이 실시한 홍보 및 희망자 조사방법은 모집 안내문의 발송과 함께 군청 홈페이지 및 현수막을 이용한 홍보, 읍면 리장회의 시의 홍보 등의 방법을 이용하였다.

농촌지역이라는 점을 고려하여 농한기에 집중적으로 교육을 실시하였는데, 2007년에는 7월 16일부터 9월 5일까지 8주 동안 매주 3회 각 3시간씩 관내에 거주하는 결혼이주 여성 76명을 대상으로 한국어교육, 한국요리, 컴퓨터교육 등을 여성가족부가 발간한 한국어교재를 사용하여 실시했고, 고령군 여성단체협의회에 위탁하여 운영하였다.

② 결혼이주 여성 찾아가는 서비스제 운영

우리말 공부방운영과 함께 언어소통의 미흡과 문화차이 등으로 인해 안정적인 정착이 어려움에도 불구하고 육아문제나 접근성 문제 등으로 집합교육에 참가 할 수 없는 결혼이주여성들을 위한 프로그램이다. 한글 강사가 해당 가정을 방문하여 한국어 교육, 생활 상담 등을 실시할 뿐만 아니라 생활실태를 확인하고 어려움 발생시 '1366서비스'를 연계함으로서 다문화가

표 7. 고령군 다문화프로그램 현황

사업내용	주관부서	대상
다문화 가정과 함께하는 우리 문화 적응 교육	경상북도 고령교육청	결혼이주여성 및 자녀
결혼이주여성 우리말 공부방 운영	고령군 여성단체 협의회	결혼이주여성
결혼이주여성 찾아가는 서비스제도	고령군청	결혼이주여성

자료 : 고령군 지원 사업계획

표 8. 찾아가는 서비스제 운영내용

구분	사업내용
한국어 교육 및 생활상담	결혼이주여성에 대한 방문 한국어교육 결혼이주여성 및 그 가족에 대한 생활 상담
소그룹교육	요리강습, 전통예절, 생활예절, 문화교육, 정보화 교육, 영농교육
정부의 결혼이민자에 대한 시책 안내	각종 시책 등을 대상가정에 안내 여성결혼이민자 신규 발생 등 동향을 파악하여 사회복지과에 제공

자료 : 고령군 결혼이주여성 찾아가는 서비스운영계획서

정에서 발생할 수 있는 사회적 문제를 예방하는데에도 그 목적이 있다.

고령군의 경우 고령군 여성단체 협의회에 위탁하여 찾아가는 서비스제를 실시하였으며, 한글강사 양성과정 수료자를 강사로 활용하였다. 방문교육방법은 지역별 여건 및 결혼이민자의 체류현황을 고려하여 지역적으로 안배하였고, 피교육자의 생활실태 등을 고려하여 그룹교육 및 개별교육을 실시하였으며, 교육시간은 그룹 당 15일간 총 45시간으로 사회적응의 기본인 한글교육을 통해 읽기, 쓰기 능력 및 기초회화능력을 배양하는데 중점을 두었다.

③ 고령군 다문화가정 지원의 과제 및 한계점

고령군 다문화가정 지원의 과제 및 한계점으로는 다음과 같은 점을 지적할 수 있다

㉠ 홍보방법에 있어서의 한계점

고령군에서 실시하는 한글교육에 관한 홍보를 위하여 현수막을 붙였으나, 남편이나 가족의 협조가 없으면 이주여성은 그 내용을 알 수 없다. 가족의 적극적인 협조를 받을 수 있도록 구체적이면서 직접적인 홍보와 안내를 통하여 한글교육 참여의 필요성을 인식시킬 수 있는 프로그램이 병행되어야 한다.

㉡ 대상자에 관한 정확한 파악의 필요성

현재 통계청, 출입국관리국, 행정자치부 그리고 각 지방자치단체가 파악하여 공포하고 있는 외국인통계는 담당기관에 따라 모두 다르게 나타나, 이들에 대한 가장 기초적인 파악이 제대로 안 되고 있는 실정이다.

고령군의 경우도 마찬가지로 2005년도 행정자치부의 조사에 의한 거주외국인은 975명으로, 그 중 외국인근로자가 508명, 국제결혼이주자가 139명(국제결혼 이주 여성은 125명)이었다. 하지만 고령군 사회복지과에서 파악하고 있는 결혼이주여성의 수는 76명으로 되어있어, 무려 50명 가까운 차이가 있다. 더욱이 한글교육을 실시한다는 안내문을 고령군내에 등록되어 있는 76가구 전체에 발송하였다하나, 조사결과 고령군 명부에 나와 있는 가정임에도 불구하고 이제껏 어떠한 안내문도 받지 못했다는 가정도 있었다. 보다 철저한 실태파악과 그들에 대한 배려가 필요하다.

㉢ 시기적 문제

고령군은 딸기 등 특작물재배가 연중 이루어지고 있어 농한기가 극히 짧다. 그러므로 교육을 실시한다 하더라도 제한된 시간 내에 한정된 내용 밖에 할 수 없다는 한계점이 있다. 농번기라하더라도 가족대상의 프로그램을 병행한, 가족과 함께 하는 교육 및 지원계획을 설계하여 지속적인 다문화가정 지원이 이루어져야할 필요가 있다.

넷째, 대상자의 특성을 고려한 차별적인 지원내용의 필요성

앞서도 언급한 바와 같이 똑같이 결혼을 목적으로 이주한 여성이라 하더라도 출신국가에 따라서, 그리고 이주시기에 따라서 이주목적과 배경이 달라진다. 그리고 정착하여 거주하고 있는 지역적 특성과 사회 환경에 따라서 그들이 안고 있는 문제도 달라질 수밖에 없다. 특히 육아 및 접근성 등의 문제로 고령군이 실시하고 있는 지원프로그램에 참여할 수 없는 이주여성의 경우, 더욱 다양하고 복잡한 문제를 안고 있을 가능성도 있다. 찾아가는 서비스제의 목적 중 하나가 그러한 문제점을 발견하고 예방하는데 있다고 하지만, 한글과 컴퓨터와 같은 다른 지역에서도 공통적으로 하고 있는 내용에서 한 단계 벗어나 지원프로그램의 다양화를 꾀할 필요성이 있다.

(3) 고령군 교육청의 다문화가정 지원 사업내용

① 다문화가정의 아동들을 위한 다문화교육

고령군 교육청에서는 관내의 4개 학교를 거점학교로 선정하여 다문화가정을 대상으로 다문화교육을 시행하였다. 고령군 다문화교육의 현황과 과제를 우곡초등학교의 사례를 통하여 살펴보고자 한다.

전국적으로 다문화시범학교는 11개 있는데 우곡초등학교는 대구/경북도내에서 유일한 다문화연구학교이다. 이곳에서는 다문화가정의 학생을 위한 다문화교육을 우선 과제로 보고 적응교육을 실시했다. 현재 우곡초등학교의 다문화가정 학생은 한 명 이외에는 전부 연변출신의 조선족이므로 학교생활에 있어서의 적응이나 학습에 있어서 언어문제는 없다. 하지만 2008년도 입학생들은 전부 베트남어머니를 둔 가정으로 해당 아동들은 언어발달이 늦을 것이라고 예상된다.

우곡초등학교에서는 2006년 위탁과제로 선정된 다문화 프로그램을 적용하여 다문화교육을 실시하였고, 2007년에는 전 년도 것을 보완하여 프로그램을 자체개발하기에 이른다.

학생들을 위한 국제이해교육은 그 이전에도 있었지만 본격적인 다문화교육은 하인즈 우드 이후 주목받기 시작했으며, 현재는 다문화가정의 학생들이 적응할 수 있도록 하는 것에 포커스를 맞추고 있다고 한다. 우곡 초등학교는 학교장은 물론, 다문화담당교사의 적극적인 마인드가 돋보이는 곳이다. 지역의 실정에 맞는 다문화교육을 하기위하여 끊임없이 노력하고 개선해가고 있으나, 적절한 자료의 부족으로 고심하고 있는 곳이기도 하다.

다문화 교육자료는 대학 등의 연구기관과 지방정부, 그리고 현장의 초중등학교 및 시민단체

가 연계되어 편파적이지 않으면서 해당국가에 대한 올바른 정보의 전달은 물론 해당국 출신 다문화가정의 구성원, 특히 자녀들이 자긍심을 가질 수 있는 내용을 담을 수 있도록 해야 할 것이다. 이는 고령군 뿐 아니라 현재 전국가적 차원에서 시급히 진행되어야할 내용이라고 본다.

또한 나아가 다문화가정 학생들의 한국사회에 대한 적응교육도 중요하지만 우리나라 사람들이 먼저 그들을 이해해야 할 것이며, 단순한 이해에 그치지 않고 그들을 수용하고 존중하게 되어야할 것이다. 교육현장에서 이러한 측면에 관하여 고심하고 있는 담당교사와의 인터뷰에서 그들의 고민이 보다 밝은 미래를 만들어 나갈 수 있는 원동력이 될 것이라 보였다.

② 결혼이주여성 우리문화 적응교육

고령군 교육청은 2007년 2월 농산어촌 방과 후 학교 지원 사업에 공모하여 받은 예산으로 고령군 관내 초·중·고등학교 학생을 대상으로 대가야의 얼을 잇는 대가야문화체험 프로그램, 대가야 문화 해설사 양성 프로그램 등 교육 기회 확대 및 맞벌이 부부의 자녀에 대한 보육 기능 강화를 위한 다양한 교육 서비스를 제공하고 있다. 농산어촌 방과 후 학교 지원사업의 일환으로 지역에 증가하고 있는 다문화가정의 이주여성을 대상으로 우리문화 적응교육을 계획하고 관내 4개 학교를 시범학교로 선정하여 한글교육을 비롯한 음식과 한국전통문화를 습득할 수 있는 기회를 제공하였다.

방과 후 학교 운영은 각 학교의 교사를 책임교사로 선정하고 교육청에서 파견된 도우미가 운영을 지원하는 형태로 진행되었다. 담당교사들은 일과시간 이외의 과중한 수업부담을 안게 되어 학생들을 위한 교과수업과 방과 후 수업을 양립하여 집중할 수 없다는 문제점이 제기되

표 9. 거점학교 별 결혼이주여성 현황(2007년 4월 현재)

지역별(8개 읍·면)			출신국가별(6개국)	
지구(거점학교)	읍·면	인원(명)	국가	인원(명)
고령(고령초)	고령	12	몽골	2
	쌍림	3	베트남	35
운수(운수초)	덕곡	7	일본	5
	운수	6	중국	27
성산(성산초)	성산	14	태국	5
			필리핀	1
우곡(우곡초)	우곡	20	계	75
	개진	1		
	계	75		

출처; 고령군 교육청 내부자료

었지만, 처음 실시하게 된 다문화가정을 위한 프로그램에 참여한 교사들의 호응도는 높았으며, 면담조사 결과 다문화가정 이주여성들의 반응도 좋은 것으로 나타났다.

우리문화 적응교육은 결혼이주여성에 대한 우리 문화 적응교육과 함께 배우자에 대한 다른 나라 문화 이해 교육을 실시하여 건전한 가정을 이루도록 지원함으로써 다문화 가정의 자녀들이 우리 국민의 일원으로 건전하게 성장하도록 하며, 또한 결혼이주여성과 그 배우자에 대한 우리 문화 적응교육을 통하여 우리문화(우리말과 글, 종교, 생활, 관습, 음식문화, 가족관계 등)에 유연하게 적응하여 우리나라에 대한 인식의 긍정적 변화를 꾀하는 것이다. 그러기위하여 다문화가정 우리문화 적응교육 추진단을 운영하여 결혼이주여성에 대한 우리말과 우리글 익히기 및 생활문화 적응교육을 주로 하였으며, 이때 고령군과 협력관계를 긴밀히 유지하여 업무를 추진한다고 되어 있다.

고령군 교육청은 다문화가정에 대한 우리 문화 적응교육은 행정적 차원에서 적극적으로 다루어야 할 문제이므로 단위학교에서는 학교 관내 다문화가정에 대한 우리문화 이해 교육을 지속적으로 실시하도록 유도할 것이며, 개발한 교재의 활용도를 조사하여 호응이 좋으면 수정하여 확대보급 한다는 교육방침을 세우고 있다.

4. 고령군의 국제결혼 이주민 지원사업의 과제

이제까지 고령군의 외국인 현황과 다문화가정의 이주여성을 대상으로 고령군과 교육청이 실시한 지원내용에 관하여 살펴보았다.

본 장에서는 고령군과 고령 교육청이 실시한 다문화가정 지원시책의 결과를 시행자인 우리문화 적응교육 거점학교의 담당교사와 수급자인 다문화가정의 구성원들과의 면담을 통하여 분석하고자 한다.

1) 고령군 다문화가정 지원 사업내용 결과분석과 과제

(1) 아동들을 위한 다문화교육의 경우

현재 학교에서 아동들을 대상으로 실시하고 있는 다문화교육은 다문화가정의 학생들이 학교생활에 적응할 수 있도록 하는 것에 주로 초점을 맞추고 있다.

하지만 다문화가정 학생들의 한국사회에 대한 적응교육도 중요하지만 지역의 주민들이 먼저 그들을 이해하고 존중하게 되어야할 것이다. 하지만 다문화가정을 이해하는 것에 그치지 않고 그들을 존중하고 수용할 수 있도록 하는 프로그램은 아직까지 많이 미흡하다. 진정으로 그들을 이해하고 존중하기 위해서는 한국 학생들의 인성이 먼저 변해야할 것이며, 그러한 점에 착목하여 계속적인 경험의 축적을 통하여 보완해가는 다문화교육이 추진되어야 할 것이다.

학교에서의 아동들을 대상으로 실시하는 다문화교육에 있어서 문제점 혹은 보완할 점으로는 다음과 같은 것들이 있다.

① 초등학교 수준에 맞는 자료의 개발

여성가족부 등에서 소개하고 있는 자료는 우리 이웃에서 흔히 볼 수 있는 이주여성들의 출신 국가의 문화나 관습, 사회상황에 대한 내용이 전혀 없어 그들을 이해하는 데에는 한계가 있다.

② 단계별·수준별 교재개발의 필요성

다양한 국가에서 들어온 이주여성들과의 생활풍습에 따른 차이에 대한 이해가 부족하나 그에 대한 자료가 인터넷에도 어디에도 없다. 대학과 연구기관이 주체가 되어 초·중·고등학교의 단계별 수준에 맞는 교재의 개발이 시급하다.

③ 다문화 가정의 자녀들의 자긍심 고취를 위한 교육 프로그램의 보완.

(2) 이주여성들을 위한 다문화 프로그램의 경우

이주여성의 국내적응교육은 지역실태를 고려하여 실시할 필요가 있다. 고령군의 경우 중국과 베트남출신의 이주여성이 많지만 한글교실에 오는 여성들은 거의 대부분이 베트남 출신이다. 조선족들은 한국어를 잘 알고 있어 한국어를 배울 필요성을 느끼지 못하는 경우가 많지만, 중국출신 여성들이 한국어를 배운다하더라도 문화적배경과 학력수준이 달라 베트남인들과는 학습수준에 차가 있기 때문에 이주여성들의 실태를 고려하여 여러 가지 학습방법을 병행하여야 할 것이다.

이주여성들을 위한 다문화 프로그램의 문제점과 과제는 다음과 같은 점들을 지적할 수 있다.

① 중복적 지원과 지원기관간의 연대관계의 부족

고령군내에서 다문화가정에 대한 지원은 군청과 교육청 두 군데에서 실시하고 있는 한국어교육과 찾아가는 서비스 등이 있다. 하지만 이러한 지원이 한 지역 내의 다른 두 기관에서 거의 같은 시기에 집중적으로 실시되고 있으며, 지원내용과 그 대상도 거의 동일하게 나타났다.

결국 지원대상자의 입장에서도 그들의 입장에서 요구되는 다양한 지원을 받을 수 없을 뿐 아니라 유사한 프로그램을 서로 다른 기관에서 실시함으로서 효율성의 저하는 물론 인력과 경비의 낭비를 초래할 뿐이다. 효율적인 지원을 위해서는 중심적 역할을 수행하는 기관을 선정하여, 군내의 각 지원기관의 지원내용에 대한 구체적이고 정확한 파악과 함께 지원내용을 더욱 활성화할 수 있도록 인적·물적 자원의 적절한 활용을 유도할 수 있는 체제를 구축할 필요가 있다. 이때, 전문적인 연구기관 및 시민단체와의 유기적인 연계가 있어야 할 것이다. 즉, 다문화가정을 중심으로 사회통합적인 지원방안이 모색되고 실현되어야 한다.

② 다문화가정의 기본속성에 대한 정확한 파악의 필요성

국제결혼 이주여성의 경우, 남편의 주민등록지 변경 난을 보면 설령 그들이 자주 거주지를 옮긴다하더라도 그들의 소재지를 파악할 수 있을 것이다. 그럼에도 불구하고 면담조사결과 군청이나 교육청으로부터의 프로그램에 대한 안내 등은 전혀 받은 적이 없다는 다문화가정이 다수 있었다. 심지어 군청과 교육청에서 받은 명단에 포함되어 있는 자들 가운데에도 그러한 안내를 받은 적이 없다고 하는 자들도 있었다. 고령군내에 함께 거주하는 거주자로서의 외국인에 대한 인구통계적인 파악은 다문화정책의 내용유무를 떠나 가장 기본적인 사항이라 할 수 있다. 시급한 대책이 요구된다.

③ 남편 및 시집식구, 주민들에 대한 교육

다문화가정에서 흔히 발생하는 심각한 문제의 원인은 이주여성들의 한국어의 미숙문제보다는 서로간의 문화적 차이점에 대한 가족 내의 이해부족과 상대방 문화에 대한 폄하의식, 경제적 가치관에 의한 여성의 인권에 대한 물질적 가치 척도문제 등에서 발생한다. 하지만 현재 국내에서 이루어지고 있는 다문화가정 지원의 대부분은 이주여성에 대한 한국적응교육에 치중하고 있으며, 동등한 입장에서 서로를 이해할 수 있도록 도와주는 지원은 아직 잘 보이지 않는다. 이주여성에 대한 지원은 가족모두에 대한 지원이라는 개념에서 출발해야 한다. 남편 및 시집식구 뿐 아니라 지역주민을 대상으로 하는 다문화이해교육이 이루어져야하고, 그를 위한 적절한 교재와 프로그램의 개발이 있어야 할 것이다.

2) 다문화가정의 다문화지원에 대한 만족도

고령군청과 교육청의 협조를 얻어 고령군내에 등록되어 있는 다문화가정을 방문하여 그들이 지역에 거주하면서 느끼는 어려움과 행정기관을 통하여 받은 지원에 대한 만족도 및 행정기관에 대한 요구에 관하여 조사한 결과는 다음과 같다.

(1) 다문화 프로그램에 대한 만족도

1년 전 베트남여성과 결혼한 J씨는 3개월 정도 군청에서 실시한 우리말 교육에 참여했으나 효과는 크게 없었으며 집에서 자신이 직접 한국말을 가르쳐 준 것이 더 효과가 있었다고 한다. 그리고 요리교실도 별로 도움이 되지 못하였으며 오히려 집에서 시어머니를 통해서 배우는 것이 더 효과적이라고 한다.

결혼 한지 2년 반 된 필리핀여성 R씨는 노인 회관에서 실시되었던 한국어교실에 참가한 적이 있지만 남편이 한국어를 가르쳐 줄 여건이 되지 않아 아직 한국말이 많이 서툴렀다. 하지만 그녀는 군청이나 교육청으로부터 다문화지원 프로그램에 대한 어떠한 정보도 받은 적이 없으며, 따라서 군청에서 실시한 "결혼 이주여성 찾아가는 서비스 제"에 관해서도 들어본 적이 없다고 한다.

하지만 결혼 한지 3년 반 정도 된 베트남여성 N씨는 군청과 교육청에서 실시한 한국어교육에 모두 참가하였으며, 한국어능력도 상당한 수준이었다. 한국어교육에 대해 그녀는 만족하고 있었으나, 한국어교육 그 자체보다도 한국어교실에서 동향인들과 만나서 이야기할 수 있다는 점에 더 큰 의미와 비중을 두고 있었다. 그녀들에게 있어서 대화를 할 수 있는 상대를 만날 수 있는 기회와 장소의 제공은 단순한 한국어나 한국문화에 대한 지식의 습득보다 더욱 절실하다는 점을 알 수 있다.

또한 군청에서 하는 프로그램에 참여할 수 있는 사람들은 비교적 시간적인 여유가 있고 가족의 지원을 받을 수 있는 사람들이지만, 그러한 여건을 갖추지 못한 사람들이 더 많기 때문에 현행의 프로그램보다는 현실적인 문제들을 좀 더 살펴보는 방향으로 관심을 가져줬으면 좋겠다는 의견도 있었다. 주목해야할 점이라고 본다.

(2) 기타 생활에 대한 만족도

① 국적취득 등 행정적 절차에 관한 내용

다문화가정을 위한 지원내용에 사전 홍보가 없고 개인적으로 찾아가거나 알아보고 신청해야 한다는 대답이 많았다. 행정적 차원에서 다문화가정에 대한 현황파악을 제대로 하고 그것을 전산화하여 체계적으로 관리할 수 있도록 할 필요가 있다.

또한 귀화를 위한 국적신청과 같은 경우 방법도 까다롭고 번거로워서 본인이 직접 못하고 중개업자나 브로커를 통해서 많이 한다. 더욱이 국적신청은 대구나 고령군에서는 할 수 없고 서울까지 가야하므로, 관공서에서 국적 취득을 위한 수속대행만이라도 해줬으면 좋겠다는 의견이 있었다.

② 컴퓨터교육에 관한 내용

컴퓨터교육에 대한 요구도 상당히 높게 나타났는데, 교육을 받은 경험이 있는 이주여성들 가운데에는 배우는 기간도 너무 짧고, 내용이 너무 기초적인 것이라서 불만이라는 의견이 있었다. 본국에서는 컴퓨터를 접해보지 못한 사람이 많은데도 불구하고 이틀 동안 컴퓨터를 켜고 끄는 방법과 인터넷 하는 방법을 조금 배웠을 뿐으로, 컴퓨터에 대한 기초적인 설명이 없이 진행되어서 배우는데 어려움이 있었고 교육이 끝난 후에는 거의 활용이 안 되는 수준이었다. 대도시의 이주여성의 경우, 이주여성 간 혹은 본국과의 연락방법으로서 인터넷을 많이 사용하고 있는 것과는 달리, 고령군의 면담대상자들 중에는 집에 컴퓨터가 없어 사용할 수 없다는 사람들이 많았다는 점에서 지역적인 차이를 느낄 수 있다. 면담자 중에는 군에서 다문화가정에 컴퓨터를 제공해주기를 원하는 사람들도 있었다.

③ 이웃과의 관계에 관한 내용

이주여성들은 이웃들이 평소에는 친절하나 일할 때는 차별대우를 한다고 느끼고 있었다. 시장에서 물건을 살 때나 동네에서 만나는 이웃들은 멀리서 와서 고생한다고 챙겨주지만, 직장에서는(식당 등) 한국인과의 차별이 심하며 같은 잘못을 해도 중국 사람이라서 주인에게 더 혼나고, 중국 사람만 탓한다고 한다.

그리고 국제결혼 이주여성들이 모두 돈 때문에 한국으로 왔다고 생각하는 경향이 있는데, 그런 사람도 있지만 한국이 더 좋아서 온 사람도 많고, 남편을 사랑하여 온 사람도 많다는 점도 알아주면 좋겠다고 하는 의견도 있었다. 또한 한국말을 알면 도망간다는 생각을 가지고 한국말이나 한국사회에 대해서 알 수 있는 기회를 차단해야한다는 생각을 가진 한국인들도 많다고 한다.

[사례] 중국인 여성과의 면담에서

목욕탕에 갔는데, 자신을 베트남사람인줄 알고 사람들이 "그래 베트남사람하고 살아야한다. 중국 사람은 한글 알아서 도망 간다"라고 동네 사람들끼리 이야기하는 것을 들었다. 이런 말을 들을 때 가끔, 한국말로 쏘아주기도 한다. "그럼 한국 사람은 이혼 안하고 중국 사람만 이혼하느냐"고.

④ 가족과의 관계

시부모들은 이주여성들이 한글교실에 가는 것을 싫어하는 경우가 많다. 이주여성들은 그 이유를 '자신들이 모임에 가서 정보를 교환하다 보니, 자신이 손해 본다는 생각을 하게 되고 집으로 돌아와 시부모나 남편에게 왜 우리는 이렇게 안하느냐고 따지기 때문'이라고 생각하고 있었다. 또한 '남편이나 시부모님께 본국에 관해 이야기하면 별로 관심을 기울이지 않는다'고도 하여 가족들의 자신의 모국에 대한 무관심에 대해 섭섭함을 토로하기도 한다. 이러한 무관심한 태도는 상대방의 사고와 문화에 대한 무관심 혹은 무지로 이어지게 된다.

3) 지역주민의 다문화인식

중앙일보와 EAI(동아시아연구원)가 2005년 8월 31일부터 9월 16일까지 전국 성인남녀 1,038명을 대상으로 공동으로 실시한 '한국인 정체성조사'(중앙일보 2005.10.13)는 한국인의 배타적인 대외인식을 극명하게 보여 준다. 한민족이 되기보다는 대한민국국민이고자 하며, 외국국적을 취득한 한국인보다는 한국적을 취득한 외국인에 대한 친근감을 더 느낀다고 응답한 비율이 높게 나타나 혈연민족주의보다는 국적민족주의적인 성향이 강하게 나타났다. 또한 한국인이 되기 위한 조건의 중요성으로 대한민국국적을 유지하는 것(88.2%), 생애 대부분을 한국에서 사는 것(64.6%), 한국어를 사용하는 것(87.0%), 대한민국 정치제도와 법을 따르는 것(77.5%), 한국인의 혈통을 가지는 것(86.9%), 한국의 역사를 이해하고 전통관습을 따르는 것(82.1%)으로 국민정체성이 매우 강한 것으로 나타났다. 한편, 국제주의와 관련된 질문에서는 '국제사회에서 살아남기 위해서는 군사력이 강해야한다'(72.7%), '한국은 국제무대에서 제대로 대접받지 못하고 있다'(67.0%)와 같은 항목에서는 높은 지지도를 보이는 반면 '가난한 나라에 원조를 늘여야한다'(40.7%)와 같은 항목에서는 낮은 지지율을 나타내었으며, 특히 '외국인의 한국국적 취득을 쉽게 해야 한다'(30.0%)는 항목에서는 가장 낮은 지지도를 나타내어, 국적을 취득한 외국인은 '우리'의 범주에 넣어주지만, '우리'의 범주에 들어가기 위하여서는 쉽지 않은 난관이 있음을 짐작하게 한다.

이러한 태도는 우리 주변에서 볼 수 있는 외국인에 대한 시선에서도 쉽게 나타난다. 국제결혼 이주여성이 급증하고 있는 경북의 의성군과 고령군의 주민을 대상으로 다문화가정에 대한 인식을 조사한 결과, 다문화가정이 우리지방의 국제화에 도움이 되는가하는 질문에 의령군은 117명 중 80.3%, 고령군은 177명 중 66%가 그렇다고 대답해 다문화와 지역의 국제화에 긍정

표 10. 다문화가정의 어려움을 잘 이해하는가

	의성군			고령군		
	본인	이웃	지자체	본인	이웃	지자체
매우그렇다	5(4.3)	7(6.3)	7(6.0)	11(6.2)	9(5.1)	9(5.1)
그렇다	67(58.3)	52(46.4)	70(60.9)	96(54.2)	74(42.0)	87(49.2)
아니다	41(35.7)	51(45.5)	37(32.2)	61(34.5)	82(46.6)	70(39.5)
전혀아니다	2(1.7)	2(1.8)	1(0.9)	9(5.1)	11(6.3)	11(6.2)
합계	115(100)	112(100)	115(100)	177(100)	176(100)	177(100)
결측치	2	5	2	0	1	0

주 : ( ) 안은 %임.
자료 : 설문조사

적인 반응을 나타냈다. 앞서 본 바와 같이(표 3) 의령군은 경북에서 외국인 거주자의 비율이 총 인구의 0.73%로 전체 23개 시군 중 11위를 차지하는 지역이며, 고령군은 1.09%로 외국인 거주비율이 경상북도에서 제일 높은 지역이다[6]. 이렇게 경북도내에서 중간 정도의 외국인 거주자가 거주하는 지역과 가장 높은 비율을 가진 지역의 주민들을 대상으로 다시 '자신과, 이웃, 그리고 지자체가 다문화가정의 어려움을 잘 이해하고 있다고 생각하는가' 라는 질문을 하였을 때 두 지역 모두 본인은 이웃보다는 더 잘 이해하고 있으나 지자체는 더 많은 이해를 하고 있는 것 같다는 응답을 하였다. 결국, 본인은 잘 이해하는 것 같지만 이웃은 그렇지 못한 것 같다는 것은 다문화가정에 대해 이웃의 지역주민들이 그다지 잘 이해하지 못하고 있는 것 같다는 다소 부정적인 견해라고 볼 수 있다. 그리고 외국인 비율이 더 낮은 의성군이 고령군보다 본인이나 이웃, 지자체 모두 다문화가정을 잘 이해하고 있다는 비율이 더 높은 것으로 나타났다는 점도 주목할 만하다.

한편, 외국인 거주자 비율이 가장 높은 고령군의 다문화가정에 대한 의식을 좀 더 구체적으로 파악하기 위하여 고령군내의 읍면군 단위별로 다문화가정에 대한 감정을 물어본 결과 〈표 11〉과 같이 나타났다. 전체의 75.3%가 다문화가정에 대하여 좋은 감정을 느끼고 있었으며, 자녀가 외국인과 결혼하는 것에 대하여서도 약 53% 찬성하는 것으로 나타나 상당히 외국인 여성과의 결혼에 대하여 호의적이라고 할 수 있다. 하지만 비교적 도시화가 진행된 고령읍의 경우 타 지역에 비해 반대가 많으며, 거의 다문화가정이 없는 개진면의 경우에는 응답자의 대부

---

[6] 표 5는 통계청의 2006년 조사결과에 의한 외국인거주자 비율을 인용하였다. 그런데 2007년 경상북도 결혼이민자가족 실태조사에 의한 경상북도 기초자치단체의 국제결혼율은 경북 평균이 11.7%이며, 의성군이 28.7%로 가장 높고 고령군은 20.2%로 도내에서 9번째를 나타내고 있다.

표 11. 고령군주민의 다문화가정과 국제결혼에 대한 인식

		고령읍	덕곡면	운수면	성산면	다산면	개진면	우곡면	쌍림면	전체
다문화가정에 대한 느낌	VG	0	3	0	1	2	1	0	1	8
	G	27	14	15	15	20	13	10	20	134
	B	8	6	4	1	3	1	6	2	31
	VB	0	0	0	1	0	0	0	2	3
	결측	2	0	0	0	0	0	0	0	2
자녀와의 결혼	찬성	15	10	11	11	14	14	9	9	93
	반대	20	13	8	7	11	1	7	16	83
	결측	2	0	0	0	0	0	0	0	2
	총수	37	23	19	18	25	15	16	25	178

VG 매우좋다, G 좋다, B 나쁘다, VB 매우 나쁘다
자료 : 설문조사

분이 찬성을 하고 있다. 다문화가정의 수가 많은 우곡면, 성산면, 다산면은 찬성이 반대보다 약간 많았다.

〈표 11〉에서 볼 때 전반적으로 고령군주민의 국제결혼에 대한 인식은 좋은 편이라고 볼 수 있다. 하지만 좀 더 구체적으로 주민들의 출신국가에 대한 선호도를 파악함으로서 지역에 거주하고 있는 많은 이주여성들과의 사회적·심리적 상황을 추측하기 위하여 우리에게 익숙한 나라들과 국제결혼 이주여성이 많은 국가를 제시하고 그 중에서 며느리로서 선호하는 국가를 선택하도록 하였다. 그 결과, 직업별 선호국가를 보면, 농업에 종사하는 사람들은 베트남인에 대한 선호도가 비교적 높았으나, 모든 직업에 있어서 일본인을 가장 선호하였다. 한편 앞서 본 바와 같이 고령군내에서 외국인이 가장 많은 지역은 우곡면, 다산면, 성산면의 순으로, 우곡면은 베트남출신이 가장 많고 다산면은 중국출신이 많으며, 성산면은 중국과 베트남출신의 수가 같은 곳이다. 그런데 우곡면의 주민은 베트남출신에 대한 선호도가 높게 나타났으나 다산면은 지역에 중국출신의 여성이 많은 영향인지 중국에 대한 선호도가 높게 나타났다. 하지만 중국보다 일본인에 대한 선호도가 더욱 높다는 점을 주목해야 할 것이다. 성산면은 중국은 비교적 높으나 베트남은 상대적으로 낮고 일본이 비교적 높았다. 고령읍내 거주자는 압도적 다수가 일본, 영국, 미국을 선호하였다. 고령군민 178명을 대상으로 실시한 본 설문조사 결과, 일본을 선두로 미국인과 영국인을 선호하는 비율이 전체적으로 높아 한국인의 선진국선호성향을 여실히 드러내고 있다. 같은 지역에 베트남여성이 많이 거주하고 있음에도 불구하고 베트남보다는 일본여성을 선호하는 이러한 선진국지향은 결과적으로 제3세계 출신인 결혼이주여성에 대

한 인격적 비하와 무시, 선진적이라고 생각하는 한국문화의 강요의 형태로 나타나게 된다.

5. 결론

고령군의 다문화가정 지원에 관한 조사에서 볼 때 지역의 이주민여성들은 고령군과 고령교육청에서 실시하는 한글교실과 같은 다문화가정 지원프로그램에 참여하기 곤란한 한계점(특작물재배로 인한 교육기회의 제한, 지역적으로 분산되어 있어 함께 모일 수 있는 장소선택에 있어서의 어려움 등)이 있다. 하지만 그러한 한계점에도 불구하고 고령군청과 고령 교육청이 주도가 되어 다문화가정을 위한 지원프로그램을 독자적으로 운영하고 있다는 점은 계속하여 이주여성이 증가하고 있는 현 시점에서 피할 수 없는 선택이기도 하다. 하지만 조사결과, 시행기관간의 연계성부족과 수급대상자에 대한 체계적인 조사가 이루어지지 않고 있어서 예산과 노력의 불필요한 낭비를 낳고 있다는 점을 알 수 있었다.

구체적으로 고령군청과 고령교육청에서 실시하고 있는 다문화지원은 교육 프로그램에 있어 유사한 내용이 많았고 서로간의 연계가 되지 않고 있었다. 또한 고령군청과 고령교육청에서 실시하고 있는 교육 프로그램에 관한 홍보가 제대로 이루어지지 않고 있었다. 또한 외국인 이

표 12. 출신국별 며느리 선호도 조사

국가	거주지역								계
	고령읍	덕곡면	운수면	성산면	다산면	개진면	우곡면	쌍림면	
미국	6	2	4	2	4	1	1	2	22
영국	9	1	2	2	0	2	1	2	19
일본	11	6	8	4	11	5	3	9	57
중국	4	2	0	6	7	1	3	1	24
러시아	1	3	1	1	0	1	0	2	9
베트남	1	7	2	3	1	1	5	2	22
몽골	1	0	0	0	1	0	2	2	6
필리핀	0	0	2	0	0	0	0	2	4
캄보디아	0	0	0	0	0	4	0	0	4
무응답	4	2	0	0	1	0	1	3	11
계	37	23	19	18	25	15	16	25	178

자료 : 설문조사

주여성들에 관한 정보망이 제대로 갖추어지지 않고 있어 현황 파악이 제대로 되고 있지 않아서 지원프로그램이 있다하더라도 그 수급자는 한정되어 질 수 밖에 없다. 게다가 프로그램 수혜자들도 해당 프로그램에 대해서 만족하는 정도에 차이가 있었으며, 보다 자신들의 입장을 고려한 다양한 지원책을 희망하고 있었다.

위에서 언급한 문제점들은 고령군뿐 아니라 전국적으로 공통적으로 나타나는 현상이기도 하다. 이러한 문제점을 보완하기 위하여 대한민국 국민과 재한 외국인이 서로를 이해하고 존중하는 사회 환경을 만들어 대한민국의 발전과 사회통합에 이바지함을 목적으로 2007년 5월 17일 '재한외국인 처우 기본법'이 제정되었고, 동 법 제 3조에서 국가 및 지방자치단체는 재한 외국인에 대한 처우 등에 관한 정책의 수립·시행에 노력해야한다고 규정하고 있다. 또한 법무부장관은 관계 중앙행정기관의 장과 협의하여 5년마다 외국인정책에 관한 기본계획을 수립하고, 이를 외국인정책 위원회의 심의를 거쳐 확정하도록 하고 있다. 그리고 관계중앙기관의 장은 기본계획에 따라 소관별로 연도별 시행계획을 수립하고, 지방자치단체의 장은 기본계획 및 중앙행정기관의 시행계획에 따라 당해 지방자치단체의 시행계획을 수립·시행하도록 하고 있다(제5조, 제9조). 하지만 현행 결혼이민자에 관한 지원은 보건복지부가 주관이 되어 거점지역별 결혼이민자지원센터를 운영하여 다문화가정에 대한 사회문화적 적응을 지원함으로서 사회통합을 도모하고 있다. 이때, 다문화가정에 대한 지원의 중심적인 역할수행은 결혼이민자지원센터가 담당하고 기초자치단체는 해당 센터에 필요한 지원을 하도록 되어 있으나, 센터가 중심이 되어 각종 정보의 제공과 유관기관간의 네트워크 구축 등의 기능까지 전부 수행하기에는 한계가 있다. 더욱이 경북도내에는 센터가 10개소 밖에 없다는 점에 더 큰 문제가 있다. 결국, 지역에서의 다문화현상을 정확하게 인식하고, 그에 따른 적절한 대응과 지원을 하기 위해서는 지자체가 다문화지원의 중심이 되어, 지역 내의 자원과 인재를 적지적소에 활용하여야 할 것이다.

한편, 고령군은 경북도내에서 가장 외국인 거주자 비율이 높은 곳이다. 그럼에도 불구하고 고령군민의 외국인에 대한 인식은 선진국에 대한 선호도가 높았다. 이러한 선진국 지향의 인식은 이웃에 살고 있는 이주여성들에 대한 편견을 조장할 수도 있다. 하지만 이주여성을 바라보는 가족과 시민들의 왜곡된 시각을 고칠 수 있는 가족교육과 시민교육이 전혀 이루어지지 않고 있어, 다문화가정의 증가로 인한 가정과 지역사회의 부조화가 우려되는 실정이다.

다문화가정에 대한 무조건적인 지원은 오히려 한국인 주민들의 측면에서는 역차별이라 할 수도 있지만, 급증하고 있는 다문화가정의 이주여성들은 우리 지역의 주민으로서, 그리고 한국인의 아내로서 살아가기 위하여 스스로 한국에서의 삶을 선택한 만큼, 우리가 그들과 함께 살아가는 방법을 모색하지 않으면 안 된다는 점은 누구나 인식하고 있다. 단지 함께 살아간다는 의미를 어떻게 그들에게, 또한 우리 스스로에게 부여할 것인가에 따라 다문화사회의 방향이 달라질 것이다.

참고문헌

고령군, 2006, 2020 고령군 기본계획.
고령군, 2006, 통계연보.
경상북도, 2007, 경상북도 결혼이민자가족 실태조사와 정책과제.
한국여성정책연구원, 2007, 한국사회의 다민족·다문화 지향성에 대한 조사연구, 경제·인문사회연구회 협동연구총서 07-19-02.
행정자치부, 2006, 지방자치단체 거주현황.
곽준혁, 2007, 미국에서의 다문화주의, 민족연구, 30, 126-144.
구견서, 2003, 다문화주의의 이론적 체계, 현상과 인식, 90, 29-53.
김광억, 1998, 다문화주의 시각, 현대사회와 인권, 나남출판, 서울.
김광억, 2005, 종족과 민족, 아카넷, 서울.
김남국, 2005, 심의다문화주의-문화적권리와 문화적 생존, 한국정치학회보, 39(1), 87-107.
김혜순, 2006, 한국의 '다문화사회' 담론과 결혼이주여성:적응과 통합의 정책마련을 위한 기본전제들, 동북아시대위원회 용역과제 06-8.
문경희, 2006, 국제결혼이주여성을 계기로 살펴보는 다문화주의와 한국의 다문화현상, 21세기 정치학회보, 16(3), 67-93.
박경태, 1999, 한국사회의 인종차별-외국인노동자, 화교, 혼혈인, 역사비평, 48.
빈부격차·차별 시정위원회, 2006, 다문화 개방사회를 위한 사회정책연구.
설동훈·김윤태·김현미 등, 2005, 국제결혼이주여성 실태조사 및 보건·복지 지원 정책방안, 보건복지부.
설동훈·이혜경·조성남, 2006, 결혼이민자 가족 실태조사 및 중장기 지원정책방안 연구, 여성가족부.
이혜경, 2005, 혼인이주와 혼인이주 가정의 문제와 대응, 한국인구학, 28(1), 73-106.
조상균·이승우·전진희, 2008, 민주주의와 인권, 8(1), 전남대학교 5·18연구소.
조현미, 2004a, 지방자치단체의 역할이 지역주민과 외국적주민 상호간 인식에 미치는 영향, 일본어문학, 25, 523-560.
조현미, 2004b, 일본의 외국인 주민에 대한 지역별 시책비교, 한국지역지리학회지, 10(3), 539-553.
한국염, 2006, 결혼이민자가족, 정부의 정책방향고찰, 정부의 결혼이민자가족정책 다시보기, 서울여성프라자 NGO센터.
한건수, 2006, 농촌지역 결혼이민자 여성의 가족생활과 갈등 및 적응, 한국문화인류학, 39(1), 195-243.
함한희, 1997, 외국인 노동자의 갈등과 적응, 노동문제논집, 13, 99-129.

Will Kymlicka 저, 장동진 등 역, 2006, 현대정치철학의 이해, 동명사, 서울.
小倉充夫・梶田孝道, 2002, 國際社會―グローバル化と社會変動, 東京大學出版會, 東京.
梶田孝道・宮島喬, 2002, 國際化する日本社會, 東京大學出版會, 東京.
梶田孝道, 1995, 國際社會學, 放送大學敎材, 大藏省印刷局, 東京.
神奈川學術硏究交流財団, 1996, 地球化時代における地域の役割, 財団法人神奈川學術交流財団.
關根政美, 1994, エスニシティの政治社會學, 名古屋大學出版會, 名古屋.

집필진

최병두
서울대학교 사회과학대학 지리학과
영국 리즈대학교 대학원 지리학과 박사
현) 대구대학교 사범대학 지리교육과 교수

손명원
서울대학교 사회과학대학 지리학과
서울대학교 대학원 지리학과 박사
현) 대구대학교 사범대학 지리교육과 교수

송호열
서울대학교 사범대학 지리교육과
서울대학교 대학원 지리교육전공 박사
현) 서원대학교 사범대학 지리교육과 교수

서종철
서울대학교 사회과학대학 지리학과
서울대학교 대학원 지리학과 박사
현) 대구가톨릭대학교 사범대학 지리교육과 교수

전영권
경북대학교 사회과학대학 지리학과
경북대학교 대학원 지리학과 박사
현) 대구가톨릭대학교 사범대학 지리교육과 교수

김기혁
서울대학교 사회과학대학 지리학과
서울대학교 대학원 지리학과 박사
현) 부산대학교 사범대학 지리교육과 교수

김부성
서울대학교 사회과학대학 지리학과
독일 뮌헨대학교 대학원 지리학과 박사
현) 고려대학교 사범대학 지리교육과 교수

임석회
서울대학교 사범대학 지리교육과
서울대학교 대학원 지리학과 박사
현) 대구대학교 사범대학 지리교육과 교수

이보영
경북대학교 사범대학 지리교육과
미국 씬시내티대학교 대학원 지리학과 박사
현) 경북대학교 사범대학 지리교육과 교수

이철우
경북대학교 사회과학대학 지리학과
일본 나고야대학교 대학원 지리학과 박사
현) 경북대학교 사회과학대학 지리학과 교수

이종호
경북대학교 사회과학대학 지리학과
영국 더럼대학교 대학원 지리학과 박사
현) 경상대학교 사범대학 지리교육과 교수

최정수
경북대학교 사회과학대학 지리학과
경북대학교 대학원 지리학과 박사
현) 대구경북연구원 부연구위원

조철기
경북대학교 사범대학 지리교육과
경북대학교 대학원 지리학과 박사
현) 경북대학교 사범대학 지리교육과 교수

조현미
경북대학교 사회과학대학 지리학과
일본 오차노미즈여자대학교 대학원 지리학과 박사
현) 경북대학교 사회과학대학 지리학과 교수

고령군 지역 연구

초판 1쇄 인쇄 2010년 8월 13일
초판 1쇄 발행 2010년 8월 17일

지은이 최병두 외
펴낸이 김선기
펴낸곳 주식회사 푸른길
출판등록 1996년 4월 12일 제16-1292호
주소 137-060 서울시 서초구 방배동 1001-9 우진빌딩 3층
전화 02)523-2009
팩스 02)523-2951
이메일 pur456@kornet.net
블로그 blog.naver.com/purungilbook
홈페이지 www.purungil.com, 푸른길.kr

ISBN 978-89-6291-137-4 93980

* 이 도서의 국립중앙도서관 출판시도서목록(CIP)은 e-CIP홈페이지
 (http://nl.go.kr/ecip)에서 이용하실 수 있습니다.(CIP 제어번호: CIP2010002882)

*잘못된 책은 바꿔 드립니다.